學術論文集叢書

2023 海洋文化研究生論壇論文選集

吳智雄　主編

主編序

　　國立臺灣海洋大學海洋文化研究所於二〇〇七年成立，為當時全國第一所專責研究海洋文化的研究所，直至今日，本所仍為全國唯一以厚植海洋文化研究、培育海洋文化人才、弘揚海洋文化意識、研發海洋文化產業為四大發展重點之高等教學研究單位，因而具有「發展重點，臺灣唯一」的特色。十餘年來，在本所師生努力耕耘下，分別在海洋文學、海洋文化史、海洋社會科學、海洋觀光遊憩、海洋文創產業等領域，各有令人矚目的卓越表現，故而本所亦有「研究特色，臺灣第一」的特色。而至本所就讀的研究生，於畢業後皆能從事文教事業、文創觀光經貿產業、公職及國營事業、中小學及社會文化教育等等與海洋文化相關之工作，也能在獲得本所碩士學位之後，繼續在相關領域深造博士學位，是以本所也具有「畢業優勢，臺灣獨一」的特色。

　　在上述三大特色下，本所為厚植海洋文化研究，不僅率先舉辦全國首屆海洋文化國際學術研討會，且持續辦理至今；更開風氣之先，創辦了至今仍為全國第一且唯一的《海洋文化學刊》，刊登海洋文化相關研究的優質論文；同時也積極參與國際學會組織，並與國外相關高等教學研究機構簽訂合作備忘錄，持續不輟地深耕海洋文化研究。而在培育海洋文化人才方面，除了平日的研究生教學與論文指導之外，為促進全國研究生關心海洋事務，擴展海洋文化研究面向，培育生生不息的研究人才，特於二〇二二年舉辦首屆「海洋文化研究生論壇」，搭建起首座研究生的海洋文化學術研究交流平臺。

　　由於「二〇二二海洋文化研究生論壇」獲得普遍回響，所以本所在今年持續舉辦第二屆論壇。在本年度論壇舉辦訊息發布之後，陸續接到各校熱烈的回饋，最後結果超乎預期。總計本屆論壇發表了廿四篇論文，除了本所兩篇之外，其餘廿二篇分別來自政治大學、成功大學、清華大學、陽明交通大

學、臺灣師範大學、中山大學、中興大學、東華大學、彰化師範大學、高雄師範大學、臺北藝術大學、體育大學、輔仁大學、臺灣海洋大學等十四間國內大學，研究生分布於廿二個研究所的碩、博士班。在全部論文中，本所以外的來稿率高達九成以上，總數也比二〇二二年的十六篇成長了三成有餘，顯見本論壇之成效已備受各界高度肯定，未來必定更大有可為。

在該論壇結束之後，若干論文經作者修改，再送各領域學者專家審查通過後集結成本書出版，此乃繼去年之後，為全國第二本研究生海洋文化論文選集。本選集所收錄之論文，橫跨文學、歷史學、社會科學等三大學術領域，所探討的範圍則涵蓋了文本分析、文化信仰、地方創生、船舶工藝、跨域交流、海洋產業、海洋休閒、遊憩管理、水域活動、港口物流等課題，面向廣闊，論題多元，內容豐富，充分闡揚了兼容並蓄的海洋文化內涵與廣納百川的海洋精神。再者，選集中的各篇論文，不論在問題意識的發想、研究方法的操作，或是章節架構的安排、研究觀點的提出等等，都是現今年輕學子跨領域研究的心血展現，相當值得鼓勵與肯定，更值得莘莘學子琢磨學習、細加品讀。

最後，「二〇二三海洋文化研究生論壇」以及本論文選集之出版，承蒙海洋委員會、文化部文化資產局、本校臺灣海洋教育中心等機構單位的經費補助，以及國家海洋研究院、本校人文社會科學院、本校教育研究所在人員、場地方面的協助，還有校內外學者專家的主持、講評、審查以及幕後工作人員的辛苦付出，讓本次論壇得以圓滿落幕、本論文選集得以順利出版，在此一併致上最高謝意。

「大鵬一日同風起，扶搖直上九萬里」，「宣父猶能畏後生，丈夫未可輕年少」。文化依靠傳承，研究需要接棒，未來年輕一代的海洋文化研究，將如潛藏大海裡的鯤魚，有朝一日，風起雲湧之時，必能化為大鵬展翅，扶搖直上九萬里，自在地遨遊在那廣漠無垠的浩瀚之中。

吳智雄

二〇二三年七月卅一日序於國立臺灣海洋大學

時任海洋文化研究所特聘教授兼所長

目次

主編序 ·· 吳智雄　1

主題式教學對五年級學生學習水域活動安全之成效
···································· 蘇恩慈、廖敏伶、王品涵　1

石門水庫阿姆坪水域休閒活動推展之探討 ············ 周孫銳　41

綠色航運對環境關聯性之經濟分析 ·················· 謝成祥　57

能源、物流與港埠建設：
以高雄港第二港口的開拓與修築為中心（1967-1975）······ 張宗坤　133

擬造島嶼
——廖鴻基《大島小島》、《海童》及《魚夢魚》探析 ······· 陳韻如　177

朱仕玠詩歌中對臺灣海域的印象 ·················· 陳英木　201

海難與臨海禁忌的衍發：
「幽靈船都市傳說」的集體記憶與文化元素探究 ············ 吳詣平　237

東港地方木造漁船產業與王船的演變 ·················· 陳建佐　263

論江戶時代的長崎唐商媽祖信仰 ·················· 陳樂恩　297

從朝鮮《茲山魚譜》看海洋博物書寫的
跨海傳播與因地創新 ……………………………… 林素嫻 325

花嶼地方創生運作模式的建置 …………………………… 林暐凱 419

尋找南島語族發源地遺失的最後一塊拼圖
——臺灣邊架艇之考證研究 …………… 方凱弘、梁廷毓、許菁芳 465

淡水河木舢舨的文化資產價值與維護、建造工藝技術研究
…………………………………………………… 陳明忠 517

2023 海洋文化研究生論壇議程 ……………………………… 551

Contents

Editor's Preface ·································· Wu, Chih-Hsiung   I

The Effectiveness of Theme-Based Instruction on Fifth-grade Students'
Attitudes Towards Water Activities Safety
··················· Su, En-Tzu, Liao, Min-Ling, Wang, Pin-Han   3

Discussion on the Promotion of Recreational Activities in Amuping
Water Area of Shimen Reservoir ················· Chou, Sun-Jui   43

Economic Analysis of Green Shipping: The Augmented Leontief
Environ-ment Model ······················· Hsieh, Chen-Hsiang   59

Energy, Logistics and Port Infrastructure: Second Entrance of
Kaohsiung Port, 1967-1975 ··········· Zackary Chang, Zong-Kun   135

Virtualising an Island: An Analysis of *Big Island, Small Island, Sea
Kids*, and *Fish and Dreams* by Liao Hong-chi ········· Chen, Yun-Ju   179

Impressions of Taiwan Sea Areas in Zhu Shijie's Poems
··································· Chen, Ying-Mu   202

Derivative of Shipwreck and Coastal Taboos: Delving into Collective
Memory and Cultural Elements in "Urban Legends of Phantom
Ship" ····································· Wu, Yi-Ping   239

Wooden Fishing Boat Industry and the Evolution of the "King Boat"
in Donggang ···Chen, Chien-Tso　264

Mazu Beliefs of Chinese Merchants in Nagasaki during the Edo Period
··· Chan, Lok-Yan　299

The Phenomenon of Culture Spread Over Sea and Innovation Due To
Changing Living Geography, in Study of Korean Joseon Dynasty
Fish Book "茲山魚譜"〔Hyonsan－Opo〕：The Island Marine
Animals Encyclopedia ·································· Lin, Su-Hsien　327

Establishing a Model of Local Revitalization for Huayu, Wang'an
Township ··· Lin, Wei-Kai　420

Finding the Last One Piece of Missing Puzzles in the Cradleland of
Austronesian——Textual Research on Taiwan Outrigger Canoes
·················· Fang, Kai-Hong, Liang, Ting-Yu, Hsu, Ching-Fang　467

Safeguarding the Sampan on Danshui River: Unearthing Cultural
Value and Sustaining the Legacy of Chinese Watercraft in Taipei
··· Chen, Ming-Chung　519

主題式教學對五年級學生
學習水域活動安全之成效

蘇恩慈[*]、廖敏伶^{**}、王品涵^{***}

摘要

臺灣為四面環海的海島，水域活動日益盛行，然而學生溺水事件仍不斷發生。因此，在現行的水域安全教育制度下，了解學生是否具備基本的游泳、自救能力以及相關的防溺知識、水域安全教育是否落實，更顯得格外重要。透過多元化的主題式課程活動設計，教師可統整並提供焦點知識脈絡，讓學生能在學習歷程中建構對此主題的認知與省思。因此，本研究目的為瞭解實施水域安全主題式教學對國民小學高年級學生在開放水域安全態度的成效，期望本研究結果可提供國民小學高年級生實施水域安全教學之參考。

本研究方法採「準實驗法」，研究對象為新北市某國民小學五年級生，其中 A 班為實驗組（進行主題式教學）共二十五人、B 班為對照組（未進行主題式教學）共二十二人。實驗組學生實施六節課的水域活動安全主題式教學活動，而對照組學生則未進行主題式教學活動。本研究工具為水域活動安全主題式教學課程與信效度良好之問卷，兩組學生皆進行問卷前後測。本研究蒐集之研究資料以成對樣本 t 檢定進行差異分析，本研究結果為：

一、學生水域安全主題式教學成效：實驗組學生在「安全防護知識」、

---

* 　蘇恩慈，國立體育大學管理學院碩士生。
** 　廖敏伶，國立體育大學管理學院碩士生（通訊作者）。
*** 王品涵，國立體育大學管理學院碩士生（第二作者）。

「安全防護行為」、「風險警戒知能」及「安全防護意識」之水域活動安全態度有所提升，其中以「安全防護知識」構面之成效最高。

　　二、實施水域安全主題式教學之前後測差異：實驗組學生在「安全防護知識」、「安全防護行為」及「風險警戒知能」之後測得分高於前測，而對照組學生其前後測分數未呈現顯著差異，顯示本研究之水域安全主題式教學能增進學生對水域活動安全態度。

關鍵字：主題式教學、水域活動安全態度、防溺知識

The Effectiveness of Theme-Based Instruction on Fifth-grade Students' Attitudes Towards Water Activities Safety

Su, En-Tzu[*], Liao, Min-Ling[**], Wang, Pin-Han[***]

Abstract

Taiwan is a maritime island surrounded by the sea, where water activities are becoming increasingly popular. However, drowning incidents among students continue to occur. Therefore, it is crucial to assess whether students possess basic swimming and self-rescue skills, as well as relevant knowledge and awareness of water safety, under the current water safety education system. Through diversified theme-based curriculum activities, teachers can integrate and provide focused knowledge contexts, allowing students to construct their understanding and reflection on the topic during the learning process. Thus, this study aims to explore the effects of implementing theme-based instruction on the attitudes of upper-grade elementary school students towards safety in open water areas. The

[*] M.A. student, College of Management, National Taiwan Sport University.

[**] M.A. student, College of Management, National Taiwan Sport University. (Corresponding author)

[***] M.A. student, College of Management, National Taiwan Sport University. (Second author)

results of this research are expected to provide insights for the implementation of water safety education among upper-grade elementary school students.

The research employed a "quasi-experimental design" with fifth-grade students from a primary school in New Taipei City. The experimental group (Class A) consisted of 25 students who received theme-based instruction, while the control group (Class B) comprised 22 students who did not receive theme-based instruction. The experimental group participated in a six-lesson theme-based instruction program on water activities safety, while the control group did not engage in such activities. The research instrument used was a well-validated questionnaire on water activities safety themed instruction with good reliability and validity. Pretest and posttest measures were conducted for both groups. The collected research data were analyzed using paired-sample t-tests to examine the differences. The results of this study are as follows: 1.Effectiveness of theme-based instruction on students' attitudes towards water activities safety: The experimental group showed improvement in attitudes towards water activities safety, specifically in the dimensions of "safety and protection knowledge," "safety and protection behaviors," "risk awareness and vigilance," and "safety and protection awareness." The dimension with the highest effectiveness was "safety and protection knowledge." 2.Pretest-posttest differences in implementing theme-based instruction on water activities safety: The experimental group demonstrated significantly higher scores in the posttest compared to the pretest in the dimensions of "safety and protection knowledge," "safety and protection behaviors," and "risk awareness and vigilance." In contrast, the control group did not exhibit significant differences between pretest and posttest scores. These findings indicate that theme-based instruction on water activities safety in this study effectively enhanced students' attitudes towards water activities safety.

Keywords: theme-based instruction, attitudes towards water activities safety, drowning prevention knowledge

一 前言

　　臺灣身為海島，四面環海，周邊的水域活動盛行。歷年來發生數起溺水事件，造成學生寶貴人命的喪生。因此，在現行的水域安全教育制度下，學生是否具備基本的游泳、自救能力以及相關的防溺知識，水域安全教育有無落實，對照每年數起的溺水事件，更顯得格外重要。本研究之目的為瞭解新北市某國民小學高年級學生對於開放水域安全學習態度，以問卷調查進行資料收集，研究問卷將參考國內外相關文獻進行編製。

（一）研究背景與動機

　　依據世界衛生組織（World Health Organization, WHO）在二〇一四年十一月發行的溺水全球報告：《預防一個主要殺手》（*Global Report on Drowning: Preventing a Leading Killer*）中，全球每年估計有三十七點二萬，每時每日就有四十人死於溺水。溺水的死傷占全球總死亡率的百分之九，是全球第三大原因意外傷害死亡的原因，占所有與傷害有關死亡的百分之七。根據臺灣二〇二一年消防機關水域救援統計，臺灣在二〇二一年有九百二十六人死於溺水事件，其中十二歲以下兒童占了十一人，且發生原因多歸因於戲水。

　　研究者身分為國小教師，為了避免這些憾事再次發生，研究者認為必須從國小教育端著手改善。故本研究針對新北市國小高年級學生對於開放水域的安全態度，提出教學上面的挑戰與改善，藉以提升學生對水域安全的敏銳度，由學生水域安全教育的角度出發，探討主題式教學對於學生水域安全教育課程的影響，將有助於達成校園防溺的目標，此為本研究動機之一。

　　臺灣是一個四面環海的島國，我們的生活與水有著密不可分的關係，我們無法時刻陪伴孩子，與其教導他們不接近河川、溪水與海邊，不如讓他們提升水域活動安全態度，以及增加自救技巧，研究者認為才是真正有效降低溺水事件的方法。此為本研究動機之二。

（二）研究目的與問題

1　本研究目的如下

探討主題式教學對於學生水域安全態度的差異情形。

2　本研究問題如下

探討主題式教學對於學生水域安全態度是否有差異？

二　文獻探討

（一）主題式教學

學習應是朝著多元智慧的方向進行，而非侷限於「一元化的智慧」，為了能使此目標達成，教師應運用多元的教學策略，以提供不同的學習模式，協助學生發展多元智慧的潛能。主題式教學（Thematic Teaching, TT）是以主題為核心，設計相關的教學內容與活動。強調每次的教學活動，都是以解決或釐清某一主題的方式來設計（陳文典，2011）。

因此，此主題與學生日常生活相結合，教師的教學內容或是引導學生學習的經驗，皆是環繞此一特定焦點的主題來設計（蔡福興，2001）。教師可透過多元化的課程活動，統整並提供焦點知識脈絡，讓學生能在學習的歷程中，建構對此焦點主題的認知與省思。

主題式教學一方面強調以「核心議題」為焦點，另一方面也要求與日常生活結合，所以主題式教學的建構有兩個層次，一方面是跨學科知識內容的建構，另一方面是學習方法或策略的建構。且教學通常採取小組教學，透過異質性小組成員的互動、對話，有助於團體經驗的學習（高翠霞，1998）。

故本研究針對新北市某國小高年級學生對於開放水域的安全態度，結合主題式教學法，提出教學上面的挑戰，藉以改善學生對水域安全的態度，希望有效降低學生溺亡事件之發生。

（二）水域活動安全態度

校園水域安全教育之推動受到社會各界的重視，更被視為教育部推動校園安全教育成效的重要指標之一。教育部水域安全之推動長久以來即以游泳教學做為基礎與出發點，從二○○○年實施提升學生游泳能力中程計畫開始，希望透過教育體系的教學系統進行學生游泳能力的提升，降低學生溺斃事件的發生（教育部，2000）。

黃奕璁（2021）研究青少年在水域安全認知研究中指出唯有在青少年自己清楚將會面臨何種風險的狀態下，才能徹底了解該水域活動是否適合自己。相對地，青少年對水域活動的認知越清楚，就越能了解自身可能會深陷何種高風險。

林宜亨（2017）也指出水域安全認知與海洋運動參與意願有正向關聯，在海洋體驗中主動學習有助於提升水域安全認知,而水域安全認知則是提升海洋運動參與意願之必備條件。所以水域安全教育不僅僅能培養學生認知風險，亦能提升其參與海洋活動的意願，可見水域安全教育是不容忽視的一門課程。

依據一○八課綱，中小學海洋教育應以發展「親海、愛海、知海」的新運動，培養一般國民的海洋通識素養為主軸，其實方式可藉由海洋飲食、生態旅遊及休閒活動開始進行，讓學生親近海洋、感受海洋。透過親近海洋，引發學生探討海洋社會科學、海洋文化、海洋科學、海洋資源的動機，進而培養學生探索海洋領域，解決海洋問題的能力，形塑對海洋友善的態度與價值觀。（莊鑫裕，2017）。

羅綸新在二○一八年的研究中指出在目前「十二年國民基本教育課程綱要」中，健康與體育領域融入海洋教育議題，期望藉由參與水域休閒活動培養學生水域安全素養，包含三項層面：

一、知識：戶外戲水自救和求救安全知識、運動傷害和防護概念、水域生態的瞭解。

二、情意：探討水域休閒活動潛藏危機的情境、進行安全上考量及評估、
　　　體驗安全之海洋休閒與觀光活動。

三、技能：離地漂浮能力、求生技能的體驗活動。

（三）相關研究

　　研究者蒐集有關主題式教學及水域安全態度相關之研究，茲將部分論文
的研究目的、研究方法及研究對象整理成表1如下（研究者自行整理）：

表1　主題式教育、水域安全態度相關文獻分析表

研究者	研究目的	研究方法	研究對象
郭婉容（2016）	學生透過遊戲元素在主題式教學中的學習成效	問卷調查法準實驗教學法	七年級學生121人
謝語涵（2022）	透過繪本融入主題式教學與相關延伸活動後，幼兒在品格能力上的表現	行動研究法	中、大混齡班30位幼兒
陳秀婷（2009）	主題式教學活動對學生科學過程技能的影響，以及對科學態度的改變	問卷調查法準實驗教學法	中年級學生28位
盧旻彥（2022）	探討教師在實施水域安全教育的內涵與學生在水域安全教育內涵的能力之差異	問卷調查法	教師部分30份，學生部分202份
黃奕璁（2021）	知覺風險、同儕關係、水域活動安全教育、以及個體態度對於青少年參與水域活動意圖的關係	問卷調查法	國中、高中之青少年488份

　　根據上列之各項實徵性研究中發現，研究者歸納以下幾點：

一、學者郭婉容「遊戲元素在主題式教學的運用及成效——以認識校園植物為例」的研究中，進行兩節半的課程教學，其研究對象的學習態度並無顯著差異；學者謝語涵「運用繪本融入主題式教學於幼兒品格教育之行動研究」及陳秀婷「以主題式教學提升學生過程技能與態度之研究——校園植物」，分別進行六週和十八節課的主題式教學，其研究對象在態度的面向皆有正向影響。

二、學者盧旻彥「金門縣國民中學實施水域安全教育之研究」發現學生在安全知識及防溺知識的得分低於老師，而黃奕璁「知覺風險、同儕關係、水域活動安全教育、個體態度對於青少年參與水域活動意圖之影響」中，發現當青少年感到心理風險、社會風險、財務風險、或是時間風險提高時，對於水域安全教育內容的需求及渴望就越高。

綜上所述，因國小階段有既定之課程，故本研究僅能利用兩周共六節課時間，結合主題式教學法，針對新北市國小高年級學生對於開放水域的安全學習進行研究，期許能藉此助學校達成校園防溺的目標。

三　研究方法

本研究旨在探討主題式水域活動安全教學對於國小學生安全學習態度之影響。先確定研究目的、研究範圍後，進行文獻探討的蒐集與探究，作為研究的理論基礎後，規劃建立本研究的設計方向與實施步驟，進而得到研究的資料來進行處理與分析，歸納出研究的結論與建議。本章共分為六個部分，（一）研究架構；（二）研究假設；（三）範圍與對象；（四）研究設計與工具；（五）問卷調查實施過程；（六）資料整理與分析。

（一）研究架構

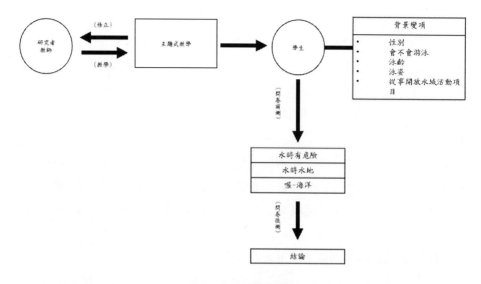

圖1　研究架構圖

（二）研究假設

主題式教學對五年級學生學習水域活動安全態度有顯著影響。

（三）研究範圍與對象

依據教育部「學生水域運動安全網站」的資料顯示，一一一學年發生溺水死亡的人數統計指出國小為三人、國中一人、高中職八人，大專院校四人，國小階段溺水死亡人數高於國中，故本研究為針對十二歲以下的國小學生族群做為研究對象。

研究者生活場域為新北市，為了方便樣本取樣，也為了使得本研究之結果能夠提供新北市學校單位規劃防治國小生溺水事故之相關課程，故本研究之研究範圍遂以新北市某國小學生作為研究樣本。

（四）研究設計與工具

1　實驗設計

　　為瞭解國小高年級學童的水域安全素養在其參與水域活動安全教育教學活動後是否有增進，本研究採用「不等的前測──後測對照組設計」的準實驗設計，透過實驗組和對照組的前、後測問卷調查結果，瞭解研究目的是否達成。

　　本實驗計畫以新北市某國小五年級的學生為對象，實驗設計共分為二組，一組為實驗組、一組為對照組，實驗組的學生接受前測問卷調查、參與實驗課程的教學、接受課程後的後測問卷；對照組的學生則完全沒有參與實驗課程的教學，只接受前、後測問卷調查。實驗組為參與實驗研究的教師班級；對照組隨機選取五年級的另一班，並對這二班施以前測。實驗教學由其一研究者擔任教學教師，其餘研究者擔任協同教學教師，實施協同教學。將主題式教學融入健康課程及綜合課程，每次一節課，每週三節課，兩週共實施六節課，由研究者們共同推動此計畫。本研究有一班對照組，只填寫前、後測問卷，但未接受教學。

2　課程設計

表2　主題式教學單元和教學目標一覽表

單元名稱	教學目標	學習內容	教學方法	節數
第一單元 水時有危險	1.檢測學生對水域安全的認知 2.增進學生對水域環境的認識	水域就在我們身邊 認識水域的安全標誌	講述 合作學習	2
第二單元 水時水地	1.培養學生知覺水域活動風險的能力 2.增進學生的自救能力	認識水域危險因子 介紹自救的方法 介紹救援的方式 心肺復甦術	講述 實際操作 科技融合	2

（續表）

單元名稱	教學目標	學習內容	教學方法	節數
第三單元 喔～海洋	1.總結課程內容與學生心得分享 2.檢測學生對水域安全的認知	情境劇 學生實際操作CPR 心得分享	講述 合作學習 實際操作 科技融合	2
合計6節				

　　本研究透過主題式教學，以「水」為主題，結合健康課及綜合課，設計一系列課程，藉以瞭解國小高年級學童的水域安全態度改變的情形。研究者於正式教學實驗前，先完成主題式教學活動設計（參見附錄二），其教學活動內容為：水時有危險（知能）、水時水地（技能）以及喔～海洋（情意）等三個單元。透過「水時有危險」加強學生風險警戒知能；藉由「水時水地」單元，訓練學生在「安全防護知識」及「安全防護行為」的能力；最後「喔～海洋」整合主題教學，同時培養「安全防護意識」。

（1）教學目標

　　本課程藉由主題式教學與實際操作，期許能提升國小學生的水域活動安全態度。學生參與本教學活動後，需達到以下的教學目標：

一、增進學生對水域環境的認識。
二、提升學生水域活動安全態度。
三、增進學生的自救能力。

（2）教學時程

　　本教學活動為期二週，於二○二二年十二月十三日至十二月二十七日間，利用實驗班的健康課及綜合課進行教學，每節上課時間四十分鐘，全部教學活動共計六節，兩百四十分鐘。

　　本課程之實施流程，首先「水時有危險」單元，以認識水域環境為主，透過相片及影片的呈現，以及配對遊戲，來引起學生們對水域環境的覺知與認識，提升學生對水域環境的注意與興趣；接著「水時水地」單元，指導學

生瞭解面對不同的水域環境危險時，有哪些自救的方式，以及實際操作安妮，進行 CPR 的教學；最後進行「喔～海洋」單元，藉由便條紙，讓學生回答三個問題，並將回答黏貼於黑板上，先讓大家自由觀看，之後再讓他們分享，讓學生再次複習課程內容，同時也增進他們對於水域活動安全教育的重視。

（3）教學對象

基於本研究之教學考量，採取立意取樣，取樣的國小為新北市某國民小學，學校採取常態編班。班級則選擇五年級學生兩班，五年 A 班二十五人與五年 B 班二十二人，合計共四十七位學生。五年 A 班為實驗組，進行水域活動安全教育教學活動；五年 B 班為對照組，不進行上述教學活動。

（4）教學場景

本研究的教學活動，共三個單元，分別各兩節課，在新北市某國小五年 A 班進行，內有投影機設備、網路連線與平板車。課程結合數位科技，讓學生運用科技了解水域環境的知識；CPR 的實際操作，讓學生確實習得救援的步驟及細節；心得分享，讓學生說出課堂的感受，再次複習課程的內容，及增進其對於水域安全知能之認同。

3　實驗工具

本研究問卷引用吳奕均（2022）「基隆市國小高年級學生開放水域安全素養之調查研究」之問卷。

（1）第一部分

為學生個人基本資料（勾選題），包含：性別、會不會游泳、泳姿、泳齡、從事開放水域活動項目，共計5題。

（2）第二部分

為國小學生開放水域安全態度量表，內容涵蓋「安全防護知識」4題、

「安全防護意識」3題、「安全防護行為」7題及「風險警戒知能」5題等四大構面，共計19題。採用李克特式四點量表計分，共分為「非常不同意」、「不同意」、「同意」、「非常同意」四個選項。勾選「非常不同意」為1分，「不同意」2分，「同意」3分、「非常同意」4分。

（五）問卷調查實施過程

本研究使用問卷調查法，由於引用吳奕均（2022）「基隆市國小高年級學生開放水域安全素養之調查研究」之國小學生開放水域安全態度量表，此問卷經過四位專家溫 O 謀教授、陳 O 文教授、戴 O 安老師及吳 O 競老師審查，經專家效度、鑑別度、難度及信度考核過程檢驗後，修正題目敘述形成正式問卷，故本研究無發放預試問卷，直接進行構面信度分析。

1　構面信度分析

信度的意義為測驗結果的一致性，George 和 Mallery（2003）的建議其數值大於.9為高信度；介於.7及.9之間為中上信度；介於.5及.7之間為中下信度；小於.5則沒有信度意義。「國小學生開放水域安全態度量表」信度分析結果，在「安全防護知識」信度為0.79；「安全防護意識」信度為0.83；「安全防護行為」信度為0.84；「風險警戒知能」信度為0.82；整體信度為0.94。

表3　問卷第三部分「國小學生開放水域安全態度量表」信度分析結果

構面	信度
安全防護知識	0.79，達中上信度
安全防護意識	0.83，達中上信度
安全防護行為	0.84，達中上信度
風險警戒知能	0.82，達中上信度
整體信度0.94	

（六）資料整理與分析

　　本研究所得資料的整理分析，包括實驗組與對照組問卷的前後測結果統計分析，以社會科學套裝軟體統計程式（IBM SPSS 29 Statistics Subscription Trial）進行統計分析，本研究使用的統計方法如下：

1　描述性統計

一、統計社會人口學變項的人數與百分比。

二、呈現開放水域救援技能、知識、風險判斷能力，及安全防護知識、意識、行為、風險警戒知能等之資料之平均值、標準差。

2　差異的顯著性考驗

一、獨立樣本 t 檢定（Independent t-test）分析實驗介入前，實驗組與對照組在安全防護知識、安全防護意識、安全防護行為及風險警戒知能等變項之間是否有顯著差異。

二、成對樣本 t 檢定（Paired t-test）考驗實驗組與對照組（同一組）前後測的安全防護知識、安全防護意識、安全防護行為及風險警戒知能等得分平均值是否有差異。

四　結果與討論

　　本研究為「不等的前測──後測對照組設計」的準實驗研究。本文共四個部分：

（一）研究對象的基本資料與個人因素分析。

（二）實驗組與對照組學生的前測資料分析。

（三）實驗組與對照組各自的前後測比較。

（四）實驗組與對照組的後測結果分析。

（一）研究對象的基本資料與個人因素分析

本研究對象的基本資料與個人因素分析包括：性別、游泳程度、游泳姿勢、泳齡及從事過哪些開放水域活動等。資料如表所示，以下進行描述性統計與相關討論。

1　性別

本研究實驗組男生有11人，佔44.0%；女生有14人，佔56.0%；共25人；對照組男生有12人，佔54.5%；女生有10人，佔45.5%；共22人；兩組合計人數為47人。

2　游泳程度

本研究實驗組很會游泳有3人，佔12.0%；游泳程度普通有11人，佔44.0%；不會游泳有11人，佔44.0%。對照組很會游泳有0人，佔0%；游泳程度普通有12人，佔54.5%；不會游泳有10人，佔45.5%。

3　游泳姿勢

本研究實驗組泳姿皆不會有12人，佔48.0%；會一種泳姿有5人，佔20.0%；會兩種泳姿有2人，佔8.0%；會三種泳姿有3人，佔12.0%；會四種泳姿有3人，佔12.0%。對照組泳姿皆不會有8人，佔36.4%；會一種泳姿有5人，佔22.7%；會兩種泳姿有3人，佔13.6%；會三種泳姿有2人，佔9.1%；會四種泳姿有4人，佔18.2%。其中以自由式最多人，實驗組有9人，對照組有12人。

4　泳齡

本研究實驗組不曾游泳過有5人，佔20.0%；未滿一年有9人，佔36.0%；一年以上未滿三年有6人，佔24.0%；三年以上有5人，佔20.0%。對照組不曾游泳過有5人，佔22.7%；未滿一年有7人，佔31.8%；一年以上未滿三年有4人，佔18.2%；三年以上有6人，佔27.3%。

5 從事過哪些開放水域活動

　　本研究實驗組未曾從事水域活動有4人，佔12.0%；從事過1-4種水域活動有17人，佔68.0%；從事過5-8種水域活動有2人，佔8.0%；從事9-12種水域活動有2人，佔8.0%。對照組未曾從事水域活動有4人，佔18.2%；從事過1-4種水域活動有17人，佔77.3%；從事過5-8種水域活動有1人，佔4.5%；從事9-12種水域活動有0人，佔0%。其中以從事過戶外游泳的人數最多，實驗組有13人，對照組有14人。

表4　研究對象基本資料與個人因素比較表

背景變項		實驗組		對照組	
		人數	百分比（%）	人數	百分比（%）
性別	男	11	44.0	12	54.5
	女	14	56.0	10	45.5
游泳程度	很會游泳	3	12.0	0	0
	普通	11	44.0	12	54.5
	不會游泳	11	44.0	10	45.5
游泳姿勢	泳姿皆不會	12	48.0	8	36.4
	會一種泳姿	5	20.0	5	22.7
	會兩種泳姿	2	8.0	3	13.6
	會三種泳姿	3	12.0	2	9.1
	會四種泳姿	3	12.0	4	18.2
泳齡	不曾游泳	5	20.0	5	22.7
	未滿一年	9	36.0	7	31.8
	一年以上未滿三年	6	24.0	4	18.2
	三年以上	5	20.0	6	27.3

（續表）

背景變項		實驗組		對照組	
		人數	百分比（%）	人數	百分比（%）
性別	男	11	44.0	12	54.5
	女	14	56.0	10	45.5
游泳程度	很會游泳	3	12.0	0	0
	普通	11	44.0	12	54.5
	不會游泳	11	44.0	10	45.5
從事過哪些開放水域活動	未曾從事水域活動	4	12.0	4	18.2
	從事過1-4種水域活動	17	68.0	17	77.3
	從事過5-8種水域活動有	2	8.0	1	4.5
	從事過9-12種水域活動	2	8.0	0	0

（二）實驗組與對照組學生的前測資料分析

本節主要在探討實驗組實施水域活動安全教育教學活動前，分析比較實驗組與對照組的前測資料，瞭解實驗介入前，實驗組與對照組在安全防護知識、安全防護意識、安全防護行為及風險警戒知能等變項之間是否有差異。

1 實驗介入前實驗組與對照組的各變項相關比較

為瞭解實驗組與對照組二組學生在實驗教學介入前，在安全防護知識、安全防護意識、安全防護行為及風險警戒知能等變項之間是否有差異，以獨立樣本 t 檢定分析二組各變項間的差異性，由表5的比較結果得知，實驗組與對照組在各變項之間無顯著差異。

表5　實驗組與對照組前測各種變項上的比較結果（N=47）

變項	組別	平均值	標準差	t	p-value
安全防護知識	實驗組	3.44	0.66	1.39	.172
	對照組	3.17	0.67		
安全防護意識	實驗組	3.47	0.80	.41	.683
	對照組	3.38	0.64		
安全防護行為	實驗組	3.37	0.69	.97	.338
	對照組	3.18	0.65		
風險警戒知能	實驗組	3.42	0.74	1.82	.075
	對照組	3.07	0.55		

註：*表 $p < .05$、

2　實驗組與對照組前測各變項下各子題的結果分析

　　針對實驗組與對照組在安全防護知識、安全防護意識、安全防護行為、及風險警戒知能等變項前測結果，逐題進行比較分析，瞭解兩組的得分情形與差異程度。

（1）兩組學生前測的安全防護知識的比較結果分析

　　前測時實驗組與對照組學生在安全防護知識的比較各題，以獨立樣本 t 檢定結果如表6所示，所有題目均未達顯著差異。

表6　實驗組與對照組在安全防護知識的比較結果（N=47）

題目	組別	平均值	標準差	t	p-value
我知道遭受潮間帶危險生物攻擊時緊急處理之方式。	實驗組	3.36	.81	1.74	.089
	對照組	2.95	.79		
我認識紫外線或過度曝曬於陽光下對皮膚與眼睛的影響。	實驗組	3.52	.82	1.10	.277
	對照組	3.27	.70		

（續表）

題目	組別	平均值	標準差	t	p-value
我能列舉開放水域活動中，所需的必要及救生安全裝備（例如：蛙鞋、防滑鞋、防磨衣、救生衣、魚雷浮標、浮力袋、救生板等）。	實驗組	3.36	.99		
	對照組	3.27	.94	.31	.759
我了解有哪些身體健康狀況會影響從事開放水域活動（例如：睡眠充足、良好身心狀況等）。	實驗組	3.52	.77		
	對照組	3.18	.96	1.34	.187

註：*表 p＜.05、

（2）兩組學生前測的安全防護意識的比較結果分析

前測時實驗組與對照組學生在安全防護意識的比較各題，以獨立樣本 t 檢定結果如表7所示，所有題目均未達顯著差異。

表7　實驗組與對照組在安全防護意識的比較結果（N=47）

題目	組別	平均值	標準差	t	p-value
我理解愛護、尊重海洋生態並友善海洋環境等環境倫理。	實驗組	3.68	.69	.47	.639
	對照組	3.59	.59		
在開放水域戲水時，我會避免在水中過度嘻鬧、壓頭及試膽活動。	實驗組	3.40	1.04	-.03	.973
	對照組	3.41	.73		
在開放水域戲水時，我不會慫恿他人潛入水中。	實驗組	3.32	.99	.67	.509
	對照組	3.14	.89		

註：*表 p＜.05、

（3）兩組學生前測的安全防護行為的比較結果分析

前測時實驗組與對照組學生在安全防護行為的比較各題，以獨立樣本 t 檢定結果如表8所示，除「我能辨識並遠離潮間帶有毒或危險的海洋生物。」（p＝.004*）此題達顯著差異外，其餘各題並未達顯著差異。

表8　實驗組與對照組在安全防護行為的比較結果（N=47）

題目	組別	平均值	標準差	t	p-value
我能辨識並遠離潮間帶有毒或危險的海洋生物。	實驗組	3.56	.82	3.08	.004*
	對照組	2.73	1.03		
前往開放水域環境時，我能戴帽子、穿著長袖，避免使用防曬乳，以達到防曬的效果。	實驗組	3.12	1.09	-.68	.503
	對照組	3.32	.89		
我能在開放水域環境中，做好安全防護措施。	實驗組	3.48	.82	.46	.646
	對照組	3.36	.90		
在開放水域中如遇緊急事件時，我知道如何使用救援設備（例如：救生圈、哨子、拋繩、救生板等）。	實驗組	3.44	.82	1.09	.281
	對照組	3.14	1.08		
我能在水中做出憋氣、吐氣及換氣動作。	實驗組	3.08	1.08	-.34	.735
	對照組	3.18	.96		
在開放水域中求生，我會先脫除妨礙漂浮的衣物，只留輕便且能夠助浮的衣物。	實驗組	3.40	.91	1.27	.210
	對照組	3.05	.99		
在開放水域中，若不幸發生溺水，要保持冷靜放鬆，以放鬆漂浮的方式能保留體力、延長漂浮時間。	實驗組	3.48	.87	.10	.918
	對照組	3.45	.80		

註：*表 p＜.05、

（4）兩組學生前測的警戒知能的比較結果分析

前測時實驗組與對照組學生在警戒知能的比較各題，以獨立樣本 t 檢定結果如表9所示，除「我能了解、查詢並判斷開放水域水中危險因子（例如：水中生物、暗流及離岸流等）」（p＝.021*）此題達顯著差異外，其餘各題並未達顯著差異。

表9　實驗組與對照組在警戒知能的比較結果（N=47）

題目	組別	平均值	標準差	t	p-value
我能運用預報系統（例如：中央氣象局166、167專線等）判讀開放水域活動安全性、危險程度與天候變化（例如：是否變天、暴雨、打雷、起霧、颱強風等）。	實驗組	3.40	.87	1.12	.267
	對照組	3.09	1.02		
從事開放水域活動遇到緊急事故時，我知道尋求協助的正確方法（例如：消防署119、警政署110、海巡署118、緊急救難專線112等）。	實驗組	3.60	.76	.91	.369
	對照組	3.41	.67		
我能了解、查詢並判斷開放水域水面危險因子（例如：水流、漲退潮、瘋狗浪及消波塊等）。	實驗組	3.28	.98	.85	.399
	對照組	3.05	.90		
我能了解、查詢並判斷開放水域水中危險因子（例如：水中生物、暗流及離岸流等）。	實驗組	3.48	.82	2.39	.021*
	對照組	2.91	.81		
我能了解、查詢並判斷開放水域水底危險因子（例如：水底礁岩、廢棄物及深度落差等）。	實驗組	3.36	1.04	1.65	.107
	對照組	2.91	.81		

註：*表 p<.05、

（三）實驗組與對照組學生前後測比較

本節在探討實施水域安全教育教學活動後，對實驗組與對照組學生施予後測，以成對樣本 t 檢定（Paired t-test）分析比較實驗組與對照組前後測的差異性，瞭解實驗課程教學對實驗組在安全防護知識、安全防護意識、安全防護行為、及風險警戒知能等變項之間是否有顯著的差異。

1 對照組學生前後測的比較

為瞭解對照組學生未實施水域安全教育教學活動，其開放水域安全防護知識、安全防護意識、安全防護行為、及風險警戒知能等變項的前後測得分是否有差異。本研究將對照組學生在開放水域安全防護知識、安全防護意識、安全防護行為、及風險警戒知能等變項所測得的前後測分數，進行成對樣本 t 檢定（Paired t-test），比較結果如表10所示。由此結果得知，未實施實驗教學的對照組學生，其前後測採成對樣本 t 檢定均未呈現統計上的顯著差異：安全防護知識（p＝.10）、安全防護意識（p＝.35）、安全防護行為（p＝.68）、風險警戒知能（p＝.21）。顯示未實施實驗教學的對照組學生前後測成績並無顯著差異。

表10　對照組學生的前後測分數成對樣本 T 檢定比較結果

變項		平均值	標準差	t	df	p-value
安全防護知識	前測	3.17	.67	-1.71	21	.102
	後測	3.45	.57			
安全防護意識	前測	3.38	.64	-.96	21	.348
	後測	3.53	.52			
安全防護行為	前測	3.18	.65	-.42	21	.681
	後測	3.26	.57			
風險警戒知能	前測	3.07	.55	-1.28	21	.215
	後測	3.28	.61			

註：*表 p＜.050，**表 p＜.010，

2　實驗組學生前後測的比較

為瞭解實驗組學生在實施水域安全教育教學活動，其開放水域安全防護知識、安全防護意識、安全防護行為、及風險警戒知能等變項的前後測得分是否有差異。本研究將實驗組學生在開放水域安全防護知識、安全防護意識、安全防護行為、及風險警戒知能等變項所測得的前後測分數，進行成對樣本 t 檢定（Paired t-test），比較結果如表11所示。

經由比較結果，實施主題式教學的實驗組學生，其前後測得分的成對樣本 t 檢定雖未呈現統計上的顯著差異：安全防護知識（p＝.96）、安全防護意識（p＝.81）、安全防護行為（p＝.86）、風險警戒知能（p＝.97）。但各變項除了「安全防護意識」，平均值皆有增加。

表11　實驗組學生的前後測分數成對樣本t檢定比較結果

變項		平均值	標準差	t	df	p-value
安全防護知識	前測	3.44	.66	-.05	24	.961
	後測	3.45	.71			
安全防護意識	前測	3.47	.80	.24	24	.813
	後測	3.41	.73			
安全防護行為	前測	3.37	.69	-.20	24	.846
	後測	3.41	.68			
風險警戒知能	前測	3.42	.74	-.035	24	.972
	後測	3.43	.65493			

註：*表 p＜.050，**表 p＜.010，

3　實驗組學生前後測各面向試題結果比較分析

（1）實驗組學生安全防護知識的前後測比較

就實驗組學生對安全防護知識答案的瞭解程度答題前後測結果，進行成

對樣本 t 檢定，所得結果如表12所示，實驗組學生對安全防護知識答案的瞭解程度各題中，前後測成績均未達顯著差異。

表12　實驗組學生安全防護知識的前後測成對樣本t檢定比較結果

題目		平均值	標準差	t	自由度	p-value
我知道遭受潮間帶危險生物攻擊時緊急處理之方式。	前測	3.36	.81	-.17	24	.870
	後測	3.40	.87			
我認識紫外線或過度曝曬於陽光下對皮膚與眼睛的影響。	前測	3.52	.82	.51	24	.612
	後測	3.40	.82			
我能列舉開放水域活動中，所需的必要及救生安全裝備（例如：蛙鞋、防滑鞋、防磨衣、救生衣、魚雷浮標、浮力袋、救生板等）。	前測	3.36	.99	-.30	24	.765
	後測	3.44	.77			
我了解有哪些身體健康狀況會影響從事開放水域活動（例如：睡眠充足、良好身心狀況等）。	前測	3.52	.77	-.18	24	.857
	後測	3.56	.71			

註：*表 p＜.050，**表 p＜.010，

（2）實驗組學生安全防護意識的前後測比較

就實驗組學生對安全防護意識答案的瞭解程度答題前後測結果，進行成對樣本 t 檢定，所得結果如表13所示，實驗組學生對安全防護意識答案的瞭解程度各題中，前後測成績均未達顯著差異。

表13　實驗組學生安全防護意識的前後測成對樣本t檢定比較結果

題目		平均值	標準差	t	自由度	p-value
我理解愛護、尊重海洋生態並友善海洋環境等環境倫理。	前測	3.68	.69	.87	24	.395
	後測	3.48	.87			
在開放水域戲水時，我會避免在水中過度嬉鬧、壓頭及試膽活動。	前測	3.40	1.04	-.42	24	.677
	後測	3.52	.82			
在開放水域戲水時，我不會慫恿他人潛入水中。	前測	3.32	.99	.32	24	.753
	後測	3.24	.93			

註：*表 p＜.050，**表 p＜.010，

（3）實驗組學生安全防護行為的前後測比較

　　就實驗組學生對安全防護行為答案的瞭解程度答題前後測結果，進行成對樣本 t 檢定，所得結果如表14所示，實驗組學生對安全防護行為答案的瞭解程度各題中，前後測成績均未達顯著差異。

表14　實驗組學生安全防護行為的前後測成對樣本t檢定比較結果

題目		平均值	標準差	t	自由度	p-value
我能辨識並遠離潮間帶有毒或危險的海洋生物。	前測	3.56	.82	.66	24	.516
	後測	3.40	.87			
前往開放水域環境時，我能戴帽子、穿著長袖，避免使用防曬乳，以達到防曬的效果。	前測	3.12	1.09	-.67	24	.511
	後測	3.32	.95			
我能在開放水域環境中，做好安全防護措施。	前測	3.48	.82	-.33	24	.746
	後測	3.56	.77			

（續表）

題目		平均值	標準差	t	自由度	p-value
在開放水域中如遇緊急事件時，我知道如何使用救援設備（例如：救生圈、哨子、拋繩、救生板等）。	前測	3.44	.82	-.15	24	.882
	後測	3.48	.87			
我能在水中做出憋氣、吐氣及換氣動作。	前測	3.08	1.08	-.66	24	.519
	後測	3.28	.94			
在開放水域中求生，我會先脫除妨礙漂浮的衣物，只留輕便且能夠助浮的衣物。	前測	3.40	.91	.70	24	.491
	後測	3.24	.97			
在開放水域中，若不幸發生溺水，要保持冷靜放鬆，以放鬆漂浮的方式能保留體力、延長漂浮時間。	前測	3.48	.87	-.35	24	.731
	後測	3.56	.71			

註：*表 p＜.050，**表 p＜.010，***表 p＜.001

（4）實驗組學生風險警戒知能的前後測比較

　　就實驗組學生對風險警戒知能答案的瞭解程度答題前後測結果，進行成對樣本 t 檢定，所得結果如表15所示，實驗組學生對風險警戒知能答案的瞭解程度各題中，前後測成績均未達顯著差異。

表15　實驗組學生風險警戒知能的前後測成對樣本t檢定比較結果

題目		平均值	標準差	t	自由度	p-value
我能運用預報系統（例如：中央氣象局166、167	前測	3.40	.87	.29	24	.775
	後測	3.32	.95			

（續表）

題目		平均值	標準差	t	自由度	p-value
專線等）判讀開放水域活動安全性、危險程度與天候變化（例如：是否變天、暴雨、打雷、起霧、颱強風等）。						
從事開放水域活動遇到緊急事故時，我知道尋求協助的正確方法（例如：消防署119、警政署110、海巡署118、緊急救難專線112等）。	前測	3.60	.76	.00	24	1.000
	後測	3.60	.50			
我能了解、查詢並判斷開放水域水面危險因子（例如：水流、漲退潮、瘋狗浪及消波塊等）。	前測	3.28	.98	-.12	24	.903
	後測	3.32	.90			
我能了解、查詢並判斷開放水域水中危險因子（例如：水中生物、暗流及離岸流等）。	前測	3.48	.82	.31	24	.759
	後測	3.40	.76			
我能了解、查詢並判斷開放水域水底危險因子（例如：水底礁岩、廢棄物及深度落差等）。	前測	3.36	1.04	-.58	24	.566
	後測	3.52	.71			

註：*表 p＜.050，**表 p＜.010，***表 p＜.001

（四）實驗組與對照組學生的後測結果分析

本節在比較實施主題式教學後實驗組與對照組的後測結果，以瞭解實驗

組與對照組在安全防護知識、安全防護意識、安全防護行為、及風險警戒知能等變項之間是否有顯著的差異。

1 兩組學生在後測的各變項相關比較

為了瞭解實驗組與對照組兩組學生在實施主題式教學後，在安全防護知識、安全防護意識、安全防護行為、及風險警戒知能等變項之間是否有差異，以獨立樣本 t 檢定分析兩組各變項的差異性。由表16結果得知，雖安全防護知識（ p = .741）；安全防護意識（ p = .769）；安全防護行為（ p = .284）；風險警戒知能（ p = .318）等變項均未呈現顯著差異，但其中「安全防護知識」、「安全防護行為」及「風險警戒知能」實驗組的平均值皆高於對照組，這個結果表示主題式教學能影響實驗組學生的水域安全態度。而未呈現顯著差異，推測為校園每學期之宣導成效與其變項為學生可用其相關經驗去推導所致。

表16　實驗組與對照組後測各種變項上的比較結果（N=47）

變項	組別	平均值	標準差	t	p-value
安全防護知識	實驗組	3.45◎	.71	.33	.741
	對照組	3.39◎	.59		
安全防護意識	實驗組	3.41◎	.73	-.30	.769
	對照組	3.47◎	.54		
安全防護行為	實驗組	3.41◎	.68	1.09	.284
	對照組	3.21◎	.55		
風險警戒知能	實驗組	3.43◎	.65	1.01	.318
	對照組	3.25◎	.60		

註：*表 p＜.050，**表 p＜.010，***表 p＜.001、△表平均值最高5分、◎表平均值最高4分

2 兩組學生後測變項下各子題的結果分析

（1）兩組學生後測的安全防護知識結果分析

後測時實驗組與對照組學生在安全防護知識的各題，以獨立樣本 t 檢定結果如表17所示，所有問題均未達顯著差異。

表17　實驗組與對照組在後測安全防護知識的比較結果（N=47）

題目	組別	平均值	標準差	t	p-value
我知道遭受潮間帶危險生物攻擊時緊急處理之方式。	實驗組	3.40	.87	1.34	.187
	對照組	3.05	.95		
我認識紫外線或過度曝曬於陽光下對皮膚與眼睛的影響。	實驗組	3.40	.82	.66	.511
	對照組	3.23	.97		
我能列舉開放水域活動中，所需的必要及救生安全裝備（例如：蛙鞋、防滑鞋、防磨衣、救生衣、魚雷浮標、浮力袋、救生板等）。	實驗組	3.44	.77	-.55	.587
	對照組	3.55	.51		
我了解有哪些身體健康狀況會影響從事開放水域活動（例如：睡眠充足、良好身心狀況等）。	實驗組	3.56	.71	-.94	.350
	對照組	3.73	.46		

註：*表 $p<.050$，**表 $p<.010$，***表 $p<.001$

（2）兩組學生後測的安全防護意識結果分析

後測時實驗組與對照組學生在安全防護意識的各題，以獨立樣本 t 檢定結果如表18所示，所有問題均未達顯著差異。

表18　實驗組與對照組在後測安全防護意識的比較結果（N=47）

題目	組別	平均值	標準差	t	p-value
我理解愛護、尊重海洋生態並友善海洋環境等環境倫理。	實驗組	3.48	.87	-.09	.928
	對照組	3.50	.60		
在開放水域戲水時，我會避免在水中過度嬉鬧、壓頭及試膽活動。	實驗組	3.52	.82	.29	.777
	對照組	3.45	.74		
在開放水域戲水時，我不會慫恿他人潛入水中。	實驗組	3.24	.93	-.87	.389
	對照組	3.45	.74		

註：*表 p＜.050，**表 p＜.010，***表 p＜.001

（3）兩組學生後測的安全防護行為結果分析

　　後測時實驗組與對照組學生在安全防護行為的各題，以獨立樣本 t 檢定結果如表19所示，所有問題均未達顯著差異。

表19　實驗組與對照組在後測安全防護行為的比較結果（N=47）

題目	組別	平均值	標準差	t	p-value
我能辨識並遠離潮間帶有毒或危險的海洋生物。	實驗組	3.40	.87	1.93	.060
	對照組	2.86	1.04		
前往開放水域環境時，我能戴帽子、穿著長袖，避免使用防曬乳，以達到防曬的效果。	實驗組	3.32	.95	1.47	.149
	對照組	2.91	.97		
我能在開放水域環境中，做好安全防護措施。	實驗組	3.56	.77	.48	.635
	對照組	3.45	.74		
在開放水域中如遇緊急事	實驗組	3.48	.87	.67	.508

（續表）

題目	組別	平均值	標準差	t	p-value
件時，我知道如何使用救援設備（例如：救生圈、哨子、拋繩、救生板等）。	對照組	3.32	.78		
我能在水中做出憋氣、吐氣及換氣動作。	實驗組	3.28	.94	-.15	.881
	對照組	3.32	.78		
在開放水域中求生，我會先脫除妨礙漂浮的衣物，只留輕便且能夠助浮的衣物。	實驗組	3.24	.97	.05	.962
	對照組	3.23	.81		
在開放水域中，若不幸發生溺水，要保持冷靜放鬆，以放鬆漂浮的方式能保留體力、延長漂浮時間。	實驗組	3.56	.71	.98	.334
	對照組	3.36	.66		

註：*表 p＜.050，**表 p＜.010，***表 p＜.001

（4）兩組學生後測的風險警戒知能結果分析

後測時實驗組與對照組學生在風險警戒知能的各題，以獨立樣本 t 檢定結果如表20所示，所有問題均未達顯著差異。

表20　實驗組與對照組在後測風險警戒知能的比較結果（N=47）

題目	組別	平均值	標準差	t	p-value
我能運用預報系統（例如：中央氣象局166、167專線等）判讀開放水域活動安全性、危險程度	實驗組	3.32	.95	.01	.994
	對照組	3.32	.78		

（續表）

題目	組別	平均值	標準差	t	p-value
與天候變化（例如：是否變天、暴雨、打雷、起霧、颳強風等）。					
從事開放水域活動遇到緊急事故時，我知道尋求協助的正確方法（例如：消防署119、警政署110、海巡署118、緊急救難專線112等）。	實驗組	3.60	.50	1.68	.099
	對照組	3.32	.65		
我能了解、查詢並判斷開放水域水面危險因子（例如：水流、漲退潮、瘋狗浪及消波塊等）。	實驗組	3.32	.90	.01	.994
	對照組	3.32	.72		
我能了解、查詢並判斷開放水域水中危險因子（例如：水中生物、暗流及離岸流等）。	實驗組	3.40	.76	1.22	.229
	對照組	3.09	.97		
我能了解、查詢並判斷開放水域水底危險因子（例如：水底礁岩、廢棄物及深度落差等）。	實驗組	3.52	.71	1.54	.131
	對照組	3.18	.80		

註：*表 $p < .050$，**表 $p < .010$，***表 $p < .001$

五　結論與建議

　　本節旨在呈現實驗教學所得之結論，並依據研究發現提出建議，為未來進行相關研究或教學上之參考。全章共分兩部分，第一部分為結論，第二部分為建議。

（一）結論

本節依據研究結果，歸納出下列幾項結論：

1 探討實驗組學生在接受主題式教學後，與對照組在安全態度上的差異

實驗組經主題式教學後，其後測各變項平均得分雖略高於對照組，但並無顯著差異，顯示本研究的主題式水域活動安全教育教學活動，對實驗組學生的安全防護知識、安全防護意識、安全防護行為、及風險警戒知能沒有顯著改變被檢驗出來。研究者認為由於教學僅有兩周時間，而在謝語涵（2022）及陳秀婷（2009）的研究中，課程教學皆為六周以上，研究顯示在態度上皆有顯著改變，由此可知改變安全態度需要較長的教學時間，且本研究未透過實作來加深印象，故在安全態度上並無顯著差異。

2 實施水域安全主題式教學之前後測差異

以實驗組學生的前後測得分進行比較分析，發現實驗組學生除了「安全防護意識」，其餘變項得分略高於前測，顯示本研究的水域安全主題式教學，對實驗組學生的安全防護知識、安全防護行為、及風險警戒知能沒有顯著改變被檢驗出來。研究者認為因為學童在面對情意量表問卷時，對於自己的能力很有信心，所以得分較高，但當上過課程後，認知到自己不瞭解的部分，故在分數上並無顯著差異。

（二）研究建議

研究者根據研究結果與過程的發現，針對學校與課程教學提出個人建議。研究內容中有許多未盡完善的地方，及未能深入探討的部份，期望能藉此研究拋磚引玉，促成更多先進繼續針對水域活動安全教育課題進行研究，使其日趨完備，茲提供未來研究方向的建議，以供相關單位參考。

1　對學校的建議

（1）課程結合「水域活動安全教育」

　　學校日常有宣導相關安全知識，讓學生在前測安全情意量表部分的得分，都有不錯的成績。若將「水域活動安全教育」與課程結合，不是只有讓知識流於口號，而是實際上課，研究者認為對於學生水域活動安全態度會有正面影響。

（2）舉辦相關研習活動

　　學校可利用教師進修或校內教師團體活動時間，舉辦水域活動安全的研習活動，邀請熟悉海洋救援的專家或是消防員，深入指導救援的技巧，提昇教師對水域活動安全教育教學的認識。

（3）將課程融入校定課程

　　學校可將水域安全相關活動融入校定課程中，由小一開始進行水域安全態度之培養，研究者認為對於學生水域活動安全態度會有正面影響。

2　對課程教學的建議

（1）實務教學

　　從研究結果可以看到實驗組的後側分數有些微增加，研究者認為開放水域活動安全教育若只是以室內講述、觀賞影像等方式進行教學，學生難以產生認同感，也缺乏具體實務觀察、操作，學習效果可能不佳。因此教師應配合課程進行實務教學，如游泳教學時，實際練習溺水的救援步驟。亦是帶學生實地參訪一些附近的開放水域，讓學生親臨生活環境的水域，觀察水域的特徵，加深對於周遭水域環境的認識，藉以改善其的水域活動安全態度。

（2）教學結合科技資源

在研究過程中發現結合平板等科技資源，不僅能讓學習方法更多元，學生也有較高的學習興趣，學習成效也較好。

3　對未來研究的建議

（1）延伸研究對象

研究者限於時間、人力與經費因素，只能以新北市某國小五年 A 班和五年 B 班的學童為研究對象，因此研究結果僅能推論至新北市某國小五年級學童。未來研究對象期能更多元延伸，如其他各年級或是家長的部分，因為真正帶孩子前往水域的人，還是以家長為主。唯有家長具備正向積極的水域活動安全態度，成為孩子的模仿對象，才能讓學童擁有更安全的水域活動體驗。

（2）調整問卷呈現方式

本研究在各變項並無顯著差異，其中在「安全防護意識」的部分，前測平均分數還高於後測平均分數，研究者認為是學童在面對情意量表問卷時，對於自己的能力很有信心，所以得分較高。針對上述的情況，研究者有兩種建議，其一是相關研究在做問卷調查時，可以跟學生舉例各選項代表的行為，再讓學童去填寫問卷，讓問卷更有效度；其二是針對情意態度的問題設計，改以其他方式呈現，因為情意量表的填答方式過於主觀，容易出現像是本研究的狀況，學生都對於自身能力很有信心，所以前測分數過高，導致後測看不出差異。

（3）取樣「同質性」較高的研究對象

本研究的「實驗組」及「對照組」雖然同屬於某國小的五年級學童，但在前測分析可以看到兩者同質性較低，故建議相關研究在選擇研究對象時，應先調查學生平時的學習態度及學習成效，讓兩組學生的程度相近，再做後續的實驗及問卷調查，才更具有參考價值。

（4）多元研究方法

　　本研究主要採用準實驗研究法，以問卷前後測的量化結果探討水域安全主題式教學對國小高年級生水域活動安全態度之成效。而目前進行開放水域活動安全教育的研究不多，進行教學課程研究的更少，期盼更多先進熱衷於開放水域活動安全教育的教學研究，能採用不同的研究方法，讓開放水域活動安全教育的研究發展更多元、更廣泛。

參考文獻

一 中文文獻

吳奕均（2022）。基隆市國小高年級學生開放水域安全素養之調查研究。〔碩士論文。國立臺灣海洋大學〕臺灣博碩士論文知識加值系統。

宋孟文、高俊雄（2009）。學生學生溺水死亡事件發生之場域與活動分析。學校體育，112，25-29。

林宜亨（2017）。海洋體驗式學習及水域安全認知對海洋運動參與意願之研究。（未出版之碩士論文，基隆市，國立臺灣海洋大學教育研究所）。

林偉文、賴美辰、鄭麗玲、江孟鴻（2010）。創造思考技法於海洋教育上之應用。海洋教育，73，35-43。

施宜煌（2012）。海洋教育：重要性、發展與建議。教育人力與專業發展，29（5），89-97。

翁千惠（2004）。應用多元智能理論提昇水域安全知能（未出版之碩士論文）。國立臺灣師範大學，臺北市。

高翠霞（1998）。主題式教學的理念——國小實施課程統整的可行策略。教育資料與研究雙月刊，25，9-11。

教育部（2000）國民中小學九年——貫課程暫行綱要。臺北：教育部。取自：https://www.ilsf.org/sites/ilsf.org/files/filefield/2014%E5%85%A8%E7%90%83%E6%BA%BA%E6%B0%B4%E5%A0%B1%E5%91%8A-%E9%A0%90%E9%98%B2%E9%A0%AD%E8%99%9F%E6%AE%BA%E6%89%8B%20%20%E4%B8%96%E7%95%8C%E8%A1%9B%E7%94%9F%E7%B5%84%E7%B9%94.pdf

教育部（2007）。海洋教育政策白皮書。臺北市：教育部。

莊鑫裕（2017）。從十二年國教談海洋休閒的水域安全。學校體育，（160），86-95。

陳文典（2011）。主題式教學活動設計。載於黃茂在（編著），九年一貫課程
　　　自然與生活科技學習領域：教學與教材（7-14頁）。國家教育研究
　　　院籌備處。

陳健平、鐘珮瑄（2013）。國民小學藍星學校實施海洋教育課程之研究。國
　　　教新知，60（1），38-50。

陳智婷（2015）。臺中市國中學生游泳能力與教學實施方式對水域安全認知
　　　之影響（未出版的碩士論文）。私立明道大學，彰化縣。

黃仲凌（2016）。建構校園水域安全教育課程概念內涵之研究。臺灣體育運
　　　動管理學報，15（2），87-110。

黃仲凌（2018）。水域安全教育概念與內涵融入中小學海洋教育課程綱要之
　　　探討。教育脈動，13，1-16。

黃仲凌（2018）。水域能力內涵與指標建構之研究。國立體育大學體育研究
　　　所博士論文，桃園縣。

黃奕璁（2021）。知覺風險、同儕關係、水域活動安全教育、個體態度對於
　　　青少年參與水域活動意圖之影響。運動與遊憩評論，（9），1-24。

潘淑琦（2016）。偏鄉小校教學思維轉變與學生多元學習之研究。國立屏東
　　　大學主辦「2016展望十二年國教之精進課程與教學」學術研討會。
　　　屏東市。

蔡福興（2001）。主題式教學於國小科技教育課程實施之運用。生活科技教
　　　育，34（5），7-16。

羅綸新（2018）。十二年國民教育海洋教育議題融入各領域。臺灣教育評論
　　　月刊，7卷10期，8-16頁。

郭婉容（2016）。遊戲元素在主題式教學的運用及成效──以認識校園植物
　　　為例。〔碩士論文。國立臺灣師範大學〕臺灣博碩士論文知識加值
　　　系統。https://hdl.handle.net/11296/eb426g。

施吉忠（2008）。主題式教學對國小四年級學生能源態度影響之研究。〔碩士
　　　論文。國立臺北教育大學〕臺灣博碩士論文知識加值系統。https://
　　　hdl.handle.net/11296/xtt4q2。

陳秀婷（2009）。以主題式教學提升學生過程技能與態度之研究——校園植物。〔碩士論文。國立屏東教育大學〕臺灣博碩士論文知識加值系統。https://hdl.handle.net/11296/rwhsu9。

謝語涵（2022）。運用繪本融入主題式教學於幼兒品格教育之行動研究。〔碩士論文。私立淡江大學〕臺灣博碩士論文知識加值系統。https://hdl.handle.net/11296/tgf77k。

盧旻彥（2022）。金門縣國民中學實施水域安全教育之研究。〔碩士論文。國立金門大學〕臺灣博碩士論文知識加值系統。https://hdl.handle.net/11296/dd8hmt。

二　英文文獻

Conover, K., & Romero, S. (2018). Drowning prevention in pediatrics. *Pediatric annals*, *47*(3), e112-e117.

George and Mallery (2003). *SPSS for windows step by step: a simple guide and reference* (4th ed.). Boston, MA: Allyn and Bacon.

World Health Organization. (2014). *Global report on drowning: preventing a leading killer*. World Health Organization.

石門水庫阿姆坪水域
休閒活動推展之探討

周孫銳[*]

摘要

　　我國地理環境四面環海，具有優良的地理環境與水文資源，且政府於一九九八年召開「國家海洋政策研討會」，奠定我國海洋文化基礎，並於二〇〇一年宣示我國為海洋國家並發布《海洋白皮書》，發展至今更是推出了各式海洋教育與水域相關的政策與計畫，且實施週休二日以來，我國國民的休閒需求大量提升，除了休閒活動量提升之外，對於休閒活動的品質與樣式及挑戰性更要求，故而促使水域休閒活動發展，由於水域休閒活動的場域特殊性及安全性進而需要更完善的場地與規劃因此本研究目的為一、探討阿姆坪水域發展水域活動的優勢、劣勢、機會與威脅。二、探討阿姆坪水域發展水域活動適合的項目。三、探討阿姆坪水域發展之策略。本研究方法以文獻分析法收集相關資料，並以訪談的方式訪談三位在石門水庫從事西式划船十年以上的教練將訪談內容與資料用 SWOT 分析的方式分析出下列結果：優勢為水域寬闊，符合各項水上遊憩活動辦理。劣勢為季節氣候之影響與蓄水量影響。機會為水上運動訓練基地竣工、水域運動由競技類改為休閒遊憩參與。威脅為水域申請使用具有限制且法規分散事權負責機構不一與從事水域活動相關風險。綜觀上述分析結果推展出相關策略：一、發展獨木舟、輕艇、西式划船、立式划槳、龍舟等水上活動；二、積極辦理政府推動的水域計畫案

---

*　國立體育大學體育推廣學系碩士生。

例如：運動 i 臺灣，教育部體育署推動水域運動計畫；三、增加對於水域使用風險的指導，可以使體驗者規避風險能夠更投入其中並無安全疑慮。

關鍵字：水域休閒活動、SWOT 分析、石門水庫阿姆坪

Discussion on the Promotion of Recreational Activities in Amuping Water Area of Shimen Reservoir

Chou, Sun-Jui[*]

Abstract

My country's geographical environment is surrounded by the sea. It has excellent geographical environment and hydrological resources. In addition, the government held the "National Ocean Policy Seminar" in 1998. Lay the foundation of my country's marine culture. In 2001, my country was declared a maritime country and released the "White Paper on Oceans".Since its development, it has launched various policies and plans related to marine education and waters. Moreover, since the implementation of the two-day weekly holiday, the leisure demand of the Taiwanese people has increased significantly.In addition to increasing the amount of leisure activities. There are more requirements for the quality, style, and challenge of leisure activities. Therefore, it promotes the development of water leisure activities. Due to the site specificity and safety of water leisure activities, more complete venues and planning are required. Therefore, the purpose of this study is to: 1. explore the advantages, disadvantages, opportunities and threats of Amuping water area development and Amuping

---

* M. A. student, Department of Sport Promotion, National Taiwan Sport University.

water area activities. 2.Discuss suitable projects for the development of water activities in the Amuping water area. 3.Discuss the development strategy of Amuping water area.

The method of this study is to collect relevant data through literature analysis.And interviewed three coaches who have been engaged in western-style rowing in Shimen Reservoir for more than ten years. Using SWOT analysis to analyze the interview content and data, the following results are obtained: The advantage is that the water area is wide, which is suitable for the handling of various water recreational activities.The disadvantages are the influence of seasonal climate and the influence of water storage.The opportunity is the completion of the water sports training base, and the water sports are changed from competitive to recreational participation.The threat is that there are restrictions on the application and use of water areas, and the laws and regulations are scattered and the responsible agencies are not the same as the risks associated with engaging in water area activities.Looking at the above analysis results, the relevant strategies are deduced: 1.Develop water sports such as canoes, light boats, western-style rowing, stand-up paddle boarding, and dragon boats; 2.Actively handle government-promoted waters projects such as: Sports i Taiwan, and the Sports Department of the Ministry of Education promotes water sports programs; 3.Increase guidance on the risks of using waters, so that experiencers can avoid risks and be more involved without safety concerns.

Keywords: water leisure activities, SWOT analysis, Amuping of Shimen Reservoir

一 前言

　　我國地理環境為四面環海而海岸線更是延綿長達一千五百六十六公里，除此之外，我國所管轄的海域面積約略為十七萬平方公里，具備多種且豐富不同的優良地理環境與水文資源，以這樣的地理條件為基礎，使我國政府於二〇〇一年宣示我國為海洋國家，以海洋立國；同年也公布《海洋白皮書》，奠定了我國海洋發展的基礎，二〇〇七年教育部研定海洋教育政策白皮書，正式確立了我國海洋教育的發展目標策略與方向；二〇〇八年教育部修訂九年一貫課綱時，新增了海洋教育議題，更把海洋教育向下扎根涵養學生對於海洋的意識素養，塑造出「親海、愛海、知海」的教育情境（劉銀漢，2022）。隨著近年國家經濟發展蓬勃，國人的生活品質隨之提高，對於休閒活動與運動健康的需求也提升，相較起一般的休閒活動對於國人來說已經過於稀鬆平常（李振華，2013），進而想嘗試更具挑戰性的水上運動，這也使水上活動更被重視，且需求更是大幅提升，除此之外水上休閒活動在這數十年來陸陸續續開始發展，這樣的狀況下使我國對於水域使用的需求大幅提升。水域運動據點之水域環境條件為決定水域運動發展之必備條件（教育部，2018）。為展現臺灣身為海洋國家的環境特色，體育署擬整合臺灣海洋、河川、湖泊（水庫）等開放水域資源，發展水域運動的競技、訓練、培育、輔導與休憩之場地，以奠定我國持續推動水域運動項目的基礎，教育部體育署配合行政院「前瞻基礎建設計畫」，推動「改善水域運動環境」計畫，積極發展臺灣水域休閒活動，「阿姆坪水上運動訓練基地」獲前瞻計畫補助建置（桃園市市政網站，2020）。依據體育署《水域委託案成果報告書》顯示，阿姆坪地區適合發展水域運動項目包含划船、輕艇，上述兩項水域運動中又可以延伸出獨木舟與立式划槳等休閒活動。

　　除了提供休閒活動，水域活動也包含水域運動、水域監管活動、其他各類水域活動、水域救援活動，水域遊憩活動（張培廉，1994）。在這樣的涵蓋下，石門水庫阿姆坪可以發展的水域活動不單單只是水上競技運動更包含

了遊憩休閒活動，除此之外更能夠以此環境及條件提供教育觀念以此達到國人對於水域安全及水資源保育的認知，不同的條件及不同的誘因之下是否能吸引更多對水域活動擁有各項需求的民眾前來實地，並能提升附近的休閒及觀光產業，本研究目的如下：

一、探討阿姆坪水域發展水域活動的優勢、劣勢、機會與威脅。

二、探討阿姆坪水域發展水域活動適合的項目。

三、探討阿姆坪水域發展之策略。

二　臺灣水域休閒活動發展歷程

（一）水上遊憩活動相關政策推行

行政院為落實「海洋立國」政策，於二〇〇〇年結合教育部、觀光局及民間組織等相關資源投注於「海洋暨水域運動」項目，並在二〇〇二年提出「海洋運動發展計畫」，積極辦理各項海洋運動，包括衝浪、獨木舟、風帆、帆船等（李昱叡，2005）。二〇〇四年一月正式成立「海洋事務推動委員會」，並依據行政院核定之「海洋運動發展計畫」，及配合行政院「二〇〇五臺灣海洋年」所訂頒「海洋事務政策發展規劃方案」發展我國各項海洋運動（行政院體育委員會，2007），隨著休閒意識提高水域運動逐漸轉為一般人都可以從事參加不在僅限於選手參與（黃坤得、許成源，2002），臺灣過去由於過多的海洋活動限制、嚴苛的法規、管理事權未統一，造成民眾對海洋仍具疏離感，不利觀光休閒產業的發展。

現今政府為滿足國人對海域遊憩的需求，於一九九二年依「臺灣地區近岸海域遊憩活動管理辦法」公告十九處近岸遊憩活動區域，又配合「海上遊樂船舶活動管理辦法」，公告臺灣本島周圍二十四浬及離島周圍十二浬為遊樂船舶活動區域，提供國人休閒遊憩選擇及提高遊憩品質（曹校章，2014）。一九八七年解除戒嚴令之前，水域相關運動休閒活動一直都限制於實施軍事管制與政府至於利於經濟建設進而無法有良好的規劃及發展，直到

一九九八年行政院召開「國家海洋政策研討會」，而研考會於二〇〇一年公布第一本官方有關海洋政策的「海洋白皮書」（行政院研究發展考核委員會，2001），且於二〇〇四年發布「國家海洋政策綱領」，推動水產、海事、海洋教育發展，以利海洋人才之培育，提供穩定且安全之海洋環境，透過政策設計及規劃，制定出下列海洋目標並確保達成：一、維護海洋權益，確保國家發展；二、強化海域執法，維護海上安全；三、保護海洋環境，厚植海域資源；四、健全經營環境，發展海洋產業；五、深耕海洋文化，形塑民族特質；六、培養海洋人才，深耕海洋科研。上述各項海洋目標旨在於大方向與大原則，除此之外我國在水域運動政策推行已施行多年。

早期多為教育部主政，主要在學校內進行水域運動的教學與活動。（陳天賜，2016），政府積極推動的各項提升國民水上技能計畫中可以發現海洋教育已經納入國民義務教育內，以國民義務教育為基礎奠定臺灣海洋教育未來的發展，在水域運動的推行上推出了「推動學生水域運動方案」及「教育部補助推動學校游泳及水域運動計畫」，促使水域運動在校園之推動提升水域運動人口與參與機會，塑造水域運動特色，並培訓種子教師（葉公鼎、黃仲凌，2011）。

（二）臺灣水域活動推展基礎

水域運動的參與首重安全，如何有效的達成提升游泳能力以及降低溺水事件的發生，必須從游泳教學的過程中予以實踐（葉公鼎、黃仲凌，2011），為此教育部提出泳起來專案，從學生開始著手提升游泳能力，使所有人都具備了參與水域運動的首要能力。暖身活動、水域自救、救生技能、基礎泳技此四大部分就是從事各項水域運動時應具備的基礎技能（行政院體育委員會，2005），除了政策面的推動外，水域運動安全教育是推動水域運動的一項重要內容，完善且良好的水域運動安全教育可以成為水域運動推展的助力（劉兆達、許玫琇，2015）。

三　阿姆坪水域休閒活動推展之 SWOT 分析

SWOT 分析係屬管理理論中的策略性規劃工具，當中包含了優勢、劣勢、機會與威脅等面向。此一思維模式可幫助分析者針對此四個面向加以考量並分析弊，釐清眼前所處環境的各項關鍵因素，是使用於商業分析上的一個模式。此一分析模式是一種有方向性且有條不紊的規劃活動。在分析完成後亦可解讀出未來可進行之方向，並採取因應對策。SWOT 分析及在進行整體規劃，採取策略之前先進行內外部分析即是以競爭的觀點加以探討（陳科嘉、歐正聰，2007）因此廣泛運用在諸多領域，用以對個人或組織進行分析、規劃與決策之用（謝秀芳、蘇慧慈，2010）則體育領域也時常有以此研究分析基礎作為發展決策建議。例如陳科嘉、歐正聰以 SWOT 分析校外體育教學之探討：以銘傳大學網球課為例與李崑璋用於臺灣滑水運動發展策略性分析。基此將透過訪談法，訪談三位在石門水庫從事西式划船十年以上的教練並將訪談內容與收集的相關資料，透過此一分析，整理訪談內容與資料討論石門水庫阿姆坪水域休閒活動推展並提出建議。

（一）優勢（S）

1　水域寬闊，符合各項水上遊憩活動辦理

我國辦理綜合性運動賽會時，主辦縣市所轄場館無法滿足賽會所需也是時常遇到的問題，進而需要與其他縣市借用場地及場館，根據統計帆船、划船、輕艇，皆為最常需要尋求其他縣市支援場地的運動項目。其主要原因為具有場地特殊性，需於公開海域、水庫、湖泊等場域進行活動（教育部，2021）。國際划船總會公告規定水道寬度應為一百六十二公尺並可劃分出至少六條標準水道，且全程深度須為三公尺以上（林展緯，2005）。石門水庫庫區滿水位標高為兩百四十五公尺，龍珠灣與阿姆坪等，其兩處水域為主要從事水域運動之範圍，面積合計約一百四十公頃（教育部，2018）。綜合上

述條件該地區符合現階段水域活動場域所需標準且高於標準，石門水庫阿姆坪也辦理過全國運動會划船項目及全國大專運動會划船與輕艇項目，以此能夠了解石門水庫適合水域競技運動的辦理。

（二）劣勢（W）

1 季節氣候之影響

桃園市除東南山區外，全境屬副熱帶季風氣候，受到東北季風與西南季風影響最大。東北季風始於十月下旬，至翌年三月，風力強，氣溫低（桃園市衛生局，2014）。水域遊憩活動本身除了具有技術性質及場域的特殊性之外，同時潛藏著許多隱性風險與不確定性存在，而水域休閒活動的風險規避首要取決於天氣的不佳（簡貝伊、邱翼松，2010），受東北季風影響，阿姆坪本為集水區容易造成水面布滿大量浮木漂流影響活動體驗感受，並容易造成器材損毀。

2 蓄水量影響

阿姆坪水域近年來不斷因颱風侵擾，造成攔砂設施功能喪失導致泥沙堆積水庫蓄水量大不如前，並且附近地區山地農業開發與山區道路闢建造成土地超限利用加速沖蝕現象，且公共用水需求日漸增加（賴伯勳、吳啟順，2008），石門水庫在面對這樣挑戰下造成蓄水量不足，導致原本寬闊適合水域活動的範圍會隨著季節與降雨量出現改變。

（三）機會（O）

1 水上運動訓練基地竣工

身為海島國家，卻缺乏多功能用途的水域運動公園，使臺灣推展水域運動造成具大阻力（黃坤得，2007）。我國目前缺乏海洋運動場域整體規劃，

欠缺優質的軟、硬體設施，實待有關部門能寬列經費充實及改善現有海洋運動場地設施（高俊雄，2002），教育部體育署配合行政院「前瞻基礎建設計畫」，推動「改善水域運動環境」計畫，積極發展臺灣水域休閒活動，「阿姆坪水上運動訓練基地」獲前瞻計畫補助建置（桃園市政府，2021），水域運動據點之水域環境條件為決定水域運動發展之必備條件，水域運動據點建置後，除了供選手訓練與教學使用外，也可以此基礎申辦各項相關賽事，相關資源投入可以達到事半功倍的效果（體育署，2017）。

2　水域運動由競技類改為休閒遊憩參與

在水域運動推廣有難度之下，水域運動有部分尚處於競技類項目，還未被我國一般民眾當作休閒時的參與活動，至於其他水域運動項目仍於休閒時既能參與（黃坤得，2007）。國人對水域休閒遊憩活動的喜愛之程度有明顯增加之趨勢，許多新的水域休閒遊憩活動也因應而生，例如立式划槳、潛水、風箏衝浪、獨木舟、風浪板等活動（盧彥丞、黃琬婷、徐文冠、陳瑞斌，2022）。我國民眾最常從事的運動項目及不運動者未來可能從事的運動項目包括「戶外休閒運動」、「水上活動」及「室內運動」等，根據阿姆坪地區所適合發展的水域活動項目中可藉由「運動 i 臺灣」中「水域運動樂活計畫」的辦理進而推動阿姆坪地區水域休閒活動的推廣。

（四）威脅（T）

1　水域申請使用具有限制且法規分散事權負責機構不一

現行的「水域遊憩活動管理辦法」中，水域遊憩活動位於風景特定區、國家公園所轄範圍者，為該特定管理機關；水域遊憩活動位於前款特定管理機關轄區範圍以外，為直轄市、縣（市）政府，石門水庫水域屬於水庫蓄水範圍皆不再此些範圍內，而是受到「水庫蓄水範圍使用管理辦法」管制，除了水面的使用之外，「行駛船筏、浮具」也需要另外申請，並不得有影響水

庫水質、水庫營運安全之使用行為。石門水庫水域水面申請需具有下列其中之一項：一、合法成立之非動力水上運動相關協會；二、目的事業主管機關核定之水域相關教育訓練或競賽活動之主辦單位；三、其他須利用水域執行相關作業之單位。臺灣是全球知名的遊艇製造國家，但遊艇管理法規相當嚴格，影響遊艇相關的海洋休閒產業發展，而有些新興海洋遊憩活動缺乏直接的管理法規，無法順應遊憩產業發展的腳步（許振明，2012），也因如此分散的法規及不同權責單位對於從事水域休閒相關的單位或個人，除了困擾之外進一步的也可能減少參與者的熱情（陳明耀，2011）。

2　從事水域活動相關風險

戒嚴統治時期，臺灣人民對水的觀念仍然十分保守，如認為參與水域運動具有高度危險性（黃坤得，2007）。從事水域遊憩活動除了享受其中之外也需具備一定的安全危機意識，下列歸納幾點為潛在風險與危險因素：

一、個人因素：參與者在生理、心理、體力、肌力、及精神狀況不佳的情況下，不以下水從事相關活動，在下水前要做暖身運動及風險評估、裝備檢查的習慣和遇到危險時，要如何處理可事先做好相關準備計畫。

二、參與活動者本身因素：要選擇適宜的裝備及安全裝備如，救生衣、救生吹哨、防水手電筒、防曬衣、潛水衣等並切記勿高估自己的游泳能力忽視基本的救生工具。

三、參與活動者事前的注意與準備因素：活動前要告知他人，務必告知幾點如「地點」、「活動時間」，且務必要在具有通訊設備並不會被活動而影響設備使用的下進行活動（盧彥丞、黃琬婷、徐文冠、陳瑞斌，2022）。若可達成上述幾點要素即可避免發生水域安全意外事故。

綜合上述資料分析結果可以得知石門水庫阿姆坪地區擁有良好的條件可以發展水上休閒運動，且具有足夠寬廣的水域能夠使用，隨著政府及國民對於水域休閒活動的重視，不論法規的修改或是政府計劃的推動，都使得水域休閒活動更加完善，除此之外硬體的建設更是促使水域休閒活動推動的一大功

成，使當地發展水域休閒活動能有一個據點實施計畫及活動辦理，更能成為石門水庫阿姆坪的地標性建築物，但由於氣候的影響，一年之中可能會有數個月無法使用該水域或是會因枯水期的到來影響體驗，建議可以將這些時間整理為調整期，制定出一年中那些月份為調整期那些月份適合從事水上休閒活動，除了能夠讓參與者有好的體驗之外也可以避免不必要的糾紛或是發生水上安全意外。

四　阿姆坪水域休閒活動推展項目與策略

水域活動亦可稱之為水上活動、水上運動、水域運動等。目前尚無統一說法，由於性質不同與面向的不同，可以大致上分為水面上、水中、水底下進行活動範圍。（張培廉，1994）則石門水庫阿姆坪地區因石門水庫水域水面使用管理要點只可申請水面上作為使用，且須為非動力之相關水上休閒活動，綜合體育署《水域委託案成果報告書》內容，得出阿姆坪地區適合發展水域運動項目包含划船、輕艇，上述兩項水域運動中又可以延伸出獨木舟與立式划槳等休閒活動，所以獨木舟、輕艇、西式划船、立式划槳、龍舟成為了該地區適合發展的最好項目。

SWOT 分析其功能主要為彙整與分析研究之工具，若沒有提出後續的計畫也只是枉然（Pickton、Wright, 1998），將 SWOT 分析後得到的優勢、劣勢、機會、威脅相互串聯找尋適合對應的方案，黃蕙娟（2013）也提出了四大發展策略模型且劉昶佑、鄭志富（2017），將其整理應用於臺灣藤球運動推展現況與策略分析綜合上述資料本研究使用方法如下：一、增長性策略（SO）：利用優勢與機會相輔相成，使效益極大化的策略；二、扭轉型策略（WO）：藉由機會來翻轉組織內部劣勢之策略；三、多種經營策略（ST）：善用優勢克服外在威脅之多角化策略；四、防禦型策略（WT）：瞭解內外部之缺點及威脅，防範於未然之策略。期盼未來得以提供石門水庫阿姆坪水域休閒活動推展參考，分述於下：

（一）增長性策略（SO）

配合水上休閒活動的趨勢，將新建設的水上運動訓練基地發展出除了原有應用於水上競技運動外，也讓水上運動訓練基地能提供給水上休閒活動使用。

（二）扭轉型策略（WO）

為彌補該地區氣候帶來的劣勢，運用水上運動訓練基地打造室內活動課程，將水上休閒活動改為室內體驗外並增設活動相關課程與介紹。

（三）多種經營策略（ST）

與相關救生協會推出自救及救生課程，使其地區除了水上休閒活動體驗之外，能夠獲得更多關於自救及救生課程。

（四）防禦型策略（WT）

教育部於二〇〇六年開始實施全國中小學學生游泳能力十級鑑定，這樣的分級制度也適用於休閒水域活動上，石門水庫阿姆坪屬於湖泊型態的水域，水域中並不是任何位置都是一樣的型態，深度有深有淺水流有強有弱，在這樣的水域上進行分級制度，無非對於前來從事水域休閒活動的對象能有更多保障也能夠依自己的能力去做對應的體驗，進而能規避水域相關風險，石門水庫阿姆坪時常遇到東北季風與枯水期的影響造成水域休閒活動體驗影響，所以配合分級制度可以發展出教練證照考取的課程或是成為專業證照的培訓地區，使其地的功能不會被氣候與季節影響進而發展出更多功能。

五 結語

　　水域休閒活動漸漸地成為現今休閒活動的趨勢，並且在政府極力推行與支持下，水域休閒活動從簡單的游泳提升至較具難度的帆船、划船、輕艇等，也隨著國人休閒的需求發展出各式各樣的水上休閒活動，但隨著水域休閒運動的盛行，使得原有的場地與規範需要作出更多的通盤檢討以及配套措施，除了原有的水域活動地點外更能夠發掘出更多適合水域活動的安全場地，使得國人能有更多的選擇，並能夠依地點發展出符合當地的特色項目，石門水庫阿姆坪對於水域活動的推展可本研究透過 SWOT 分析得出的結果，根據優勢、劣勢、機會、威脅作出相對的策略，策略如下：一、發展獨木舟、輕艇、西式划船、立式划槳、龍舟等水上活動；二、積極辦理政府推動的水域計畫案例如：運動ｉ臺灣，教育部體育署推動水域運動計畫；三、增加對於水域使用風險的指導，可以使體驗者規避風險能夠更投入其中並無安全疑慮。希望以此策略使石門水庫阿姆坪地區成為我國水域休閒活動的重鎮之一。

參考文獻

行政院體育委員會（2005）。臺灣地區海洋活動導覽叢書。臺北：墨刻。

李振華（2013）。國小學童水域活動安全之能與水域安全遵守行為意圖之研究（未出版碩士論文）。私立大仁科技大學，屏東。

張培廉（1994）。水域遊憩活動安全維護手冊。

教育部（2017）。全國水域運動場域設施潛力發展調查與評估案成果報告書。

教育部（2021）。營造休閒運動環境計畫。

曹校章（2014）。臺灣海洋運動觀光發展現況與展望。運動管理，23，18-36。

黃蕙娟（2013）。腳鬥士運動在臺發展之沿革與推展策略分析。休閒與社會研究，8，117-28。

許振明（2012）。海洋運動與休閒。

陳天賜（2016）。水域運動。學校體育，157，4-5。

陳明耀（2011）。海洋政策對水域運動休閒發展影響之研究。臺灣水域運動學報，2，1-6。https://doi.org/10.29757/JAS.201105.000

陳科嘉、歐正聰（2007）。以 SWOT 分析校外體育教學之探討：以銘傳大學網球課為例。

黃坤得（2007）。營造水域運動特色之探討。大專體育，90，82-89。https://doi.org/10.6162/SRR.2007.90.13

葉公鼎、黃仲凌（2011）。學生游泳教學與水域運動推動內容與策略。學校體育，125，4-9。https://doi.org/10.29937/PES.201108.0001

劉銀漢（2022）。國民小學推動水域活動成功案例分析以新北市為例。國立體育大學，桃園。

盧彥丞、黃琬婷、徐文冠、陳瑞斌（2022）。立式划槳水域休閒運動簡介之初探。運動與觀光研究，11（1），1-10https://doi.org/10.6198/Sports.202206_11(1).0001

謝秀芳、蘇慧慈（2010）。以 SWOT 分析我國柔道運動競技現況及戰術應用。中華體育季刊，24（2），170-178。https://doi.org/10.6223/qcpe.2402.201006.2020

簡貝伊、邱翼松（2010）。水域休閒活動風險管理認知與因應策略之研究。臺灣水域運動休閒論壇與學術研討會論文集。67-70。https://doi.org/10.29633/TAIWANSY.201012.0067

行政院研究發展考核委員會（2001）。海洋白皮書。臺北。

行政院研究發展考核委員會（2006）。海洋政策白皮書。臺北。

綠色航運對環境關聯性之經濟分析

謝成祥[*]

摘要

　　臺灣位於地理上的運輸樞紐。全球前十大貨櫃航運公司，臺灣航商就已佔了三成，臺灣散裝貨運也在全球佔有重要地位。在全球化下國際貿易發展迅速，連帶地海上運送和港口使用也隨著運量日增，而衍生出環境污染的各方面問題，造成空氣、水源、土地等資源的汙染和破壞問題日益嚴重，綠色航運也將會成為未來航運業發展的主流趨勢。現有相關文獻大多從經濟面加以分析，往往忽略航運業對於環境面的破壞。本文利用擴大環境面投入產出模型，以二〇一六年行政院主計總處之生產者價格交易表，搭配二〇一九年行政院環保署排放清冊排放量統計數據表，探討主要航運發展與環境面之經濟效果分析。首先，定義綠色航運產業及部門重組後，先以標準投入產出模型估算航運產業與臺灣經濟之關聯效果，以影響度與感應度理論基礎進行實證研究。並透過產業關聯效果分析航運產業所扮演的角色。最後，依據前述彙整綠色航運下的擴大環境延伸投入產出表，計算並比較臺灣及基隆高雄兩地合計所產生汙染產值，我們發現納入汙染後的生產值，除了眾所周知具重工業特質的陸上運輸業、化學業、金屬製品、其他服務業汙染產值嚴重低估外，航運相關產業汙染產出相對偏低。其可能原因如下：雖然臺灣地區的汙染量與汙染排放估值以及汙染產出遠大於基隆高雄兩地合計，但就汙染量與污染估值以及汙染產出比重來看，基隆高雄兩地比臺灣地區還要來的高，此

---

* 國立臺灣海洋大學應用經濟研究所碩士生。

現象或許是本文實證結果發現臺灣地區及基隆高雄兩地含汙的產值差異大，除了陸上運輸業及河海工程汙染產出最高外，其餘的其他水運輔助服務、水運輔助服務、國際水上貨運有些差異，而造船業、國內水上貨運業、水上客運業的汙染產出，臺灣地區與基隆高雄兩地幾近相同。此發現可作為制定相關綠色航運政策酌參，並促進綠色港口和綠色船舶的環境保護措施如何在兼顧環境與經濟面之間能夠共存共榮，使其能夠永續發展。

關鍵字：綠色航運、擴大 Leontief 環境模型、汙染產出、環境污染

Economic Analysis of Green Shipping: The Augmented Leontief Environment Model

Hsieh, Chen-Hsiang[*]

Abstract

Taiwan is geographically situated at a transportation center. Taiwanese carriers already account for 30% of the world's top 10 container shipping companies, and Taiwan's bulk carrier also holds a prominent position globally. With the rapid expansion of international trade as a result of globalization, maritime transportation and port utilization have grown in tandem with the increasing volume of global transportation, which has resulted in a variety of environmental pollution issues that have exacerbated the degradation of air, water, and land resources. Green shipping will become an increasing trend in the shipping industry's future development. Most existing literature has predominantly focused on economic aspects, often overlooking the environmental impact of the shipping industry. Utilizing the producer price transaction table of the Directorate General of Budget, Accounting, and Statistics of the Executive Yuan in 2016 and the 2019 Emission Inventory Emissions Statistics Table of the Environmental Protection Administr-

* M. A. student, Institute of Applied Economics, National Taiwan Ocean University.

ation of the Executive Yuan, this study utilized the input-output model for the expansion of the environmental aspect to examine the economic effect analysis of major shipping development and the environmental aspect. After defining the green shipping industry and restructuring the sector, this study first employed the standard input-output model to estimate the correlation effect between the shipping industry and Taiwan's economy, and then conducted an empirical study based on the theoretical basis of forward and backward linkages. The significance of the shipping industry was analyzed through the perspective of inter-industry linkages. This study calculated and compared the total pollution production values for Taiwan, Keelung, and Kaohsiung based on the previously mentioned table of the input-output model for the expansion of the environmental aspect under green shipping. This study found that, with the exception of the land transportation industry, chemical industry, metal products, and other service industries that are known to be heavy industries, the polluted production value after the inclusion of pollution is significantly underestimated, while the polluted output of shipping-related industries is relatively low. Possible explanations include the following: Although the Pollutant emissions, pollution emission valuation, and pollution output in Taiwan are higher than the combined values of Keelung and Kaohsiung, the pollution levels, pollution emission valuation, and proportion of pollution output in Keelung and Kaohsiung surpass those in Taiwan. This phenomenon may be the consequence of this study's finding that the production value of pollution in Taiwan, Keelung, and Kaohsiung differs significantly. In addition to the land transportation industry and hydraulic and ocean engineering, which have the highest pollution output, the pollution output of Taiwan and Keelung Kaohsiung is nearly identical in the water transport auxiliary services, international water transport, shipbuilding, domestic water transport, and water passenger transport industries. These findings could guide the formulation of green shipping policies and highlight the coexistence and mutual prosperity of environmental protection measures for green ports, green ships, the environment, and the economy, promoting their sustainable development.

Keywords: Green Shipping, the Augmented Leontief Environment Model, Pollution Output, Environmental Pollution

一　緒論

（一）研究背景與動機

　　臺灣位於地理上的運輸樞紐。全球前十大貨櫃航運公司，臺灣航商就已佔了三成，臺灣散裝貨運也在全球佔有重要地位，航運依附國際貿易而存，乃貿易的衍生需求。臺灣地區航運發展過去集中於基隆與高雄兩港。基隆港是北臺灣重要的航運樞紐，昔日被稱「雞籠港」，擁有豐富天然資源，從十七世紀建港開始，逐步發展從軍港、漁港、商港，到現今郵輪觀光休憩產業港口。海港事業是基隆的火車頭產業，但因基隆港腹地小，港區擴建不易，無法容納大型船舶進出，導致港區營運受到限制，貨櫃吞吐量在1985年至2021年間，總累積吞吐量達66,128,813公噸，如圖1-1所示。此外，其世界排名在1984年第7名開始下滑，1990年開始衰退跌至30名外，2004年第39名、2006年下滑至50名之外，跌至現今2021年的第113名。另外，臺北港啟用後，基隆港部分的貨櫃運量被移轉至臺北港，對基隆港長期運量停滯現象，無疑是雪上加霜。從2002年開始[1]基隆港陸續推動升級工程，部分港口也轉型為觀光產業，打造遊艇、郵輪等旅遊休閒重要據點。

　　高雄港乃臺灣第一大港，臺灣南端最重要的國際商港，昔日稱「打狗港」。18世紀因先人的宏觀想法，積極將原先的漁港建設成商港，成就了現今的高雄港。高雄港1986年已是全球第三大貨櫃港，一直持續至1999年。在2000年後之臺灣製造業外移至大陸和東南亞，使得大陸和東南亞製造業規模急遽擴大，中國各沿岸港口逐漸擴大急起直追，已衝擊高雄港成為跨太平洋

1　基隆港務分公司（2014）基隆港、臺北港及蘇澳港之港區碼頭及相關設施興建工程計畫，基隆港在2012年至2016年實質建設期程之發展定位為「以近洋航線為主之貨櫃港、兩岸客貨船及國際郵輪靠泊港、亞太地區物流配銷中心」，計畫採取內客外貨雙軸心發展策略，融合港市特性推動轉型工程，外港區持續經營近洋航線貨櫃運量，擴展自由貿易港區業務，發展成為亞太地區物流配銷中心。

航線轉口地位。再加上中國港口競爭下，其貨櫃量排名自1999年第3名降至2004年的第6名，2010年仍居全球第10名，但2021年已下滑至第17名。船舶進出頻繁、港區裝卸物頻繁、車輛運送、機具作業等移動型汙染源，再加上工業區物料堆放、儲槽散落、鍋爐等固定汙染源，嚴重影響高雄港口空氣品質。

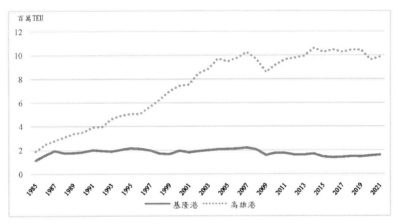

資料來源：行政院主計總處，本研究自行彙整

圖1-1　1985年至2021年基隆港與高雄港吞吐量

在全球化下貿易和航運快速發展下，連帶的產生航運對環境造成負面影響。根據基隆市空氣汙染防制計畫（2020），見表1-2中可發現港區船舶和進出港口貨櫃車是造成基隆市空氣汙染懸浮微粒（PM1.0）、細懸浮微粒（PM2.5）、硫氧化物（SOx）和氮氧化物（NOx）的主要來源。其次，高雄市空氣污染防制計畫（2020），見表1-1可發現港區船舶和進出港口貨櫃車是造成高雄市空氣污染懸浮微粒（PM1.0）、細懸浮微粒（PM2.5）、硫氧化物（SOx）和氮氧化物（NOx）的第二主要來源。

針對頻繁進出港區的船舶和車輛造成基隆與高雄空污元凶，兩港都積極持續改善空氣品質，港區都將轉變成生態港為重大環境議題。但因基隆[2]與

2　基隆市空氣污染防制計畫（2020年至2023年）基隆市排放減量目標規劃，以已於2023年前完成各項污染物減量，在於2026年達到世界衛生組織空氣品質標準建議，為努力

高雄[3]原有環境不同,所提出的解決方案在執行方面也有各自的考量。兩港口都積極朝能成為符合觀光產業、以及商業最大化的亞洲地區轉口樞紐中心為目標。對於實務上執行面,必須有成效性的將空氣汙染源滾動式減量為目標,推動有效率及環保的環境營運系統、實行員工環保教育、制定環境保護相關法規、建立港埠內外溝通橋樑,提升各港區環境品質,使港區持續朝向生態港埠發展邁進。

表1-1　基隆市空氣污染排放量前五大來源統計表

項目	懸浮微粒 PM1.0	細懸浮微粒 PM2.5	硫氧化物 SOₓ	氮氧化物 NOₓ	非甲烷碳氫化合物 NMHC
排序	總排放量（公噸／年）				
	1,798	943	17,305	12,501	5,739
1	車輛行駛揚塵（鋪） 36.25%	電力業（燃燒） 28.72%	電力業（燃燒） 86.82%	電力業（燃燒） 66.77%	一般消費 43.19%
2	電力業（燃燒） 19.14%	船舶（港區內） 19.57%	船舶（港區內） 12.72%	船舶（港區內） 15.30%	四行程機車 9.46%
3	船舶（港區內） 12.78%	車輛行駛揚塵（鋪） 16.72%	商業（其他） 0.22%	大貨車 8.75%	建塗（油性塗料） 7.73%

（續表）

目標。由於基隆港鄰近基隆市區,港口裝卸機具所產生噪音、車輛空汙等,都嚴重影響當地市民的生活,因此在貨運經營上,基隆港區進行碼頭改建,降低噪音、揚塵問題,並提昇港埠作業效能。同時配合軍港西邊,將原址設計為客貨兩用的緩衝空間,成為客運補給與貨運的物流作業中心,來改善基隆港貨運的量能。

3　高雄市空氣污染防制計畫（2020年至2023年）高雄市政府現階段環境負荷,研擬分階段空品改善目標、管制策略及所需經費,每年依實際執行成效滾動檢討污染物減量成果與目標。有效落實環境管理系統,推動綠色港埠永續發展。遵循環境保護相關法規,致力履行企業社會責任。高雄港積極強化綠色港口比傳統港口提供更好的港區環境品質,將港區與鄰近城市的觀光產業發展成「客貨合一」來提升港區的價值。除了商業利益,同時也能夠提供當地居民的遊憩休閒空間,真正達到兼顧經濟、環境及社會的永續發展。

項 目	懸浮微粒 PM1.0	細懸浮微粒 PM2.5	硫氧化物 SO$_X$	氮氧化物 NO$_X$	非甲烷碳氫化合物 NMHC
排	總排放量（公噸／年）				
序	1,798	943	17,305	12,501	5,739
4	建築／施工 6.20%	大貨車 6.83%	住宅 0.05%	自用小客車 1.81%	自用小客車 7.71%
5	自用小客車 4.31%	自用小客車 5.93%	化學材料製造業 0.04%	焚化爐 1.77%	餐飲業（油煙） 6.72%

資料來源：基隆市空氣污染防制計畫（2020年至2023年）

表1-2　高雄市空氣污染排放量前五大來源統計表

項 目	懸浮微粒 PM1.0	細懸浮微粒 PM2.5	硫氧化物 SO$_X$	氮氧化物 NO$_X$	非甲烷碳氫化合物 NMHC
排	總排放量（公噸／年）				
序	18,130	9,351	30,485	64,262	65,595
1	車輛行駛 揚塵（鋪） 25.53%	鋼鐵 基本工業 18.21%	電力業（燃燒） 33.50%	電力業（燃燒） 24.47%	一般消費 28.22%
2	建築／施工 12.25%	車輛行駛 揚塵（鋪） 11.98%	船舶（港區內） 26.70%	大貨車 22.56%	四行程機車 11.39%
3	鋼鐵基本工業 11.96%	電力業（燃燒） 9.25%	鋼鐵基本工業 24.09%	鋼鐵基本工業 14.02%	其他工業表面塗裝 7.34%
4	電力業（燃燒） 6.12%	大貨車 8.52%	化學材料製造業 7.10%	船舶（港區內） 9.90%	自用小客車 6.11%
5	裸露地表 5.48%	船舶（港區內） 7.00%	石油煉製業 3.19%	化學材料製造業 6.66%	化學材料製造業 5.34%

資料來源：高雄市空氣污染防制計畫（2020年至2023年）

另一個負面的佐證是2012至2022年間臺灣周邊海域頻頻發生船舶意外，如馬紹爾籍瓦運輪、中油壹號、德翔臺北貨櫃輪、莫蘭蒂颱風導致多艘美式圍網

漁船擱淺等，船舶發生碰撞、擱淺造成漏油事件，雖說是意外，但已屬於災難性的破壞，海洋原有樣貌不易恢復，詳見表1-3所示。

表1-3　臺灣海域船舶漏油汙染事件表

時間	地點	汙染事件
2012/8/3	高雄港口碼頭	馬紹爾籍瓦運輪，載運乙烯駛進港時，船體右舷不慎擦撞港區防波堤，造成大量油艙燃油外洩，汙染港區水域。
2016/9/26	高雄西子灣外海	莫蘭蒂颱風，吹斷四艘美式圍網漁船纜繩而擱淺在西子灣，因油污影響瀕絕臺灣特有「柴山多杯孔珊瑚」生態發展。
2018/2/6	新北市金山外海	德翔臺北貨櫃輪，故障擱淺石門外海，船身斷裂，觸礁漏油，千噸重油外洩汙染，造成當地海洋污染。
2022/4/21	臺中港口碼頭	中油壹號，發生碰撞碼頭岸際碰墊螺絲，致船殼破損漏油，造成港區內水域汙染。

資料來源：《自由時報》、《中國時報》，本研究自行彙整

除上述海難事件外，航運船舶進出港造成空氣、水源、土地等資源的汙染和破壞問題日益嚴重，國際間對於環境保護的意識逐漸增強。在這樣的背景下，綠色航運應運而生，成為一種新型環保運輸模式。國際海事組織（International Maritime Organization，簡稱 IMO）[4]通過了國際防止船舶污染公約（International Convention for the Prevention of Pollution from Ships，簡稱MARPOL）[5]，制定了各種相關規範，來推動綠色航運發展。航運業本身就是一個高耗能的產業，能源成本占比較高，當能源價格波動時，航運公司將

4　國際海事組織是聯合國成立的專門機構，總部設於倫敦。

5　採用國際海事組織（IMO）所屬海洋環境保護委員會（MEPC）所採納MEPC.324（75）決議之防止船舶污染國際公約（MARPOL）附錄Ⅵ修正案，同步修正國際防止空氣污染證書及中華民國防止空氣污染證書，並自2022年4月1日生效。

會面臨成本壓力，因此航運業開始尋求更為經濟、節能的運輸方式。

推行綠色航運是全球化的趨勢，其背景和動機包括對環保意識的重視、國際法規的推動、能源價格波動、企業社會責任等多個方面。在未來，推廣綠色航運將會成為航運業發展的主流趨勢，也將有利於保護海洋生態環境，實現綠色可持續發展。

綜合上述，航運造成港口環境面的破壞，值得進一步探究。現有探討港口或航運相關文獻大多從經濟面加以分析，往往忽略航運業對於環境面的破壞。如王塗發（1990）實證結果發現產業附加價值總附加價值之比例，居全部40產業最高的11名產業，幾乎屬於受運輸與通訊部門影響較大或支持較多的產業。此現象至可以反映運輸與通訊部門對臺灣經濟發展重大貢獻。倪安順和梁金樹（2003）研究運輸建設產業關聯對於臺灣整體經濟而言有顯著影響，黃幼宜和柯冠宇（2014）針對基隆港轉型觀光郵輪港口所能產生的經濟效益等，上述大都聚焦於經濟面分析。雖然張淑滿等（2020）從郵輪觀光產業所產生的經濟效益之外，納入郵輪產業的環境面的影響，但侷限於郵輪面的討論。因此除了探討綠色航運部門與各產業相互關係之外，並根據前述造成基隆港與高雄港區汙染源懸浮微粒（PM1.0）、細懸浮微粒（PM2.5）、硫氧化物（SOx）和氮氧化物（NOx）四個汙染源，納入 I/O 後以擴大 Leontief 環境模型探討汙染帶來外部衝擊。最後，關於汙染源所產生的排放量轉換貨幣化的污染估值所推估出的汙染產出，闡述綠色航運對各產業間相互影響。

（二）研究目的

全球氣候變遷、環境污染、物種滅絕等問題已經成為了全球關注的焦點。臺灣地區航運發展過去集中於基隆與高雄兩港，本文主要對臺灣地區產業污染以及基隆與高雄兩地產業汙染做交叉比對分析。基於上述所回顧到基隆與高雄目前所面臨的問題，由此可知，基隆港與高雄港整體未來發展與中國及東南亞各國的崛起，有密不可分的關係，兩港地方政府也積極的規劃改造，使其能夠成為全球綠港標竿、客貨合一的概念，提升兩港在亞洲地區成

為運輸樞紐中心的重要地位。全球化國際貿易發展迅速，航運也隨著貨運量漸增，衍生出對環境汙染的各方面問題。

這些問題不只影響到臺灣地區當前的生活品質和經濟發展，也對未來的生活環境造成嚴重影響。透過擴大 Leontief 環境模型分析，可更好地去了解高雄與高雄兩港環境汙染問題，使其提高環保意識，推動各項政策也能夠更積極尋找環保的解決方案來應對各項問題，來提升效率與經濟效益，如何讓航運產業在經濟與環境方面能夠並行持續發展，同時達到自然環境的平衡使其能夠永續發展，這是國際間非常重視發展議題。

有鑑於過去關於基隆港與高雄港相關文獻，都偏重於兩港轉型所產生的經濟發展分析與發展綠色航運所產生的效益，較多為單向探討空氣汙染問題居多，較少有雙向探討排放汙染源對環境所產生的經濟衝擊，故本論文將探討將主要汙染源，總懸浮微粒（TSP）、硫氧化物（SOx）、氮氧化物（NOx）、非甲烷碳氫化合物（NMHC）等四種物質納入環境因素考量，估算出汙染排放量對於環境所衍生出汙染估值的汙染產出。進而分析綠色航運產業是否能夠帶給各相關產業與相關單位，順利在2050年達成碳零排放的願景，同時也能帶動臺灣的經濟發展，給予另一種探討思維。

（三）研究方法與步驟

全球化國際貿易發展迅速，航運也隨著貨運量漸增，衍生出對汙染環境的各方面問題，這是國際間非常重視發展議題。本研究使用投入產出模型及產業關聯分析來評估各產業部門之間的產業關聯效果，再納入擴大 Leontief 環境模型來分析環境汙染估值的外部成本，並進一步推導分析。故本研究方法與步驟大致如下：

一、使用生產者價格交易表，製作關於綠色航運產業部門，便於重組產業部門分類表，使其了解綠色航運產業與各產業之間關係。

二、使用生產者價格交易表，估算各產業之間的投入係數，再推估綠色

航運產業與各產業間之向後關聯影響度及向前關聯感應度，分析解說各產業在產業關聯圖所扮演的角色。

三、運用環保署空氣污染物排放量清冊，納入重組分類綠色航運產業所需部門，將汙染排放量做貨幣化汙染估值分析。

四、使用擴大 Leontief 環境模型，再納入總懸浮微粒（TSP）、硫氧化物（SOx）、氮氧化物（NOx）、非甲烷碳氫化合物（NMHC）等四種物質，推導出污染排放量所產生的汙染估值的汙染產出。

（四）研究架構

本研究分為五個章節，第一章節為緒論，說明本研究背景與動機、研究方法與目的、研究步驟。第二章節文獻探討，依序分為三個面向，航運與各產業之經濟分析、綠色航運與綠色港口永續發展、航運造成環境汙染問題。第三章節介紹投入產出模型理論與產業之間關聯以及綠色航運重組如何納入擴大 Leontief 環境模型理論。第四章節對於臺灣地區及基隆高雄地區與綠色航運產業之間所造成環境汙染做實證結果分析。第五章節說明本研究整體分析後結論與建議以及研究限制。

二 文獻回顧

本章為文獻回顧共分為四節，首先，是利用投入產出模型分析航運與產業經濟相關文獻，其次，彙整綠色航運與綠色港口發展對於改善環境汙染相關文獻，說明航運帶給環境污染所付出的成本相關文獻，最後為本章小結。

（一）航運與各產業之經濟分析

航運與各產業間之經濟分析，首見於王塗發（1990）採用主計處出版的73年之99部門產業關聯表為資料，並對特別分出運輸系統建設之公共工程部

部門來加以分析，在運輸部門分為陸上、水上、空中三個次部門，再運輸部門的產業關聯效果研究結果指出，運輸設施再投資建設時，能夠有效的帶動其他產業發展，在興建完後，則轉由陸上運輸部門來支持其他產業發展，以就業、所得等經濟效果結果得出，運輸次部門之就業效果在40部門中排前段，而運輸之所得效果高於全體產業平均，顯示運輸部門對臺灣經濟成長有明顯的貢獻。倪安順、梁金樹（2003）使用投入產出與產業關聯效果分析，利用行政院主計處85年國產品交易表之160部門資料建立產業關聯模式，對運輸部門與產業關係進行研究。其發現公路建設投入資金最多，但就產量、所得及就業之衝擊效果而言，幾乎都以鐵路為最強，此訊息透露出鐵路發展建設的重要性，以及運輸建設不能一味用在公路，亦須重視各次部門資源分配的問題。陳韜（2010）運用產業關聯分析法估算臺灣與韓國海運部門，在總體經濟中的產業關聯程度，並將海運部門設為外生變數，評估其在總體經濟產業之重要性與經濟誘發效果。發現從國家整體經濟來看，雖然海運部門影響很低，但是兩國這幾年所採用的發展策略卻截然不同，例如韓國積極發展海運相關產業，希望能夠提升海運部門對於整體經濟的貢獻度，且已有正面的效果。

　　而臺灣屬於海島型國家，長期需要倚賴海上運輸、航空運輸來達成貿易目的。由於時代改變，基隆港的地位也隨之改變，大量運輸也轉移至新建的臺北港，基隆港運量日減，基隆市對於港口政策有序地計畫將其改變為觀光港口產業。黃幼宜、柯冠宇（2014）運用投入產出方法，以麗星郵輪為研究對象，對於基隆港轉型郵輪港分析之經濟效益。基隆港近年來進出港口人次大幅成長，證明基隆港轉型郵輪港確實為可行之路，應積極爭取更多郵輪停靠，使基隆港不斷有客貨輪進出，基隆港使用效率最大。此外，黃幼宜、張淑滿（2015）採用投入產出法，對臺灣海洋經濟做產業關聯變化與群聚效果，利用橫跨20年產業關聯資料，透過向前關聯及向後關聯程度、產量、所得、就業乘數等，探討臺灣海洋產業在國家經濟中角色，產業關聯程度相互依存關係。水運輔助服務業可以被視海洋經濟中關鍵產業，造船業、國內貨物運輸部門亦被視為向後產業關聯導向產業。國際貨物運送業，其產

值比重乃海洋經濟中之重要者，具向後產業關聯導向的產業的發展潛力。

（二）綠色航運及港口永續發展

綠色航運與綠色港口永續發展是為國際間重要議題。黃道祥（2013）綠色航運的定義，是沿用碳足跡的觀念，在船舶的生命周期內，從造船開始，包含船型、設備、系統選擇規畫考慮節能與環保設計。需要考慮綠色經營策略，包含貨物運輸航線、裝卸貨物規畫、航路氣象修正等安排，以管理方式實現船舶營運綠化，即便報廢，需考慮低耗能實施，零件、物料回收再利用，及控管拆船所造成汙染等。航運考慮營運效率和經濟利益外，航運整體執行面應該納入環保考量，以減少航運對環境衝擊。劉穹林和林泰誠（2015）透過問卷調查及因素分析，總結三種綠色航運能力構面，分別為：綠色船舶、綠色員工與綠色供應商。藉由集群分析，綠色航運能力分為三型：全綠色航運作為型、無綠色航運作為型、具綠色航運作為型。發現全綠色航運策略作為型的定期航運公司具有較佳的企業形象，營收與顧客滿意度。航商應持續改善其公司的綠色航運能力以獲取長期的競爭優勢。

宋柏均（2011）運用「綠色港口」營運的模式，來為未來海港邁向新趨勢。藉由蒐集相關文獻探討綠色航運發展現況，並參酌國外發展綠色生態港灣營運要求與管理型態，根據綠色港口（以基隆港為例）現行策略，提出更完善整體改善計畫，以利制定出港區環境污染防治對策，以供未來相關權責單位在擬定商港環境污染防治相關政策之參考依據。丁吉峯、程慶偉（2012）運用模糊層級程序分析法，來評估貨櫃航商綠色航運之績效指標，研究結果發現貨櫃航商綠色航運績效評估指標之最重要七項，符合法規、經濟航線設計、設立船舶能源效率指標、是否達成航運合作效率目標速度、促進永續發展、使用新型船舶、符合船舶效能管理計畫，可提供貨櫃航商評估綠色航運競爭力之參考。

胡家聲等人（2019）認為港口汙染的問題日益受到重視，港口經營必須兼顧經濟效益與環境保護，此概念已使全球各港口紛紛效法建置綠化港口，

儼然已成為永續發展港口運營關鍵，各國許多先進港口已將發展綠港的環境之因素納入其運作之中。透過了解國際著名綠港及探討高雄港對綠港的經營現況等來進行比較，經過探討研究分析，提供以及建議高雄港未來綠港發展的策略，藉以提升高雄港營運效益，來強化高雄港未來國際競爭地位。陸曉筠等人（2021）則認為港口肩負一個國家及區域間之經濟重責，也需要在環境與社會關係做很大權衡，港口環境因頻繁地船舶航行、停靠、補給、貨櫃進出等操作，加上因港而生的周邊大型產業，港口周邊地區往往面臨空氣、水質、底質污染的風險，不僅嚴重影響環境及生態體系，同時也與港口之永續經營及周邊社區健康發展相衝突。

張朝陽（2009）面臨國際上加強管制遠洋船舶廢氣排放，以及中國大陸港口全面崛起，關係我國港口營運及航運業的未來發展且具有深遠影響，虛心加以學習及用心觀察以探索改變的趨勢，因應發展中之綠色港口新價值，作為未來國際商港發展走向。巫柏蕙（2020）發現全球航運業面臨環保壓力與日俱增，國際上常用的綠色航運經濟激勵方式包括碳定價、徵稅或稅賦減免、綠色金融、政府基金投資標納入環保規定、給予獎勵金、港口費用優惠、綠色船席分配、綠色採購等，提供激勵者可視欲達成目標與資源多寡擇一或數種採用。楊正行和蔡信華（2015）落實綠色航運之理念，重視船舶汙染防治與保護海洋環境，已經成為國際社會須共同面對的重要課題，且為航運政策的發展。將環境救助法治納入綠色航運食物的研究議題，對海難救助法在環境保護領域的法制進行分析、闡釋；評估及論證。依據研究結果顯示，海上環境救助法乃由國際統一公約與國際慣例所形成，參酌國際海上環境保護法制之立法借鏡，擬具我國海商法之修正建議，使之與國際接軌，健全我國環境救助法制，期能成為航運主管機關與相關單位之參考。

（三）航運造成環境汙染問題

地球村全球化不斷在發展連接也越來越緊密，環境的污染導致氣候變遷、溫室效應的問題也持續發生，首先，Lu（2018）評估航空業在航行上

使用生物燃料和傳統燃料的財務支出與環境成本，成本效益分析和劑量反應法被用於生物燃料和傳統燃料的財務與環境成本，從臺北出發的選定航線被用於實證分析，目的是比較不同燃料在貨幣上面的使用，生物燃料的使用導致燃料購買價格大漲，然而，與使用傳統航空燃料相比，它對環境的負面影響更少。Bagoulla and Guillotreau（2022）通過使用投入產出分析法研究法國海上運輸在產出和就業誘導效應方面的問題，這是該國對該行業進行首次研究，同樣方法也應用於許多其他重要海運業的國家，從而為比較提供了研究基礎。透過評估航運對各種溫室氣體排（SO_2、NOx、CO_2、$PM_{2.5}$、$PM_{1.0}$）所造成空氣汙染的環境影響，對現有文獻做出原創貢獻。張淑滿等（2020）則探討郵輪活動所帶動的整體經濟產出值，大於郵輪活動所產生之空氣汙染外部成本。臺灣在注重郵輪發展對國家經濟成長之貢獻之際，同時關心空氣汙染之環保意識下，發展郵輪活動對經濟面與環境面整體結果利大於弊。

　　在綠色能源的部分，張瀞之和鄭惠方（2017）全球貿易有90%都透過海上運輸，然而大部分商用船舶多使用重油為燃料，造成大量汙染，船舶運輸會產生大量 SOx、NOx、及 CO_2 排放量分別占全球12%、13%、2.8%對於環境的影響衝擊甚大。認為液化天然氣（LNG）因具有環保、安全性高且符合國際排放量標準，國際上已成為船舶替代燃料最佳選擇。實證結果也證實，LNG 替代傳統燃料，SOx 排放量將降低90%以上，NOx 排放量將降低70%以上，CO_2 排放量將降低13%以上，顯示出 LNG 對於降低環境污染去時有明顯效益。將 TSP（總懸浮微粒）、SOx（硫氧化物）、NOx（氮氧化物）、NMHC（非甲烷碳氫化合物）等4種物質進行估算，分析出環境面對於經濟面所產生的社會成本。

（四）本章小結

　　綜合上述相關文獻，發現以往的文獻都著重於運輸部門對其他產業的影響，航運所產生的經濟誘發效果，各港口轉型對於其他產業之間的經濟效

益，對其整體經濟的貢獻度做研究分析。其次，關於綠色航運港口的法規、執行面細節上的討論，對於船舶設計、綠色經營管理、能源節能減碳、綠色港口發展、環境汙染問題、綠色金融方面探討分析。最後，分析傳統燃料與生物燃料以及 LNG 替代傳統燃料之差異，透過評估航運對各種溫室氣體排所造成空氣汙染的環境影響，探討郵輪活動帶動的整體經濟產出值以及所產生之空氣汙染外部成本，郵輪對於環境面的影響。

三 研究方法與資料

本章分為五個章節，首先，介紹第一節投入產出模型理論架構，第二節為產業關聯效果分析，介紹向前關聯及向後關聯之計算方法，其次，介紹第三節使用擴大 Leontief 環境模型之計算方法，第四節說明資料來源與綠色航運部門重組過程，最後，第五節說明資料來源，以及介紹納入擴大 Leontief 環境模型，汙染部門整合過程。

（一）投入產出理論架構

本研究使用投入產出模型（input-output model），源於 Leonief（1936）所發展，用於經濟學上實為重要的分析工具，如圖3-1所示。[6]投入產出模型架構代表整個經濟體系，投入產出分析是利用投入產出表各產業之投入結構及產出分配相互關聯特性的一種總體經濟分析方法，目的在利用產業在整個經濟體系中產量分布的一組線性方程式分析產業間的相依性，又可稱為產業關聯分析（inter-industry analysis）。

一般經濟分析模型皆有一些基本假設，而投入產出分析法有三種基本假設，分別為單一產品假設、固定係數假設、固定比例假設，以下對此三種假設做詳細說明，並由圖3-1表示其生產函數。

---

6 Leonief因此分析方法，於1973年獲頒諾貝爾經濟學獎，此分析法又稱李昂提夫模型。

一、單一產品：假設每個產業部門僅生產一個產品，每個產業部門投入僅有一種結構，不同部門產出之間沒有任何可替代性，假若某一廠商同時間生產了兩種或以上產品時，則將主要產品歸屬於所屬產業。

二、生產要素固定比例：假設生產某一種產品所需生產要素之間的比例固定不變，且生產要素比例也不會受產量水準的影響，隱含投入生產要素之不可替代性。

三、投入係數固定：投入與產出之間的係數關係固定不變，所生產的產品型態為固定規模報酬。

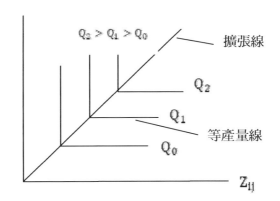

圖3-1　李昂提夫生產函數

1　交易簡表

投入產出法是從一般均衡理論對經濟體系中各種產業結構加以說明，其主要理論基礎分為兩個面向如下：

一、總投入＝中間投入＋原始投入＝總產出

二、總供給＝總產出＋輸入＝中間需要+最終需要

由上述理論基礎中的投入、需求、供給等構成生產者價格交易表，而投入產出分析是由上述統計完成交易表後，開始建立投入係數表，再建立產業關聯程度表，再由產業關聯程度表進行產業關聯分析。表3-1為各變數定義：

X_j： 第 j 產業之產量。

Z_{ij}： 第 j 產業生產X_j所需使用到第 i 產業的產品做為投入數量。

F： 最終需求，包含家計消費需求（C）、民間投資（I）、政府支出（G）、出口淨額（E）。即 F=C+I+G+E。

V： 原始投入，又稱附加價值，包括勞動報酬（V）、經營盈餘、資本消耗、間接稅。

從上述裡理論基礎得出：

$$總產出=總X_t=總X_j=總收入$$

表3-1　產業關聯表基本交易簡表

需求 供給		中間需求				最終需求 Y				總供給 （總需求）
		1	2	⋯	N	C	I	G	E	X
中間投入	1	z_{11}	z_{12}	⋯	z_{1n}	c_1	I_1	G_1	E_1	X_1
	2	z_{21}	z_{22}	⋯	z_{2n}	c_2	I_2	G_2	E_2	X_1
	⋮	⋮	⋮	⋱	⋮	⋮	⋮	⋮	⋮	⋮
	⋮	⋮	⋮	⋱	⋮	⋮	⋮	⋮	⋮	⋮
	N	z_{n1}	z_{n2}	⋯	z_{nn}	c_n	I_n	G_n	E_1	X_n
原始投入（V）	勞務	W_1	W_2	⋯	W_n					
	其他	N_1	N_2	⋯	N_n					
		X_1	X_2	⋯	X_n					
總投入										

有關本文所採用之投入產出法模型、基本假設、關聯效果之衡量等相關理論，主要依據 Miller and Blair（2009）[7]及王塗發（1986）[8]的觀點，依序說

7　參見Miller, R. and Blair, P. (2009), *Input-Output Analysis: Foundations and Extensions.*

8　王塗發（1986），投入產出分析及其應用——臺灣地區實證研究。

明如下。投入產出模型公式，如下式：

$$X_1=（Z_{11}+Z_{12}+\cdots.+Z_{1n}）+F_1$$
$$X_2=（Z_{21}+Z_{22}+\cdots.+Z_{2n}）+F_2 \qquad （1）$$
$$X_i=（Z_{i1}+Z_{i2}+\cdots.+Z_{in}）+F_i$$
$$X_n=（Z_{n1}+Z_{n2}+\cdots.+Z_{nn}）+F_n$$

（總產出＝中間需求＋最終需求）

以矩陣表示則成：

$$X=Z+F \qquad （2）$$

第（2）式中的 X 代表總產出量；Z 代表產業間交易矩陣（又稱中間投入或中間需求矩陣）；F 代表最終需要向量。

2 投入係數表

在前述投入產出模型固定係數假設下，即投入與產出的技術關係比例固定不變，如下式：

$$a_{ij}=Z_{ij}/X_j \qquad （3）$$

（3）式中的a_{ij}表示為投入係數，也稱直接需求係數或技術係數，定義為經濟體系中生產一單位第 j 部門產品時所需投入第 I 部門產品數量，計算方式利用總產出除以第 j 產業的中間需求產業求得係數，如表3-2所示。另一方面，第（3）式顯示出各部門間技術關係為固定不變，符合投入產出法假設中投入係數固定不變假設。

表3-2　投入係數表

中　間　投　入　部　門		中　間　需　求　部　門					
		1	2	.....	j	.....	n
	1	a_{11}	a_{12}	.....	a_{ij}	.....	a_{1n}
	2	a_{21}	a_{21}	.....	a_{2j}	.....	a_{1n}
	:	:	:		:		:
	:	:	:		:		
	i	a_{11}	a_{12}	.....	a_{ij}	.....	a_{in}
	:	:	:		:		:
	:	:	:		:		:
	n	a_{n1}	a_{n2}	.....	a_{nj}	.....	a_{nn}

3　產業關聯程度表

推導上進一步將第（3）移項為以下方程式：

$$Z_{ij} = a_{ij} * X_j \qquad (4)$$

Z_{11}代表各部門中間投入與該部門產出水準呈固定比例，符合投入產出法固定比例假設。為了要求得最終產業關聯程度矩陣，將（4）式帶回（3）式中，變化出以下方程式：

$$X_j = a_{ij} * X_j + F \qquad (5)$$

最後，將（5）式移項處理，產生以下方程式：

$$(I - A) * X = F \qquad (6)$$

式（6）中，$(I - A)$被稱為 Leonftief 矩陣，其中 I 代表單位矩陣，A 表示投入係數矩陣，兩者皆將 Y 最終需求視為外生變數，計算上可以利用 A 與 Y 矩陣求出 X 矩陣總產出。當矩陣產生非奇異（nonsingular）狀態時，方程式可以變化，如下式：

$$X = (I - A)^{-1} F \qquad (7)$$

第（7）式$(I - A)^{-1}$代表著產業關聯程度矩陣（inter-industry interdependence coefficients matrix），又稱為李昂提夫反矩陣（Leonrief inverse matrix）。如表3-3中的b_{ij}則可表示第 j 產業為了滿足一單位 j 產品最終需求，必須向第 i 產業直接或間接購買第 i 產品之數量，即為滿足一單位 j 產品的最終需求，第 i 產業必須生產 i 產品的總值。

表3-3　產業關聯程度表

		中	間	需	求	部	門
		1	2	.....	j	.....	n
中間投入部門	1	b_{11}	b_{12}	.....	b_{ij}	.....	b_{1n}
	2	b_{21}	b_{21}	.....	b_{2i}	.....	b_{1n}
	⋮	⋮	⋮		⋮		⋮
	⋮	⋮	⋮		⋮		⋮
	i	b_{11}	b_{12}	.....	b_{ij}	.....	b_{in}
	⋮	⋮	⋮		⋮		⋮
	⋮	⋮	⋮		⋮		⋮
	n	b_{n1}	b_{n2}	.....	b_{nj}	.....	b_{nn}

觀察最終需求向量變化時，可透過（7）式放入變動量，則能求得新的投入產出均衡量，如下式：

$$\Delta X = (I - A)^{-1} \Delta F \qquad (8)$$

Δ代表變動量，ΔF代表最終需求，ΔX總產量變動，解釋為最終需求發生變動後，經濟體系內總產量變動效果。

（二）產業關聯效果分析

產業關聯效果分析，主要用來評估產業部門發展上對於其他產業所帶來的影響效果，產業之間相互有影響的概念。當某產業部門發展對其他產業之影響效果，透過投入係數矩陣計算出 Leontief 反矩陣，可得向前關聯效果（forward linkages），及向後關聯效果（backward linkages）兩種關聯程度。前者為當某產業投入變數所引發其他產業的產值變動效果，後者則當某產業之最終需求變動所帶動其他產業產值影響效果。

向前關聯效果表示當所有產業之最終需求皆增加一單位時，對 i 產業需求之總額增減，故以李昂提夫反矩陣第 i 列元素之加總，衡量第 i 產業的向前關聯效果，如下式：

$$FL_i = \sum_{j=1}^{n} b_{ij} \qquad (9)$$

向後關聯效果表示當 j 產業之最終需求增加一單位時，其他產業必須增產的總額，故以李昂提夫反矩陣第 j 行元素之加總，衡量第 j 產業的向後關聯效果，如下式：

$$BL_i = \sum_{i=1}^{n} b_{ij} \qquad (10)$$

假如 A 產業的向前關聯效果大於 B 產業的向前關聯效果，表示 A、B 部門比較之下 A 產業增加一單位的產出，對支持一經濟體的生產活動更加重要。如果 C 產業的向後關聯效果大於 D 產業的向後關聯效果，表示 C、D 部門比較之下，C 產業增加一單位的產出，有利於經濟體生產活動。[9] Miller and Blair（1985）最為普遍使用向前與向後關聯效果的是[10] Rasmussen（1956）提出的將向前與向後關聯效果標準化，求得關聯指數，分別為感應指數（index sensitivity of dispersion；IFL_i）、與影響度指數（index of power of dispersion；IBL_j），以相對的數值作比較。

9　參見Miller and Blair (1985), *Input-Output Analysis: Foundations and Extensions.*
10　參見黃幼宜等（2015），臺灣海洋經濟的產業關聯變化與群聚效果。

感應度指數（IFL_i）為衡量每一產業最終需要皆變動一單位，對某產業產品需求之總變動量，意指某產業受感應的程度，如下式：

$$IFL_i = \frac{\sum_{j=1}^{n} b_{ij}}{\frac{1}{n}\sum_{i=1}^{n} \sum_{j=1}^{n} b_{ij}} \tag{11}$$

若$IFL_i > 1$，表示 i 產業受感應程度大於整體產業感應程度之平均值，故 i 產業高感應度；反之若$IFL_i > 1$，表示 i 產業感應程度小於整體產業受感應程度之平均值，故 i 產業為低感應度。

影響度指數（IBL_j）為衡量某產業之最終需要變動一單位時，各產業所需變動程度之平均值，意指某產業對整體之影響程度，如下式：

$$IBL_j = \frac{\sum_{i=1}^{n} b_{ij}}{\frac{1}{n}\sum_{i=1}^{n} \sum_{j=1}^{n} b_{ij}} \tag{12}$$

若$IBL_j > 1$，表示 j 產業之影響度大於整體產業感應程度之平均值，故 j 產業為高影響度；反之若$IBL_j > 1$，表示 j 產業之影響度小於整體產業影響度之平均值，故 j 產業為低影響度。

依據感應度與影響度，可依照其數值高低帶入繪製成產業關聯型態圖，劃分為四種型態（四象限），如圖3-2所示。$IFL_i > 1$，$IBL_j > 1$，第一象限屬於高感應度，高影響度型態產業，該產業發展將帶動其他產業發展，其他產業發展也將會影響該產業發展。$IFL_i > 1$，$IBL_j < 1$，第二象限屬於高感應度，低影響度型態產業，該產業發展不易帶動其他產業發展，而其他產業發展將會影響該產業發展。$IFL_i < 1$，$IBL_j < 1$，第三象限屬於低感應度，低影響度型態產業，該產業發展不易帶動其他產業發展，其他產業發展亦不易影響該產業發展。$IFL_i < 1$，$IBL_j > 1$，第四象限屬於低感應度，高影響度型態產業，該產業發展容易來帶動其他產業發展，而其他產業發展不易影響該產業發展。

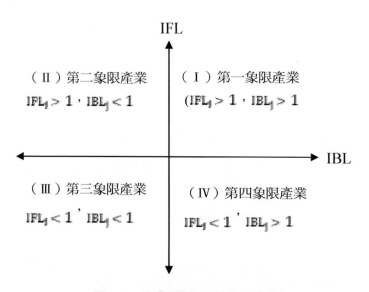

圖3-2　產業關聯四象限型態圖

（三）擴大 Leontief 環境模型分析

　　由美國經濟學家 Leontief 提出，將傳統的投入產出模型，如式（13）納入環境因素，用於分析汙染排放與減（排）汙等議題，在只有考慮汙染排放的情況下，其與傳統投入產出模型的差異，納入汙染物（X_p）列於橫列向量中，與其他中間投入並列，如下式：

$$X_1 = (Z_{11} + Z_{12} + \cdots + Z_{1n}) + F_1$$
$$X_2 = (Z_{21} + Z_{22} + \cdots + Z_{2n}) + F_2$$
$$X_i = (Z_{i1} + Z_{i2} + \cdots + Z_{in}) + F_i$$
$$X_n = (Z_{n1} + Z_{n2} + \cdots + Z_{nn}) + F_n$$
$$X_p = (Z_{p1} + Z_{p2} + \cdots + Z_{pn}) \tag{13}$$

　　如同前面所述（1）至（7）式之過程，當最終需要向量變動時，透過產業關聯程度矩陣，可以得知各產業對於特定汙染物之排放，進而估算出最終

需求間接產生的總污染排放量。對於發展綠色航運港口對整體經濟體系所產生之環境影響估計公式，如下式：

$$
\bullet \quad \triangle \begin{bmatrix} x_1 \\ x_2 \\ x_3 \\ x_n \\ x_p \end{bmatrix} = (I - A_p)^{-1} \triangle \begin{bmatrix} f_1 \\ f_2 \\ f_3 \\ f_n \\ 0 \end{bmatrix} \qquad (14)
$$

- 式（14）中△代表變動量，其中△x_p為最終需要發生變動後，對整體經濟體系所產生之總汙染變動效果。可以通過求解矩陣（I-A）$^{-1}$為考慮汙染係數的李昂提夫反矩陣，根據各產業汙染排放量，計算各部門對環境的污染影響程度將各產業的汙染排放與其生產投入和產出進行對比，其中x_p代表加入的污染係數的投入係數矩陣或是技術係數矩陣。

（四）資料來源與綠色航運部門重組

臺灣屬於海島型國家，國民的日常生活90%長期都倚賴國際貿易，海上運輸，效率最高，運量最大，因人類的便利，長年累積海洋環境汙染，船舶汙染排放不僅導致氣候變化但也會造成人類健康問題和環境破壞，如海洋酸化和海洋污染。為讓海洋能夠永續發展及實踐環保做法與技術，綠色航運將取而代之。

船舶使用岸電、減少車輛擁塞、更換老舊設備、提高周轉率、訂定獎勵辦法，減少航運對環境的衝擊。其中包括減少對地球的溫室氣體破壞和其他污染物的排放，最大限度地減少不可再生資源的使用，採用最適技術來提高能源節約效率，如使用更高效的發動機、先進的船體設計和降低船速，各種系統設備規劃，同時保持或提高該行業的效率和盈利能力。這些措施可以顯著減少燃料消耗和排放，從而降低航運公司的成本。減少航運業對環境影響的一系列永續實踐和改善技術。

本研究資料來源，取自行政院主計總處所公布的產業關聯表之生產者價

格交易表（2016年），分析產業之間的關聯程度。因行政院主計處的產業關聯表無綠色航運產業定義的細項，再加上部門數過多，因此分析前置作業須將產業關聯表進行重組，以符合本文討論重點。其次依彙整本研究所需部門，進行產業關聯效果分析，以及方便後續環境污染部門之整併。

合併重組過程中，首先，採用行政院主計總處2016年產業關聯表編制生產者價格表為主，對於本文期間所需之產業進行分類，再對各產業進行較深入的分析。為便於分析乃將部門調整至33部門，說明如下：首先在63部門中的農產品、畜牧產品、林產品、漁產品合併為農畜林漁業，以及食品及飼料及菸草合併為食品及菸酒業，紡織品、成衣服飾品、皮革、毛衣及其製品合併紡織成衣業，木竹製品、紙漿、紙及紙製品、印刷及資料儲存體複製合併為木材及造紙及儲存體業，化學材料、其他化學製品、藥品及醫用化學製品合併為化學業，橡塑膠、非金屬礦物製品合併非金屬製品業，基本金屬、金屬製品合併金屬製品業，電子零組件及電腦電子產品及光學製品合併電子設備業，汽車及其零件及其他運輸工具及其零件合併運輸設備業，家具及其他製品合併家具及其他製品業，電力燃氣、燃氣、自來水、汙染整治合併為電力瓦斯回收業，批發及零售合併批發零售業、航空運輸及包含運輸輔助及倉儲中的127倉儲、郵政快遞合併航空運輸倉儲業，住宿及餐飲合併住宿餐飲業、出版及影音製作及傳播、電信、電腦相關及資訊服務合併為媒體電信業，金融服務、保險、證券期貨及金融輔助合併為證券金融業，不動產及住宅服務合併為不動產服務業，專業、科學及技術服務、租賃、其他支援服務、公共行政及國防；強制性社會安全、教育、醫療保健、社會工作服務合併為公共服務業，人民團體及家事、其他社會服務合併為其他服務業等19部門。礦產業、石油及煤製品業、發電設備業、機械設備業、營建工程業、藝術娛樂及休閒服務業等6個部門則不變，如附錄1所示。與綠色航運產業相關部門，依存關係密切定義，依據行政院之行業分類標準進行分類拆解。首先，本文將造船業，由164部門中的099析出提取成為一個部門，含商船、遊艇、其他船舶及浮動設施、零組配件。其次，營造工程部分，因164部門分類為117公共工程與本文所需不夠細項，將其與港埠互相關工程，從487部門

提取所需的11710環保工程、11724港埠工程、11730水利工程等，納入本文的河海工程。再者，陸上運輸由38陸上運輸合併122軌道車輛運輸、123其他陸上運輸合併為一個部門。最後，水上運輸部份，因164部門分類為124水上運輸以及126運輸輔助與本文所需不夠細項，將其與綠色航運產業相關部門，從487部門提取所需的12410國際水上貨運、12420國內水上貨運、12430水上客運、以及12610報關、12620船務代理、12630貨運承攬、12660水運輔助合併水運輔助服務、12640停車場服務、12650陸運輔助、12690其他運輸輔助合併其他水運輔助服務等。綠色航運產業相關的航運運輸產業，彙整於表3-4所示。

表3-4　本研究綠色航運產業部門

編號	33部門	編號	63部門	編號	164部門	編號	487部門
26	造船	28	其他運輸工具及其零件	99	船舶	09910	商船
						09920	遊艇
						09990	其他船舶及浮動設施
						09991	零組配件
27	河海工程	35	營建工程	117	公共工程	11710	環保工程
						11724	港埠工程
						11730	水利工程
28	國際水上貨運	39	水上運輸	124	水上運輸	12410	國際水上貨運
29	國內水上貨運	39	水上運輸	124	水上運輸	12420	國內水上貨運
30	水上客運	39	水上運輸	124	水上運輸	12430	水上客運
31	水運輔助服務	41	運輸輔助及倉儲	126	運輸輔助	12610	報關
						12620	船務代理
						12630	貨運承攬
						12660	水運輔助
32	其他陸運輔助服務	41	運輸輔助及倉儲	126	運輸輔助	12640	停車場服務

（續表）

編號	33部門	編號	63部門	編號	164部門	編號	487部門
						12650	陸運輔助
						12690	其他運輸輔助
33	陸上運輸	38	陸上運輸	122	軌道車輛運輸		
				123	其他陸上運輸		

資料來源：2016年行政院主計總處，本研究整理

（五）納入擴大 Leontief 環境模型

本文使用擴大 Leontief 環境模型，是由美國經濟學家 Leontief 所提出，使用傳統的投入產出模型，評估綠色航運港口帶給臺灣各產業經濟發展，要如何對於環境產生了多少空氣汙染等衝擊效果。根據王塗發等人[11]（2020），在衡量污染的排放有兩大類模型：一般化投入產出分析（generalized input-output analysis）以及擴大 Leontief 環境模型（the augmented Leontief environment Model）。藉由汙染乘數，透過降低最終需求，達到汙染減量的目標。

臺灣地區航運發展過去集中於基隆與高雄兩港，本文主要對臺灣地區整體產業污染以及基隆與高雄的產業汙染做交叉比對分析。這些問題不只影響到臺灣地區當前的生活品質和經濟發展，也對未來的生活環境造成嚴重影響。透過擴大 Leontief 環境模型分析，可更好地去了解臺灣環境汙染問題，使其提高環保意識，推動各項政策也能夠更積極尋找環保的解決方案來應對各項問題，來提升效率與經濟效益，同時達到自然環境的平衡使其能夠永續發展。

合併過程採用行政院主計總處2016年產業關聯表編制報告資料為主，再搭配2019年行政院環保署排放清冊排放量統計數據表（TEDS11.1），必需將汙染行業別44部門，與本文設定綠色航運行業別33部門進行配對合併處理。

---

11 參見王塗發等人（2020），投入產出分析：理論與實務。

要特別說明的是，因環保署排放污染排放量清冊排放量統計資料表中相關航運部門僅有水上運輸部門，因此本文必需拆解相關航運5個部門，本文定義水上運輸項下的5個部門的污染量，與其產值為等比例，因此可透過平均做差補矩陣，計算出國際水上貨運、國內水上貨運、水上客運、水運輔助服務、其他水運輔助服務等5個部門。其次，環保署排放污染排放量清冊排放量統計數據表僅有營造工程部門，本文定義營造工程部門項下的2個部門的污染量，與其產值為等比例，因此可透過平均做差補矩陣，計算出營造與河海工程等2個部門，如表3-5所示。

表3-5　汙染部門整合表

編號	33部門	TEDS44部門
1	農畜林漁	農、林、漁、牧業
2	礦產	礦業及土石採取業
3	食品加工及菸酒	製造業、食品製造業、飲料製造業、菸草製造業
4	紡織成衣	紡織業、成衣及服飾製造業、皮革、毛皮及其製品製造業
5	木材及造紙儲存體	木竹製品製造業、家具製造業、紙漿、紙及紙製品製造業、印刷及資料儲存媒體複製業
6	石油煤製品	石油及煤製品製造業
7	化學	化學材料製造業、化學製品製造業、藥品及醫用化學製品製造業
8	非金屬製品	橡膠製品製造業、塑膠製品製造業、非金屬礦物製品製造業
9	金屬製品	基本金屬製造業、金屬製品製造業
10	電子設備	電腦、電子產品及光學製品製造業、電子零組件製造業
11	發電設備	電力設備製造業
12	機械設備	機械設備製造業

（續表）

編號	33部門	TEDS44部門
13	運輸設備	汽車及其零件製造業
14	家具及其他製品	產業用機械設備維修及安裝業、其他製造業
15	水電、瓦斯、回收	垃圾掩埋業、電力及燃氣供應業、用水供應及污染整治業
16	營造工程	營造業
17	批發零售	批發及零售業
18	航空運輸倉儲	航空運輸業
19	住宿餐飲	住宿及餐飲業
20	媒體電信	
21	證券金融	
22	不動產服務	
23	公共服務	支援服務業、政府
24	藝術、娛樂及休閒	
25	其他服務	其他服務業、家庭、其他
26	造船	其他運輸工具及其零件製造業
27	河海工程	營造業
28	國際水上貨運	水上運輸業（船舶-港區外排放）
29	國內水上貨運	水上運輸業（船舶-港區外排放）
30	水上客運	水上運輸業（船舶-港區外排放）
31	水運輔助服務	水上運輸業（船舶-港區外排放）
32	其他陸運輔助服務	水上運輸業（船舶-港區外排放）
33	陸上運輸	陸上運輸業

資料來源：行政院環保署 TEDS11.1清冊，本研究整理

四　實證結果分析

（一）綠色航運產業關聯

本節分為兩個部分，首先，說明計算所得向後關聯與影響度及向前關連與感應度，說明綠色航運產業與各產業間的相互影響效果。其次，利用向前關聯感應度與向後關聯影響度，為方便說明繪製四象限本文能夠更清楚解析各產業部門與綠色航運產業所扮演的角色。

1　產業關聯程度效果分析

分析步驟，首先依前述重組後的33部門生產者價格交易表（見附錄2）為基礎，計算出綠色產業關聯表（見附錄3），計算後可得各部門的向前向後產業關聯程度，見表4-1。關聯程度乃評估產業發展對其他產業之影響效果，其分為需求面的向後關聯和供給面的向前關聯，為方便比較，文獻上常進一步以標準化後的影響度與感應度，彙整於表4-1。換言之，影響度與感應度為衡量各產業對整體產業的相對效果，因此，向前與向後關聯對於整體產業的貫穿度是一致。以下依序說明之。

（1）向前關聯與感應度分析

當每一產業部門之最終需要皆變動一單位時，對特定產業產品需求之總變動量，也就是特定產業受敏感（sensibility）的程度，稱為向前關聯效果，將其標準化後，稱為感應度。為方便說明後續，以標準化後的感應度進行說明。根據表4-1我們發現感應度大於1的部門大多屬工業部門及少部分服務業，部門依序是礦產（1.8404）、石油媒製品（1.6140）、化學（2.6875）、非金屬製品（1.0342）、金屬製品（3.0178）、電子設備（1.2246）、機械設備（1.0084）、水電瓦斯回收（1.2173）、批發零售（2.0195）、公共服務業（1.6364）。上述感應度大於1的相關產業對於臺灣經濟發展，具有相當高的貢獻度。

而感應度低於1的部門，則集中於製造業和8個綠色航運產業部門，如農畜林漁（0.8511）、食品加工及菸酒（0.8356）、紡織成衣（0.7354）、木材及造紙儲存體（0.9146）、發電設備（0.9001）、運輸設備（0.8138）、家具及其他製品（0.6620）、營造工程（0.5813）、航空運輸倉儲（0.5111）、住宿餐飲（0.5952）、媒體電信（0.7430）、證券金融（0.9648）、不動產服務（0.7440）、藝術娛樂及休閒（0.4494）、其他服務（0.5698）、造船（0.4148）、河海工程（0.4395）、國際水上貨運（0.5763）、國內水上貨運（0.4092）、水上客運（0.4089）、水運輔助服務（0.7797）、其他陸運輔助服務（0.9508）、陸上運輸（0.7950）。上述產業的支援其他產業發展的程度相對於低。

整體來看，本文定義的8個綠色航運產業部門，所對應的感應度平均數低於臺灣整體產業的平均，能成為支援臺灣經濟發展依賴程度相對較低。

（2）向後關聯與影響度分析

當每一特定產業部門之最終需要變動一單位時，各產業必須增（減）產之數量和，也就是該特定產業對所有產業的影響（dispersion）程度,稱為向後關聯效果，將之標準化後，稱為影響度。為方便說明，以標準化後的影響度進行說明。根據表4-1我們發現影響度大於1的部門大多屬工業和5個綠色航運部門，部門依序是食品加工及菸酒（1.0909）、紡織成衣（1.2714）、木材及造紙儲存體（1.1663）、石油煤製品（1.0934）、化學（1.4276）、非金屬製品（1.2005）、金屬製品（1.2845）、電子設備（1.1781）、發電設備（1.0809）、機械設備（1.3823）、運輸設備（1.2101）、家具及其他製品（1.2072）、營造工程（1.1816）、造船（1.3120）、河海工程（1.1894）、國際水上貨運（1.1868）、國內水上貨運（1.2058）、水上客運（1.1868）。上述影響度大於1表示該產業屬於出口為導向，是臺灣經濟發展重要產業，有相當程度的影響度。

表4-1　綠色航運產業關聯效果表

行業別	向前關聯	向後關聯	感應度	影響度	總關聯程度
農畜林漁	2.0922	2.1255	0.8511	0.8646	1.7157
礦產	4.5245	2.0314	1.8404	0.8263	2.6667
食品加工及菸酒	2.0542	2.6817	0.8356	1.0909	1.9265
紡織成衣	1.8078	3.1256	0.7354	1.2714	2.0068
木材及造紙儲存體	2.2492	2.8672	0.9149	1.1663	2.0812
石油煤製品	3.9679	2.6879	1.6140	1.0934	2.7074
化學	6.6070	3.5096	2.6875	1.4276	4.1151
非金屬製品	2.5426	2.9512	1.0342	1.2005	2.2347
金屬製品	7.4189	3.1578	3.0178	1.2845	4.3023
電子設備	3.0106	2.8963	1.2246	1.1781	2.4027
發電設備	2.2128	2.6573	0.9001	1.0809	1.9810
機械設備	2.4791	3.3982	1.0084	1.3823	2.3907
運輸設備	2.0007	2.9748	0.8138	1.2101	2.0239
家具及其他製品	1.6275	2.9676	0.6620	1.2072	1.8692
水電、瓦斯、回收	3.1253	2.2439	1.2713	0.9128	2.1841
營造工程	1.4291	2.9048	0.5813	1.1816	1.7629
批發零售	4.9648	1.5251	2.0195	0.6204	2.6399
航空運輸倉儲	1.2566	1.7629	0.5111	0.7171	1.2282
住宿餐飲	1.4633	2.1948	0.5952	0.8928	1.4880
媒體電信	1.8265	1.9113	0.7430	0.7775	1.5204
證券金融	2.3719	1.4975	0.9648	0.6091	1.5739
不動產服務	1.8290	1.4842	0.7440	0.6037	1.3477
公共服務	4.0228	1.6865	1.6364	0.6860	2.3224
藝術、娛樂及休閒	1.1047	1.7218	0.4494	0.7004	1.1497

（續表）

行業別	向前關聯	向後關聯	感應度	影響度	總關聯程度
其他服務	1.4009	1.8390	0.5698	0.7480	1.3179
造船	1.0198	3.2253	0.4148	1.3120	1.7268
河海工程	1.0805	2.9241	0.4395	1.1894	1.6290
國際水上貨運	1.4168	2.9175	0.5763	1.1868	1.7631
國內水上貨運	1.0060	2.9642	0.4092	1.2058	1.6150
水上客運	1.0053	2.9175	0.4089	1.1868	1.5957
水運輔助服務	1.9167	1.6774	0.7797	0.6823	1.4620
其他陸運輔助服務	2.3374	1.6774	0.9508	0.6823	1.6331
陸上運輸	1.9544	2.0191	0.7950	0.8213	1.6163

資料來源：2016年行政院主計總處，本研究整理

而影響度低於1的部門則集中於服務業和3個綠色航運產業部門，如農畜林漁（0.8646）、礦產（0.8263）、批發零售（0.6204）、航空運輸倉儲（0.7171）、住宿餐飲（0.8928）、媒體電信（0.7775）、證券金融（0.6091）、不動產服務（0.6037）、公共服務（0.6860）、藝術娛樂及休閒（0.7004）、其他服務（0.7480）、水運輔助服務（0.6823）、其他陸運輔助服務（0.6823）、陸上運輸（0.8231）。上述產業影響其他產業發展的程度相對較低。整體來看，本文定義的綠色航運產業部門，其中有水運輔助服務、其他陸運輔助服務、陸上運輸，所對應的影響度平均值低於臺灣整體產業的平均，能成為影響臺灣經濟發展的及依賴程度相對較低，如表4-1所示。

2 綠色航運產業關聯分析

依照上述各產業部門的影響度及感應度計算結果（見表4-1），繪製各產業關聯圖，以清楚了解各產業在整體產業中所扮演的角色。可依影響度及感應度的高低，將全體產業劃分為四類，以座標圖橫軸表示影響度及縱軸表示感應度，以（1,1）為中心可畫之四個象限，如圖4-1所示。

（1）第一象限（關鍵型產業）

　　座落此象限就產業而言，其感應度、影響度都高於1，兩數值加總後即表4-1中的總效果，其值大於1，表示其向前與向後關聯程度都高於全體平均值。根據圖4-1，以基礎工業落於此象限居多，其中總關聯程度依序為：石油煤製品（總效果為2.7074）、化學（總效果為4.1151）、非金屬製品（總效果為2.2347）、金屬製品（總效果為4.3023）、電子設備（總效果為2.4027）、機械設備（總效果為2.3907）等6個產業。臺灣長期以來都是國際代工製造業為榮，其中包含金屬非金屬製品、電子設備、機械設備、石油及化學相關製品，因為臺灣的價格優、品質棒，深受國際喜愛，但隨著中國的製造業崛起，嚴重影響臺灣的工業地位，但在臺灣半導體產業帶動了相關科技電子產業的崛起，也因此臺灣的基礎工業不如以往只是代工，現以研發及創新邁進，能夠帶動臺灣其他產業蓬勃發展，其他產業也會影響該產業發展，其類型產業為臺灣工業的火車頭，支撐起臺灣經濟起飛非常關鍵性產業。

（2）第二象限（支援服務型產業）

　　座落此象限就產業而言，其感應度大於1、影響度小於1，表示向前關聯程度高，但向後關聯程度低，其中總關聯程度依序為：礦產（總效果為2.6667）、水電瓦斯回收（總效果為2.1841）、批發零售（總效果為2.6399）、公共服務（總效果為2.3224）等4個產業。該象限產業對於臺灣的經濟貢獻會因基礎工業產業發展而跟著蓬勃，達到相輔相成的效果。該象限產業大部分為服務資源產業，此類型產業易受其他產業發展而帶動，卻不易帶動他產業的發展，對於臺灣發展是不可或缺的產業。

（3）第三象限

　　座落此象限就產業而言，其感應度、影響度都小於1，表示向前和向後關聯程度都低於全體平均值，其中總關聯程度為：農畜林漁（總效果為1.7157）、航空運輸倉儲（總效果為1.2282）、住宿餐飲（總效果為1.4880）、

媒體電信（總效果為1.5204）、證券金融（總效果為1.5739）、不動產服務
（總效果為1.3477）、藝術娛樂及休閒（總效果為1.1497）、其他服務（總效
果為1.3179）、水運輔助服務（總效果為1.4620）、其他陸運輔助服務（總效
果為1.6331）、陸上運輸（總效果為1.6163）等11個產業。該象限產業，目前
不屬於臺灣經濟發展的重要核心，其產業關聯效果最低，不易帶動其他產業
發展，也不易受其他產業發展而影響，對於臺灣經濟無顯著影響。

（4）第四象限

座落此象限就產業而言，其感應度小於1、影響度大於1，表示向前關聯程度
低，向後關聯程度高，其中總關聯程度依序為：食品加工及菸酒（總效果為
1.9265）、紡織成衣（總效果為2.0068）、木材造紙儲存體（總效果為
2.0812）、發電設備（總效果為1.9810）、運輸設備（總效果為2.0239）、家具
及其他製品（總效果為1.8692）、營造工程（總效果為1.7629）、造船（總效

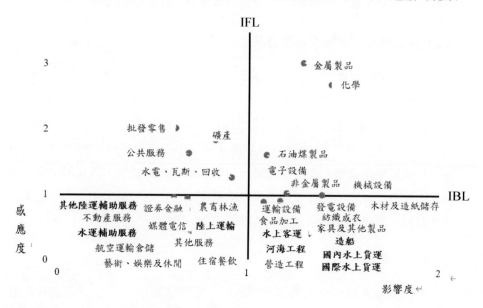

資料來源：2016年行政院主計總處，本研究整理

圖4-1　綠色航運產業關聯散佈圖

果為1.7268）、河海工程（總效果為1.6290）、國際水上貨運（總效果為1.7631）、國內水上貨運（總效果為1.6150）、水上客運（總效果為1.5957）等12個產業。該象限中的國際水上貨運、造船、河海工程等感應度不高，但其影響力高，整體表現對於臺灣航運經濟面長遠發展貢獻是不容小覷。此產業容易帶動其他產業發展，其他產業不易帶動該產業發展，但是有潛力往第一象限去邁進的，對臺灣經濟發展實為重要的產業。

（二）區域汙染排放

全球化不斷在發展連接也越來越緊密，環境的污染導致氣候變遷、溫室效應的問題也持續發生。臺灣地區主要航運港口過去集中於基隆與高雄兩港，船舶在進出港時釋放出大量的空氣污染物質，排水和船舶的漏油都會對周邊的海洋環境造成傷害，船舶的鳴笛聲和裝卸設備的噪音也會對當地居民和生態造成干擾和危害。綠色航運港口將可提升港口建設和有效率的營運管理，朝向經濟發展的同時減少對於環境污染的影響。

1 區域污染排放量

為了清楚了解航運可能造成的汙染，依據行政院環保署（2019）排放清冊排放量統計數據表（TEDS11.1）所提供污染排放量除了臺灣地區外，亦提供基隆與高雄兩地。後續將分為兩個方向進行評估，是以臺灣地區汙染排放量以及將基隆與高雄兩地汙染排放加總，以捕捉綠色航運港口產業可能產生污染值。

首先，就調整後臺灣地區33部門所產生污染量彙整於表4-2。臺灣地區在2019年約產生為111萬4726公噸的空氣汙染量，其中包含總懸浮微粒為25萬1682公噸、硫氧化物為62萬166公噸、氮氧化物為27萬9742公噸、非甲烷碳氫化合物為52萬1136公噸。從各產業來看，合計後空氣汙染量較大前五產業，依序為：其他服務，汙染比重為31.849%、食品加工及菸酒，汙染比重為18.342%、陸上運輸，汙染比重為14.682%、營造工程，汙染比重為

4.584%、水電瓦斯回收,汙染比重為4.547%,其餘產業部門,汙染比重低於4%以下,如表4-2所示。臺灣地區只有其他服務、陸上運輸2個產業部門,都高於基隆高雄兩地,其中包含汽機車相關產業、電腦通訊相關產業、其他未分類的服務相關產業,日常生活中長期所排放的汙染,已慢慢污染臺灣的環境。

其次,合計基隆高雄兩地所產生污染量彙整於表4-3。基隆高雄兩地在2019年約總產生為21萬6560噸的總空氣汙染量,其中包含了總懸浮微粒為3萬1091公噸、硫氧化物為3萬3617公噸、氮氧化物為7萬3550公噸、非甲烷碳氫化合物為7萬8301公噸。從各產業來看,合計後空氣汙染量最大的是屬其他服務,汙染比重為24.206%、食品加工及菸酒,汙染比重為20.212%、水電瓦斯回收,汙染比重為10.458%、金屬製品汙染比重為10.007%、陸上運輸部門,汙染比重為9.574%,其餘產業部門汙染比重低於9%以下,如表4-3所示。基隆高雄兩地則是有食品加工及菸酒、金屬製品、水電瓦斯回收3個產業部門,污染量是高於臺灣地區。

表4-2　臺灣地區污染排放量比重表　　　　　單位：公噸

編號	汙染物 33部門	總懸浮微粒 TSP	硫氧化物 SOx	氮氧化物 NOx	非甲烷碳氫化合物 NMHC	合計	比重
1	農畜林漁	15,725.909	11.881	4,146.558	4,428.146	24,312.495	2.181%
2	礦產	5,078.399	14.473	16.814	63.426	5,173.112	0.464%
3	食品加工及菸酒	12,384.860	19,534.275	48,144.131	124,404.331	204,467.597	18.342%
4	紡織成衣	314.450	1,941.330	2,584.256	3,049.953	7,889.989	0.708%
5	木材及造紙儲存體	530.593	1,399.016	2,297.404	40,825.130	45,052.143	4.042%
6	石油煤製品	392.275	415.562	1,249.100	1,025.391	3,082.328	0.277%
7	化學	1,420.285	7,109.484	15,483.175	10,206.203	34,219.147	3.070%
8	非金屬製品	6,104.110	2,801.149	18,030.278	18,258.077	45,193.614	4.054%
9	金屬製品	2,129.889	3,140.525	4,465.007	30,934.580	40,670.001	3.648%

（續表）

編號	汙染物 33部門	總懸浮微粒 TSP	硫氧化物 SOx	氮氧化物 NOx	非甲烷碳氫化合物 NMHC	合計	比重
10	電子設備	209.665	601.936	1,030.391	11,359.264	13,201.256	1.184%
11	發電設備	34.601	27.027	42.334	474.092	578.054	0.052%
12	機械設備	13.713	14.495	40.763	686.670	755.641	0.068%
13	運輸設備	89.232	37.975	68.062	2,688.888	2,884.157	0.259%
14	家具及其他製品	51.871	319.606	436.853	2,650.993	3,459.323	0.310%
15	水電、瓦斯、回收	2,633.604	15,200.414	32,274.043	574.567	50,682.628	4.547%
16	營造工程	29,679.775	0.288	49.617	21,370.378	51,100.058	4.584%
17	批發零售	39.208	4.992	11.626	4,326.613	4,382.439	0.393%
18	航空運輸倉儲	87.667	353.829	2,785.535	367.833	3,594.865	0.322%
19	住宿餐飲	1,625.059	1,164.374	1,768.302	13,043.357	17,601.093	1.579%
20	媒體電信	0.000	0.000	0.000	0.000	0.000	0.000%
21	證券金融	0.000	0.000	0.000	0.000	0.000	0.000%
22	不動產服務	0.000	0.000	0.000	0.000	0.000	0.000%
23	公共服務	14.229	57.071	428.358	5,115.647	5,615.305	0.504%
24	藝術、娛樂及休閒	0.000	0.000	0.000	0.000	0.000	0.000%
25	其他服務	127,151.623	812.070	25,899.061	201,163.586	355,026.340	31.849%
26	造船	8.294	12.152	26.722	690.547	737.715	0.066%
27	河海工程	8,128.856	0.079	13.589	5,853.033	13,995.557	1.256%
28	國際水上貨運	280.603	2,728.445	3,495.471	131.332	6,635.851	0.595%
29	國內水上貨運	3.823	37.170	47.620	1.789	90.402	0.008%
30	水上客運	3.455	33.596	43.041	1.617	81.709	0.007%
31	水運輔助服務	288.322	2,803.501	3,591.626	134.944	6,818.393	0.612%
32	其他陸運輔助服務	158.937	1,545.428	1,979.882	74.388	3,758.635	0.337%
33	陸上運輸	37,098.998	43.972	109,292.816	17,231.205	163,666.991	14.682%
	合計	251,682.306	62,166.115	279,742.437	521,135.983	1,114,726.840	100%

資料來源：2019年行政院環保署 TEDS11.1清冊，本研究整理

表4-3　基隆高雄地區污染排放量比重表　　　　　　單位：公噸

編號	汙染物 33部門	總懸浮微粒 TSP	硫氧化物 SOx	氮氧化物 NOx	非甲烷碳氫化合物 NMHC	合計	比重
1	農畜林漁	819.264	100.394	844.215	273.375	2,037.247	0.941%
2	礦產	36.100	0.000	0.000	0.005	36.105	0.017%
3	食品加工及菸酒	4,069.225	9,329.334	14,051.610	16,321.495	43,771.664	20.212%
4	紡織成衣	2.202	15.710	19.629	18.943	56.484	0.026%
5	木材及造紙儲存體	49.470	125.148	203.939	2,757.176	3,135.733	1.448%
6	石油煤製品	85.098	849.738	1,350.936	1,292.189	3,577.961	1.652%
7	化學	404.400	1,409.799	4,280.226	3,231.405	9,325.830	4.306%
8	非金屬製品	530.766	55.404	143.633	969.531	1,699.334	0.785%
9	金屬製品	2,823.246	6,614.001	7,701.283	4,532.636	21,671.166	10.007%
10	電子設備	11.433	5.454	34.429	1,591.405	1,642.721	0.759%
11	發電設備	2.733	0.164	8.119	24.409	35.425	0.016%
12	機械設備	0.807	2.520	2.426	15.239	20.992	0.010%
13	運輸設備	0.407	0.550	0.394	6.905	8.256	0.004%
14	家具及其他製品	2.695	10.246	8.951	167.772	189.664	0.088%
15	水電、瓦斯、回收	650.500	8,146.036	13,664.651	186.635	22,647.822	10.458%
16	營造工程	2,458.643	0.002	4.524	3,221.345	5,684.514	2.625%
17	批發零售	31.054	3.229	4.306	717.123	755.712	0.349%
18	航空運輸倉儲	2.393	33.328	244.787	30.787	311.295	0.144%
19	住宿餐飲	286.397	184.161	271.208	2,424.400	3,166.166	1.462%
20	媒體電信	0.000	0.000	0.000	0.000	0.000	0.000%
21	證券金融	0.000	0.000	0.000	0.000	0.000	0.000%
22	不動產服務	0.000	0.000	0.000	0.000	0.000	0.000%
23	公共服務	0.417	2.607	3.959	738.502	745.485	0.344%
24	藝術、娛樂及休閒	0.000	0.000	0.000	0.000	0.000	0.000%
25	其他服務	13,218.432	104.455	4,565.901	34,532.346	52,421.133	24.206%

（續表）

26	造船	15.654	3.766	9.563	1,655.282	1,684.265	0.778%
27	河海工程	673.386	0.000	1.239	882.279	1,556.905	0.719%
28	國際水上貨運	344.404	2,525.091	4,435.251	193.640	7,498.386	3.462%
29	國內水上貨運	4.692	34.400	60.423	2.638	102.152	0.047%
30	水上客運	4.241	31.092	54.613	2.384	92.330	0.043%
31	水運輔助服務	353.878	2,594.552	4,557.258	198.967	7,704.655	3.558%
32	其他陸運輔助服務	195.075	1,430.245	2,512.186	109.680	4,247.186	1.961%
33	陸上運輸	4,014.909	5.673	14,510.630	2,202.774	20,733.986	9.574%
	合計	31,091.921	33,617.099	73,550.287	78,301.268	216,560.574	100%

資料來源：2019年行政院環保署 TEDS11.1清冊，本研究整理

2 汙染排放量轉換估值

接下來進行分析前，必需將造成空氣汙染之傳統汙染物，包含總懸浮微粒（TSP）、硫氧化物（SOx）、氮氧化物（NOx）、非甲烷碳氫化合物（NMHC）等四種物質，進一步將量化轉換成價值，方能進行估算。在轉換方法，由於文獻對於如何將汙染量換算成貨幣單位的轉換估值，目前無一致標準，再加上文獻所衡量出的社會成本差異性很大[12]，因此參考 Lu（2018）彙整不同文獻所得轉換估值結果，採平均值計算得各項汙染物的平均每單位（每公噸）轉換率為：總懸浮微粒（TSP）約292.88歐元，硫氧化物（SOx）約12.26歐元、氮氧化物（NOx）約11.83歐元、非甲烷碳氫化合物（NMHC）約8.86歐元。

本文援用 Lu（2018）轉換率做為衡量標準，並將歐元折換成新臺幣[13]，得出臺灣地區與基隆高雄兩地產業間，各項空氣汙染物每噸轉換估值：首先，臺灣地區產業所產生空氣污染估值部份，根據表4-4，在2019年約產生為2,698.64百萬元的空氣汙染估值。其中包含總懸浮微粒為2,389.77百萬元、

---

12 由於現有文獻所衡量之物質，使用之衡量方法、衡量之標準等有所不同，所求算出的單位空氣汙染物之社會成本落差不小。

13 根據央行網站查詢結果，2023年歐元兌新臺幣匯率約為34.42。

硫氧化物為51.89百萬元、氮氧化物為107.29百萬元、非甲烷碳氫化合物為149.69百萬元。從各產業來看，合計後空氣汙染所產生估值，前五大產業分別依序為其他服務部門，汙染估值為1,275.364百萬元、陸上運輸部門，汙染估值為399.145百萬元、營造工程部門，汙染估值為287.972百萬元、食品加工及菸酒部門，汙染估值為179.559百萬元、農畜林漁部門，汙染估值為152.187百萬元、其餘產業部門，汙染估值則低於100百萬以下，如表4-4所示。由此可知，臺灣地區在上述前五大產業所產生的汙染估值都高於相同綠色航運產業，隨著時代進步、科技發達下，也造成對於環境汙染與經濟上的損失。

其次，基隆高雄兩地產業所產生空氣污染估值部份，根據表4-5，在2019年約產生為359.28百萬元的空氣汙染估值。其中包含總懸浮微粒為295.22百萬元、硫氧化物為13.36百萬元、氮氧化物為28.21百萬元、非甲烷碳氫化合物為22.49百萬元。從各產業來看，合計後空氣汙染所產生估值前五大產業分別依序為其他服務部門，汙染估值為137.223百萬元、食品加工及菸酒部門，汙染估值為52.424百萬元、陸上運輸部門，汙染估值為44.322百萬元、金屬製品汙染估值為33.692百萬元、營造工程部門，汙染估值為24.272百萬元、其餘產業部門，汙染估值則低於20百萬元以下，如表4-5所示。上述前五大產業所產生的污染估值也都高於綠色航運產業，基隆高雄兩地，周邊主要以製造加工業為主，隨著產業發達，也造成對於環境的汙染及經濟上的損失。

表4-4　臺灣地區汙染估值表　　　　　　　單位：百萬元

編號	汙染物 33部門	總懸浮微粒 TSP	硫氧化物 SOx	氮氧化物 NOx	非甲烷碳氫化合物 NMHC	合計	比重
1	農畜林漁	149.320	0.005	1.590	1.272	152.187	5.639%
2	礦產	48.220	0.006	0.006	0.018	48.251	1.788%
3	食品加工及菸酒	117.596	7.764	18.465	35.734	179.559	6.654%

（續表）

編號	汙染物 33部門	總懸浮微粒 TSP	硫氧化物 SOx	氮氧化物 NOx	非甲烷碳氫化合物 NMHC	合計	比重
4	紡織成衣	2.986	0.772	0.991	0.876	5.625	0.208%
5	木材及造紙儲存體	5.038	0.556	0.881	11.727	18.202	0.674%
6	石油煤製品	3.725	0.165	0.479	0.295	4.663	0.173%
7	化學	13.486	2.826	5.938	2.932	25.182	0.933%
8	非金屬製品	57.960	1.113	6.915	5.244	71.233	2.640%
9	金屬製品	20.224	1.248	1.712	8.886	32.070	1.188%
10	電子設備	1.991	0.239	0.395	3.263	5.888	0.218%
11	發電設備	0.329	27.191	0.016	0.136	27.672	1.025%
12	機械設備	0.130	0.006	0.016	0.197	0.349	0.013%
13	運輸設備	0.847	0.015	0.026	0.772	1.661	0.062%
14	家具及其他製品	0.493	0.127	0.168	0.761	1.549	0.057%
15	水電、瓦斯、回收	25.007	6.042	12.378	0.165	43.591	1.615%
16	營造工程	281.814	0.000	0.019	6.138	287.972	10.671%
17	批發零售	0.372	0.002	0.004	1.243	1.622	0.060%
18	航空運輸倉儲	0.832	0.141	1.068	0.106	2.147	0.080%
19	住宿餐飲	15.430	0.463	0.678	3.747	20.318	0.753%
20	媒體電信	0.000	0.000	0.000	0.000	0.000	0.000%
21	證券金融	0.000	0.000	0.000	0.000	0.000	0.000%
22	不動產服務	0.000	0.000	0.000	0.000	0.000	0.000%
23	公共服務	0.135	0.023	0.164	1.469	1.792	0.066%
24	藝術、娛樂及休閒	0.000	0.000	0.000	0.000	0.000	0.000%
25	其他服務	1,207.326	0.323	9.933	57.782	1,275.364	47.260%
26	造船	0.079	0.005	0.010	0.198	0.292	0.011%
27	河海工程	77.185	0.000	0.005	1.681	78.871	2.923%

（續表）

編號	汙染物 33部門	總懸浮微粒 TSP	硫氧化物 SOx	氮氧化物 NOx	非甲烷碳氫化合物 NMHC	合計	比重
28	國際水上貨運	2.664	1.084	1.341	0.038	5.127	0.190%
29	國內水上貨運	0.036	0.015	0.018	0.001	0.070	0.003%
30	水上客運	0.033	0.013	0.017	0.000	0.063	0.002%
31	水運輔助服務	2.738	1.114	1.377	0.039	5.268	0.195%
32	其他陸運輔助服務	1.509	0.614	0.759	0.021	2.904	0.108%
33	陸上運輸	352.261	0.017	41.917	4.950	399.145	14.791%
	合計	2,389.766	51.889	107.289	149.692	2,698.636	100%

資料來源：2019年行政院環保署 TEDS11.1清冊，本研究整理

表4-5　高雄基隆地區汙染估值表單位：百萬元

編號	汙染物 33部門	總懸浮微粒 TSP	硫氧化物 SOx	氮氧化物 NOx	非甲烷碳氫化合物 NMHC	合計	比重
1	農畜林漁	7.779	0.040	0.324	0.079	8.221	2.288%
2	礦產	0.343	0.000	0.000	0.000	0.343	0.095%
3	食品加工及菸酒	38.638	3.708	5.389	4.688	52.424	14.591%
4	紡織成衣	0.021	0.006	0.008	0.005	0.040	0.011%
5	木材及造紙儲存體	0.470	0.050	0.078	0.792	1.390	0.387%
6	石油煤製品	0.808	0.338	0.518	0.371	2.035	0.566%
7	化學	3.840	0.560	1.642	0.928	6.970	1.940%
8	非金屬製品	5.040	0.022	0.055	0.278	5.395	1.502%
9	金屬製品	26.807	2.629	2.954	1.302	33.692	9.377%
10	電子設備	0.109	0.002	0.013	0.457	0.581	0.162%
11	發電設備	0.026	0.000	0.003	0.007	0.036	0.010%

（續表）

編號	汙染物 33部門	總懸浮微粒 TSP	硫氧化物 SOx	氮氧化物 NOx	非甲烷碳氫 化合物 NMHC	合計	比重
12	機械設備	0.008	0.001	0.001	0.004	0.014	0.004%
13	運輸設備	0.004	0.000	0.000	0.002	0.006	0.002%
14	家具及其他製品	0.026	0.004	0.003	0.048	0.081	0.023%
15	水電、瓦斯、回收	6.177	3.238	5.241	0.054	14.709	4.094%
16	營造工程	23.345	0.000	0.002	0.925	24.272	6.756%
17	批發零售	0.295	0.001	0.002	0.206	0.504	0.140%
18	航空運輸倉儲	0.023	0.013	0.094	0.009	0.139	0.039%
19	住宿餐飲	2.719	0.073	0.104	0.696	3.593	1.000%
20	媒體電信	0.000	0.000	0.000	0.000	0.000	0.000%
21	證券金融	0.000	0.000	0.000	0.000	0.000	0.000%
22	不動產服務	0.000	0.000	0.000	0.000	0.000	0.000%
23	公共服務	0.004	0.001	0.002	0.212	0.219	0.061%
24	藝術、娛樂及休閒	0.000	0.000	0.000	0.000	0.000	0.000%
25	其他服務	125.511	0.042	1.751	9.919	137.223	38.193%
26	造船	0.149	0.001	0.004	0.475	0.629	0.175%
27	河海工程	6.394	0.000	0.000	0.253	6.648	1.850%
28	國際水上貨運	3.270	1.004	1.701	0.056	6.030	1.678%
29	國內水上貨運	0.045	0.014	0.023	0.001	0.082	0.023%
30	水上客運	0.040	0.012	0.021	0.001	0.074	0.021%
31	水運輔助服務	3.360	1.031	1.748	0.057	6.196	1.725%
32	其他陸運輔助服務	1.852	0.568	0.963	0.032	3.416	0.951%
33	陸上運輸	38.122	0.002	5.565	0.633	44.322	12.336%
	合計	295.223	13.362	28.209	22.491	359.285	100%

資料來源：2019年行政院環保署 TEDS11.1清冊，本研究整理

3 臺灣地區與基隆高雄地區汙染比較

綜合前述討論,為方便說明繪圖說明,根據圖4-2和圖4-3可看到臺灣和基隆高雄兩地產業污染量與汙染估值情況。本研究進一步計算臺灣和基隆高雄兩地產業的污染排放量比重與污染估值比重,大多數產業臺灣污染排放量比重大於基隆高雄兩地,但仍有些產業臺灣地區污染排放量比重與污染估值比重低於基隆高雄兩地。

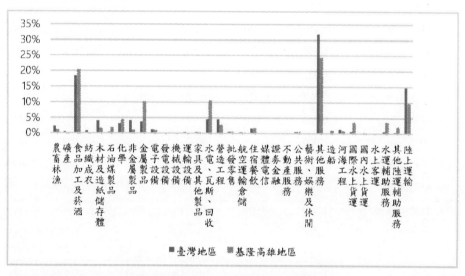

資料來源: 2019年行政院環保署TEDS11.1清冊,本研究整理

圖4-2 臺灣地區及基隆高雄地區汙染排放量對照圖

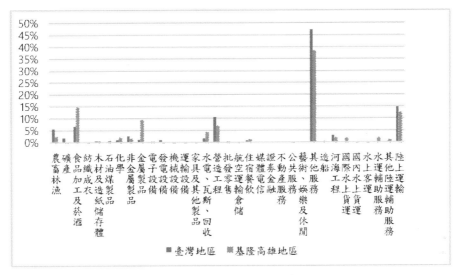

資料來源：2019年行政院環保署 TEDS11.1清冊，本研究整理

圖4-3　臺灣地區及基隆高雄地區汙染估值對照圖

根據表4-6可見，在汙染量比重部份，基隆高雄兩地高於臺灣地區的有11部門。差異較大者依序為金屬製品，基隆高雄兩地高於臺灣地區達6.359%，再者是水電瓦斯回收部門，基隆高雄兩地高於臺灣地區達5.911%，上述兩個產業，基隆高雄兩地都高於臺灣地區超過5%以上。其餘依序則是水運輔助部門，基隆高雄兩地高於臺灣地區達2.946%、國際水上貨運部門，基隆高雄兩地高於臺灣地區達2.867%、食品加工及菸酒部門，基隆高雄兩地高於臺灣地區達1.870%、其他陸運輔助部門，高基兩地高於臺灣地區達1,624%、石油煤製品，基高兩地高於臺灣地區達1.376%、化學部門，基隆高雄兩地高於臺灣地區達1.237%、造船部門，基隆高雄兩地高於臺灣地區達0.712%、國內水上貨運部門，基隆高雄兩地高於臺灣地區達0.039%、水上客運部門，基隆高雄兩地高於臺灣地區達0.035%，如圖4-2和表4-6所示。

　　整體而言，本文定義的綠色航運產業8部門，有造船部門、國際水上貨運部門、國內水上貨運部門、水上客運部門、水運輔助服務部門、其他陸運輔助服務部門等6個部門所產生的空氣污染排放量，基隆高雄兩地都高於臺灣

地區，此說明大力發展航運產業將是刻不容緩的事，各地區政府對於空氣汙染排放量問題，都有陸續開展改善相關事宜，期盼能給環境更友善的回應。

表4-6臺灣地區低於基隆高雄地區污染排放量

33部門	臺灣地區	基隆高雄	差異
金屬製品	3.648%	10.007%	6.359%
水電、瓦斯、回收	4.547%	10.458%	5.911%
水運輔助服務	0.612%	3.558%	2.946%
國際水上貨運	0.595%	3.462%	2.867%
食品加工及菸酒	18.342%	20.212%	1.870%
其他陸運輔助服務	0.337%	1.961%	1.624%
石油煤製品	0.277%	1.652%	1.376%
化學	3.070%	4.306%	1.237%
造船	0.066%	0.778%	0.712%
國內水上貨運	0.008%	0.047%	0.039%
水上客運	0.007%	0.043%	0.035%

資料來源：2019年行政院環保署 TEDS11.1清冊，本研究整理

此外根據表4-7，在汙染估值比重基隆高雄兩地高於臺灣地區的有12部門，差異較大者依序為金屬製品，基隆高雄兩地高於臺灣地區達8.189%、食品加工及菸酒部門，基隆高雄兩地高於臺灣地區達7.937%，上述兩個產業，基隆高雄兩地都高於臺灣地區超過7%以上。其餘依序為水電瓦斯回收部門，基隆高雄兩地高於臺灣地區為2.479%，水運輔助部門，基隆高雄兩地高於臺灣地區達1.529%、國際水上貨運部門，基隆高雄兩地高於臺灣地區達1.488%、化學部門，基隆高雄兩地高於臺灣地區達1.007%、石油煤製品，基隆高雄兩地高於臺灣地區達0.394%、住宿部門，基隆高雄兩地高於臺灣地區達0.247%、造船部門，基隆高雄兩地高於臺灣地區為0.164%、批發零

售部門，基隆高雄兩地高於臺灣地區達0.080%、國內水上貨運部門，基隆
高雄兩地高於臺灣地區達0.020%、水上客運部門，基隆高雄兩地高於臺灣
地區達0.018%，如表4-7所示。

　　本文定義的綠色航運產業8部門，有造船部門、國際水上貨運部門、國
內水上貨運部門、水上客運部門、水運輔助服務部門等5個部門，空氣污染
產生的汙染估值，基隆高雄兩地都高於臺灣地區，此說明未改善傳統的航運
港口營運狀況，其實就環境面與經濟面來評估都會帶給臺灣不少損失，綠色
航運產業的發展，能兼顧環保與提升經濟效益，給予各產業正向的回饋。

表4-7　臺灣地區低於基隆高雄地區汙染估值

33部門	臺灣地區	基隆高雄	差異
金屬製品	1.188%	9.377%	8.189%
食品加工及菸酒	6.654%	14.591%	7.937%
水電、瓦斯、回收	1.615%	4.094%	2.479%
水運輔助服務	0.195%	1.725%	1.529%
國際水上貨運	0.190%	1.678%	1.488%
化學	0.933%	1.940%	1.007%
石油煤製品	0.173%	0.566%	0.394%
住宿餐飲	0.753%	1.000%	0.247%
造船	0.011%	0.175%	0.164%
批發零售	0.060%	0.140%	0.080%
國內水上貨運	0.003%	0.023%	0.020%
水上客運	0.002%	0.021%	0.018%

資料來源：2019年行政院環保署 TEDS11.1清冊，本研究整理

就綠色航運產業部門汙染排放量的差異，見表4-8。首先，臺灣地區汙染排
放量大於基隆高雄兩地有2個部門，分別是陸上運輸部門（差異143,933公

噸，比重差5.108%）、河海工程部門（差異12,438公噸，比重差0.537%）。此外基高兩地汙染排放量大於臺灣地區則有6部門，其差異由大到小依序為：水運輔助服務部門（差異886公噸，比重差2.946%）、國際水上貨運部門（差異863公噸，比重差2.867%）、其他陸運輔助服務部門（差異947公噸，比重差1.624%）、造船部門（差異為947公噸，比重差0.712%）、國內水上貨運部門（差異12公噸，比重差0.039%）、水上客運部門（差異11公噸，百分比0.035%）。最後，表4-8可知在基高兩地，有6個綠色航運部門的汙染量，基隆高雄兩地都是高於臺灣地區，主要因素在於國際海上運輸活動大部分集中於基隆高雄兩地港區，長期帶給當地經濟的發展，相對也帶給當地環境上的衝擊。

　　值得注意的是，臺灣地區航運相關部門產生污染量的佔比僅17.564%，而基隆高雄兩地航運產業污染佔比卻擴大至20.142%，意謂基隆高雄兩地航運相關部門所產生污染量明顯高於臺灣地區，如表4-8所示。

表4-8　臺灣地區與基隆高雄地區汙染量比重差異　　單位：公噸

編號	綠色航運部門	臺灣地區		基隆高雄地區		差異	
		汙染量	百分比	汙染量	百分比	汙染量	比重
33	陸上運輸	163666.991	14.682%	20733.986	9.574%	142933.006	5.108%
27	河海工程	13995.557	1.256%	1556.905	0.719%	12438.652	0.537%
30	水上客運	81.709	0.007%	92.330	0.043%	-10.621	-0.035%
29	國內水上貨運	90.402	0.008%	102.152	0.047%	-11.751	-0.039%
26	造船	737.715	0.066%	1684.265	0.778%	-946.550	-0.712%
32	其他陸運輔助服務	3758.635	0.337%	4247.186	1.961%	-488.551	-1.624%
28	國際水上貨運	6635.851	0.595%	7498.386	3.462%	-862.535	-2.867%
31	水運輔助服務	6818.393	0.612%	7704.655	3.558%	-886.262	-2.946%
	合計	195785.253	17.564%	43619.866	20.142%	152165.388	-2.579%

資料來源：2019年行政院環保署 TEDS11.1清冊，本研究整理

　　就綠色航運產業部門汙染估值的差異，見表4-9。首先，臺灣地區汙染估值大於基隆高雄兩地有2個部門，分別是陸上運輸部門（差異354.823百萬元，比重差2.454%）、河海工程部門（差異72.224百萬元，比重差1.072%）。此外基隆高雄兩地汙染估值大於臺灣地區則有6部門，其差異由大到小依序為：水運輔助服務部門（差異0.928百萬元，比重差1.529%）、國際水上貨運部門（差異0.903百萬元，比重差1.488%）、其他陸運輔助服務部門（差異0.512百萬元，比重差0.843%）、造船部門（差異0.337百萬元，比重差0.164%）、國內水上貨運部門（差異0.012百萬元，比重差0.020%）、水上客運部門（差異0.011百萬元，比重差0.018%）。最後，就表4-9可知，臺灣地區在綠色航運部門汙染估值都高於基隆高雄兩地，但就比重差異來看，基隆高雄兩地實際上比臺灣地區還來的略高。

　　臺灣地區航運相關部門產生污染估值的佔比18.222%，而基隆高雄兩地航運產業污染佔比18.759%，基隆高雄兩地比重高於臺灣地區0.537%，如表4-9所示。

表4-9　臺灣地區與基隆高雄地區污染估值比重差異　　　單位：百萬元

編號	綠色航運部門	臺灣地區		基隆高雄地區		差異	
		汙染估值	百分比	汙染估值	百分比	汙染估值	比重
33	陸上運輸	399.145	14.791%	44.322	12.336%	354.823	2.454%
27	河海工程	78.871	2.923%	6.648	1.850%	72.224	1.072%
30	水上客運	0.063	0.002%	0.074	0.021%	-0.011	-0.018%
29	國內水上貨運	0.070	0.003%	0.082	0.023%	-0.012	-0.020%
26	造船	0.292	0.011%	0.629	0.175%	-0.337	-0.164%
32	其他陸運輔助服務	2.904	0.108%	3.416	0.951%	-0.512	-0.843%
28	國際水上貨運	5.127	0.190%	6.030	1.678%	-0.903	-1.488%
31	水運輔助服務	5.268	0.195%	6.196	1.725%	-0.928	-1.529%
	合計	491.741	18.222%	67.399	18.759%	424.343	-0.537%

資料來源：2019年行政院環保署 TEDS11.1清冊，本研究整理

此外，就綠色航運部門汙染量轉換汙染估值來看，臺灣地區航運相關部門產生總污染估值491.741百萬元，比重差18.222%，基隆高雄兩地航運相關部門產生總污染估值67.399百萬元，比重差18.759%。臺灣地區與基隆高雄兩地綠色航運相關部門總汙染估值差異達424.343百萬元，但比重差臺灣地區低於基隆高雄兩地0.537%。

臺灣地區與基隆高雄兩地汙染估值比重差，除了河海工程部門、陸上運輸部門2個部門臺灣地區高於基隆高雄兩地，其餘部門臺灣地區都低於基隆高雄兩地。由此可知，就汙染估值得知臺灣地區汙染估值是大於基隆高雄兩地，但就比重差異得知，基隆高雄兩地高於臺灣地區。

（三）綠色航運汙染產出

本文對於臺灣地區與基隆高雄兩地整體的污染值進行分析。首先，因行政院主計總處產業關聯表並未考量產業汙染造成的汙染，無法反映產業造成汙染問題，其產出本文將以不含汙產出表示。

因此將 I/O 表納入污染估值後，即排放清冊排放量統計數據表（TEDS11.1）中的總懸浮微粒（TSP）、硫氧化物（SOx）和氮氧化物（NOx）、非甲烷碳氫化合物（NMHC）等四個汙染源估值，視為汙染投入後（見式13），分為臺灣地區 I/O 表與基隆高雄兩地 I/O 表後，再重新計算投入係數後，即為擴大 Leontief 環境模型。根據（式14）計算可得總產出，本文稱為含汙產出。因此含汙總產出值減去不含汙總產出值所得數值，稱之為汙染產出。

本文將計算結果彙整於表4-10，為簡化說明，僅以臺灣地區與基隆高雄兩地汙染產出差異較大的產業做說明，其大小依序：其他服務部門為3,775.67萬元、陸上運輸部門為1,279.16萬元、化學部門為1,166.22萬元、金屬製品為1,161.48百萬元等四部門。其餘部門外部本差異皆都不超過1000萬元，在此不一一贅述。

上述汙染產出較高的產業，首先，在其他服務部門，包括了人民團體及

其他社會服務、汽車維修及美容、其他個人及家庭用品維修、家事服務、其他未分類服務等，各個民間團體、企業以及家庭所製造的空氣汙染，累積汙染產出的外部成本差異是最大。其次，陸上運輸部門，包括了貨運、鐵路客貨運輸、大眾運輸、自營貨運、其他客運等，長期營運產生空氣污染的影響，對於臺灣地區是有顯著地破壞。最後，金屬製品、化學部門屬於臺灣基礎型製造工業，擔負起臺灣經濟發展最重要核心之一，但也因產業迅速發展而產生的污染，造成臺灣地區整體環境的影響。

由上述可知，因臺灣經濟發展主要以出口為導向，基礎製造工業為主，需要大量交通運輸來擔起運送之責，早期陸上運輸以鐵路為主，後期加入貨車與貨櫃車運送，長期使用運輸交通工具，產生廢氣汙染，造成了臺灣地區空氣汙染品質的下降。港埠工程為臺灣各港區，執行各項轉型建設以及日常維護工程，長期的工程建設造成了空氣汙染。

依照表4-10所見，至於運輸設備、發電設備、木材及造紙儲存體、河海工程、證券金融、住宿餐飲、機械設備、不動產服務、電子設備、媒體電信、家具及其他製品、紡織成衣、航空運輸倉儲、藝術娛樂及休閒等部門的汙染產出相對較低，表示這些部門在臺灣地區與基隆高雄兩地的汙染產出其實兩者差異不大。此處也呈現一個現象，臺灣地區與基隆高雄兩地汙染產出資料顯示，汙染產出差距達16,672.46萬元，但在綠色航運部門產業汙染產出資料顯示，臺灣地區與高基兩地差距達1,596.41萬元，基隆高雄兩地的比重差異高於臺灣地區0.462%。值得注意的是，航運部門產業汙染產出差異與一般產業差異頗大，綠色航運部門產業汙染產出偏低，如造船部門、國內水上貨運部門、水上客運部門等3部門外部成本差距細微，如表4-11。

進一步探究航運部門，在污染總產出臺灣地區是高於基隆高雄兩地，臺灣地區汙染產出，與基隆高雄兩地汙染產出，兩者差異為16,672.46萬元。臺灣地區汙染產出，比重差為9.580%、基隆高雄兩地汙染產出，比重差為10.042%，兩者的比重差為0.462%，如表4-11。由上述可知，臺灣地區在汙染產出是比基隆高雄兩地高的，但在資料顯示，基隆高雄兩地在汙染產出比重差異上是高於臺灣地區。換言之，意謂整個綠色航運產業汙染產出，臺灣

地區是高於基隆高雄兩地，但就比重差異來看，基隆高雄兩地所隱藏的汙染其實是大於臺灣地區的汙染。

　　無論是污染排放量比重（表4-8）或汙染估值比重（表4-9），在綠色航運產業部門污染排放量比重以及估值比重，臺灣地區大於基隆高雄地區都只有2個部門，分別為陸上運輸部門和河海工程部門，其餘的綠色航運產業6個部門，基隆高雄兩地污染排放量或比重汙染估值比重是大過於臺灣地區，表示所蘊藏的汙染排放量比臺灣地區還要高。

　　整體而言，我們發現納入汙染後的生產值，除了眾所周知具重工業特質的陸上運輸業、化學業、金屬製品、其他服務業汙染產值嚴重低估外，航運相關產業外汙染產出相對偏低。其原因如下：雖然臺灣地區的汙染排放估值遠大於基隆高雄兩地合計，但就汙染產出比重來看，基隆高雄兩地比臺灣地區還要來的高，亦即，就整體航運產業污染排放來看，從表4-8也可清楚看出，就航運產業部門污染排放量來看，臺灣的總排放量（195,785公噸）是基隆高雄兩地的4倍多。而表4-9所呈現汙染估值，臺灣（491.741百萬元）是高雄基隆兩地的7倍多。此現象或許是本文實證結果，臺灣地區汙染排放量、污染估值以及汙染產出都是高於基隆高雄兩地，但就汙染比重來看，汙染量比重、汙染估值比重及汙染產出比重都高於臺灣地區。由此發現，臺灣地區除了陸上運輸業河海工程業汙染產出比重高於基隆高雄兩地，其餘的國際水上貨運業、國內水上貨運業、水上客運業、水運輔助服務業、其他陸運輔助服務業等部門，汙染比重都是低於基隆高雄兩地。

表4-10　臺灣地區與基隆高雄地區汙染產出差距單位：萬元

編號	33部門	不含汙總產出	臺灣地區		基隆高雄地區		汙染產出差距
			含汙總產出	汙染產出	含汙總產出	汙染產出	
25	其他服務	1,228,747.37	1,228,785.47	3,809.77	1,228,747.72	34.10	3,775.67
33	陸上運輸	1,322,651.01	1,322,663.92	1,291.43	1,322,651.13	12.28	1,279.16
7	化學	14,022,271.61	14,022,283.41	1,179.97	14,022,271.74	13.74	1,166.22
9	金屬製品	12,780,265.98	12,780,277.85	1,186.65	12,780,266.23	25.17	1,161.48
16	營造工程	1,522,839.78	1,522,848.73	895.75	1,522,839.84	6.59	889.16
1	農畜林漁	1,937,124.69	1,937,133.38	868.94	1,937,124.78	9.15	859.78
3	食品加工及菸酒	2,283,919.24	2,283,927.85	860.91	2,283,919.42	17.91	843.00
17	批發零售	9,775,083.30	9,775,091.78	847.98	9,775,083.39	9.92	838.07
2	礦產	5,178,804.75	5,178,812.13	738.61	5,178,804.83	7.95	730.66
6	石油媒製品	4,494,752.95	4,494,759.39	644.86	4,494,753.02	7.72	637.14
8	非金屬製品	3,503,085.32	3,503,091.61	628.49	3,503,085.38	5.25	623.24
23	公共服務	8,658,872.57	8,658,877.96	538.40	8,658,872.64	6.22	532.18
15	水電、瓦斯、回收	4,201,038.18	4,201,043.57	539.07	4,201,038.27	8.91	530.16
13	運輸設備	2,249,407.78	2,249,412.17	438.38	2,249,407.82	3.91	434.47
11	發電設備	2,161,484.25	2,161,487.33	307.87	2,161,484.27	1.71	306.16
5	木材及造紙儲存體	1,808,061.67	1,808,064.41	273.55	1,808,061.70	2.63	270.91
27	河海工程	574,360.43	574,362.85	241.84	574,360.45	1.77	240.08
21	證券金融	3,621,447.19	3,621,449.35	216.32	3,621,447.21	2.52	213.80
19	住宿餐飲	1,857,724.18	1,857,726.30	211.79	1,857,724.21	2.40	209.38
12	機械設備	3,506,382.92	3,506,385.01	209.13	3,506,382.94	2.13	207.00
22	不動產服務	2,955,741.82	2,955,743.84	202.38	2,955,741.84	2.15	200.23
10	電子設備	18,362,221.13	18,362,223.15	201.36	18,362,221.15	1.85	199.51
20	媒體電信	2,289,174.73	2,289,176.38	165.48	2,289,174.75	1.69	163.79
14	家具及其他製品	1,292,216.31	1,292,217.49	117.57	1,292,216.33	1.34	116.23

（續表）

編號	33部門	不含汙總產出	臺灣地區		基隆高雄地區		汙染產出差距
			含汙總產出	汙染產出	含汙總產出	汙染產出	
4	紡織成衣	1,527,545.03	1,527,545.78	74.49	1,527,545.04	0.50	73.99
18	航空運輸倉儲	755,311.93	755,312.46	52.35	755,311.94	0.57	51.77
24	藝術、娛樂及休閒	338,924.46	338,924.88	42.44	338,924.46	0.40	42.04
32	其他陸運輔助服務	469,188.96	469,189.33	36.20	469,188.98	1.72	34.48
31	水運輔助服務	327,856.22	327,856.50	27.89	327,856.24	2.09	25.80
28	國際水上貨運	234,965.55	234,965.73	17.77	234,965.57	1.65	16.12
26	造船	41,338.00	41,338.01	0.86	41,338.01	0.15	0.70
29	國內水上貨運	3,376.34	3,376.34	0.05	3,376.34	0.02	0.03
30	水上客運	2,970.03	2,970.03	0.05	2,970.03	0.02	0.03
	合計	115,289,155.70	115,289,324.39	16,868.61	115,289,157.66	196.15	16,672.46

資料來源：2019年行政院環保署 TEDS11.1清冊，本研究整理

表4-11綠色航運產業部門汙染產出差異　　　單位：萬元

編號	綠色航運部門	臺灣地區		基隆高雄地區		差異	
		汙染產出	比重	汙染產出	比重	汙染產出	比重
33	陸上運輸	1,291.435	7.6558%	12.276	6.2586%	1,279.16	1.397%
27	河海工程	241.844	1.4337%	1.766	0.9005%	240.08	0.533%
32	其他水運輔助服務	36.204	0.2146%	1.723	0.8783%	34.48	-0.664%
31	水運輔助服務	27.894	0.1654%	2.090	1.0657%	25.80	-0.900%
28	國際水上貨運	17.772	0.1054%	1.647	0.8397%	16.12	-0.734%
26	造船	0.857	0.0051%	0.152	0.0777%	0.70	-0.073%
29	國內水上貨運	0.052	0.0003%	0.023	0.0115%	0.03	-0.011%
30	水上客運	0.050	0.0003%	0.020	0.0104%	0.03	-0.010%
	合計	1,616.11	9.5806%	19.70	10.0425%	1,596.41	-0.462%

資料來源：2019年行政院環保署 TEDS11.1清冊，本研究整理

（四）小結

綜合上述實證分析可得知，就航運產業部門而言，以造船部門、河海工程部門、國際水上貨運部門、國內水上貨運部門、水上客運部門等產業，較容易帶動其他產業發展，非常有機會能成為，臺灣經濟發展重要的核心之一。再其餘產業部門較偏重於內需市場發展居多。

首先，從污染排放量來考量，臺灣地區在金屬製品、水電瓦斯回收部門、水運輔助服務部門、國際水上貨運部門、食品加工及菸酒部門、其他陸運輔助服務部門、石油媒製品、化學部門、造船部門、國內水上貨運部門、水上客運部門等11個產業部門，產生的空氣污染排放量都低於基隆高雄兩地。其次，從污染估值來看，臺灣地區在金屬製品、食品加工及菸酒部門、水電瓦斯回收部門、水運輔助服務部門、國際水上貨運部門、化學部門、石油媒製品、住宿餐飲部門、造船部門、批發零售部門、國內水上貨運部門、水上客運部門等12個產業部門，產生的空氣污染估值都低於基隆高雄兩地。最後，從綠色航運部門產業污染量、汙染估值以及污染產出來看，臺灣地區都是高出基隆高雄兩地，其主要因素來自陸上運輸部門、河海工程汙染量最為大宗。就污染量比重、汙染估值比重以及污染產出比重來看，基隆高雄兩地都是高於臺灣地區，其主要因素在於航運部門集中於基隆高雄兩地。

五　結論與建議

航運占全球貿易運輸的90%，全球氣候變遷、環境污染、物種滅絕等問題，因此發展綠色航運是大勢所趨。綠色航運產業所造成經濟及環境效益的影響是非同小可。然而，許多相關研究都還處於持續發展階段，包含環境汙染所產生的外部成本仍沒有一個標準化的規範。因此臺灣航商與各縣市重要港口，將綠色航運設為主體架構訂定改善措施，對於環境汙染源部分，實施滾動式改進與制定長遠的永續發展計畫。

（一）結論

本文利用擴大環境面投入產出模型，以2016年行政院主計總處之生產者價格交易表，搭配2019年行政院環保署排放清冊排放量統計數據表，探討主要航運發展與環境面之經濟效果分析。主要發現分為兩個層面來說明：

1　綠色航運產業關聯分析

首先，就感應度來看綠色航運部門中，感應度小於1，有造船部門、河海工程部門、國際水上貨運部門、國內水上貨運部門、水上客運部門、水運輔助服務部門、其他陸運輔助服務部門、陸上運輸部門等產業說明綠色產業是屬於內需型產業，對於臺灣的經濟發展不屬於重要核心。其次，就影響度來看綠色航運部門中，影響度大於1，有造船部門、河海工程部門、國際水上貨運部門、國內水上貨運部門、水上客運部門等，屬於出口導向型產業。臺灣屬貿易立國出口為主，早期以世界代工為名，現今以創新研發為主，此類型產業對於臺灣的經濟貢獻，有極大的貢獻度。影響度小於1，有水運輔助服務部門、其他陸運輔助服務部門、陸上運輸部門等，所對應的影響度平均值低於臺灣整體產業的平均，能成為影響臺灣經濟發展的及依賴程度相對較低。

2　綠色航運汙染產出

首先，本文發現，臺灣地區在2019年各產業所產生污染量，總產量1,114,727公噸的空氣汙染量，各產業所產生空氣污染估值，產生總金額2,698.64百萬元的空氣汙染估值，污染產出，總金額16,868.61萬元。基隆高雄兩地在2019年各產業所產生污染量，總產量1,114,727公噸的空氣汙染量，各產業所產生空氣污染估值，產生總金額2,698.64百萬元的空氣汙染估值，污染產出，總金額196.14萬元。實證結果顯示，首先，就臺灣地區整體污染排放量、汙染估值、汙染產出，所造成環境汙染實質上比基隆高雄兩地相對要來的高。其次，就綠色航運部門產業比重差異來看，除了陸上運輸部門、

河海工程部門臺灣地區是高於基隆高雄兩地，其餘造船部門、國際水上貨運部門、國內水上貨運部門、水上客運部門、水運輔助服務部門、其他陸運輔助服務部門等6部門，汙染量、汙染估值、汙染產出比重差異明顯高於臺灣地區。

（二）建議

　　全球化的快速發展，形成了一個巨大的全球網路，隨著科技進步發展，臺灣的製造工業能力，堪稱全球數一數二，但也伴隨著前所未有的環境汙染。高雄與基隆港曾經的輝煌歷史，也隨著周邊國家興起而改變，如今臺灣對於海洋政策極為重視，積極的認同跟開展各項事務，現今各港口，都在制定長遠規劃的轉型政策與措施，中央及各地方政府，如能將環境保護的觀念更加放大，將能帶動地方產業復甦，使周邊環境能夠更友善，將得以恢復過往榮景以及更好的環境。

　　綠色航運產業的影響，普遍不及基礎型工業產業的表現亮眼，對於帶動臺灣整體經濟發展的能力相比之下略顯不足。但就本文分析，可得知，臺灣的造船部門、河海工程部門、國際水上貨運部門、國內水上貨運部門、水上客運部門其影響度都大於1，這表示綠色航運產業對於臺灣的產業貢獻以及發展，非常有機會成為臺灣經濟發展重要核心。本文重點在於臺灣地區與基高兩地的汙染做交叉分析，未能將基高兩地的產業加以細項分類，定義為本文的綠色航運產業部門，本文建議在未來的研究方向，可以就這個部分再加以細化分類，使其研究更能貼近實質產業的準確度，也能提供給相關航運產業以及各地方單位更好的貢獻。但需要有計劃的從各地方硬體改造各項相關措施、規劃各項軟體的配套措施以及有邁向國際化的願景、需要強而有力的政策扶持，產業發展才能夠永續發展。

（三）研究限制

本文已將臺灣地區污染排放量扣除基高兩地排放量，因基隆與高雄高兩地的主要污染來源屬於其他重工業居多，但本文定義的綠色產業部門，以航運業相關部門為基礎，來去探討臺灣地區與基高兩地，汙染排放量推估污染估值所衍生的汙染產出差異。因行政院主計總處產業關聯表中，要細項合併成為本研究所需綠色航運部門，所呈現得部門數不多，不利於本研究探討分析，所以本文將其部門定義擴大以便於分析。因未將基高兩地其他產業細項分析，會導致分析準確度不夠明確，後續研究可以朝向，將基高兩地其他產業屬於重工業的產業部門更細項分析，更能貼近產業實際情況，方能供產業與各地方政府更精確的探討與分析。

參考文獻

一　中文文獻

王塗發（1986），「投入產出分析及其應用——臺灣地區實證研究」，臺灣銀行季刊，（37）：186-218。

王塗發（1990），「臺灣運輸通訊建設之經濟效果分析」，經濟研究，（30）：79-125。

倪安順、梁金樹（2003），「臺灣地區運輸部門建設產業關聯效果實證研究」，海運研究學刊，（14）：1-28。

張朝陽（2009），「論綠色港口及航運未來契機，船舶與海運通訊」，（62）：23-30。

陳韜（2010），「臺灣與韓國海運部門對總體經濟與產業關聯度之比較與分析」，運籌與管理學刊：37-51。

宋柏均基隆港業務組（2011），「世界各港埠實踐綠色港口（Greenport）的具體作法」，交通部運輸研究所，港灣報導，（89）：1-14。

丁吉峯、程慶偉（2012），「從貨櫃航商之觀點評估綠色航運績效指標」，航運季刊，21（3）：25-43。

黃道祥（2013），「綠色航運」，科學發展，（482）：60-67。

黃幼宜、柯冠宇（2014），「基隆港轉型郵輪港之經濟分析」，航運季刊，23（4）：23-44。

黃幼宜、張淑滿（2015），「臺灣海洋經濟的產業關聯變化與群聚效果」，航運季刊，（24）：29-52。

劉穹林、林泰誠（2015），「臺灣定期航運的綠色航運能力與績效」，航運季刊，24（3）：83-98。

楊正行、蔡信華（2015），「綠色航運下環境救助法之研究」，運輸學刊，27（2）：159-190。

張瀞之、鄭惠方（2017），「LNG 燃料船用於臺灣近海航運之環境效益分析」，運輸計畫季刊，46（2）：141-164。

胡家聲、廖宗、康翠芳（2019），「高雄港綠港發展策略之探討」，航運季刊，28（3）：51-72。

巫柏蕙運輸工程組（2020），「國際綠色航運激勵機制初探」，交通部運輸研究所：1-15。

張淑滿、黃堉誠（2020），「臺灣郵輪觀光產業之永續發展經濟及環境面分析」，1-25。

陸曉筠、張展榮、蔡宗勳（2021），「港口對接聯合國永續方案之規劃及建設」，專題報導工程，94（01）：25-36。

二　英文文獻

Bagoulla, C. and Guillotreau, P. (2022), "Maritime transport in the French economy and itsimpact on air pollution: An input-output analysis". *Marine Policy*, Elseveier, 116, pp.10- 381810.1016/j.-marpol.103818.

Lu, C. (2018), "When will biofuels be economically feasible for commercial flights? Considering the difference between environmental benefits and fuel purchase costs". *Journal of Cleaner Production*, 181, 365-373.

Miller, RE. and Blair, PD. (2009), *Input-Output Analysis: Foundations and Extensions*. Cambridge University Press.

三　政府資料

高雄市空氣污染防制計畫（2020年至2023年）。

基隆市空氣污染防制計畫（2020年至2023年）。

行政院主計總處（2006）產業關聯表（487部門）。

行政院主計總處（2020），綠色國民所得帳編制報告（環境與經濟帳）。

行政院環保署（2019），空氣污染排放量清冊統計數據（TEDS11.1）。

行政院主計總處總體統計資料庫。

行政院環境保護署2021年空氣污染防制總檢討。

四　網路資料

《自由時報》：https://news.ltn.com.tw/news/society/breakingnews/4094569。

《中時時報》：https://www.chinatimes.com/newspapers/20120803000725-2601
06? chdtv。

附錄1　綠色航運產業部門別表

編號	33部門	編號	63部門	編號	164部門	編號	487部門
12	農畜林漁	01	農產品	001	稻作		
		02	畜牧產品	002	雜糧		
		03	林產品	003	特用作物		
		04	漁產品	004	蔬菜		
				005	水果		
				006	其他農作物		
				007	豬		
				008	其他畜牧產品		
				009	農事服務		
				010	林產品		
				011	漁產品		
2	礦產	05	礦產品	012	原油及天然礦產		
				013	砂、石及其他礦產品		
3	食品加工及菸酒	06	食品及飼料	014	屠宰生肉		
		07	飲料及菸草	015	肉類其他加工及保藏品		
				016	水產加工及保藏品		
				017	蔬菜加工及保藏品		
				018	動植物油脂		
				019	乳品		
				020	米		
				021	製粉		
				022	動物飼品		
				023	烘培炊蒸食品、巧克力及糖果		
				024	糖		
				025	調味品		
				026	其他食品		
				027	酒精飲料		

（續表）

編號	33部門	編號	63部門	編號	164部門	編號	487部門
				028	非酒精飲料		
				029	菸草		
4	紡織成衣	08	紡織	030	棉、毛、絲麻紡紗及織布		
		09	成衣及服飾品	031	人造纖維紡紗及織布		
		10	皮革、毛皮及其製品	032	針織布		
				033	不織布		
				034	印染整理		
				035	其他紡織品		
				036	成衣		
				037	服飾品		
				038	皮革		
				039	鞋類製品		
				040	其他皮革製品		
5	木材及造紙儲存體	11	木竹製品	041	製材		
		12	紙漿、紙及紙製品	042	合板及組合木材		
		13	印刷及資料儲存媒體複製	043	其他木竹製品		
				044	紙漿、紙及紙板		
				045	其他紙製品		
				046	印刷及資料儲存媒體複製		
6	石油煤製品	14	石油及煤製品	047	石油煉製品		
				048	焦炭及其他煤製品		
7	化學	15	化學材料	049	基本化學材料		
		16	其他化學製品	050	石油化工原料		
		17	藥品及醫用化學製品	051	肥料及氮化合物		
				052	塑膠原料		
				053	合成橡膠原料		

（續表）

編號	33部門	編號	63部門	編號	164部門	編號	487部門
				054	合成纖維原料		
				055	其他人造纖維		
				056	農藥及環境用藥		
				057	塗料、染料及顏料		
				058	清潔用品及化粧品		
				059	未分類其他化學製品		
				060	藥品及醫用化學製品		
8	非金屬製品	18	橡膠製品	061	橡膠製品		
		19	塑膠製品	062	塑膠製品		
		20	非金屬礦物製品	063	玻璃及其製品		
				064	陶瓷製品		
				065	水泥		
				066	水泥製品		
				067	其他非金屬礦物製品		
9	金屬製品	21	基本金屬	068	生鐵及粗鋼		
		22	金屬製品	069	鋼鐵初級製品		
				070	鋁		
				071	其他基本金屬		
				072	金屬刀具、手工具及模具		
				073	金屬結構及建築組件		
				074	金屬容器		
				075	金屬加工		
				076	其他金屬製品		
10	電子設備	23	電子零組件	077	半導體		
		24	電腦、電子產品及光學製品	078	被動電子元件		
				079	印刷電路板		
				080	光電材料及元件		

（續表）

編號	33部門	編號	63部門	編號	164部門	編號	487部門
				081	其他電子零組件		
				082	電腦		
				083	電腦週邊設備		
				084	通訊傳播設備		
				085	視聽電子產品		
				086	資料儲存媒體		
				087	量測、導航、控制設備及鐘錶		
				088	輻射及電子醫學設備光學儀器		
11	發電設備	25	電力設備及配備	089	發電、輸電及配電機械		
				090	電池		
				091	電線及配線器材		
				092	照明設備及配備		
				093	家用電器		
				094	其他電力設備及配備		
12	機械設備	26	機械設備	095	金屬加工用機械設備		
				096	其他專用機械設備		
				097	通用機械設備		
13	運輸設備	27	汽車及零件	098	汽車及其零件		
		28	其他運輸工具及其零件	100	機車及其零件		
				101	自行車及其零件		
				102	未分類其他運輸工具及其零件		
14	家具及其他製品	29	家具	103	非金屬家具		
		30	其他製品	104	金屬家具		
				105	育樂用品		
				106	未分類其他製品		
				107	產業用機械設備修配及安裝		

（續表）

編號	33部門	編號	63部門	編號	164部門	編號	487部門
15	水電瓦斯回收	31	電力及蒸汽	108	電力及蒸汽		
		32	燃氣	109	燃氣		
		33	自來水	110	自來水		
		34	汙染整治	111	廢水及污水處理		
				112	廢棄物清除、處理		
				113	資源回收處理		
				114	其他污染整治		
16	營造工程	35	營建工程	115	住宅工程		
				116	其他房屋工程		
				117	公共工程	11721	機場工程
						11722	鐵路工程
						11723	道路工程
						11740	戶外輸配電路工程
						11750	自來水設施工程
						11760	電訊線路工程
						11770	油、氣儲送工程
						11790	其他公共工程
				118	其他營造工程		
17	批發零售	36	批發	119	商品批發經紀		
		37	零售	120	批發		
				121	零售		
18	航空運輸倉儲	40	航空運輸	125	空中運輸		
		41	運輸輔助及倉儲	127	倉儲		
19	住宿餐飲	42	郵政及快遞	128	郵政及快遞		
		43	住宿	129	住宿		
		44	餐飲	130	餐飲		
20	媒體電信	45	出版、影音製作及傳播	131	出版品		
		46	電信	132	影片及音樂發行		

（續表）

編號	33部門	編號	63部門	編號	164部門	編號	487部門
		47	電腦相關及資訊服務	133	廣播、電視節目編排及傳播		
		48	金融服務	134	電信		
				135	電腦程式設計諮詢及相關服務		
				136	資訊服務		
21	證券金融	49	保險	137	金融服務		
		50	證券期貨及金融輔助	138	保險		
				139	證券期貨及金融輔助		
22	不動產服務	51	不動產	140	不動產開發		
		52	住宅服務	141	不動產經營及相關服務		
				142	住宅服務		
23	公共服務	53	專業、科學及技術服務	143	法律及會計服務		
		54	租賃	144	建築、工程服務及技術檢測、分析服務		
		55	其他支援服務	145	研究發展服務		
		56	公共行政及國防；強制性社會安全	146	廣告及市場研究		
		57	教育	147	專門設計		
		58	醫療保健	148	其他專業及技術服務		
		59	社會工作服務	149	租賃		
				150	人力仲介及供應		
				151	旅行及相關服務		
				152	保全及偵探		
				153	建築物及綠化服務		
				154	行政支援服務		
				155	公共行政及國防強制性社會安全		

（續表）

編號	33部門	編號	63部門	編號	164部門	編號	487部門
				156	教育		
				157	醫療保健		
				158	社會工作服務		
24	藝術、娛樂及休閒	60	藝術、娛樂及休閒服務	159	藝術、娛樂及休閒服務		
25	其他服務	61	人民團體及其他社會服務	160	人民團體及其他社會服務		
		62	家事服務	161	汽車維修及美容		
		63	未分類其他服務	162	其他個人及家庭用品維修		
				163	家事服務		
				164	其他未分類服務		
綠色航運部門							
26	造船	28	其他運輸工具及其零件	99	船舶	09910	商船
						09920	遊艇
						09990	其他船舶及浮動設施
						09991	零組配件
27	河海工程	35	營建工程	117	公共工程	11710	環保工程
						11724	港埠工程
						11730	水利工程
28	國際水上貨運	39	水上運輸	124	水上運輸	12410	國際水上貨運
29	國內水上貨運	39	水上運輸	124	水上運輸	12420	國內水上貨運
30	水上客運	39	水上運輸	124	水上運輸	12430	水上客運
31	水運輔助服務	41	運輸輔助及倉儲	126	運輸輔助	12610	報關
						12620	船務代理
						12630	貨運承攬
						12660	水運輔助
32	其他陸運輔助服務	41	運輸輔助及倉儲	126	運輸輔助	12640	停車場服務
						12650	陸運輔助
						12690	其他運輸輔助

（續表）

編號	33部門	編號	63部門	編號	164部門	編號	487部門
33	陸上運輸	38	陸上運輸	122	軌道車輛運輸		
				123	其他陸上運輸		

資料來源：2016年行政院主計總處，本研究整理

附錄2　綠色航運產業生產者價格交易表　　單位：百萬元

業別類別	造船	河海工程	國際水上貨運	國內水上貨運	水上客運	水運輔助服務	其他陸運輔助服務	陸上運輸	合計
農畜林漁	6	1814	0	0	0	0	0	0	432064
礦產	2	12802	0	0	0	0	0	0	837993
食品加工及菸酒	0	0	1	0	0	0	0	13	462602
紡織成衣	131	126	11	0	0	15	22	87	273606
木材及造紙儲存體	538	6607	20	0	0	175	262	112	435037
石油煤製品	178	8833	19016	273	234	2260	3390	75637	677427
化學	1247	9544	40	1	0	77	115	205	2161080
非金屬製品	884	74167	5	0	0	28	43	4405	825572
金屬製品	9996	81466	996	14	12	388	583	232	2310609
電子設備	2697	2425	102	1	1	93	140	59	3262134
發電設備	3382	33905	36	1	0	93	140	224	431694
機械設備	3679	23489	178	3	2	218	326	165	429599
運輸設備	0	251	4	0	0	88	133	5594	408091
家具及其他製品	239	2048	2232	32	28	1107	1661	8479	237221
水電、瓦斯、回收	569	1886	90	1	1	814	1220	7239	858318
營造工程	207	3105	99	1	1	643	964	941	246708
批發零售	4639	49632	3053	125	38	1766	2648	10721	1675868
航空運輸倉儲	24	502	1403	20	17	974	1462	1524	116540
住宿餐飲	46	1791	367	5	5	704	1055	1028	264553
媒體電信	90	1708	404	6	5	488	732	3815	518218
證券金融	362	3652	3069	44	38	1132	1697	5483	791392
不動產服務	64	2865	583	8	1	2311	3556		（續表）

業別類別	造船	河海工程	國際水上貨運	國內水上貨運	水上客運	水運輔助服務	其他陸運輔助服務	陸上運輸	合計
公共服務	866	35755	19947	287	246	6338	9506	28573	1320631
藝術、娛樂及休閒	6	143	19	0	0	46	68	64	50237
其他服務	15	3890	969	14	12	620	929	15471	162319
造船	746	0	0	0	0	0	0	0	748
河海工程	0	0	0	0	0	515	772	3005	25324
國際水上貨運	0	224	22225	319	274	2	2	57	24855
國內水上貨運	0	3	319	5	4	0	0	1	357
水上客運	0	3	274	4	3	0	0	1	387
水運輔助服務	32	231	36207	520	446	2137	3205	1555	118812
其他陸運輔助服務	49	346	54310	781	669	3205	4807	2332	154184
陸上運輸	233	11960	12100	174	149	1619	2428	3273	216350
中間投入合計	30927	375173	178080	2641	2194	27913	41869	189077	20174112
原始投入	7460	127177	7109	21	88	52462	78692	232028	17528626
投入合計	38387	502350	185190	2662	2282	80374	120562	421105	37702737

資料來源：2016年行政院主計總處，本研究整理

附錄3　綠色航運產業關聯表

業別類別	造船	河海工程	國際水上貨運	國內水上貨運	水上客運	水運輔助服務	其他陸運輔助服務	陸上運輸
農畜林漁	0.0036	0.0090	0.0033	0.0034	0.0033	0.0027	0.0027	0.0023
礦產	0.0821	0.1129	0.1279	0.1286	0.1279	0.0393	0.0393	0.1517
食品加工及菸酒	0.0045	0.0059	0.0049	0.0051	0.0049	0.0041	0.0041	0.0031
紡織成衣	0.0097	0.0058	0.0030	0.0031	0.0030	0.0021	0.0021	0.0028
木材及造紙儲存體	0.0366	0.0354	0.0137	0.0144	0.0137	0.0108	0.0108	0.0087
石油煤製品	0.0643	0.0823	0.1959	0.1965	0.1959	0.0518	0.0518	0.2325
化學	0.1895	0.2040	0.0493	0.0500	0.0493	0.0273	0.0273	0.0504
非金屬製品	0.0626	0.1962	0.0136	0.0141	0.0136	0.0097	0.0097	0.0238
金屬製品	0.7005	0.4472	0.0689	0.0695	0.0689	0.0428	0.0428	0.0496
電子設備	0.1701	0.0357	0.0196	0.0199	0.0196	0.0120	0.0120	0.0125
發電設備	0.1468	0.1084	0.0087	0.0088	0.0087	0.0068	0.0068	0.0079
機械設備	0.1493	0.0848	0.0236	0.0237	0.0236	0.0125	0.0125	0.0225
運輸設備	0.0043	0.0059	0.0096	0.0097	0.0096	0.0064	0.0064	0.0293
家具及其他製品	0.0184	0.0146	0.0319	0.0320	0.0319	0.0200	0.0200	0.0271
水電、瓦斯、回收	0.0864	0.0667	0.0368	0.0377	0.0368	0.0266	0.0266	0.0456
營造工程	0.0152	0.0154	0.0125	0.0129	0.0125	0.0135	0.0135	0.0088
批發零售	0.2420	0.1997	0.0757	0.1080	0.0757	0.0488	0.0488	0.0629
航空運輸倉儲	0.0052	0.0052	0.0190	0.0193	0.0190	0.0148	0.0148	0.0058
住宿餐飲	0.0131	0.0151	0.0154	0.0162	0.0154	0.0138	0.0138	0.0090
媒體電信	0.0158	0.0179	0.0209	0.0218	0.0209	0.0153	0.0153	0.0194
證券金融	0.0412	0.0353	0.0493	0.0503	0.0493	0.0284	0.0284	0.0289
不動產服務	0.0191	0.0216	0.0326	0.0340	0.0326	0.0384	0.0384	0.0288
公共服務	0.0819	0.1298	0.2142	0.2171	0.2142	0.1076	0.1076	0.1023
藝術、娛樂及休閒	0.0014	0.0016	0.0018	0.0019	0.0018	0.0014	0.0014	0.0013
其他服務	0.0094	0.0168	0.0193	0.0196	0.0193	0.0119	0.0119	0.0423
造船	1.0198	0.0000	0.0000	0.0000	0.0000	0.0000	0.0000	0.0000
河海工程	0.0009	1.0011	0.0052	0.0052	0.0052	0.0075	0.0075	0.0079

（續表）

業別類別	造船	河海工程	國際水上貨運	國內水上貨運	水上客運	水運輔助服務	其他陸運輔助服務	陸上運輸
國際水上貨運	0.0001	0.0007	1.1370	0.1370	0.1370	0.0001	0.0001	0.0002
國內水上貨運	0.0000	0.0000	0.0020	1.0020	0.0020	0.0000	0.0000	0.0000
水上客運	0.0000	0.0000	0.0017	0.0017	1.0017	0.0000	0.0000	0.0000
水運輔助服務	0.0038	0.0031	0.2411	0.2412	0.2411	1.0299	0.0299	0.0050
其他陸運輔助服務	0.0055	0.0046	0.3610	0.3612	0.3610	0.0444	1.0444	0.0073
陸上運輸	0.0223	0.0415	0.0982	0.0984	0.0982	0.0267	0.0267	1.0194

資料來源：2016年行政院主計總處，本研究整理

能源、物流與港埠建設：

以高雄港第二港口的開拓與修築為中心（1967-1975）

張宗坤[*]

摘要

　　六零年代中期，貨櫃化的物流風潮席捲了全球各地的港口，臺灣亦不例外。作為島內最早設置專業貨櫃處理中心與碼頭的港口，為什麼高雄港可以在貨櫃革命的初期就奪得先機，甚至一度站上全球前三大國際商港的地位？另一方面，高雄港邊自六零年代起陸續設置加工出口區、臨海工業區，以及南部火力發電廠、大林火力發電廠等工業特區或電力設施，高雄港的拓建又與這些基礎建設有什麼樣的關聯？針對六零至七零年代間高雄港務局的工程選擇，本文嘗試以工程史的視角，利用與整編經合會、交通處等政府檔案和相關口述訪談紀錄，關注港埠建設過程中關鍵的工程爭議，特別是環繞著一九六七至一九七五年間施工的第二港口工程，觀察其計畫的規劃、開闢與調整脈絡。

　　本文首先討論高雄港務局局長的李連墀，說明其為何在六零年代同步展開包含第二港口和貨櫃建設在內的四大工程，其海軍背景又是如何初步啟動

* 國立陽明交通大學社會與文化研究所博士生。通訊地址：300091新竹東門郵局166號信箱。電子信箱：senran13@gmail.com。本文首次宣讀於國立海洋大學海洋文化研究所2023年6月9日舉辦之2023年海洋文化研究生論壇。本文作者要感謝交通部航政司謝幸霖先生與國史館臺灣文獻館在檔案調閱方面的協助，國立陽明交通大學科技與社會研究所教授洪紹洋先生提供王先登先生未出版的回憶錄，也感謝港務公司基隆分公司主任秘書張維鍵先生的評論與建議。

他對貨櫃化與港埠經營的想像，成為興建第二港口與貨櫃中心的願景。接著，本文探討第二港口建設中遭逢的疑難，特別是工程技術與經費來源等主要問題，廓清港口在修建過程中的動態調整與追加工程之必要。最後，本文嘗試指出第二港口工程與國造大型油輪間在吃水／浚渫深度上的相互協調，初步標誌當時能源與港埠等重大建設間可能的連動關係。

關鍵字：高雄港、第二港口、南部臨海工業區、十萬噸級油輪、大林火力發
　　　　電廠

Energy, Logistics and Port Infrastructure:

Second Entrance of Kaohsiung Port, 1967-1975

Zackary Chang, Zong-Kun[*]

Abstract

In the mid-1960s, the global trend of containerization swept across ports worldwide—Taiwan was no exception. As one of the earliest containerized ports in the country, why was Kaohsiung Port able to seize the initiative in the early stages of the container revolution, and even rank among the top three international commercial ports in the world for a time? On the other hand, starting from the 1960s, Kaohsiung Port gradually established export processing zones, as well as industrial parks and power facilities. What is the relationship between the expansion of Kaohsiung Port and these infrastructure developments? This article, focusing on the engineering choices made by the Kaohsiung Harbor Bureau during the 1960s to 1970s, attempts to examine the main controversies during the port construction. The article adopts a perspective from the history of engineering, particularly looks at the second entrance project constructed between 1967 and 1975, observing the planning, development, and adjustment context of the project.

---

* PhD student, Institute of Social Research and Cultural Studies, NYCU. Address: 30091 Shinchu Dongmen Post Office, PO Box, No. 166. Email: senran13@gmail.com

By using government archives, oral history interviews, and related records from organizations like the Council for International Economic Cooperation and Development (國際經濟合作發展委員會) and the Transportation Department of Taiwan Provincial Government (交通處).

Firstly, the article discusses Li Lien-chih (李連墀), theformer director of the Kaohsiung Harbor Bureau, explaining why he simultaneously initiated several major projects in the 1960s. It explores how his background in the ROC Navy initially sparked his imagination for containerization and port management, becoming the vision for constructing the second port and container center. Subsequently, the article focus on exploring the difficulties encountered in the construction of the second entrance, especially major issues such as engineering technology and funding, clarifying the necessary dynamic adjustments and additional projects during the port's construction process. Lastly, the article attempts to indicate the coordination between the second entrance project and the construction of domestically produced large oil tankers in terms of draft／dredging depth, preliminarily indicating the potential interrelationship between energy and major port constructions at that time.

Keywords: Kaohsiung Port, Second Entrance, Southern Region Industrial Park, 100,000 Ton Tanker, Talin Power Plant

一　前言

　　位處南臺灣的高雄港，其開發可遠溯荷蘭、明鄭、清領與日殖期間的重層歷史。從明鄭時期以降，高雄便被設定為重要的工業都市與軍事要地。到了日本人統治的期間，港區周邊已有水泥、煉瓦、機械、鋁業、化學等各類由國家或重工業者所興建的廠房，以及海軍的港口與燃料工廠；隨後，這些設施與廠房陸續為國民黨政權接收，轉由國營事業或軍事單位延續了下來，並在戰後以工具機械與零件、戰略物資、生產原料繼續支援臺灣的軍事防衛和經濟發展。[1]作為物資與人口在海洋與陸地流入、流出的節點，高雄港本身在港埠公共工程與基礎建設上的經營，儘管常常被看似更具有主動性與商業性的海運或造船公司，或者是經濟官僚開發、設立加工出口區的成就所遮掩，[2]卻是支撐起前述國安防衛與經濟發展的重要基盤。本文擬從這個認識出發，思考作為基礎設施的港口與其他不同的空間規劃或基礎設施之間的連結。

　　近期關於高雄港的作品，多半集中在港埠或港市的規劃、政策和關聯，又或者是港區周邊產業的群聚與發展脈絡。這一方面反映了當前臺灣學界地區史、經濟史與海洋史研究領域的活力，同時也顯示高雄港及其周邊作為個案所具有的豐沛歷史意涵。

　　從日殖轉移到戰後，高雄港曾舉辦多項不同類型的復舊、擴建與新建工程。這些工程同時兼具時間與空間上的連續性：對於戰後高雄港埠硬體設施的擴建、港區周邊的工業區設定與重工業化，日本人所擬定的空間規劃與港埠發展策略，殘留了相當的影響力。[3]謝濬澤（2011）已指出高雄港興起於

1　見吳連賞（2005）、楊玉姿與張守真（2008）、王御風（2018）及洪紹洋（2022）。

2　見余光亞（2006）、王御風（2016）。

3　日殖時期，當時仍被稱作「打狗港」的高雄港歷經了數次不同的工程施作。第一次是1904至1907年間的打狗港灣改良工程，以填築火車站用地為主要目標；第二次是1908至1912年間的第一期築港工程；第三次為1912至1937年間的第二期築港工程，第四次1937年起持續戰末期的第三期築港工程。惟第三期受戰爭下軍事需要的影響，其規劃圖面與實際成果有所差距，見劉碧株（2017）。

日殖初期的縱貫鐵路工程，在透過港灣協會確立了「事權分散、產官合作」的經營策略後，同時也設立了臺灣的第一個臨港工業區，利用日月潭水力發電廠的廉價電力，得以在港邊發展重化工業與軍需工業。綜觀日人築港工程中的碼頭建設、港口擴充／浚深部分，已經讓高雄港得以駛入、停泊三千至一萬噸等級的船隻。劉碧株（2017）以規劃圖面展示高雄港三次築港工程背後的港埠空間部署，提醒我們尤須注意鐵路與港埠搭配的海陸聯運——一九〇四年，縱貫鐵路終點站選址於高雄小港——如何引導了港口與港都的規劃邏輯。就航道深度論，日殖時期的高雄港港口以鑿除北側岩礁、並以防波堤取代礁石之波浪屏障功能，暗礁航道以二期分別浚漢至七公尺、九公尺為目標，這是為了配合戰前至戰後方興未艾的船舶大型化趨勢。此外，在日人的第三期築港工程中，已初具戰後美方顧問與高雄港務局提出的「中島」規劃。由此可見，儘管戰爭的封港與破壞造成港埠相當程度的時空斷裂，戰前與戰後仍在想像上存在著連續。[4]

　　針對港口反側的都市與工業區，尤其是其發展如何受到港口的形塑，當前的研究也已有所解釋。在戰前，高雄市的都市空間規劃受交通基礎設施的港口、鐵路影響甚大。據洪啟文（2007：155-159）觀察，一九〇〇至一九三〇年代間，從食品、倉儲、海上運輸到各類生產事業皆紛紛到港區投資，讓港區聚集了高雄整體七成的工廠；從人口成長來看，市區發展則呈現由核心區（哨船頭到哈瑪星）轉移到市區北方（左營、楠梓）或東方郊區（戲獅甲、鳳山五塊厝、小港草衙）的現象，顯見港口是當時形塑與擴充市區的關鍵力量。劉碧株（2016）則指出，在打狗港區歷經了數波改良與擴建後，日本人也在市區內展開了市區改正計畫。如今高雄市內的棋盤式街道，即是以鐵道、港埠岸壁為參考線所規劃；而鐵路與港口間，也存在著交互關係：在鐵道方面，尤其考慮各類貨物的運輸特性所設計，透過濱線與環港線來連結工業區與港埠；在港口方面，則考慮配合運河的連鎖運輸。

　　到了戰後，市區與工業區／加工區的空間規劃不再是以交通為優先考

4　見張守真（2008）。

量，相反地，是特區與市區的擴張，反過來影響了鐵路與港口的設定。在戰後的第一個十年內（1945-1955），高雄港皆在復舊之中，[5]僅有今日蓬萊商港區的一至十號碼頭可供使用，鹽埕、鼓山區也因此繁榮了起來。一九五五年時，高雄港的吞吐量才重回戰前一九四一年的水準。直到一九六○年，為了應對不斷增長的船舶來訪與貨物出入，港區內才在美援支持下展開「十二年擴建」的新建工程。此一擴建工程的效應遠不止於港埠設施與土地利用的整備與改善，促進了廠商與人口的增長，[6]同時也促進了港務局本身機具的更新、技術的提升與人才的養成，成為中島商港區、第二港口、貨櫃中心與過港隧道等下一輪港埠的新建工程，加工出口區、臨海工業區等新興的工業地帶，乃至於十項重大建設中良好的基礎。[7]洪啟文（2007：169-226）則觀察到，儘管貨櫃化持續帶來大量的商品流通量，在大舉興修貨櫃中心的七零年代間，高雄早已成為一個相當、甚至過於成熟的工業城市，人口與工廠出走的逆都市化現象都已經浮現端倪。市區內部商業重心的流轉，亦可印證前述論點。例如盧韋帆（2012：125-171）也指出，七零年代以前鹽埕區的興盛，是受惠於日治時期的建設基礎，特別是因第二港口未開前，能夠充分獲得利用的蓬萊商港區碼頭。到了七零年代以降，受到市區東南與北方工業區的強大吸力影響，不論高雄市或高雄縣的人口，都向著鄰近工業區或工業區所在（三民、苓雅與前鎮）的區域移動。由此來看，從戰前進入戰後，模塑都市生態與佈局的主導力量，已經由交通領域轉移到了經濟領域。然而，這並不意味著港口與都市不再配合著經濟發展的需要，彼此影響、鑲嵌，而是意味著：戰後國家對港口的空間擘畫，是與市區、工業區的都市計畫相互對齊，從「作為整體經濟發展的一環角度」思考的部分結果。

　　從空間的視角來說，在港市關係之外，我們還可以注意到港口間關係的變化。在六零年代進入大興土木的新建期後，高雄港在臺灣各個國際港口之中的地位，也跟著發生了改變。尹姿文（2004：124-149）在討論戰後至七

5　亦有以第一期經濟建設四年計畫之起始年為界，將復舊期斷限於1953年的說法。

6　見洪啟文（2007：187）。

7　見高雄港務局擴建工程處編（1971：231-236），轉引自謝濬澤（2008：84）。

零年代基隆港的營運情形時，也比較了高雄港與基隆港在臺灣整體對外貿易中角色與地位的轉換。六零年代中期後，高雄港開始加速成長，在經營盈餘與出入船舶總噸數等數據上，皆已超過了基隆港。該文認為，此一趕超現象的主因除了都市腹地有限，導致基隆港區無法妥善發展外，也包含軍方對碼頭的長期租借、宵禁控制，以及港務基礎建設的多方干預等。也就是說，國防屬性與軍方的強力介入，雖保證了港區的穩定和安全，在六零年代以前為基隆港帶來穩定的商品流入；六零年代以降，隨著高雄展開大規模的港埠建設，中央授意下的加工區與重化工業區開發，都凸顯出當時高雄港務局的雄心壯志，卻也讓基隆港的輝煌時代一去不復返。

　　最後，以近年來成果頗豐的戰後經濟史領域來說，因為數種關鍵產業在區位上集中於港區周邊的緣故，這類研究也往往會碰觸到高雄港的戰後發展脈絡。以東南方的戲獅甲工業區來說，王御風（2018）以工業發展為引，書寫了此地戰前到戰後的變遷：從日治時期戲獅甲工業區的誕生，到戰後臺灣區生產事業管理委員會對舊有工廠的接收、復原，[8]以及新興民營石化業者的出現，還有作為十大建設項目的大造船廠、大一貫鋼鐵廠的形成。歷經六零年代的出口擴張後，政府在七零年代嘗試以高雄為新一輪產業升級的基地，從戲獅甲原有的重工業與石化工業等兩條軸線出發，前者是透過十大建設新創設的中國造船公司、[9]中國鋼鐵公司，以及作為戲獅甲「原住民」、日本殖民遺產的臺灣機械公司[10]所構成的「鐵三角」，將重工業重新安排到新填築的臨海工業區；後者是從楠梓後勁的中國石油高雄煉油廠（即一、二輕，以及林園煉油廠的三、四輕），連結仁武、仁大與林園工業區的中下游廠商，形塑南、北高雄的兩道石化工業廊帶。[11]高雄港向南擴張所形成的臨海工業區是發展第一條軸線的基礎。臨海工業區原為海埔新生地，是透過浚渫航道或港區各處的泥沙回填所得，其開發空間亦是日後中鋼、中船建廠，

8　見洪紹洋（2022：173-210）。

9　見陳政宏（2005；2012）。

10　見陳政宏（2007；2011）。

11　見王御風（2018：197-244）。

臺機遷廠的主要區域。[12]為了中鋼與中船產品的出口，兩間工廠亦在小港漁港（過去為大仁宮拆船碼頭，今日為第五貨櫃中心）與鹽水港間設有專用的深水碼頭與大型船塢，並進一步帶動了高雄港南方的發展。事實上，在本文稍後的討論中，我們會注意到第二條軸線的發展也同樣與高雄港的擴張有關，尤其是在石油與能源運輸的問題上。

綜觀以上關於高雄的研究討論，顯見港口對於人口分佈和產業型態的形塑，或者交通建設與經濟特區對空間規劃的相互拉扯，都有相當程度的影響。[13]相應於此，本文擬從基礎設施的工程史視角，特別是工程執行中實際遭遇的技術採擇、財務疑難與空間協商，延伸前述對日殖時期的考察，重新思考戰後產業與物流，以及作為其組構產物的經濟、貿易與能源，如何以港口為硬體樞紐，相互協調、運轉起來。前行研究注意到的產業佈局或港埠經營，只是港口研究中較具「主動性」的一端。本文則嘗試去看到另一種基礎設施的主動性，也就是港埠建設如何形成，又是如何去影響了其他經濟範疇。

為了繼續開發此一試驗性的工程史視角，在高雄港的諸多工程中，本文挑選的是一九六七年開工、一九七五年完工的「第二港口工程」。在戰後臺灣的各個港埠中，高雄港的第二港口是少見的人工開口工程，其發想動機帶有軍事色彩，卻也能夠提高港灣利用的經濟效率、降低塞港（port congestion）發生的風險。更重要的是，第二港口的深度設計，也是作為港內各碼頭深度設計的瓶頸基準：換言之，港口內的碼頭若要浚深為深水碼頭，前提是港口及其航道需達到相同或更深的水深。在六、七零年代間，港區內陸續建起的石油接收站、火力發電廠、大鋼鐵廠與大造船廠，不只設廠機具中的重件運輸需要海運支援，以免壓毀道路；負責運輸燃料油的巨型油輪（Very Large Crude Carrier, VLCC），[14]載運礦砂與鋼鐵製品的散裝輪，以

---

12 見鄭親憲（2011），轉引自王御風（2018：204）。

13 礙於軍事相關檔案開放程度較低的緣故，本文尚未、也較無能力論及的是（戰後）高雄港的（再）軍事化，特別是軍事基地如何與其他港口功能相互矛盾、協商的問題。可暫先參考李文環（2006）關於今日左營軍港的長時段歷史地理學研究。

14 根據平均運費評定系統（Average Freight Rate Assessment, AFRA System）目前的定

及輸送各類貨物與零件的貨櫃輪，在船舶大型化的趨勢下都需要深度的支持。此處的問題是：在第二港口的工程規劃中，深度作為關鍵的工程指標，是如何被協商、確立下來的呢？在開工後，高雄港的治理者是否曾對浚渫的深度進行修正，這些修正又是從何而來呢？

可以與本文研究選擇對話的是，相應於以第二港口為中心的處理方式，楊柏賢（2021：68-83）從基礎設施人類學的觀點，並以高雄港歷年填海造陸的計畫（包含十二年擴建、南星和洲際貨櫃中心等三項計畫）為中心，討論高雄西南海岸變遷的異質組構如何影響了人與各種非人行動者的日常生活。在論及十二年擴建計畫（1958-1970）的部分時，他一方面強調海埔新生地是透過「挖泥船、輸泥管、含沙量高的壤土、魚塭、擋土堤等異質元素組裝」；一方面也討論了一九六〇年跨中央與地方部會的「南部工業區開發籌劃小組」對於工業區內公共設施的興建，以及工業區設立後，大煉鋼廠、大林火力發電廠等大型重化場址在空間安排上的考量。換言之，在被創造和納入管制的過程中，海埔地不只是技術的組裝物，也被與經濟計畫、跨國援助等經濟力量結合在一起。本文與該書的差異在於，對於海埔新生地在使用上的折衝和協調，相較於該文摘要的新聞報導，更強調歷史學定位的本文將透過檔案文獻呈現其間的交鋒；此外，當本文將觀察的基礎設施從海埔新生地轉移到港口時，也注意到量體（volumetric）意義上的「深度」，如何連結了能源、貿易和港灣等不同基礎設施間的關係。

本文的主要架構如下：首先，我將介紹擔任高雄港務局局長近二十年的李連墀（1911-2008），說明他在六零年代末期同步啟動包含第二港口和貨櫃中心在內的數項重大工程；其海軍背景與全球港口考察，又是如何啟發、形塑他對貨櫃化與港埠經營的想像，並成為興建第二港口與貨櫃中心的具體計畫。接著，本文嘗試鳥瞰第二港口的全盤建設，特別是背後涉及的土地使用、開口位置、工程技術、軍事分區重疊與經費來源等各類問題，廓清港口

義，VLCC是指16萬至32萬公噸間的船隻，按目前標準，這些曾經的VLCC應該歸屬於第二類長程船隻（Long Range 2, LR2）。

在修建過程中的動態調整。最後，本文嘗試觀察第二港口工程與國造大型油輪間在吃水／浚渫深度上的相互協調，以及第二港口浚深後貨櫃運輸的運作實況，討論當時能源、貿易與港埠等重大建設間的潛在關聯。

關於第二港口本身，本文主要利用的史料有三種。第一種是圍繞著高雄港與貨櫃化相關人士或單位的回憶或文集，尤其以前高雄港務局局長李連墀的出版訪談、個人回憶錄和演講文集為主。第二種則是各檔案館與第二港口相關的歷史檔案，主要包含中研院近代史研究所經濟部門的行政院國際經濟合作發展委員會全宗、國史館臺灣文獻館的臺灣省交通處全宗。在興建第二港口的分工上，前者主要負責日圓貸款的申請，後者則是負責國防部、經合會等中央部會與高雄港務局的聯繫。此外，高雄港務局自印的內部通訊、[15]志書和工程報告亦有相當幫助。最後，接下來亦將提及環繞於第二港口周邊的貨櫃中心、大林火力發電廠、十萬噸級油輪與大林輸油站，本文將利用報紙過刊上的有限訊息、各事業自行出版的週年回顧專書，初步討論它們與港口基礎建設間的關係。

二　李連墀：軍事後勤與物流想像

將高雄港從糧食、香蕉等散裝貨物和軍船出入的軍商二用傳統港，轉變為兼容重工業與高度機械化的貨櫃港，除了向世界各大港口進發的輪船經營業者的高瞻遠矚外，也需要本地港埠建設的相應配合。自戰後起，高雄港歷經了大大小小的工程計畫，將日人留下的港埠雛形，改造為今日大船通航、一度高居全球吞吐量前三大的港口，在這之中扮演最重要角色的，莫過於擔任臺灣省政府交通處高雄港務局局長近二十年之久的李連墀（1911-2008）。

李連墀，一九一一年出生於河北遵化，少時就讀於張作霖北洋政府航警

---

15 因時間因素，本文尚未嘗試向港務公司高雄分公司（前高雄港務局）檔案室的管道申請閱覽，僅利用了國家圖書館典藏之《高港簡報》（1970-1972）與《業務通訊》（1974-1977）。

處處長沈鴻烈（1882-1969）創辦的哈爾濱商船學校，一九三〇年入學劉公
島的葫蘆島海軍學校，此即日後民國海軍四大系統之一——東北海軍「青島
海軍學校」的前身。[16]歷經在海琛艦、江利艦實習與服務的日子，在一九三
七年青島大撤退期間，以沉堵江利艦的方式阻礙日人進攻，隨即編入由大刀
隊組成的岸職「艦砲隊」，在撤退過程中曾陸續參與湖口的江防要塞守備
隊、宜昌的江防獨立總隊。一九四〇年，帶領江防中隊與重機槍隊參與陳誠
主持的第六戰區綏靖作戰，負責以武力擔保長沙後方的川湘公路暢通。一九
四一年，在「從海軍變成江軍，從江軍變成山軍」的流離後，[17]李連墀暫時
離開了軍隊，並在後方的重慶航政局川北第二造船廠供職，[18]主責經嘉陵江
向後方輸送糧食的物流木船的木材挑選與興造。[19]

　　一九四四年，得知軍方有派遣海軍人員赴英美留學、接艦的計畫，李連
墀隨即放棄航政局工作，再度返回軍旅，最後成功考取赴英接艦人員。錄取
後，全體人員先集中在重慶唐家沱的招商局舊船「江順輪」上演訓國際禮節
與接艦注意事項，但直到一九四五年抗戰勝利的八月，英國應允的船艦仍未
撥發。十月，英方仍決定將船艦提供予中方。接艦人員一行從重慶前往加爾
各答，再乘火車到孟買進行進一步的甄別考試。年底再從孟買乘坐為英國徵

---

16 李連墀為青島海軍官校時期第三屆將校航海乙班畢業，同期較知名者有前副參謀總長
俞柏生（1913-2008）、前總統府秘書長馬紀壯（1912-1998）、永興艦遭刺殺之艦長陸維
源（1911-1949）、抗戰期間遭日軍包圍槍殺之烈士劉茂秋（1911-1938）、劉廣超與劉廣
凱（1914-1991）兄弟等。見金智（2015：393）。

17 此一轉變過程，呼應於抗戰初期海軍海上力量的衰退與中後期的轉進。四零年代初
期，甚至出現廢除海軍、擴大空軍優勢的呼聲。見張力（1996：288-293）。

18 此處可能是指交通部川江造船處第二工場，當時該處處長為航政局局長王洸（1906-
1979）兼任。該場「設在昭化，製造嘉陵江、白水江等船舶」，主要以製造各噸數木
船、木質船殼之煤氣機械水輪船為主，主要運輸東南邊川之工廠、武漢兵工廠的機器
運輸，總運量約達四至五萬公噸。李連墀於該處服務期間之成績亦受王洸肯定。見
〈川江造船處業務性質及木船載運量標準等案〉，《資源委員會》，國史館藏，數位典藏
號：003-010503-0195；王洸（1977：22；1968：48-59）。

19 見張力、吳守成、曾金蘭訪問，張力、曾金蘭紀錄（1998：1-29，以下簡稱「李連墀訪
談」）。

用的澳大利亞皇后號客輪，從利物浦登陸後，前往普利茅斯進行艦艇接收。[20]

　　儘管接收以及日後的艦艇人員訓練並不順遂、耗時等待頗久，但李連墀在這第一次的國際旅行之後，確實受到了上級的青睞。時任海軍總司令的桂永清，即相當肯定李連墀負責的吳淞口海岸巡防艇隊。一九五○年四月，桂永清破例擢升李連墀為上校並任第一軍區司令，此地原為董沐曾指揮，防守範圍為舟山群島與長塗港，亦即當時戰情最為緊迫之地。但是，李連墀一到職即碰上五月的舟山大撤退，自此離開了大陸。七月，李連墀接任澎湖要港司令，也是他首度由艦艇指揮轉任軍港指揮。關於澎湖港的整頓，第一樁任務其實和臺灣其他港口並無不同：也就是打撈港灣的沈船。此一業務所賺得的費用，也被作為港口建設的第一桶金，廣泛地用於船塢、官兵休息室和眷舍、馬公海軍第二醫院，以及軍區內的道路、電力等基礎設施的興築。[21]

　　澎湖軍港的興修，是李連墀從戰鬥勤務轉任供應、物流與工程等後方勤務的初體驗。一九五二年一月，他再轉調為海軍供應司令部的供應司令，副手是在青島時期的學弟陳文豫。該部是於一九五一年八月，由海軍供應總部改組而來，這是戰後聯勤總部恢復的狀況下，為配合美方軍援所設立的軍種專用與通用性後勤單位。[22]一九五二年二月，李連墀獲邀赴關島接受全盤性的後勤實作訓練，[23]內容包含各類補給、公共工程，特別是科學化的管理方式。據他觀察，這種精神在當時就已經滲透到了美軍的基層日常業務中；稍後此一後勤管理的體系與精神也透過組織與表單的調整，被李連墀帶入當時

---

20 李連墀訪談（1998：29-32）。關於赴英美接艦的過程，見張力（1996：293-298）。

21 李連墀訪談（1998：37-42）。

22 見孫弘鑫（2015：29）。

23 由美國軍事援華顧問團海軍組補給課課長巴尼中校陪同，飛赴關島受訓者包含：李連墀（中校）、劉慶生（中校）、張克勤（少校）、楊熙齡（少校）、羅日賢（上尉）、倪元滸（上尉）。見〈我海軍軍官六人昨飛赴關島接受六月訓練〉。《聯合報》，1952年2月20日，第一版。為何海軍是派赴關島受訓，李連墀認為原因有二：「一方面因為關島是美國海軍基地，一方面也是因為顧問團中海軍組的補給組想要有特出表現〔……〕。」換言之，前往關島的決定既源於在華美軍顧問團的內部競爭，也和關島基地化背後，美軍全球基地網絡的空間部署與調度有關。見李連墀訪談（1998：46）。

的中華民國海軍：

> 這次學習帶給我的心靈震撼很大，因為八年抗戰下來，我們都成了白
> 丁兒了，海軍官校學的那一點東西也都丟光了，真正成了大頭兵。我
> 相信陸海空軍軍官在經過抗戰後，每個人都成了老粗啦，都沒受過教
> 育，只知道拿槍打仗，別的都不曉得了。在這個時候，看到人家的國
> 家那種情形，那種科學作業、制度化的管理，真是佩服得五體投地，
> 實在是太好了。若說美國人散漫，這是侮辱人家。他們辦公室管理紀
> 律嚴明，都是士兵打字，在打字房裡，只看到機器一部一部滴滴答答
> 地在打字，沒看到談話的。我在他們辦公室六個月，和他們辦公室科
> 長以上的人都熟了，隨時去看他們辦公室，看見他們紀律之好，就知
> 道人家為什麼強！[24]

值得留意的是，在前往關島之前，李連墀並未於青島官校的教育訓練中習得
後勤或工程相關的知識；實際上，東北海軍本身的後勤體制即不甚健全，這
與張作霖對陸軍較為重視有關，這也可以解釋：為何當年東北海軍的課程安
排中並未考慮納入補給、倉儲或管理等後勤學科。[25]一九五四年，國軍陸續
換裝美援裝備，在與美方的後勤制度磋商、接軌的同時，軍隊體制也開始進
一步「美式化」；[26]一九五五年，在美軍軍事顧問團的主導之下，原先由聯
合後勤總司令部負責的聯合後勤職責，改為由陸軍總司令部負責三軍的共同
後勤。儘管作為科技軍種的海軍、空軍，在後勤業務上較為單純，卻也面臨
了改變。當時國軍的海軍補給制度與美軍最大的差別，在於管制方式：國軍
是按軍品品項，美軍則是按軍品功能區別。[27]在此一「軍品存量管制」的概
念下，該部下設「存量管制處」，並取消了原本按被服、糧秣、彈藥、配件

---

24 李連墀訪談（1998：43-44）。
25 見金智（2015：366-369、390）。
26 見陳鴻獻（2015）。
27 見李啟明（2002）。

分科的架構，改為征購、預財、盤存等各科、隊。[28]

　　此外，從接收、倉儲到撥發過程中，國軍充滿「做人情」、缺乏基準和效率的關係性運作，也與美方的八聯單、卡片與號碼等科學管理體系大相徑庭。在補給的管制上，李連墀也親身經歷與督導了後勤體系的動態發展過程，特別是嚴肅處理造成倉儲因流動性不足而阻滯的超品與呆品現象。這些改革的成果亦極獲上級認可，[29]而此一系統後來也被他帶入港務局的倉庫作業中。[30]儘管李連墀曾哀嘆：自己雖為桂永清賞識，卻被斷絕海上資歷的積累，限制了在軍中的官階爬升；但他卻也因此換得了後勤資歷，以及與後勤緊密相連、開啟戰後臺灣對外貿易榮景的物流任務。[31]

　　一九六二年，李連墀在青島海軍官校的同窗、擔任副參謀總長執行官的馬紀壯，受省主席周至柔的請求，嘗試尋找接任王天池擔任高雄港務局局長一職的新人。當時的港務局仍為臺灣省政府交通處的下級機構，與尚未升格為院轄市的省轄市高雄市分別管理高雄的港區、市區。但是，受到蔣介石戰略考量下的指示影響，港務局局長必須與軍方保持聯繫、配合相關作戰要求，其任命要求候任者一定的軍事專長，必須由軍人擔任。[32]自此，李連墀

---

28 見孫弘鑫（2015：29-30）。

29 在1953年的總統校閱中，海軍供應司令部獲得之總評語為「本年實施物品管制與物品補給明確劃分，新制頗見成效，至業務顯已邁進一步，主動送補辦法亦有改進，其他業務一般尚屬良好。」見〈42年年終總統校閱海軍成績評定冊〉。《蔣中正總統文物》。國史館藏，數位典藏號：002-110702-00054-008。

30 李連墀訪談（1998：44-48）。

31 李連墀訪談（1998：50）。亦可注意的是，在王天池退伍、調任為港務局局長前，曾擔任過軍方的調節用閒職「作戰計畫委員會」主任委員；李連墀在進入港務局前，即曾短暫在軍中先接任王天池該一職務。見「行政院第五八六次會議」（1958-10-02）。〈行政院會議議事錄　臺第一四〇冊五八四至五八七〉。《行政院》。國史館藏，數位典藏號：014-000205-00167-003。

32 李連墀訪談（1998：61）。自四零至七零年代，臺灣省政府省主席與高雄、基隆港務局局長，皆是由退伍將領所擔任。此間由軍人出任省主席者分別為周至柔（1957年8月至1962年12月，空軍）、黃杰（1962年12月至1969年7月，陸軍，後轉任國防部長）、陳大慶（1969年7月至1972年6月，陸軍，後轉任國防部長），軍人主政期間為1957至1972年間；由退伍軍人出任高雄港務者分別為白雨生（1949年4月至1950年5月，陸軍）、王

展開了從海勤到後勤、從後勤到物流後，長達近二十年的事業「第二春」
（1962年10月1日至1982年2月6日）。

在李連墀任內，也是高雄港港區變化最劇烈的期間：填海後海埔新生地
的誕生、配合工業與交通政策所產生的各類港埠工程，不只是空間配置因此
而改變，包含居民生活、工人勞動、物流進出、倉儲管理的型態也隨之徹底
翻新。在上任後，李連墀除了重視策劃與作戰相關的動員、民防與消防措
施，特別是讓港區擁有在市區遭受攻擊時，仍有就地避難與獨立運作的機能
外，[33]他也推動了數項新規劃或延續性的建設。在這之中，比較值得留意的
是起自戰略評估的第二港口，以及徹底改造港口空間與作業方式的、以貨櫃
碼頭為其實體象徵的貨櫃化過程（containerization）。

高雄港貨櫃化的過程，起於一九六九年二至三月間，李連墀前往召開國
際港埠海灣會議的一趟墨爾本之旅。在這次出訪之前，他只記得在一九六六
年左右，讀到香港似乎正在積極爭取貨櫃業務；[34]以及一九六七年的四月，
為了應對首艘抵達高雄港的貨櫃船「有利麻捷斯」（Eurymachus），高雄港務
局曾緊急召開會議。[35]藉這次到澳洲開會的機會，他與馬尾海校出身的港務
組組長俞平，參觀了正在貨櫃化的雪梨港，又往美國的夏威夷港、奧克蘭港
與紐約港，以及日本的橫濱港考察。他驚愕地發現跨大西洋航線已有六成五

天池（1958年4月至1962年10月）、李連墀（1962年10月至1982年2月）；由退伍軍人出
任基隆港務局長者分別為曹開諫（1962年2月至1973年2月）、袁鐵忱（1973年2月至
1984年3月）；由退伍軍人出任花蓮港務局者分別為李北洲（1978年11月至1986年8
月）、李用彪（1986年9月至1992年7月）、林同錦（1992年8月至1994年1月）。

33 李連墀訪談（1998：62-64）；〈配合港口戰時需要高港運輸業務正作充分準備〉。《中央
日報》，1962年12月3日，第三版。

34 見羅錦裕（1986）。

35 該項會議主題為「研討貨櫃船來港起卸、運儲及費率問題」，是由港務長冉鴻翮所主
持，會中做成決議包含：一、貨櫃船抵港前廿日應由代理行通知港務局，以便碼頭調
配。二、貨櫃船需具自行裝卸能力，配有吊桿。三、港務局將於短期內向美國採購廿
噸側載車兩架。四、貨櫃卸貨費率、工人數額與工資等問題，由業務組研究實施。此
外，並指定六、七、八號碼頭為貨櫃輪暫時停靠地點，半貨櫃輪比照雜貨船處理原則
辦理。見〈高港迎貨櫃船指定三座碼頭停靠〉。1967年4月28日，《經濟日報》，第六版。

以上的流量採用貨櫃運輸，美國沿岸運輸則已全數貨櫃化，美日的跨太平洋航線也迫使日本航運公司採用貨櫃船。[36]分別經過與航運公司和省府、交通部的協商後，李連墀說服了前者與局方合採「公有民營」的碼頭經營策略；也說服後者超前興建當時未成風氣、尚屬實驗性質的貨櫃集散場。[37]

第二港口的興建，則源於一九四九年七月陳誠（時任副總統）的考察行程，陳誠對當時的港務局局長白雨生指示：為免單一港口在戰時受到敵方以沈船塞港，應及早另設開口。一九五七年，在交通部檢核高雄港務局成效時，局長王國華、副局長段其煐亦曾於十年擴建計畫中提議，擇鼓山、旗後以外一處新開口門。[38]此事經過資深工程人員的轉傳，進到了後來的局長李連墀耳裡。在他評估，高雄港新設開口的必要性在於打破第一港口的天然深度極限——不但限制了三萬噸以上船舶的通行，也限制了當時不斷擴建的高雄港的利用效率：「因為第一港口航道最多只能開十一公尺深，若再炸，兩邊的山都會坍垮，而新開十二公里長主航道的船若均從第一港口進出，則進出港時間就要兩、三個小時，航商損失就很大。」[39]

六〇年代時重啟第二港口興建計畫的動機，不只是李連墀的決定，同時也源於更高層級的指令。一九六三年的六至八月間，陳誠與蔣介石皆向省府指示需儘速研擬增闢第二港口的可能性，時任省主席的黃杰對此似乎也頗有興致。[40]一九六三年七月，就在啟發航業公司經營的四萬七千噸級巨型油輪

---

36 見「黃杰主席：世界各國港口均積極推展貨櫃運輸業務，高雄港務局長李連墀，自澳洲墨爾本參加世界港埠年會歸來，已有報告呈府，臺灣省港口應適應世界趨勢改善設備，希交通處、財政廳、主計處、物資局參辦。」（1969-04-21）。〈臺灣省政府首長會議第155次會議〉。《臺灣省政府委員會議》。國史館臺灣文獻館（原件：國家發展委員會檔案管理局），典藏號：00502015515。

37 李連墀訪談（1998：79-83）。見「交通處簽為高雄港興建貨櫃碼頭計劃一案請提府會討論案」（1969-10-06）。〈臺灣省政府委員會議第1029次會議〉。《臺灣省政府委員會議》。國史館臺灣文獻館（原件：國家發展委員會檔案管理局），典藏號：00501102907。

38 見王洸（1977：273-275），前高雄港務局總務組長樊琪亦持此看法，見樊琪（1974）。

39 李連墀訪談（1998：75）、李連墀（1982b）。

40 李連墀的描述是，黃杰為能和周至柔一樣在高雄港立下如十二年擴建計畫般的大規模建設，而感到興奮，「這些都是軍人作風才會這麼爽快和坦白，但他完全是為國家著想。」見李連墀訪談（1988：75）。

查禮號首次造訪高雄港後，[41]作為十二年擴建計畫的一部分，李連墀在總理聯合紀念週上，向各界首長與高雄市民提出第二港口的興建構想時，甚至將國防需要擺置在港埠營運之上：「高雄港進出港的船舶一天比一天增多，商運和軍運的裝卸一天比一天頻繁。平時由於時間限制的因素較寬，尚勉強可以應付裕如，若遇戰時，由於情況稍縱即逝，一切都刻不容緩，否則無法適應戰況。」[42]換言之，不論是戰時的後勤，或是平時的物流，第二港口均足以為其爭取相當的時效。第二港口最後於一九六七年正式開工，歷經過數年的努力後，高雄港第一貨櫃中心與第二港口，連同連結加工出口區與各出口國間航線的新商港區碼頭工程計畫，同時在一九七五年全數完工。

　　綜觀李連墀從海軍將領退伍到就任港務官僚的職涯歷程，一來既有民國時期海軍派系的人事助益，二來亦受美軍現代化的後勤科學所培育。因此，關於高雄港的經營方針，除了經濟發展的需求、貨物吞吐量的增長以及工程師與港埠工人的建設之外，其中一股推動力，也包含了他與同樣服務於港口前線的僚屬們，在冷戰的戰爭磨練與軍事訓練間培養而成的物流專業與想像。在接下來的討論中，我將試著鋪排第二港口的規劃與興建脈絡，並嘗試呈現此一源於戰爭準備的軍事想像下所打造的新開口，如何在技術、財政與空間的調度上，成為港區貨櫃化與能源穩定化中不可或缺的一環。

三　第二港口的規劃與興建

　　為了說明一九六七至一九七五年間高雄港施作第二港口的工程脈絡，在接下來的兩節中，我將分別討論規劃與前期施工的有利條件與遭遇到的困難，以及後期配合港埠周邊的各類建設、以「深度」為中心的施工內容變更。在本節中，我將先從配合第二港口施工而動員的機具與人才的由來說起；接著，我將討論高雄港務局在規劃與執行第二港口時遭遇到的技術選擇與疑難：開

---

41 此一大小的油輪需要充分引導，才能駛入第一港口中。見〈查禮號巨輪駛進高雄港〉。《中央日報》，1963年7月24日，第三版。

42 見李連墀（1982a[1963]）。

口的位置應該設在何處？防護港口的防波堤應採用舊技術或新嘗試？興建港口的資金應該由何而來，資金來源又如何影響到技術的選擇？最後，我將簡述第二港口施工後到完工前所經歷的計畫調整，以及第二期工程的展開。

（一）挖泥船與港埠工程人才

第二港口工程，是以在旗津半島上開鑿出新的出海口，以及聯通出海口與潟湖內港的航道為中心，並包含鞏固和保護此一開口的防波堤、護岸，以及將挖鑿出的泥沙重新填埋形成新生地的配合工程，最主要使用到的工程機械即是捲絞、抽吸泥沙的挖泥船。執行第二港口工程的挖泥船包含主要包含三種，第一類是港務局所自有，第二類是港務局所增購，第三類是施工廠商所提供。第一類由港務局所自有者，包含勝利、建國、維新、靖海、合作與開發一號等六艘，其中勝利、建國是接收的日產，合作為改裝過的美軍剩餘物資，[43]靖海為基隆港務局的待報廢品，維新為青島疏運而來，開發一號（後稱高500號）則是由臺灣土地開發公司向西德訂製之全新船艦，於一九六六年移交給了高雄港務局，但在一九六八年以前皆用於浮船塢施工，並未參與二港口工程；[44]第二類則是於一九七二年八月向荷蘭 IHC 公司添購之自航式挖泥船高慶號（後稱高501號），該船因外購決標而較晚到港服務；[45]第三類為承辦廠商退除役官兵輔導委員會榮民事業工程處所自有的船隻大禹號和大舜號。[46]由此可見，在六零年代以前，高雄港僅有二戰時期遺留的「雜牌軍」；是大規模擴張工程的開始，開啟了新一輪的工程船隻採購。

為了第二港口的工程規劃與施工，高雄港務局首先比照十二年擴建計畫

---

43 該船是透過懷特工程公司洽請美國駐華安全分署物色，於內布拉斯加州的奧馬哈港（Port of Omaha）覓得，原名為奇滕登將軍號（General Chittenden），經招商局代運至臺灣後整修而成。見行政院國際經濟合作發展委員會編（1967：23）。

44 見高雄港務局秘書室編（1982：3-4）；〈高港開闢第二港口工程施工時限減為八年〉。《經濟日報》，1968年2月8日，第二版。

45 見高雄港務局秘書室編（1982：177）。

46 見〈高港開闢第二港口工程進度超出目標〉。《高港簡報》，1972年6月16日，第二版。

所設「擴建工程處」的形式，設置了「第二港口工程處」。差別在於，後者並設有採石、築堤、浚填、沉箱等工務所與試驗場。關於該工程處的人員組成，一來，我們注意到除了外省工程菁英外，亦不乏臺灣本地工程教育所培養的年輕工程師。[47]二來，我們也應該注意到清華大學校友扮演的角色。從擴建工程時期開始，高雄港務局就大量進用清大的畢業校友，包含總工程師閻振興（1912-2005）、副總工程師張連榮，以及工程師鄒承曾、談爾益等皆是，這是受到同樣畢業自清大的前任局長王國華的影響。[48]李連墀就任後，這些人依舊受到重用，在第二港口的興建上，清大土木系畢業的龔乾一（1917-1991）即獲聘為主責的工程處處長。在戰前，他曾參與設計過三零年代交通部鐵道局與美國莫克工程顧問公司（Morrison-Kundsen）共同發起的平漢鐵路黃河鐵橋；受基隆港務局副總工程司凌士彥邀請來臺以後，曾陸續於基港局防波堤工程處、花蓮分局，以及港埠工程處服務，一九六三年後改聘為高雄港港務局正工程司，並在一九六五年二月起代替鄒承曾成為第二港口的主責工程師。[49]

為求慎重，高雄港務局除了負責執行的工務單位外，並設立了任務性的顧問單位「第二港口工程規劃委員會」，除了正、副主任委員分別由交通處處長和高雄港務局局長擔綱外，其餘委員和顧問皆是交通、航政或工程領域的專家，部分工程成員則是由公路或鐵路出身。[50]這個委員會主要決定了開

---

47 包含正工程司兼課長的蔡博至（臺大土木工程系畢業，後續就讀荷蘭臺夫特理工大學水利工程研究所）、副工程司兼沉箱所的林財富（高雄工專土木科畢業），以及正工程司兼試驗場主任的葉永祥（成大土木工程系畢業）。在第二港口完工的1976年，這些臺籍工程師多半只有四十歲出頭。見高雄港務局編（1976a：305-306）。

48 李連墀訪談（1998：69）。

49 見又新（1995）；〈巨匠與大海龔乾一築港創新猷〉。《聯合報》，1973年12月7日，第十二版。

50 委員及顧問名單如下：主任委員陳聲簧；副主任委員李連墀；委員朱光彩、陳紹煥、謝貫一、徐人壽、段其燧、林則彬、鄧先仁、王章清、鄭子政、倪超、陳啟川、戴良慶、曹開諫、關世傑、應式文；顧問：葉明升、趙春官、凌士彥、馮鐘豫、傅家齊、張玉田、王裕鯨、王忠漢、顧文魁。見工程大事紀。

口位置、沉箱模型試驗、財源籌措，也負責比較和協調局方工程師和日方顧問間計畫上的差異；此外，規劃委員會同時也負責與南部工業區的開發單位進行港口和工業區規劃的協調。該委員會後來在一九六七年進入開工階段後解散。

（二）開口的方向與位置

既以出海口的人工開挖為核心，第二港口工程在研討與規劃上的關鍵，也就在於出海口的「位置」、「方位」和「深度」等基本屬性。一九六三年九月，高雄港務局自行提出第一份第二港口的開闢初步計畫，該案是以六萬噸級船舶可自由出入為基準，工期與經費分別定為八年、六億九千五百萬元。一九六四年七月，交通處認為此一規模仍屬過大，便要求高港局應機具最少、規模最小的原則核減經費；當年九月，在工期不變的前提下，本案經費又縮減為四億九千二百萬元，僅為原來規劃經費的七成。到了十月，省主席黃杰再指示應儘量縮短工期，高港局又規劃出在款源不中斷前提下，可以以七年為總工期的計畫。

一九六四年年底，工程開始進入正式的規劃階段，考慮到人工開口在臺灣仍屬新創，交通處建議可向日方同時尋求低利貸款與技術協助。一九六五年三月，協助規劃的日籍技術專家抵達高雄，他們的考察重點首先集中在自然環境的可行性評估，特別是漂沙和颱風的問題，並決定在颱風季過後的十月再進行另一次調查。為了維護開口的完整，港口必須透過開口位置和方向的選擇、防波堤的興建以限制、形塑和調控漂沙的型態。在閱讀日方的初步建議後，高港局一方面同意開口應設於漂沙不多，潮流不大的壽山至鳳鼻頭一帶，[51] 尤其是旗津半島的最窄處——崩隙為首選；另一方面，高港局也指出日方的差異在於防波堤長度較短，開口位置和方向較偏南，且航道設計較淺。

---

51 「呈報第二港口規劃日籍攷察團口頭建議與初步結論」（1965-03-28）。〈高港局第二港口計畫〉。中央研究院近代史研究所藏，館藏號：36-08-031-001。

　　一九六六年十二月，局方在最終定案的計畫書中，改以通行七萬五千噸級散裝貨輪為設計基準，預算亦成長了兩倍有餘，光新臺幣部分即達十億零兩千七百一十六萬三千元。考慮到與南部工業區後期開發計畫的配合，決定將開口位置從縣市交界線處南移四百五十公尺，與北護岸、小港商港區的邊線相切齊；[52]與航道配合的開口方向，則維持局方原本建議的正西方；基於大噸位船舶進出港的需求在當時仍不算大，航道以單行為設計基準。[53]最後，考量到第二港口工程耗時較長，短期的模型測試並不足以確認其安定性，日方並建議應進行較長時期的水文觀測，以「經常保持與現場調查及施工等之聯繫」；[54]關於防波堤形式的設計，日方也主動邀請高港局與日本互派技術人員了解彼此港口的實況，並由日方提供高港局提供指導。[55]

（三）技術採用：圓型沉箱的日本經驗與在地條件

　　在日方專家於一九六五年三月提供的初步建議中，關於防波堤的問題上，原是建議高港局採用最傳統的「拋石式防波堤」，也就是藉由大小不等的石塊堆砌出充滿孔隙的斜降坡面。他們認為，若採用較先進的沉箱式設計，不但可能提高工程的造價、還需要另設沉箱的陸上預鑄場，也可能因為

52　儘管在事後的檢討中，開口位置南移被認為是重大缺點之一，因為愈向紅毛港移動，人口則越稠密，民房遷讓與人口重新安置的費用也跟著提高。見龔乾一（1980：337）。

53　「高雄港開闢第二港口計劃書」（1966-12）。〈高雄港務局開闢第二港口計畫（1）〉。《臺灣省政府交通處》。國史館臺灣文獻館藏，典藏號：064-01849；「審查報告」（1967-01-23）。〈高雄港務局開闢第二港口計畫（1）〉。《臺灣省政府交通處》。國史館臺灣文獻館藏，典藏號：064-01849。

54　提供該項建議的日籍專家為運輸省港灣技研防波堤研究室長伊藤喜行。見「關於高雄港第二港口模型試驗一事，日本專家伊藤近函高雄港務局建議試驗場所設於現場附近」（未註日期）。〈高港局第二港口計畫〉。中央研究院近代史研究所藏，館藏號：36-08-031-001。

55　「高雄港擴建計劃調查初步報告」（1965-03-21）。〈高港局第二港口計畫〉。中央研究院近代史研究所藏，館藏號：36-08-031-001。

風浪過大而無法展開施工。[56]然而，高港局則認為，此一提議最根本的困難處在於高雄港南半部的地質，並無合適、充足的拋石可供大量採集，[57]因此初步認定將以方沉箱式合成堤為二港口防波堤的基本設計取向。[58]

當時主責沉箱設計的，正是正工程司兼二港口工程處長龔乾一，這位經歷基隆堤防工程磨練的工程師更進一步注意到，若要以他在其他港口工程上採用的方型沉箱來穩定高雄港防波堤的基礎，遭遇到的最大困難有二：一是港區內的硓𥑮石塊產能不足，二是能夠協助確認基礎鋪設情形的潛水人手也不足。此外，方型沉箱與圓型沉箱的選擇，也會影響放置拋石與放置沉箱的順序，進而因為石頭採集與沉箱鑄造的工期，影響整體施工的期程。儘管日方對於局方提出的興建計畫，是否會受限於挖泥船過於老舊、量能顯然不足而無法如期完成，感到相當質疑；但在技術方面若要採用新式工法，他們仍認定應屬「可以實施」。[59]

對日方的保證仍感到無把握的龔乾一，在李連墀的授意下，於一九六五年九至十月間組織了考察團，到同樣曾採用圓型沉箱工法的神戶港展開調查。他注意到：神戶港的第五防波堤之所以在試驗階段即告毀於颱風之中，關鍵難題在於日方採用兩段式設計，在水下組裝後，沉箱接縫處承受的波壓過高。[60]立基於對高雄港自然條件的認識與深入瞭解後，龔乾一也指出是因神戶港對需防範浪高的計算有誤；再者，他們所設計的是二段式的平底沉箱，容易為碎石侵入後倒塌。換言之，只要適當地調整——例如增裝與下方地盤相結合的切牆等錨定裝置，充分陷入高雄港底部的沙土後，再於內部迅速地填充細沙、灌漿封頂，加設拋石護基以維持水平穩定，圓型沉箱並非必

---

56 值得留意的是，日方在此並未將「技術能力不足」看成是不推薦高港局採擇沉箱式設計的主因。

57 「呈報第二港口規劃日籍攷察團口頭建議與初步結論」（1965-03-28）。〈高港局第二港口計畫〉。中央研究院近代史研究所藏，館藏號：36-08-031-001。

58 〈高雄港第二港口開闢工程〉。《高港簡報》，1971年12月1日，第二版。

59 見高雄港務局編（1976b，以下簡稱「工程大事記」）；李連墀訪談（1998：76）。

60 見永井莊七郎、玉井佐一、西村益夫（1963）。

然失敗的設計。[61]

　　然而，在工程處中，贊同此一設計者似乎並不多。局內甚至有對規劃進度知之甚詳的密告者，向國安局密函控訴：局內負責的工程師將原定採用防波堤的形式由「彈藥箱式」擅改為「圓筒式」。[62]此舉造成龔乾一頗感不滿，甚至揚言要放棄新型沉箱的研究，委由日方單獨設計、統籌。[63]該案後來卻是在李連墀大力支持之下決行通過。[64]一方面來看，在高港局內並非所有人都可以接受新穎技術的採用，特別是日方曾已試驗、失敗的方案；另一方面來看，還是可以注意到李連墀的背景，如何影響了他對技術創新的判斷：儘管他只在關島受訓期間短暫接觸過公共工程的管理，但對於美軍補給、貨櫃或是圓型沉箱這些新技術、新觀念的採用卻相當地積極，也相當信任、尊重這位資歷豐富的工務下屬的技術判斷。最後，這也說明了為何高港局樂意，甚至有必要向來港巡視的蔣介石特別介紹圓型沉箱的獨特設計：這在一定程度上呈現出在臺工程師技術能力的成熟，可以透過反思日人的失敗經驗，創造出臺人的新穎工法。

　　一九六七年，隨著二港口的開工，直徑十公尺沉箱的試驗在北防波堤展開，並歷經娜定（1968年7月）、雪莉（1968年8月）、范迪（1968年8至9月）和艾琳（1968年9至10月）等颱風侵襲下皆未移動。受此鼓舞，港務局即開始在大仁港區與港口新生地的沙灘上全面展開直徑廿四公尺沉箱的製作，在

61　見李連墀訪談（1998：76-78）；「為本局對第二港口防波堤型式呈覆鑒詧」（1967-11-21）。〈高雄港務局開闢第二港口計畫（2）〉。《臺灣省政府交通處》，典藏號：064-01850；〈高雄港，的確是國際大港！〉。《經濟日報》，1975年7月16日，第二版。

62　「茲將專家對高雄港第二防波堤建築形式在設計上之反應意見函達查照，敬請參考」（1967-10-19）。〈高雄港務局開闢第二港口計畫（2）〉。《臺灣省政府交通處》。國史館臺灣文獻館藏，典藏號：064-01850。

63　「簽呈」（1968-03-16）。〈高港局第二港口計畫〉。中央研究院近代史研究所藏，館藏號：36-08-031-001。

64　見李連墀訪談（1998：77）；「為本局第二港口工程有關防波堤設計情形一案復請查照」（1967-11-15）。〈高港局第二港口計畫〉。中央研究院近代史研究所藏，館藏號：36-08-031-001。

每年僅有季風吹拂、波高低於兩公尺的十一至翌年四月間陸續拖運沉放，並順利地在原定工期內投入所有沉箱。[65]

（四）硓砧石採集與軍事管制

如前所述，儘管高港局選擇圓型沉箱以節省塊石用量，但因防波堤仍有部分採用拋石式設計，[66]且石頭在護岸工程、沉箱基地工程中仍有約一百萬方的需求，如何在港區南部周邊覓得石源，即成問題。事實上，在高雄港日據時期的築港工程中，曾於鳳鼻頭中林子處進行石灰岩礦的採集。該地在光復之初原由高港局接收，直到一九五二年為陸軍高雄要塞司令部為「防務需要」而暫時接管為止。一九六六年三月，第二港口規劃委員會與南部工業區委員會召開聯席會議，會中決定由省建設廳協助取回該地的採石權。儘管軍方同意將該地所有權交還高港局，但該地段的已開採部分卻已為國防部再授權高雄縣政府，租由臺灣鋼鏈廠、拓大石灰、大興採石行與泰山石灰等民間廠商開採；另一未開採部份則牽涉到既存的軍事設施，陸軍總部希望能在與國防部溝通後再做歸還與否的決定。[67]

在國防部軍管區方面，臺灣省政府後來在一九六七年九月與國防部定期召開的聯繫會議「軍政會談」上達成協議，後者同意在省府提供拆除與搬遷經費的前提下，將後一區域重歸高港局管理；[68]至於民間廠商的開採區域，

---

65 見李連墀訪談（1998：78）；〈二港口築港工程順利大型圓沈箱下水安放〉。《高港簡報》，1970年6月1日，第一版。

66 按1966年修訂之開闢計劃書規劃，以及1968年4月高雄港技術研討會之決定，水深不足五公尺處將採拋石式，深於五公尺處將採沉箱式。見工程大事紀；「高雄港開闢第二港口計劃書」（1966-12）。〈高雄港務局開闢第二港口計畫（1）〉。《臺灣省政府交通處》。國史館臺灣文獻館藏，典藏號：064-01849。

67 「為高雄港務局申請在駱駝山中林字13-2號土地採石案復請查照」（1967-01-17）。〈高雄港務局開闢第二港口計畫（1）〉。《臺灣省政府交通處》。國史館臺灣文獻館藏，典藏號：064-01849。

68 「第二港口採石場軍政會談乙案令希知照」（1967-11-24）。〈高雄港務局開闢第二港口計畫（2）〉。《臺灣省政府交通處》，典藏號：064-01850。

省交通處一方面要求高縣府應在各該廠商採石權於一九六九年十月到期後不予續約，[69] 一方面尚需安撫由大興採石行的老闆、廣東省國大代表崔廣秀領銜向省議會、高雄縣議會發起的陳情案。[70] 經過省議會主持，高港局與廠商共同參與的協調會決議，本案將以「官商合作」的方式進行：一來，先由港務局自行開採過去未開採的軍管區；二來，若軍管區開採後仍有不足，由高港局與廠商雙方議價決定石料的開採方式與供應價格。[71] 惟高港局最後仍是向包商輾轉採購，才能取得充足的基底塊石。[72]

（五）資金籌措：日圓貸款、中美開發基金或港工捐

為了支持正式開工後的各項工程費用，二港口開港的另一項難題在於工程的資金該由何籌措。以規劃階段最初提出的四億九千萬元來說，仍並非當時財政條件下可以斷然執行的小數字。一九六四年年底，交通處與省政府開始多方接觸，尤以剛剛於一九六三年改組自美援運用委員會的國際經濟合作發展委員會為中心，後者分別向國內與日本等兩方面尋求經費。先是交通處首同意向日本同時爭取低利貸款與技術協助，後再由經合會方面透過中日合作策進會的平臺與日方溝通。事實上，日方的貸款與技術是相互綑綁的：港

---

69 「為小港鄉中林子13-2號公有地採石一案令復遵照」（1967-03）。〈高雄港務局開闢第二港口計畫（1）〉。《臺灣省政府交通處》。國史館臺灣文獻館藏，典藏號：064-01849。

70 「聲請書」（1967-04-18）。〈高雄港務局開闢第二港口計畫（1）〉。《臺灣省政府交通處》。國史館臺灣文獻館藏，典藏號：064-01849；「為再請保障鳳鼻頭民營採石業事」（1967-04-18）。《臺灣省政府交通處》。國史館臺灣文獻館藏，典藏號：064-01849。

71 「為高雄第二港口石料擬採官商合作由」（1967-06-08）。《臺灣省政府交通處》。國史館臺灣文獻館藏，典藏號：064-01849；「為本局第二港口開闢工程所需石料自行開採B區情形復請查照由」（1967-11-30）。〈高雄港務局開闢第二港口計畫（2）〉。《臺灣省政府交通處》，典藏號：064-01850。

72 「高雄港第二港口開闢工程計劃執行情形檢討分析簡報」（1969-08-11）。〈臺灣省政府委員會議第1021次會議〉。《臺灣省政府委員會議》。國史館臺灣文獻館（原件：國家發展委員會檔案管理局），典藏號：00501102122；〈高雄港第二港口開闢工程紀實〉。《業務通訊》，1974年12月1日，第二版。

務局曾向交通處說明，若要向日本爭取資金，就須在海深測量、新式儀器、模型測試與防波堤佈置等方面同步申請技術協助。[73]

一九六五年六月，在第二港口規劃委員會的第一次委員會議上，分別商討了外幣、臺幣部分的款源。前者由一九六六年度的日圓貸款補充之，特別是要比照由日本海外經濟協力基金支持的曾文水庫模式，以償還期間二十年、利率百分之三點五的低利貸款為之，最終貸得四百七十萬美元，[74]該部分由日方提供的經費後來主要用於臺方港務工程人員的赴日訓練；[75]後者則由則是委由省府與中央協助籌措，並同時嘗試申請中美開發基金支援。[76]當年十二月，時任經濟部長的李國鼎在考察紅毛港工地時，暫時允諾一九六六至一九七一年間港務局經營港口的盈餘可以全部投入該項工程，惟局方必須更仔細地擬訂財源籌措計畫，以便中央配合。此時不論中央、地方政府或港務局，皆未能想出填補缺口的辦法。

一九六六年一月，省府與經合會聯合第五度召開經濟發展計畫座談會，該次的主題即是如何聯手為正如火如荼發展的基隆、高雄兩港應籌措工程經費。李國鼎在此時提出的構想是：兩港除了可以自行調度事業預算外，尚可從港工捐中支應。事實上，在此之前的港工捐在經海關代為徵收、上繳省府後，往往出現超徵，並成為後者自由調度的港口都市建設經費。例如，在高雄關所徵得的港工捐，即需定期撥補四分之一為高雄市的市政經費。在第二港口的興建過程中，經建官僚似乎有將港工捐自省府下交由港務單位自行調度的考量。

根據此一構想，高雄港務局在三月提出了三種可能的籌措方案：以現有

---

73 見工程大事紀。

74 「行政院第一〇一九次會議」（1967-05-18）。〈行政院會議議事錄　臺第二七三冊一〇一六至一〇一九〉。《行政院》。國史館藏，數位典藏號：014-000205-00300-004。

75 「為本局擬派正工程司陳光宇等前往日本各港口建學，隨函檢送該員所需費用預算表及日程表各一份敬請查照辦理見復由」（1968-04-11）。〈高港局第二港口計畫〉。中央研究院近代史研究所藏，館藏號：36-08-031-001。

76 見工程大事紀；〈高港開闢第二港口全部計劃通過規劃委員會昨正式成立〉。《聯合報》，1965年7月15日，第二版。

港工捐統籌運用，由國庫、省庫共同負擔，或是以港工捐的加徵部分支應。[77]
經合會財政小組對這三項方案的簽註意見指出，若以既有港工捐支出，將需
配合調整貨物裝卸等其他港埠營運費用；加徵港工捐，則可能造成進口貨品
完稅價格增加。兩者皆可能造成進口物價的波動。[78]最終，主導經合會的財
經官僚評估，以加徵的方式為之或許較易進行。在此時，省府方面曾有不同
意見——特別是擔憂省議會方面的反應，而對全由省方主導的港工捐支付工
程款感到困難，[79]並建議中央應由中美基金贈款的形式同時承擔半數。不
過，經合會則指出：中美基金受中美換文規定限制，不得無償援助經費相較
充裕的計畫；且若協助第二港口鉅額的工程支出，恐將造成整體資金調度的
限制。因此，經合會仍建議由省方以加徵港工捐的方式支應之。[80]

　　一九六六年的下半年，經過多次商討後，省府即在既有千分之三十的港
工捐外，再加徵千分之七點五（即千分之三十的百分之二十五）的附加額。
據此估算，每年可增加一億元的港工捐收入。[81]該案後由省府、省議會審議

77　「檢送高雄第二港口計劃書籍財源籌措方案惠請研究并見示由」（1966-04-09）。〈高港
　　局第二港口計畫〉。中央研究院近代史研究所藏，館藏號：36-08-031-001。

78　「簽呈」（1966-02-07）。〈高港局第二港口計畫〉。中央研究院近代史研究所藏，館藏
　　號：36-08-031-001。

79　見「黃杰主席：行政院經合會來函對高雄港第二港口開闢計劃工程費籌措方案仍主維
　　持五月五日財經首長會談結論，即就現行港工捐損率附加征收25%，希望省府能予同
　　意，希財政廳、主計處、交通處迅予研復。」（1966-06-27）。〈臺灣省政府首長會議第
　　43次會議〉。《臺灣省政府委員會議》。國史館臺灣文獻館（原件：國家發展委員會檔案
　　管理局），典藏號：00502004303；「交通處長陳聲簧：省府委員譚嶽泉等赴高雄研究第
　　二港口開闢方案，認為大林遷村18,000萬元應併入擴建工程預算內。同時對增加港工
　　捐，認為亦有研究必要，此一問題省議會可能亦有意見，經濟部主張先報中央核定再
　　透過組織協調以獲通過。」（1966-08-08）。〈臺灣省政府首長會議第49次會議〉。《臺灣
　　省政府委員會議》。國史館臺灣文獻館（原件：國家發展委員會檔案管理局），典藏
　　號：00502004919。

80　「敬將高雄第二港口開闢計劃工程費籌措方案經過情形以及財經首長最近商討結論函
　　請查照並惠予同意辦理見復由」（1966-06-20）。〈高港局第二港口計畫〉。中央研究院近
　　代史研究所藏，館藏號：36-08-031-001。

81　「交通處簽為檢呈高雄港開闢第二港口計劃書請提府會討論案。」（1966-07-18）。〈臺

同意，[82]並經行政院核定後，成為支持第二港口興建的充裕資金。港工捐的靈活性，不只讓第二港口工程得以遂行，也成為高港局與省府的「小金庫」。例如，交通處曾建議高雄港務局將第三期十二年擴建計畫的部分挖泥工程，編列到第二港口計畫的項下，只因前者是以較難籌措的省款支應；又或是一九七○年高雄港第一貨櫃中心的興建，鑒於港工捐有所剩餘，財政廳亦提出使用該筆經費支應工程款的建議。惟受限於當時省議會專款專用的附帶決議，該案亦送經省議會審核同意。[83]換言之，高港局之所以能夠繞開僵化的財政紀律與動用程序，自行籌資興建第一座試驗性的貨櫃中心，亦是因為第二港口工程近五億元的餘款，使之不必再向省府爭取預算。[84]

（六）完工前的計劃調整、紅毛港和崩隙的遷村

一九六七年十月一日，第二港口工程正式開工，首先鑿挖 RC 板樁的淺水碼頭。但在開工後不久，經合會即基於「加速經濟發展」的理由，要求工程再縮短兩年。基於此一規劃，省府於一九六八年十月提出修正計畫書，最終定案的整體工程預算增加了將近三億元（十四億四千三百九十六萬五千

灣省政府委員會議第889次會議〉。《臺灣省政府委員會議》。國史館臺灣文獻館（原件：國家發展委員會檔案管理局），典藏號：00501088904。

82 本案在省議會討論時曾遭基隆省議員張振生、謝清雲的激烈反對，後續審議通過時並有附帶決議：一、該筆經費應專用於高雄第二港口建設，不得挪用。二、應逐年將附加港工捐的收支情形，第二港口的工程進度向省議會定期報告（由省議員黃運金提出）。見〈臺灣省政府函送「高雄港第二港口計劃」惠請審議同意案。〉，（1967-07-18）。〈臺灣省議會史料總庫·議事錄〉，典藏號：003-03-09OA-02-5-2-0-00192；「公告為開闢高雄第二港口港工捐附加0.75%（加原稅率千分之30合計為千分之37.5）」（1967-08-04）。《臺灣省政府公報》。國家圖書館藏，系統識別號：E0919469。

83 「財政廳簽為附征港工捐用途包括高雄港興建貨櫃碼頭所需經費擬函請省議會同意一案請提府會討論案」（1970-07-21）。〈臺灣省政府委員會議第1066次會議〉。《臺灣省政府委員會議》。國史館臺灣文獻館（原件：國家發展委員會檔案管理局），典藏號：00501106607。

84 見李連墀訪談（1998：81）。

元），主要花費在新挖泥船的採購、舊挖泥船的折舊和維修，以及其餘施工機具的採購上。[85]在順序上來說，港務局首先進行的是一九六八年二月的內口南護岸工程，接著再於一九六九年三月從外港南段展開堤防沉箱的拖放，以及施工航道的開挖，之後便以開口工程與堤防工程同步進行的方式，至一九七五年七月完成第一期工程。

在施工間同步處理的尚有開口處居民的遷村問題。自六零年代初期高雄港擴建計畫與南部工業區的規劃開始，紅毛港就已是高雄縣政府指定的限建區。[86]六零年代後期，崩隙的遷村規劃則與第二港口工程同步進行，由高港局負責邀請高縣府與高雄市黨部洽商，臺灣省政府負責委託高縣府、高議會與小港區首長組成遷村工作小組。[87]一九六八年十月，配合港口開挖的進度，首先必須決定急須遷出的七十二戶居民應遷往何處。高縣府最初的規劃是在南工區的臺糖土地，或是經濟部建議的鳳鼻頭北方山邊，只是兩者都被依海而生、從事漁業的居民所否決，他們一致要求遷往靠近前鎮漁港的草衙一帶。[88]在交通處的協調下，這批居民最終得償所望，遷往高雄市立第十一中學（今前鎮國中）附近另建房舍。[89]一九六九年七月，在歐衛拉颱風的侵

---

85 「譚嶽泉委員簽提奉交審查交通處簽為擬修訂「高雄第二港口開闢工程計劃」一案審查報告案」（1968-11-04）。〈臺灣省政府委員會議第989次會議〉。《臺灣省政府委員會議》。國史館臺灣文獻館（原件：國家發展委員會檔案管理局），典藏號：00501098905。

86 見張守真（2009：30-40）。

87 「高雄港開闢第二港口使用民地居民安置及遷村工作小組設置辦法」（1968-07-22）。〈臺灣省政府委員會議第977次會議〉。《臺灣省政府委員會議》。國史館臺灣文獻館（原件：國家發展委員會檔案管理局），典藏號：00501097715。

88 「省主席黃杰：九月二十六日下午又聽取「高雄縣一般行政工作簡報」，其列舉各項工作報告值得向各首長一提者，有下列三項：1.協助開闢高雄港第二港口使用地居民及工廠遷移安置事項；2.協助聯勤第六十兵工廠收購民地遷建廠房；3.新打港工程籌設情形」（1968-10-01）。〈臺灣省政府首長會議第133次會議〉。《臺灣省政府委員會議》。國史館臺灣文獻館（原件：國家發展委員會檔案管理局），典藏號：00502013309。

89 「交通處處長陳聲簧：高雄第二港口住戶遷建案，經邀請有關人士協調，同意利用高雄市立十一中學附近五千餘坪地為遷建處所，其中急須遷出七十二戶，本周四可獲解決」（1968-10-31）。〈臺灣省政府首長會議第136次會議〉。《臺灣省政府委員會議》。國史館臺灣文獻館（原件：國家發展委員會檔案管理局），典藏號：00502013626。

襲下，港務局與高雄市警察局緊急將開口南岸的廿七戶居民遷往第二港口工程處的倉庫暫居。因為對自建或代建的意見分歧，這些居民直到一九七一年六月以後才搬遷到位於小港國小後方、由高港局代建於新生地上的遷村房舍居住。[90]

一九七二年以降，第二港口的工程進度就算受到第一次石油危機下油電價格波動的阻礙，仍順利地執行到一九七五年七月十六日竣工通航為止。本案全由國人自行規劃、施工的創舉，被評價為足以和曾文水庫並肩的鉅型工程成就。[91]

四　港埠、物流與能源基礎建設的協商

在上一節，我主要討論了第二港口工程的規劃與實行，特別是這個過程中遭遇的各種問題。在本節，我嘗試將高雄港第二港口在一九七六年追加部分的浚深工程，與各個獨立的部門／基礎建設的發展過程相互對照與比較，說明「航道深度」與「吃水深度」的協調，如何將港埠建設與十大建設中的鋼鐵、造船和能源部門相互聯繫起來。

如前所述，在一九六六年定案的工程計畫書中，第二港口是以七萬五千噸級船隻出入為設計標準，航道與迴船場的深度均定為十四公尺。一九七五

---

90 見工程大事紀；「主席陳大慶報告（七）：高雄港為開發第二港口，廿餘戶民眾遷村問題尚未解決，彼等迄今仍住於倉庫內，實無法對人民交代，交通處即飭高雄港務局應限期解決」（1970-10-19）。〈臺灣省政府首長會議第216次會議〉。《臺灣省政府委員會議》。國史館臺灣文獻館（原件：國家發展委員會檔案管理局），典藏號：00502021636；「交通處處長陳聲簧報告：高雄第二港口遷村案辦理情形詳細情形案」（1970-11-09）。〈臺灣省政府首長會議第218次會議〉。《臺灣省政府委員會議》。國史館臺灣文獻館（原件：國家發展委員會檔案管理局），典藏號：00502021810。

91 「開闢高雄第二港口與曾文水庫興建計劃，為臺灣省亦為遠東之最大工程，如建設完成，則臺灣在國際上之聲望，必更增高，希有關單位全力支持」（1966-07-12）。〈臺灣省政府業務會報第247次會議〉。《臺灣省政府委員會議》。國史館臺灣文獻館（原件：國家發展委員會檔案管理局），典藏號：00507024714。

年四月，在行政院研考會、省研考會、交通部與交通處的建議下，為了配合即將完成的大鋼廠與大造船廠工程，決定將目標深度提高為十六公尺，並增列高港局事業預算三千七百一十三萬五千元以供施工。[92]但這是過去曾已有過的提議。早在一九七一年三月，高港局就一度向省交通處提出上調設計標準，將開挖深度改為十五公尺半的提議。當時的考量即是從船舶大型化的趨勢，以及國內已有十萬噸級大型油輪入港的需求出發。只是，省府對於究竟有多少巨型船舶出入港口並無把握，為免經費增加、「節省投資」，所以仍維持原案的十四公尺進行。[93]為什麼在一九七五年初，又有必要回到、甚至更加浚深港口的方案呢？接著，我將討論七零年代中期高雄港南部的重化工業、能源產業與工業區等空間計畫，如何成為此一臨時追加的後續工程；在這背後又反應了什麼樣的空間與經濟佈局。

（一）南部工業區與大一貫鋼鐵廠

首先要注意到的是，與第二港口同樣座落在高雄港南方的「南部工業區」的動態。六零年代初期起，陸續有伴生於新生地浚填、港區擴建的工業區開發案在前鎮至小港一帶展開。其中，冠名為「臨海工業區」的大型空間計畫，自一九六三年起開始分四期開發。第一期起於一九六三年正執行擴建計畫的高雄港務局，第二期改由省建設廳、臺灣銀行於一九六八年負責，中華工程公司後續又分別於一九七二年、一九七一年展開第三、第四期的開發，空間上則逐漸從前鎮移往小港進行，後兩期的主要開發場址即是國營企業的中國造船公司、中國鋼鐵公司的主要基地。[94]

---

92 「交通處簽為高雄港第二港口開闢計畫目標，擬由原訂通行七萬五千噸級貨輪，變更提高為通行十萬噸級貨輪，增加工期一年，在六十五年度內完成乙案」（1975-04-14）。〈臺灣省政府委員會議第1284次會議〉。《臺灣省政府委員會議》。國史館臺灣文獻館（原件：國家發展委員會檔案管理局），典藏號：00501128404。

93 〈高雄二港開闢計劃不變〉。《經濟日報》，1971年4月9日，第二版。

94 見鄭親憲（2011），轉引自王御風（2018：204）。

　　為了管理此一開發計畫的整體進程，省交通處奉令於一九六一年組織了南部工業區開發籌劃小組，該小組是由省級機關（建設廳、交通處、公共工程局、高雄港務局）、美援機關（美援會、經濟部工礦計劃聯繫組、交通部運輸計劃聯繫組）、國營事業（臺灣電力公司）與地方政府（高雄市政府）共同設立，負責工業區內的土地規劃、基礎設施營造、財源籌措和廠商輔導。[95] 一九六五年下半年，公共工程局完成南工區的第二期工程規劃草圖，因事涉高港局的工程計畫，此後關於南工區規劃的商討高港局均有派人參加，後續並進一步發展為南工區與二港口的聯席會議。在這份規劃草圖中，內容即包含「煉鋼廠、造船廠、海綿鐵廠、火力發電廠、加工出口工廠」等五間大型工廠。[96] 當時「加工出口區」在此一規劃中的位置，並不在中島商港區，而在高雄與鳳山的交界處；煉鋼廠亦不在小港，而在更靠近前鎮漁港的新生路一帶。一九六五年三月，經濟部決定變更鋼廠的設廠位置到更靠近紅毛港的現址，[97] 也更加能夠借用第二港口帶來對礦砂與鋼鐵製品的物流優勢——透過再加挖深的十六點五公尺深水碼頭，足以停泊十二點五萬噸級的礦砂散裝船。[98]

（二）大造船廠與十萬噸油輪的興造

　　與國營鋼鐵廠幾乎同時決定設廠於高雄的是國營造船廠——一九七三年設立的中國造船公司高雄總廠，兩間工廠僅僅隔著一個船渠相望。一九六三年高雄港的十二年擴建計畫，直接鼓勵了政府對港口、船塢的投資，催生了

---

95 「令復臺灣省交通處為抄發『臺灣省南部工業區開發籌劃小組設置辦法』，希知照」（1961-08-08）。《臺灣省政府公報》。國家圖書館藏，系統識別號：E0990357。

96 「南部工業區開發計劃總圖草案繪製完成」。《聯合報》，1965年9月12日，第二版。

97 「建設廳廳長柯丁選：上週南部工業區召開會報，重要議案為：1、籌劃中之大鋼鐵廠決定另擇新址。2、臺電輸電線路佔用土地過多，決定與水管及電話線等共同一次裝設，埋入地下」（1969-03-03）。〈臺灣省政府首長會議第150次會議〉。《臺灣省政府委員會議》。國史館臺灣文獻館（原件：國家發展委員會檔案管理局），典藏號：00502015024。

98 見行政院經濟建設委員會（1979：367）。

中船公司的雛形,該公司高雄廠最初規劃的船塢大小與第二港口剛開始的設計標準,一樣都是六萬公噸。[99]一九七〇年,經濟部組織了專案小組,展開高雄大造船廠設置計畫的前行籌備,並決定設址於工業局提供之原中華航運公司申請的船廠用地,同時也考慮到了和中鋼原料運轉輸送的協調問題。[100]與此同時,為了跟上全球船舶大型化的趨勢,另一間公營造船業者臺灣造船公司與日本企業石川島播磨株式會社展開了技術合作,目標是將造船能力在一年間從一萬五千二百公噸先緊急提升到三萬兩千公噸,再透過四年期的擴建計畫,向上攀升到十萬公噸之譜。[101]一九七八年,臺船與中船合併後,這些有著豐富巨型油輪建造經驗的員工,也成了高雄造船廠的生力軍。

就在臺船擴建計畫開始的一九六六年,中油公司突然在五月間交付興建四艘十萬噸級油輪的訂單,從前述分階段的擴建過程來看,當時的臺船或中船皆無相當的技術能力。礙於時效的緊急、量能的限制,臺船決定將前兩艘伏羲號、軒轅號的訂單轉手由石川島負責,並派遣員工到石川島的建船現場實習。基於六零年代的油輪建造經驗,石川島所擇定的參考船型為「田島丸」(Tashima Maru),是其第十九次油輪建造計畫中最大者,僅花費約五個月即告完工。[102]有了這段參與經驗,後續由臺船、中船聯手在基隆打造的有巢號、神農號才能由國人自行完工。[103]

在一九六六年時,中油公司之所以有增加運油量和委造巨型油輪的需求,也與高雄港的空間規劃有關。首先,在當時中油的原油採購中,尚有三十萬公噸的進口量未能完全運輸,且該部份油品主要為美軍的契約用油,以及供應臺電補足燃煤發電缺口的發電用燃料用油。後者主要受到整體電源結構調整——特別是在雨量足夠、水力發電穩定時,供應臺電的用油量亦將減

99　見洪紹洋(2011:165)。

100　見王先登(1994:71)

101　見洪紹洋(2011:160-164)。

102　見船の科學編集部(1964)。

103　見王先登(1994:60-66);洪紹洋(2011:188-189);「行政院第九七三次會議」(1966-06-23)。〈行政院會議議事錄　臺第二五九冊九七三至九七五〉。《行政院》。國史館藏,數位典藏號:014-000205-00286-001。

少。再加上政府即將要在南部興建以燃油機組為主體的大林火力發電廠，屆時用油量又將大幅增加。[104]再者，一九六七年六日戰爭造成蘇伊士運河的長期封鎖，也導致國際油輪供不應求、運價亦大幅上漲。[105]換言之，石油運輸的需求面與供給面漸漸趨於一致，充分運輸的需求愈來愈迫切。

在此時，中油決定從價格較不划算的承攬船運，轉向自建新輪、租由民營業者承運，藉此壓低原油運費以抑制國內電價。考慮到臺船正在石川島的技術援助下，造船噸數得以再度提升，且該建造油輪的船塢可隨時改用於造修軍事登陸艇，「循經濟途徑以儲備軍事實力」，中油便向該公司委造兩艘七、八萬噸等級之油輪。[106]此一規模稍後在經濟部與石川島的磋商中上調至九萬公噸，最後再因一九六六年國際載重線公約的規定，定為十萬公噸。[107]換言之，此間的核心就在於火力發電所拉動的石油需求，這又可以從當年電源開發的燃料選擇與發電廠空間部署的角度觀察。

（三）大林蒲煤碼頭與大林火力發電廠

一九六七年年初，臺電在第二港口南岸的大林蒲與海澄村間開始填地建廠，此即大林火力發電廠。一九七二年，大林的一至三號機組陸續完成，除了一、二機組預留改裝為燃煤機組的空間外，其他各機組皆以燃油為主。在以上工程完工之際，大林電廠的容量占整體系統的百分之二十七點七，為全臺最大的火力電廠。[108]

可以注意到的是，該電廠之所以以燃料油為主要能源，原因和臺灣煤礦的天然分佈、存量有關。五零年代中期，考量系統電力供應速度的加快，臺

---

104 「行政院第九六七次會議」（1966-05-12）。〈行政院會議議事錄　臺第二五七冊九六七至九六九〉。《行政院》。國史館藏，數位典藏號：014-000205-00284-001。

105 見中國石油公司編（1981：207）。

106 「行政院第九六七次會議」（1966-05-12）。〈行政院會議議事錄　臺第二五七冊九六七至九六九〉。《行政院》。國史館藏，數位典藏號：014-000205-00284-001。

107 見王先登（1994：63）。

108 見臺灣電力公司編（1989：2.47-2.49）。

灣的電源開發策略由水力為主轉為火力為主，一九五六年後新設的火力發電廠，最初皆是以省產燃煤為主要燃料，當時主要的運煤措施為火車。直到六零年代中期島內煤源枯竭，石油價格相對降低，部分燃煤機組開始改燃石油或輕油，原本的運煤鐵路則遭到廢棄或改做他用。[109]進入七零年代後，受到石油危機的影響，各電廠逐步改回燃煤，但因省煤開採耗盡，此時的用煤主要以進口為主。就高雄各電廠而言，進口煤礦是直接由高雄港的大林煤碼頭進口，再以卡車轉運到電廠之中。[110]在這段過程中，大林火力發電廠受惠於二港口的便利，不論是燃煤或是燃油，皆可以從大林蒲的臺電煤碼頭或是中油接收站取得燃料。

　　一九七二至一九七五年間，光是大林火力發電廠就陸續再新設了四、五號機組，以及為應經濟成長中負載增加趨勢所新設、施工期間較短的四部氣渦輪機組。在一九七五年底，光就大林一個廠區的裝置容量，就佔整體系統的百分之四十；一九七六年的發電總度數，更佔全年度發電總度數的一半。這些數據都顯示了當時政府對於南臺灣電力部署的強烈側重。一九七七年過境臺灣的賽洛瑪颱風造成的電塔倒塌，導致了全臺的嚴重缺電，也印證了電源向南集中的現象。[111]這一來既是火力電廠作為嫌惡性基礎設施，導致覓址困難；二來也是因為包含二港口、南部工業區建設和石油集散的區位集中，再加上重型發電機組的運輸便利，使得新發電設施偏好設於港區周邊。[112]

五　結論

　　本文是對高雄港務局局長李連墀任內規劃、施作的第二港口工程的初步考察。在正文的三個部分中，首先討論了李連墀的軍事背景與物流想像，特別是他從後勤（military logistics）到物流（civilian logistics）的轉軌經驗，

109　見臺灣電力公司編（1989：2.68、2.73）。
110　見臺灣電力公司編（1989：2.73）。
111　見臺灣電力公司編（1989：2.50）。
112　見臺灣電力公司編（1989：3.79）。

如何成為後續支持高雄港展開第二港口工程，以及本文並未展開的實驗性貨櫃中心設置計畫的動機。接著，本文分別從第二港口的主要工程與後續工程中，觀察港埠建設與國防、與空間、與能源物流等不同場域間的關聯，主要論及圓型沉箱、港工捐、軍管區採石等工程技術與資金調度的選擇與協商。最後，本文留意到工程計畫中吃水／浚渫深度的調整，與七零年代後期展開的十大建設計畫，特別是大一貫煉鋼廠、大造船廠與石化工業的關聯，同時也涉及了六零年代後期起，臺灣電力公司的長期電源開發計畫，特別是此一計畫在石油危機中的應變。

以第二港口為中心，除了因為此一計畫起於軍事防衛，終於經濟成長的特殊性外，同時也是因為此一工程能夠充分凸顯港埠和更廣泛的空間規劃、工程技術與國際援助的連結。第二港口在與國防部、與採石民間廠商、與紅毛港居民的協調上，或是在與南部工業區開發小組的聯席會議上，以及在與中鋼、中船和中油的配合上，討論的都是（垂直或水平的）空間分配。本文初步分析了這些協調的過程、遭遇的阻力與據以判斷的考量。在施工過程中，是拋石式或沉箱式？要採用全新的圓型沉箱或方型沉箱？又應該如何調度（或添購）挖泥船與各種施工機具？這些問題同時也牽涉到日本、美國與荷蘭所提供的技術與資金援助，如何協助（或是阻礙了）臺灣的工程師構想適合於臺灣港灣特性的設計與工法。

而在中油、中鋼、中船和臺電方面，他們同樣也有各自的技術移轉和資源調度問題需要面對。對中鋼而言，是載運礦砂和輸出鋼鐵製品的需求；對中油而言，是配合臺電與國內用油量提高時，運油能力的提高；對中船而言，則是配合國輪國造政策，交付中油的十萬噸油輪訂單。這些不同領域的國營事業，互相溝通彼此需求的語言即是「深度」——為了原料礦砂散裝船的進出、為了建造大型油輪，也為了保障臺灣南部與工業地帶的用電穩定，港口必須要越深越好，至少得超越一定噸數和船型的吃水深度限制。

最後，第二港口從規劃到完工的時間，恰好落在東亞冷戰高峰之一的越南戰爭期間，兩者之間是否有所關聯，也是值得探究的問題。儘管從本文的考察中，仍無法明顯看出越戰對港區的影響或關聯，但前行研究已不斷提示

著太平洋貨櫃化與越戰後勤有著密切的聯繫，[113]只是在臺灣本地的研究中，似乎仍未將越戰、冷戰或戰爭因素與戰後物流基礎建設的形成納入討論。[114]至少就本文的探索中可以指出的是：第二港口的興建是在海軍出身的港務局長手下展開，他對保障物資流通的後勤想像是確立此一工程的精神之一；第一貨櫃中心的建設一方面受惠於港工捐而來、基於戰略目的所興造的第二港口工程餘款，一方面也是李連墀六、七零年代之交的環球港埠考察之旅的成果之一。但是，究竟貨櫃化的過程中，政府是否曾經考量擴大對越輸出、參與越戰後勤的可能性？高雄港在越戰時期的臺、越、美物資流通過程中又扮演著什麼樣的角色？第二港口的建設又是否促進了此一流通過程？這些問題本文未能窮盡，仍有待關心冷戰與戰後發展關聯的研究者探究。

---

113 見Levinson（2008）。
114 見林志龍（2008）。

參考文獻

一　檔案

行政院國際經濟合作發展委員會（中央研究院近代史研究所檔案館藏）

臺灣省議會史料總庫：臺灣省議會議事錄（國史館臺灣文獻館藏）

臺灣省政府委員會議（國史館臺灣文獻館藏）

臺灣省政府交通處（國史館臺灣文獻館藏）

蔣中正總統文物（國史館藏）

資源委員會（國史館藏）

行政院（國史館藏）

臺灣省政府公報（國家圖書館藏）

二　報紙

《中央日報》

《經濟日報》

《高港簡報》

《聯合報》

三　專書或專書之一章

中國石油公司編：《三十五年來之中國石油公司》，臺北：中國石油公司，1981。

王先登：《五十二年的歷程——獻身於我國防及造船工業》，臺北：作者自印，1994。

工御風：《舊港新灣：打狗港濱戲獅甲》，臺北：遠足文化，2018。

———：《波瀾壯闊：臺灣貨櫃運輸史》，臺北：遠見天下文化，2016。

王　洸：《我的公教寫作生活》，臺北：王洸，1977。

———：《我與航運》，臺北：王洸，1968。

行政院國際經濟合作發展委員會編：《臺灣高雄港務局美援運用成果檢討》，
　　　　臺北：行政院國際經濟合作發展委員會，1967。

李連墀：〈高雄港的擴建工程〉，收錄於高雄港務局秘書室編：《高港二十年
　　　　下冊》，高雄：高雄港務局秘書室，1982a[1963]，頁10-14。

———：〈高雄港闢建第二港口之研究〉，收錄於高雄港務局秘書室編：《高
　　　　港二十年　下冊》，高雄：高雄港務局秘書室，1982b，頁40-47。

吳連賞：《高雄市港埠發展史》，高雄：高雄市文獻委員會，2005。

余光亞：《加工出口區與經濟發展》，臺北：秀威資訊，2006。

洪紹洋：《近代臺灣造船業的技術轉移與學習》，臺北：遠流出版事業公司，
　　　　2011。

———：《企業、產業與戰爭動員：現代臺灣經濟體系的建立（1910-1950）》，
　　　　新北：左岸文化事業公司，2022。

金　智：《青天白日旗下民國海軍的波濤起伏》，臺北：獨立作家，2015。

高雄港務局編：《高雄港第二港口開闢工程》，高雄：高雄港務局，1976a。

————————：〈附錄五：高雄港第二港口開闢工程大事紀〉，《高雄港第二
　　　　港口開闢工程》，高雄：高雄港務局，1976b，頁291-304。

高雄港務局秘書室編：《高港二十年　上冊》，高雄：高雄港務局秘書室，
　　　　1982。

高雄港務局擴建工程處編：《高雄港擴建工程施工報告》，高雄：高雄港務
　　　　局，1971。

孫弘鑫：《臺灣全志卷六：國防志　軍事後勤與裝備篇》，南投：國史館臺灣
　　　　文獻館；臺北：中華民國國防部，2015。

張　力：吳守成、曾金蘭訪問，張　力、曾金蘭紀錄：〈李連墀先生訪問紀
　　　　錄〉，收錄於氏著：《海軍人物訪問紀錄　第一輯》，臺北：中央研
　　　　究院近代史研究所，1998，頁1-110。

張守真：〈民國56年（1967）姜森（John D. M. Luttman-Johnson）的「高雄港開發計畫」〉，收入杜劍鋒等著：《高雄港建港100週年學術研討會論文集》，高雄：高雄市文獻委員會，2008，頁55-88。

張守真：《紅毛港遷村實錄——歷史篇》，高雄：高雄市文獻委員會，2009。

陳政宏：《造船風雲88年——從臺船到中船的故事》，臺北：行政院文化建設委員會，2005。

———：《鏗鏘已遠——臺機公司獨特的一百年》，臺北：行政院文化建設委員會，2007。

———：《傳動世紀——臺灣機械股份有限公司檔案專題選輯》，新北：國家發展委員會檔案管理局，2011。

———：《航領傳世——中國造船股份有限公司檔案專題選輯》，新北：國家發展委員會檔案管理局，2012。

陳鴻獻：〈美國與1950年代的國軍整編〉，收入呂芳上主編：《國軍與現代中國》，臺北：中正紀念堂管理處，2015，頁347-380。

楊玉姿、張守真：《高雄港開發史》，高雄：高雄市文獻委員會，2008。

楊柏賢：《寓居於海陸之際：打造高雄西南海岸線社群生活的演變》，高雄：行政法人高雄市立歷史博物館；巨流圖書公司，2021。

臺灣電力公司編：《臺灣電力發展史》，臺北：臺灣電力公司公眾服務處，1989。

四　期刊論文

又　新：〈第二港口通航廿年憶往——兼懷龔乾一先生〉，《高雄港》第9卷第7期，1995年7月，頁13-23。

李文環：〈漁塭變軍港——萬丹港之歷史地理研究〉，《白沙歷史地理學報》第2期，2007年4月，頁111-150。

李啟明：〈政府遷臺後國軍後勤體制之演進〉，《中華軍史學會會刊》第7期，2002年4月，頁201-227。

林志龍:〈貨櫃船革命五十週年與臺灣:近著討論與研究〉,《思與言》第46
　　　卷第3期,2008年9月,頁209-223。

張　力:〈從「四海」到「一家」:國民政府統一海軍的再嘗試,1937-1948〉,
　　　《中央研究院近代史研究所集刊》第26期,1996年12月,頁267-
　　　316。

樊　琪:〈懷念王國華先生〉,《傳記文學》第24卷第3期,1974年3月,頁59-
　　　61。

劉碧株:〈日治時期高雄港的港埠規劃與空間開發〉,《成大歷史學報》第52
　　　期,2017年6月,頁47-85。

劉碧株:〈日治時期鐵道與港口開發對高雄市區規劃的影響〉,《國史館館
　　　刊》第47期,2016年3月,頁1-46。

鄭親憲:〈高雄臨海工業區的發展〉,《中工高雄會刊》第18卷第4期,2011年
　　　5月,頁107-109。

謝濬澤:〈從打狗到高雄:日治時期高雄港的興築與管理(1895-1945)〉,
　　　《臺灣文獻》第62卷第2期,2011年6月,頁211-244。

龔乾一:〈高雄港第二港口開闢工程之檢討〉,《高雄文獻》第5、6期合刊,
　　　1980年12月,頁331-342。

五　期刊論文或專書(外語)

永井莊七郎、玉井佐一、西村益夫:〈円形セル型防波堤に関する研究(特
　　　に神戸港第5防波堤について)〉,收入土木学会海岸工学委員会編:
　　　《第十回海岸工学講演会講演集》,東京:土木学会,1963,頁
　　　110-115。

船の科学編集部:〈新造船写真集 No.193:竣工船　田島丸〉,《船の科学》
　　　第17卷第11期,1964年11月,頁11。

Levinson, M. *The Box: How the Shipping Container Made the World Smaller and
　　　the World Economy Bigger*. NJ: Princeton University Press, 2008.

六　網路資料

羅錦裕：〈李連墀「領港」高雄〉，《天下雜誌》第67期，1986年12月，收入於
　　　　《天下雜誌》網站，網址：https://www.cw.com.tw/article/5105127，
　　　　檢閱日期：2023年4月20日。

七　學位論文

謝濬澤：《國家與港口發展——高雄港的建構與管理（1895-1975）》，南投：
　　　　國立暨南國際大學歷史學系碩士論文，2008。
洪啟文：《高雄港市聚落的形成、擴展與互動發展（1624-2004年）》，新北：
　　　　私立中國文化大學地學研究所博士論文，2007。
盧韋帆：《高雄市商業區的發展與空間變遷之研究（1945-1999）》，桃園：國
　　　　立中央大學歷史研究所碩士論文，2012。
尹姿文：《國際局勢、經濟政策與港口發展：戰後基隆港的營運和消長（1950-
　　　　1973）），南投：國立暨南國際大學歷史學系碩士論文，2004。

擬造島嶼

──廖鴻基《大島小島》、《海童》及《魚夢魚》探析

陳韻如[*]

摘要

　　廖鴻基，一九五七年生，花蓮人。自一九九五至二〇二三年間二十多部作品，以散文、小說及報導文學為主。二〇一五年後陸續出版的《大島小島》、《海童：一本漂流的想像誌》，在文類上則自定義為「海洋寓言」。以簡短篇幅來呈現深意，受海洋影響思維形式而成並緊扣海洋主題，《大島小島》、《海童》及新作《魚夢魚》皆屬此類。作者在《海童》書序中提及書寫方式的轉變，即書寫載體的空間虛擬化；然而，在此之外亦可留意，這三部性質較為相近的海洋作品中，廖鴻基亦「虛擬」一座島嶼，使其海洋意識及觀察透過這座島嶼更為明顯。

　　九歌一一一年度文選，將「年度小說獎」頒給廖鴻基，書中選錄《魚夢魚》中〈雙魚〉、〈赤那鼻〉、〈桃花〉及〈食戒〉四篇。主編楊富閔評述，認為廖鴻基海洋文學風格的轉變在《大島小島》已見端倪。李育霖以「擬造新地球」談當代臺灣自然書寫，認為廖鴻基航行海洋追尋記憶與認同的書寫，是作家對於環境的重新理解。而我們可更進一步追問，廖鴻基所擬造的，是更具體的一座島嶼。在廖鴻基小說中，可發現這樣的軌跡。從《尋找一座島嶼》到《大島小島》、《海童》與《魚夢魚》，過去那座主角「大頭風」再怎

* 國立臺灣師範大學國文學系博士生。

麼努力也到不了的島嶼,在《大島小島》後的短篇小說中,看到的不再是苦苦找尋,而是打造。

　　故此,此篇論文梳理《大島小島》、《海童》及《魚夢魚》三書的內容與結構特色,探析作者如何擬造島嶼、觀察海洋及思考海洋。

關鍵字:廖鴻基、寓言、海洋文學、島嶼

Virtualising an Island:

An Analysis of *Big Island, Small Island, Sea Kids,* and *Fish and Dreams* by Liao Hong-chi

Chen, Yun-Ju[*]

Abstract

Liao Hung-chi, born in 1957, is a Taiwanese writer from Hualian, Taiwan. Liao has published more than 20 works since 1995, with a focus on prose, novels, and non-fiction novels. He defines his works published after 2015, such as *Big Island, Small Island* and *Sea Kids: A Floating Imagination*, as "fables of the sea". He adopts a pithy writing style in conveying depth, and it is clear that his thought reflects the influence of the sea on his writing, which is evident in *Big Island, Small Island*, *Sea Kids*, and his latest work, *Fish and Dreams*.

In his preface, Liao mentions the change in his writing style, i.e., the virtualisation of space in writing. However, it is also worth noting that in the three aforementioned works, Liao also virtualises an island which he uses to make his awareness and observation of the sea more visible.

In 2022, Chiu Ko selected four chapters from Liao's *Fish and Dreams*, which are Two Fish, Chi-na Rock, Clingy Octopus, and Ring Eater, and awarded the Chiu Ko Fiction Prize to Liao. Yang Fu-min, the editor-in-chief, believes Liao's change in his writing style can be traced back to *Big Island, Small Island*.

---

[*] PhD student, Department of Chinese, National Taiwan Normal University.

Lee Yu-lin discusses contemporary Taiwanese nature writing in The Fabulation of a New Earth, and he thinks that Liao's writings on his sail across the sea in the quest for memory and recognition can be interpreted as his new understanding of the sea. Furthermore, we can see what Liao has virtualised is a more tangible island, which can be identified in his works. From *Looking for an Island* to *Big Island, Small Island* to *Sea Kids* to *Fish and Dreams*, instead of looking for the island that he struggles to locate, Da Tou Feng starts to build it, which can be seen in the works published after *Big Island, Small Island*.

To this end, in this article, the author seeks to discuss the content and structure of *Big Island, Small Island, Sea Kids*, and *Fish and Dreams* and to analyse how Liao virtualises an island, observes the sea, and thinks about the sea. He is inspired by the sea, hence his creation of islands literarily to encourage more people to take the relationship between islands and the sea more seriously and to see the sea.

Keywords: Liao Hong-chi, Fable, Nautical Fiction, Island

一 前言

　　廖鴻基，一九五七年生，花蓮人。三十五歲成為討海人，一九九八年成立「黑潮海洋文教基金會」，致力推廣海洋環境保護與海洋生態保育意識。廖鴻基創作以散文、小說及報導文學為主，作品主題始終環繞海洋，包含海洋經驗、海上生活、海洋生物、海洋困境及海洋教育觀點等。書寫成果豐碩，海洋計畫亦多元，期望透過活動，使島嶼子民對海洋議題開啟更進一步的對話。

　　廖鴻基的作品多為散文，小說作品則有《尋找一座島嶼》及《山海小城》，屬短篇小說集，二○二二年更發表第一部長篇小說《最後的海上獵人》，其小說往往帶有自傳色彩。《大島小島》（2015）及《海童》（2016），作者以「海洋寓言」視之；二○二二年《魚夢魚》一書，作者雖在序言述及是「以五十二篇短篇小說組合成」，[1]然就篇幅及內容觀之，仍屬《大島小島》及《海童》書寫類型的延續，書中多所擬造島嶼圖景與生物，且三書皆與女兒廖應語（Olbee）合作，繪製父親書中所述所想。

　　寓言源遠流長，於發展過程中，其定義、結構及效應等已自成脈絡。陳蒲清認為，寓言的篇幅或長或短，主角或人或物，形式或詩或散文可小說可戲劇，然而必不能缺少的兩個要素是為「故事」與「寓意」，[2]意即特別強調其另有寄託的意義與形式。文化理論中，「寓言」則被視為將較廣泛的世界觀或複雜的訊息，編碼於較容易聚焦的敘事形式中。[3]廖鴻基在《海童》書序中自剖創作經過與旨趣，認為前一作品《大島小島》原本的構想，就是以篇幅大約五百到一千字的五十篇作品，來呈現「簡單、簡短而有深意的海洋寓言效果」。[4]《海童》則是更徹底地實踐了這個構想。而《大島小島》被認

1　廖鴻基：《魚夢魚：阿料的魚故事》（臺北：有鹿文化事業公司，2022年），頁38。
2　陳蒲清：《寓言文學理論、歷史與應用》（臺北：駱駝出版社，2001年），頁11-14。
3　彼得・布魯克（Peter Brooker）著，王志弘、李根芳譯：《文化理論詞彙》（臺北：巨流圖書公司，2004年），頁9。
4　廖鴻基：《海童：一本漂流的想像誌》（臺北：有鹿文化事業公司，2016年），頁6-7。

為「政治寓言」性質較濃，廖鴻基雖不排斥此種解讀，仍更傾向將此書視為一部「海島寓言」。[5]寓言，作為介於尖硬批判與軟性散文間的書寫策略，以其故事及寓意，確實是盛裝心事的合適容器。正如楊富閔評選廖鴻基《魚夢魚》為一一一年九歌年度小說獎時認為，這部篇幅短小卻意涵豐富的作品，看似非現實的敘事，實則是對現實的諭示。[6]

> 廖鴻基深耕海洋文學此一領域已近四十載，而其風格的轉變則在稍早的《大島小島》更見端倪。《大島小島》一系列的困境書寫，明顯可見廖氏語言與其文體的折變，以及擾動著海洋文學既有的範疇。[7]

楊富閔此論述，正呼應本論文的觀點，即《大島小島》後的書寫風格有值得探析之處。尤其，《大島小島》以一座「不大不小，又可大可小」、[8]有著大魚傳說的島嶼開篇，企圖勾勒的正是臺灣這座海島的身世形貌，全書係圍繞著此座島嶼而建構的故事。而這座島嶼，在《海童》與《魚夢魚》中仍持續擬造，以書中內容來看，正是《大島小島》中那「幾分實在，也幾分虛幻」[9]的島嶼。李育霖認為，廖鴻基致力描寫非人類棲居的環境，是標示一個「新地球」的文學想像，一個人類生活與生命之外的「烏托邦」，更認為海洋的航行更新了作家關於陸地的經驗與情感。[10]

然而，我們更該注意的是，廖鴻基所擬造的，是更具體的一座島嶼，在廖鴻基小說中可發現這樣的軌跡。作者構建繽紛多元的想像生物與空間，其中有美善有醜惡，有真有偽，看似想像之筆，其實全然指向現實。這座「虛

5　王威智：〈我們的島與海——廖鴻基談《大島小島》〉，《自由時報・自由副刊》，2015年7月8日，網址：https://ent.ltn.com.tw/news/paper/895994，2023年5月19日更新。

6　楊富閔：〈序：與小說共存的一年〉，楊富閔主編：《九歌111年小說選》（臺北：九歌出版社，2023年），頁10。

7　同前註，頁8。

8　廖鴻基：〈大島小島〉，《大島小島》（臺北：有鹿文化事業公司，2015年），頁11。

9　同前註，頁9。

10　李育霖：《擬造新地球：當代臺灣自然書寫》（臺北：國立臺灣大學出版中心，2015年），頁10、頁18。

擬」的島嶼，使其海洋意識及觀察更為明顯。較之過往多以散文書寫海洋，廖鴻基這三書以寓言寫海，有意以小說之筆擬造島嶼，不僅是書寫策略上的改換，更使臺灣島與海洋的緊密關係顯影。故此，本文以《大島小島》、《海童》及《魚夢魚》三書為主體，藉由對文本的細加分析，透過其引渡航線、島嶼空間及物種的描繪，探析其如何擬造島嶼、觀察海洋及思考海洋。

一　引渡航線：虛實之筆，視角多元

《大島小島》開篇寫海島形貌，使全書島嶼書寫的主線得以定調，海與島的關係、島嶼必須流動才得生機，是作者所強調的。值得注意的是，在〈大島小島〉一篇後，第二篇則是帶有哲思意味的〈春魚〉，以夢裡夢外作為辯證思索的課題，透過夢境來呼應現實對待生態的不同態度。故事中的「我」常夢見獨自站在海崖望海的「你」，原來是為等待一群春魚游進岬下海灣，牽動整年的生機。「我」找不到下崖撈捕魚苗的路，直到接受「你」的邀約，進入「你」的夢。以為他人在自己夢裡，其實是自己在他人的夢裡。作者以夢境道出這份關於島嶼、關於海洋的殷切邀請：

> 每個人夢裡都有一座可大可小的島嶼，每座海島都有不同的下崖途徑。如果你願意，來，進來我的夢裡。[11]

看見島嶼、正視島嶼，在「夢」的邀約下，於焉開啟。在廖鴻基的作品中，島、船、鯨往往是三位一體，島嶼是座揚尾浮海的大魚，也是大洋甲板，登島那一刻起已是船上的命運共同體。海中島嶼，雖孤立隔絕，卻也自成意志。因此，務必正視島與海的關係，務必面海，務必流動，才能看見島嶼的生機活路。文字也是船，廖鴻基曾將重新出版修改作品視為「修船」，將寫作靈感比作海上收魚、分魚場景；而在《大島小島》書末，這張「《大島小島》新書發表會的活動海報」版面是「自東北東一道曲線往南南西斜漂過

---

11 廖鴻基：〈春魚〉，《大島小島》（臺北：有鹿文化事業公司，2015年），頁20。

去」，[12]藍波襯底、寫以綠字，簽字則像極了水流海波。這艘船隻持續航行於海上，擺渡自我與他人，如何登上其擬造之島嶼？在《大島小島》中，我們看見的是以「夢」邀請、以「夢」引渡。夢境介於真實與非真實之間，也被視為人類精神活動潛意識的展現，是文學作品常見的素材。廖鴻基的夢，不只源於浮晃的大海造夢，也是己身生命深層企望所釋放的訊息，在此書中則更進一步點出「變換視角」的重要性。不同於早期書作《討海人》（1996）中討海人做的大魚的夢，是鬥志的引燃；不同於遠航經驗所寫《漂島》（2003）中層層疊疊的夢境被視為「紛至沓來的變形欲望，更遙遙呼喚我們肉身存在的羞赧。」[13]《大島小島》中，更聚焦於與他人的關係，願意走進這個夢的人，才得以進入這座島。這也是為何在此書中，作者寫有〈倒立〉一則故事，工人們懸垂進入坑洞，排成塔尖隊形，高舉燈管燈泡，聚成岬下一座看來像塔頂頂著海面的倒立燈塔。「倒立燈塔」對比書中那僵滯的塔型最高行政中心「統府」，暗示著作者的期許，看見海洋、深入海洋，是視角的改易，也是海洋意識的傳承使命。因此，寫給年輕讀者的《十六歲的海洋課》（2019）在談海洋環境、海岸面貌、近海與遠洋產業及海洋教育等概念時，章末選錄〈倒立〉一文作為延伸閱讀，便可瞭解其用意。

如是引渡，在《海童》中則更鮮明。《海童》中，廖鴻基以「二十歲生日那天，收到彩衣禮物」的「你」為發端，作為全書「漂流想像」的故事起始。並且，《大島小島》的「你」、「我」，在《海童》中則有了「你」、「我」及「他」：

> 二十歲生日那天，他送你一件彩衣。……有次，你邀我一起搭船來到外海黑色海流裡飛。[14]

東西方故事皆可見「彩衣」的蹤跡，或作為夢想的隱喻，或是得以飛翔、得

---

12 廖鴻基：〈海報〉，《大島小島》（臺北：有鹿文化事業公司，2015年），頁269。

13 賴芳伶：〈序：遠航似在人世裡如煙隱去〉，廖鴻基：《漂島》（新北：印刻文學出版公司，2003年），頁7。

14 廖鴻基：〈彩衣〉，《海童》（臺北：有鹿文化事業公司，2016年），頁16。

以區隔天上人間的媒介；在〈彩衣〉中，「你」則因獲得如蹼翼鰭翅的彩衣而得飛翔，而故事中的飛翔，卻是入水。

> 你入水時，彩衣立即發揮作用。……海面被你踩出一圈宛若靶心的水紋。你對準靶心深入，開始飛翔。[15]

飛翔與泅水，是廖鴻基自言常出現的夢境，二者在此書中展現作者書寫意識的雙音共響。全書從彩衣的飛翔與泅游始，在「我」腦中留下鮮明身影；最後則收結於〈雞鳴〉，是「你」卸除彩衣後歸來後與「我」分享：

> 每個人的一輩子，都允許擁有一件彩衣。質地、顏色、衣款，各不相同，共同的是，披上彩衣，就能飛翔。[16]

雞鳴是界線的提醒，因此，無論是飛翔或泅游，仍是一「夢」的隱喻。這引渡的航跡，以夢、以彩衣，而「他」送「你」彩衣、「你」邀約「我」啟程，正是《大島小島》中「你」邀「我」進入「你」的夢的擴延。我們不用細辨你、我、他究竟是誰，究竟是不是同一人，因為作者的本意正是泯除人我界限，一同進入這擬造之島。越界游移，打破僵化的視野，看見不同高度。這也是為何〈彩衣〉出發後，作者以〈高深〉作為第二篇，「海豚從海面竄浪」及「海豚從天上衝下來」的描述並無對錯，而是觀看視角的不同。水平視野與垂直視角的不同，和《大島小島》中打破原有空間感的〈倒立〉一文有異曲同工之妙。

當「我」成為「我們」，正是在《大島小島》及《海童》後，作者更極力呼喚的。因此，《魚夢魚》中，以「小于」貫串全書，這位「阿料」班上的轉學生，始終背著一只魚背包，就像是一條活魚。阿料跟著小于來到河口近海處，發現小于整個人翻進魚背包後成了一條魚，接著躍入水裡。小于除了是為保持自己海陸來去自如的能力，也是為找尋流落陸上的族人，因而故

---

15 同前註，頁17。
16 廖鴻基：〈雞鳴〉，《海童》（臺北：有鹿文化事業公司，2016年），頁188。

事裡有「小虞」、「阿於」及「余博士」等。然而，關於「小于」的描述，主要在每章節的序曲，全書分為〈小于〉、〈來去〉、〈流落〉及〈回來〉四章，每章節先寫小于在海裡陸上的動態，其後各章篇中出現最多的則是「阿料」。阿料作為小于的跟蹤者、觀看者，也是島嶼生活的體驗者。時而是五年級的學生，時而是跟著阿三船長出海的船腳，時而慕名來到邊角村，時而為「旺盛號」的採訪者，甚至是參加潛水看魚遊程的「阿料伯」。阿料的年齡、身分不限，可以是作者，也可以是島嶼的不同人。小于來自大海，穿梭陸海，他留意學校裡名字有「ㄩˊ」諧音的任何同學，在他們的言行中找尋來自大海的線索。正視自我屬於大海的基因，正是廖鴻基此書的企圖，故此，《大島小島》中的「你我」，《海童》的「你我他」，在《魚夢魚》中成為更多元的複數。而小于的魚背包，正是進入這方天地的引渡媒介。蕭義玲視此魚背包為「人類原始的心靈力量」，全書是由五十二則「以夢航行」、「人魚變形」的故事組成，是作家以海為雷達裝設地，從做夢、說夢到寫夢的歷程。[17]作家自身則視此書為「為生命脈流意象中或夢中繽紛多樣的魚」[18]而寫。

　　作者受海引渡與接納，走入海洋，並具備穿梭往返的能量；亦將這份動能以一則則短篇故事呈現，或夢境、或彩衣、或魚背包，以虛實之筆、彈性突破之視角、人我界限之消除、甚至是物我之變形，引渡向海、向島。

　　值得注意的是，如前所述，《大島》、《海童》及《魚夢魚》三書皆邀請女兒 Olbee 繪圖。在這些出入於虛實間的故事裡，廖鴻基女兒閱讀父親的海洋寓言，繪出自我的詮解。作者對畫作的要求是，畫出心中所想所感即可，實也可說是父女透過圖文牽起彼此。過去，《海天浮沉》（2006）中，作者以〈瓶中信〉及〈出航〉道出與女兒因海隔絕的失落；如今，《大島》、《海童》及《魚夢魚》，作者所邀約的「你我他」多元複數，必然也有女兒的存在，正是他一直期盼的：女兒能理解父親的這片海。故此，《大島小島》中

---

17 蕭義玲：〈推薦序：魚思夢想〉，廖鴻基：《魚夢魚：阿料的魚故事》（臺北：有鹿文化事業公司，2022年），頁28、頁30。

18 同註1。

再次提起〈瓶中信〉的往事，而書中 Olbee 所繪則被命名為「瓶中畫」，圖與文的對話，極有意義。

二　島嶼空間：島海緊密，諭示現實

《大島小島》中，這座進出起居皆得由船隻連通的海島，島民夢裡也有船，摺被如浪，夢想如浪。島上有北盾港、西青港、南苗港和東光港，有盾光岬、西青灘、羊頭鼻、北盾角，有東光村、西清村、東苗村、北盾村、南苗村等，更有島嶼國小、東苗中學、島嶼大學、望海新聞社、海邊基金會、海岸防衛廳。島嶼與海關係緊密。

然而，書中亦寫島嶼平原正中央的高地有著最高行政中心，即「統府」。統府的僵化封閉展現在「微」字的謬用，大興「環狀」工程，甚至即將築起環島海牆，以抵抗野性之海，並於牆內建造人為之海。內海遊憩區中設置了釣魚區及鯨豚遊憩區等，以旋轉賞鯨船保證賞鯨活動的安全，以大型玻璃潛水缸限縮潛水活動範圍，缸裡生態一切擬真。作者以「偽」、以「微」，表達了強烈的諷刺意味。而〈遠境〉一文，寫漁港遠境船隊，以半圓隊形恭迎海神，「海神」上岸即「失神」，又寫天神、地神與海神神轎在統府前的對峙，人、陸、海的互為互動，以遠境動態展現有力的比喻與思考。

神性海洋、野性海洋在人為中逐漸崩解，作者更在空間上著墨，海洋的立體化是拓寬眼界，感受海洋的深廣；而人為建築使生活空間立體化，卻是眼界思維的窄隘。事在人為，〈儲存〉一文，海洋材料研究小組研發的「招潮乳化劑」因使入海的物件皆得以永久保存，因而改變島民畏海的習性，藝術館舍因而遷建濱海區，統府甚至在此設置瞻仰館。而「反高潮溶劑」的發明，因保證腐蝕，則使企業財團等亦逐步向海。人們終於願意向海，卻是起於私欲、貪婪。因此，在全書最末，撇除寫作旨趣的〈海報〉一文，作者將故事結束於〈海邊〉，這座美麗卻虛矯的小島，船隻固結，「好像有一堵牆」[19]

---

19 廖鴻基：〈海邊〉，《大島小島》（臺北：有鹿文化事業公司，2015年），頁266。

究竟是前述偉大的環島海牆工程？或是島民思維已自設隱形牆界？正是作者留給讀者的問題。

海洋的意義？廖鴻基如何透過這座擬造之島啟發思考？可就〈魷魚灘〉及〈航母灣〉二文觀之。因南島魷魚季而改名的「魷魚灘」，與因航母大船而改名為「航母灣」的西青灣，是兩個對應的空間，一東南、一西北，也是兩個相對的故事。關鍵皆在人為，然而前者因濫捕歉收，最後成為「南島魷魚祭」觀光慶典卻另創顛峰，王村長那句「南島魷魚回不回來，其實，已經沒那麼重要了。」[20]諷刺性十足；後者則從一艘船帶動多元海洋文化，如海洋國際研討會、海洋博覽會等，從船舶、到灣頭、到國際，正是湧動永續的力量。〈新種〉與〈沉樓〉二文，發現新種海豚在城市游動，於是街道泅游追尋新種海豚，以及水中沉樓的游訪，亦可對照解讀，破除岸上與海洋的界限。這座潛水時發現的沉樓，暗示的是「每個轉折處的恐懼與誘惑」，必須邁步，才能看見。[21]

而在《海童》中，除了提及島嶼東南角有「島村」與「海村」外，提及中山、中正碼頭，《大島小島》中虛擬卻仍容易使人對應現實的島嶼空間方位與地理名詞於此處多已隱形，只言島嶼、水下與船上。《海童》全書分為三章，以「雨天的海」、「陽光的海」及「起風的海」分章，以抒情之筆寫出海洋與自然、與生命的緊密相連。較之《大島小島》，《海童》的筆調更為舒緩，整體結構亦更流暢完整，這亦表現在空間名稱的使用，西青灘、北盾村、東苗中學或統府等名稱的隱去，似可使臺灣島及其政治生態的隱射淡化不少，卻無礙於島嶼的形塑與思考。海床錯綜的島嶼沿海、東岸斷崖、東濱海岸等，更以海流的旅行寫出海與島的關係，勾勒海島形貌：

> 當小海流做了選擇，他會習慣地伸長指頭，以他的波浪指頭，近切地觸摸著島嶼海岸通過這座島嶼。有時他撫摸的是狹窄的海峽，有時是開闊的海灣，有時是船隻密布的內海，有時是鹹淡水交匯的河口。有

---

20 廖鴻基：〈魷魚灘〉，《大島小島》（臺北：有鹿文化事業公司，2015年），頁253。

21 廖鴻基：〈沉樓〉，《大島小島》（臺北：有鹿文化事業公司，2015年），頁142。

時是柔軟的泥灘或沙灘，有時是顆粒圓潤的卵礫灘，有時是姿態強硬的岩礁海岸，有時是坑凹不定但五彩繽紛的珊瑚礁海岸。[22]

故此，《大島小島》中人類設立的「海洋基金會」，在《海童》中則成了海洋的擬喻。「刮陸造海海洋基金會」由海洋組成，沒有垂直的社會位階，宗旨是維持海域面積、海陸平衡，並且是「地球上最具代表性的軟實力團體」。[23]書中更有「海洋手術室」，暗示島民的畏水心態如患重症，唯有入海才能治療病體，並認為海洋能留下純淨、汰除醜惡。較之前書島嶼地景名稱的擬造，《海童》強化的是島嶼的生成歷史及特色。

《海童》中亦更著眼於人、船、島的互動辯證，如〈海人〉及〈船房〉。海人行船亦如船，上岸後仍習慣浮晃的土地，因而以方舟併組成海上家園，因而房子地板上有孔洞。「到底是地板還是甲板？」[24]船、島、家、王國本是一體的想像。架船為島、以房為船，空間的浮動，使《海童》中的島嶼形貌可大可小。雖則在〈航程〉中，擬造「門閉海峽」與「開門海峽」、「外鼎港」與「鼎邊港」，為的是說明每一次出航的心情：充滿不確定、冒險感，卻次次期待、次次驚奇。「海鼎造船廠」的存在，則是以造船比賽展現對海洋前景的思考，如何能「突圍航海界限」、「影響未來海陸關係」。[25]〈海阱〉一則，捕魚人設餌誘魚，最後自己差點落入海中陷阱。「海洋陷阱」，是誘引、是探索，在作者筆下也是封閉危機。因此，廖鴻基話鋒一轉：「這段狹窄的 U 槽小海灣，唯獨面海，才有出口。」[26]

《魚夢魚》故事始於新同學小于帶著他的魚背包，來到「歸瑜溪」河口近海處，縮入背包後成為一條魚，躍入溪水。比起《海童》，《魚夢魚》中又見地景名稱：〈桃花〉中的鳳凰岬、赤那鼻的岩礁海域、鳳角岬、巒偉灣及讀島等；輪廓最鮮明的則是邊角村，專屬漁場在邊角灣，村裡家家戶戶都有

22 廖鴻基：〈海流〉，《海童》（臺北：有鹿文化事業公司，2016年），頁52。

23 廖鴻基：〈海洋基金會〉，《海童》（臺北：有鹿文化事業公司，2016年），頁64。

24 廖鴻基：〈船房〉，《海童》（臺北：有鹿文化事業公司，2016年），頁106。

25 廖鴻基：〈造船〉，《海童》（臺北：有鹿文化事業公司，2016年），頁154。

26 廖鴻基：〈海阱〉，《海童》（臺北：有鹿文化事業公司，2016年），頁181。

魚形旗與魚形燈籠。人與海那麼近，阿料的家與學校僅隔一道海灣。書裡依舊有「床」與「船」的辯證，依舊有房間與海洋混同的想像，只是，《魚夢魚》一書透過小于的來去見聞，顯現的是愈加濃重的污濁與窒息感。因此，「大白漁魚診所」出的「改善漁撈」主意，竟是養殖魚過鹹水成「現撈仔」的舞弊行為；《大島》與《海童》所寫的「漁傳」、「愚傳」拚勢精神，在《魚夢魚》中反而成了自愚愚人的「愚業」。書末〈海陸之間〉一文，東灣舉辦的「鐵人超限賽」，更是全副武裝，駕駛坦克船，以擊魚作為競賽。

在海洋、河口與學校間，小于來去其間。「歸瑜」或是「鮭魚」的諧音，亦可是「歸於」。河口作為海陸分界，其狀態反映的是岸上人心，也是海洋生態。比起《大島小島》與《海童》，《魚夢魚》透過河口空間貫串各章，實也有著比以往更細膩、更務實的引渡，是對河海生態整體性的重申與重視。而學校，正是廖鴻基視為重要場域的存在，或許不全然是狹義的校園，更是「學習知識之地」，隱隱可見其對海洋教育的重視。有趣的是，《大島小島》、《海童》或《魚夢魚》，其島嶼地理空間的安排與名稱無論是隱是顯，多少能讓讀者思其與真實生活地景的連結呼應。但《魚夢魚》中，則直接指出奇萊鼻海域之名，這真實存在於島嶼的地名，正是廖鴻基在許多散文集中屢次提及的。奇萊鼻作為家鄉花蓮的地標，作為百合盛放之地，作為海底地形與洋流關係緊密的指標海岸，也經歷傾倒垃圾的污染與危害；在多半隱去地景真實名姓的海洋寓言中，奇萊鼻之名的出現，除可見此地標的重要性，亦可說是這座擬造之島終究指向現實。而這其實也是作者屢屢言說的，感於海浪魚夢，嘗試以不同文體書寫，或寓言或散文，然而海島是真實的，經驗與情感亦飽滿。

三　島嶼物種：紛繁想像，生態預言

廖鴻基遠航中寫下《漂島》，書裡或寫或畫夢中魚族，如穿了彩裙的鬼頭刀、有皮囊而無器官的袋鯊等，讀來惝恍迷離；而《大島小島》後，這些新物種則更具寓意。《大島小島》中，開篇細細描繪島嶼輪廓，並以「駝峰

綠殼龜」、「繁棘紅花海棠」來形容島嶼潮滿潮退時的不同樣貌。廖鴻基自創許多物種名稱，島嶼招牌菜「紅燒淇鰍魚」；潛水時發現的「喙蝦」、罕見的「青殼蟹蝦」；久未上船的海腳，不識「楔齒魚」；城裡來的老師不識「大頭闊嘴紅身黃尾雞魚」；還有「草海豚」、「樹型鯨」等。繽紛多元的動物圖景，或正可呼應廖鴻基在受訪時所言：

> 我覺得生物名字都是人給的，可是很多喜歡生態的人，都一直在強記那些名字。我反倒覺得名字是次要的，重要的是生物本身在告訴你甚麼，大自然以她的行為在告訴你甚麼。[27]

在物種新名外，《大島小島》中還有另一種想像，如以貓嗚聲引逗「我」開窗的「貓人」，似人似鳥似鷗，破除物種原有的分類。而人造海域中釣到的是有「假假的橡皮味」[28]的魚，閉縮的空間使魚隻頭尾蜷縮扭曲，魚群形體與習性的演化，暗示的正是島嶼社會與視野的演化。當然，書中也出現真實生活確有的物種名，如：虎鱠、鬼頭刀、雨傘旗魚，只是有些亦帶奇異色彩，如為求漁獲，船長以麵線行魚祭儀式，麵線散入海中竟化為鯧仔魚、鰇仔魚與苦蚵。或者不問其名，如〈春魚〉，這春來的魚苗游進海灣，擾動季節生息，帶來夏魚與秋魚，只因這是自然生機脈動的隱喻。

《海童》中，新物種名稱更是五花八門，銀亮方魚、牛努魚、寬額厚殼蟹、斑紅鼠魚、赤尾春魚、赤鰭禾魚、短尾晶鑽魚、冰柱玉昌魚、壽峰五線魚、黑皮粗鱗睡魚及疏齒阮及魚等，各有不同魚性，如：好戰的紅斑狼魚破壞魚缸中的生態平衡，或因手上帶有狗魚血腥味而被哈比狗魚死命糾纏。《海童》中也有如《大島小島》中〈春魚〉般的〈季魚〉描寫，同樣是等待，不同的是，這次春魚遲到，並甩尾離開，漁業生態的危機與憂患在作品中更加擴大。

---

27 李勇達：〈「啊，原來是這樣的一座島。」——專訪廖鴻基《大島小島》〉，《BIOS monthly》，2015年6月23日，網址：https://www.biosmonthly.com/article/6144，2023年5月20日更新。

28 廖鴻基：〈海牆〉，《大島小島》（臺北：有鹿文化事業公司，2015年），頁61。

　　此外，書中有錦葵鯨、土鯨、長髯鯨、豹海豚，成為造船靈感的獵鯨，人、鯨、船一體；更有稀有獵鯨的荒謬真相，竟是人類裝扮而成。出海尋找狼鯊，則是調侃陸地人對海洋的陌生、無知與訛附。草海豚再現，遭漁民追擊砍殺的草海豚，海豚寶寶死前奮力一喝，守護最後的尊嚴。且從《大島小島》的警戒離灣，到《海童》中的集體遷移，甚至上了岸，於山腰與人類相逢。面對人類的驅趕，草海豚只是望向海面上各種活動船隻，人類對海域的侵佔破壞盡在不言中。〈海童〉則同樣是人與鯨豚爭地的主題，兩隻粉紅色身軀、嬰孩頭、聲音如小孩嬉戲、可直立短跑的「海童」，常至偏僻河口玩耍。開發海階地的老闆出聲驅趕，海童竟回以吼叫聲震動天地，跳回海裡，自此沒跡。

　　在《海童》中，更有人、魚、海的混同，如郵輪日出上那發出持續音組竟然能與海洋脈動共鳴的長髯者，如〈釣魚〉中那總是能為「你」帶來漁獲的釣友，「水面上下，你們在一條釣線的兩端，同享漁獲之樂。」「我了解他，並且，順著他。」[29]那似人似神靈似鬼魅的存在，文末才恍然大悟：正是廖鴻基在早期散文中屢屢提及的「就伊」（順著他），伊是自然、是海洋。從岸上無所不聊到走入水裡繼續聊的兩個人，甚至，「他」和「你」之間，從「兩條吃掉對方的魚」而至「成為同一條魚」。[30]在〈我的魚〉、〈緣〉、〈回家〉及〈雙〉等篇中，皆可見水面上下的牽繫呼應，並寫道，航海多年返陸後的「你」，生活物事習慣成雙，「好像有個隱形人和你一起生活著。」[31]以生活空間的拓寬，道出海洋對心境的影響。

　　《魚夢魚》中，「魚各有其性情」、「人類往往不識魚性」仍是作者欲表達的，魚名有真有偽，有喜歡吞婚戒的不知名大魚，有以「巴利魚」作為漁撈祕密武器的船長，有喜歡被撫摸的「喵魚」，有喜歡討抱的「桃花章魚」，有會帶來另一尾魚、被伴侶遺棄時體色會轉為黯淡的「雙魚」。至於養「狗鯊」嚇阻好事者，雖是生活中養狗看家的化擬，卻也點出陌生人會被嚇跑往

---

29 廖鴻基：〈釣魚〉，《海童》（臺北：有鹿文化事業公司，2016年），頁39。

30 廖鴻基：〈緣〉，《海童》（臺北：有鹿文化事業公司，2016年），頁43。

31 廖鴻基：〈雙〉，《海童》（臺北：有鹿文化事業公司，2016年），頁49。

往是因為不瞭解狗鯊生性溫和。人與魚、水上水下的因緣牽連，在書裡化為赤那鼻下那隻紅衣大魚，唯有有緣人得見。總與岸上人數相呼應的「宰里魚」，原來是擅長模仿人類行為的魚種。漁獲全是苦鯛的倔伯，孤倔苦命人釣苦命鯛，亦可視為《大島》與《海童》中「人」與「魚」命定相連意識的呼應。廖鴻基更透過不同魚種的接連出現──「星斑河豚」、「琴鯛」與「平潮龜」，烏魚、黑皮旗魚與蝠魟，寫出河海交會處的生態平衡模式。

無奇不有之餘，作者亦透過魚種在時代中的汰除展露對漁業生態的慨嘆。是以，有不再為人所知的「筍鯛」，有像機械魚的「金甲」、「鐵甲」，身有天線操作的「碎花斑魚」，魚身竟長有硬質扣環的拼裝魚「替吾」。「假魚」、「毒魚」愈加顯影，意氣風發的「旺盛號」，炫示的鬼頭刀竟是可以折疊收納的假魚。更有趣的是，作家與時俱進，魚隻也走入虛擬世界，成為「史拜魷魚」。善於偽裝竊聽的史拜魷魚，滲透至家家戶戶獲取資訊，人們因而會接到各種投其所好的網路廣告。「魷魚間諜」似虛似實，以另一種姿態展現與生活的連結。

然而，我們仍可見作者以想像之筆凸顯對於海洋永續的思考，如〈再生〉裡的魚販，每天只賣三條「可永續補肉」的魚。廖鴻基甚至創發「鼓余紀」，說明「格子魚」與現代魚形的不同，由化石到飯店造型，讓魚以不同生命型態重返地面。此書關鍵媒介──小于的魚背包，則像是活生生的魚，有著靈活轉動的眼珠子，並常保溼潤光澤。寫魚，也夢魚；魚亦夢見魚。魚的變形反映在名稱、反映在形體、反映在夢境，也反映在彼我互動中。

無論《大島小島》、《海童》或《魚夢魚》，書中物種紛繁多元，這些生物以其存在傳達了作者的意念，或是人海的衝突與和諧，或是物種、物我的混同。故事中，不只是名稱的奇異，也常見作者對「越界」的刻劃。過去，「越界」是種海洋的呼喚與引逗，因而成為《來自深海》（1999）裡「來我的懷裡：當一條魚……」[32]的生命驅動力，也是《飛魚·百合》（2010）及《魚夢魚》中飛魚與百合、海與島一期一會的浪漫故事。而從「越界」到

---

32 廖鴻基：〈走不完的海灘路〉，《來自深海》（臺中：晨星出版公司，1999年），頁14。

「上岸」，如〈海童〉、如〈小于〉，在人我、陸海界限的思考外，也是對生態危機的預言。

結語

要言之，《大島小島》、《海童》及《魚夢魚》三書，可歸納出以下幾項特色：一、書寫策略上，皆為篇幅相似的故事，不選短篇或長篇小說形式，而採寓言，除可使主題較容易聚焦，亦呼應涵納紛繁的海島萬態。二、書寫結構上，三書各篇故事雖皆可獨立閱讀，然全書又具完整架構與命題，屬組合式寓言。其中，又以《魚夢魚》的首尾呼應性最強。三、書寫軸線上，透過夢或彩衣、魚背包等具體物象的引渡，破除觀看視角，穿梭海陸間。虛實兼用，使故事讀來更為精采，也可看出作者對於此文類的有意經營。四、書寫細節上，也是作者最值得稱道處，物種的描繪與想像之紛繁，使前述島嶼輪廓被填注完整的血肉，儼然自造島嶼。五、書寫意識上，擬造島嶼雖可看出作者在書寫文類上的用心與折變，卻也不能忽略作者擬造之島所指涉的現實。《大島小島》的影射稍嫌明顯，反映當時的政策與作者的不滿；《海童》與《魚夢魚》則較能節制，較著重於海島身世與形塑，使島與海本就緊密相依卻為島嶼子民所忽視的特質，得以被正視。此外，書中許多故事也有生態預言的效果，在人稱上，也顯現廖鴻基在抒情海洋與海洋教育間的自在穿梭及思考。

談廖鴻基在《大島小島》、《海童》及《魚夢魚》中擬造的島嶼，必然想起廖鴻基小說舊作《尋找一座島嶼》。這本短篇小說集中，篇幅最長的一篇即為〈尋找一座島嶼〉，這篇小說具強烈的自傳色彩，角落心性、拙於言詞的「大頭風」，在城市、在夢中、上山下海，反覆追尋島嶼、思索島嶼。賴芳伶曾如是評述：

> 他在1999《尋找一座島嶼》裡曾說：「島嶼是浮動、飄渺世界中唯一具象又穩定的目標。」⋯⋯事隔六年，同一篇文章修改之後，竟然有

如是的恍惚：「一波越過一波，再怎麼努力，也到不了天邊那座虛渺的島嶼。」生命情調反覆的肯定和否定，如同他海洋寫作波濤起伏的矛盾主調。[33]

然而，在看似否定的結局中，我們卻也應注意，大頭風尋找島嶼的過程，其實也正在建構島嶼；只是，這個建構從〈尋找一座島嶼〉中視船、鯨、島為一體，到《大島小島》、《海童》及《魚夢魚》中打造出更具體的島嶼形貌。這座作家打造的島嶼，雖指涉現實臺灣海島，卻以虛擬的地名、想像的生態群像，自成一座新島；並以夢等媒介引渡，使你、我、他得以登島，得以看見島嶼、思索島嶼。即便這座島嶼仍顯露作者的擔憂及預言，然而，從苦苦找尋到打造，仍可見作者書寫的轉變與用心。對比日後的海洋寓言，〈尋找一座島嶼〉中這些句子彷彿成為一種預示與伏筆：

> 每個人都有無數的夢。也許，夢就是你所說的一座座島嶼。……原來要尋找一座島嶼，必須先解釋一座島嶼。[34]

自我解釋是讓自己更相信自己，對他人解釋何謂島嶼，正是在構建屬於自己的島嶼觀點，且欲尋求、擴大認同。廖鴻基正是以這樣的信念，加以勤奮不懈的文體創作試探，因而有了《大島小島》、《海童》及《魚夢魚》這三部海洋寓言作品。

其中，應留意的不僅是引渡的航線、島嶼空間與生態群像，更該思考作者書寫的企圖。廖鴻基曾說：

> 我不在乎作品被如何分類，不喜歡自己被扣著小說或是散文的帽子，創作是自由的，能跨來跨去最好。[35]

---

33 賴芳伶：〈廖鴻基流動的海洋寫作〉，《文學詮釋新視野》（臺北：里仁書局，2014年），頁280。

34 廖鴻基：〈尋找一座島嶼〉，《尋找一座島嶼》（臺中：晨星出版公司，2005年），頁118。

35 同註27。

因其在意的是自身所欲表達的核心訴求，加以自認受海洋廣闊流動的特質影響，其思維、情感、書寫形式與行動等皆展現濡染之跡。受惠於海，還之於海，海洋素材在其作品中源源不絕，且在其擬造的非烏托邦、亦非惡托邦的島嶼裡，吾人可發覺作者的海洋生態觀點，已正視人類世對於海洋的影響甚鉅，在不可逆的影響中，能否展現另一種積極正向的作為，而非一味的隔絕遠避。故此，在《大島小島》中有倒立的燈塔，有「海邊基金會」，有《海童》中的「刮陸造海海洋基金會」，有「海鼎造船廠」「海鼎造盃造船大獎」設計理念來自獵鯨的「人鯨合體船」；亦有《魚夢魚》中的「讀島」活動，以及被小于帶回水裡的小虞，在吃與被吃間，超越岸上的思維與視角。這種積極正向的思考，反映在故事中，在海洋教育書籍《十六歲的海洋課》或報導人鯨情緣的《遇見花小香》（2019）等書中皆可見之。

黃宗慧探討「後自然」的意義時認為：「當自然與過去的自然不再相同、成為『不再是不容置疑的自然』之後，身為人類的我們該往哪去？能做什麼？」[36] 而海洋作為自然的重要存在，在不同於過去海洋環境的情況下，人類該如何接觸海洋，也是廖鴻基近作中反覆提及的。岸上紛擾，廖鴻基避走向海，深感海洋作為人類原鄉、自我宿世因緣的意義，由陸而海；卻也在海洋經驗中正視島與海密不可分的關係，往返海陸，並且從尋覓而至擬造。作者雖在九歌頒獎典禮上謙虛表示，沒想到自己老來轉寫小說能獲獎，然而吾人卻可見作家的用心用力，以及在此文所討論的三書中看見其思想意識的特色與折轉，恰可回應早年對於廖鴻基「文學性逐漸稀釋」[37] 的評論，在這些寓言嘗試中，文學味又漸濃。

雖然，這三書所呈現的島嶼，不免引人追問，究竟具體指涉何處？我們卻可以發現，比起過去的短篇小說集《山海小城》（2000），作者雖說該書可

---

36 黃宗慧：〈後自然之「後」／之後〉，吳瑪悧、范切斯科‧馬納克達（Francesco Manacorda）主編：《後自然：美術館作為一個生態系統》（臺北：臺北市立美術館，2019年），頁47。

37 吳明益：《以書寫解放自然：臺灣現代自然書寫的作家論》（新北：夏日出版，2012年），頁366。

視為臺灣全島各地故事，但書中描述的場景仍可見是以花蓮市及貫穿花蓮市
中心的美崙溪為原型，〈傷口〉及〈秋冬〉二文亦隱約可推知事件背景是美
崙溪的整治計畫。而來到《大島小島》、《海童》及《魚夢魚》，《大島》雖亦
可見作者對當時台灣島上某些政治現象的不滿，但在創造島嶼的過程，格局
卻更為開闊：

> 一開始打定主意要寫這本書的時候，我先在白紙上畫一個大島，就開
> 始規劃。它的山在哪裡，它有幾條路，它有幾個港，幾個沙灘，畫在
> 圖上把這些篇章一個一個放上去。[38]

這也正是《大島小島》、《海童》及《魚夢魚》中島嶼擬造的重要意義，更真
確地看見這座海之島、思考海島身世後，或將發為喟嘆：「啊，原來是這樣
的一座島。」[39]

---

38 同註27。

39 同註8，頁13。

參考文獻

一　專書篇章

李育霖：《擬造新地球：當代臺灣自然書寫》，臺北：國立臺灣大學出版中心，2015年。

吳明益：《以書寫解放自然：臺灣現代自然書寫的作家論》，臺北：夏日出版，2012年。

彼得・布魯克（Peter Brooker）著，王志弘、李根芳譯：《文化理論詞彙》，臺北：巨流圖書公司，2004年。

陳蒲清：《寓言文學理論、歷史與應用》，臺北：駱駝出版社，2001年。

黃宗慧：〈後自然之「後」／之後〉，吳瑪悧、范切斯科・馬納克達（Francesco Manacorda）主編：《後自然：美術館作為一個生態系統》，臺北：臺北市立美術館，2019年。

楊富閔：〈序：與小說共存的一年〉，楊富閔主編：《九歌111年小說選》，臺北：九歌出版社，2023年。

廖鴻基：《來自深海》，臺中：晨星出版公司，1999年。

廖鴻基：《尋找一座島嶼》，臺中：晨星出版公司，2005年。

廖鴻基：《大島小島》，臺北：有鹿文化事業公司，2015年。

廖鴻基：《海童：一本漂流的想像誌》，臺北：有鹿文化事業公司，2016年。

廖鴻基：《魚夢魚：阿料的魚故事》，臺北：有鹿文化事業公司，2022年。

賴芳伶：〈序：遠航似在人世裡如煙隱去〉，廖鴻基：《漂島》，新北：印刻文學出版公司，2003年。

賴芳伶：〈廖鴻基流動的海洋寫作〉，《文學詮釋新視野》，臺北：里仁書局，2014年。

蕭義玲：〈推薦序：魚思夢想〉，廖鴻基：《魚夢魚：阿料的魚故事》，臺北：有鹿文化事業公司，2022年。

二　網站

王威智：〈我們的島與海—廖鴻基談《大島小島》〉，《自由時報・自由副刊》，
　　　　2015年7月8日，網址：https://ent.ltn.com.tw/news/paper/895994，
　　　　2023年5月19日更新。

李勇達：〈「啊，原來是這樣的一座島。」──專訪廖鴻基《大島小島》〉，
　　　　《BIOS monthly》，2015年6月23日，網址：https://www.biosmonthly.
　　　　com/article/6144，2023年5月20日更新。

朱仕玠詩歌中對臺灣海域的印象

陳英木[*]

摘要

　　朱仕玠在清乾隆年間擔任鳳山縣教諭,他於臺灣生活時期並不長,約莫年餘即丁母憂回鄉。朱仕玠在臺期間著有《小琉球漫誌》書,此書的文學價值雖不及郁永河的《裨海紀遊》和黃叔璥的《臺海使槎錄》,然書中有關山川景物、草木蟲魚鳥獸,乃至於人民生活情況、語言交流都有著詳盡的紀錄。特別的是在《小琉球漫誌》中有著許多對海洋和港灣觀察體驗的詩歌創作,他的詩歌造詣在當時是頗受讚賞的,如沈德潛、黃叔璥皆對其有所肯定。他在《小琉球漫誌》中的詩歌創作集中在〈泛海紀程〉、〈海東紀勝〉、〈瀛涯漁唱〉等篇章中。今施懿琳所編的《全臺詩》將朱仕玠《小琉球漫誌》中的詩作收錄於第二冊中,《全臺詩》另參考連橫《臺灣詩乘》、陳漢光《臺灣詩錄》、王瑛曾《重修鳳山縣志》等書中的收錄,編輯朱仕玠有關臺灣的詩作。綜觀朱仕玠所作詩歌,有一大主題是他親歷海洋的感悟,或描寫渡海來臺的險厄,或敘述島嶼所在的海洋位置,或到港灣眺望景致,或聽潮聲觀舟船往來,凡此種種,皆是朱仕玠對臺灣周遭海域的產生的特殊印象。名作如〈澄臺觀海〉、〈小琉球朝霞〉、〈海中觀日出〉、〈瑯嬌聽潮〉等,從這些詩作中,可以發覺,清代文人渡海來臺,對臺灣海域的觀照角度與聯想,海洋的壯闊景象,不僅激發詩人賞鑑的目光,也引起他對生活之思索。

關鍵字:朱仕玠、《小琉球漫誌》、海洋詩歌、海域印象、生活思索

---

* 國立高雄師範大學國文學系博士候選人。

Impressions of Taiwan Sea Areas in Zhu Shijie's Poems

Chen, Ying-Mu[*]

Abstract

Zhu ShiJie served as a teacher in Fengshan County during the Qianlong period of the Qing Dynasty. He did not live in Taiwan for a long time, and after about a year, he returned to his hometown because of his mother's death.During his stay in Taiwan, Zhu ShiJie wrote the book *Liouciou essay*. Although the literary value of this book is not as good as Yu Yonghe's *Pi Hai Journey* and Huang Shuzhen's *Taiwan Envoy Record*, the book is about mountains and rivers, vegetation, insects, fish and birds. Animals, and even people's living conditions and language exchanges have detailed records. In particular, in *Liouciou essay*, there are many poetry creations about the observation experience of the ocean and harbor. His poetic attainments were highly appreciated at that time, such as Shen Deqian and Huang Shulin all affirmed him. His poetry creation in *Liouciou essay* is concentrated in chapters such as "Fanhai Jicheng", "Haidong Jisheng" and "Yingya Fishing Song". Today's *Quantai Poetry* edited by Shi Yilin includes Zhu Shijie's poems in *Little Liuqiu Manzhi* in the second volume. Wang Ying once included *Rebuilding Fengshan County Chronicles* and other books, and edited Zhu Shijie's poems about Taiwan. Looking at Zhu Shijie's poems, one of the main

---

[*] PhD candidate, Department of Chinese, National Kaohsiung Normal University.

themes is his perception of the ocean, or describing the dangers of crossing the sea to Taiwan, or describing the location of the island in the ocean, or looking at the scenery in the harbor, or listening to the sound of the tide and watching the boats, are all Zhu ShiJie's special impressions of the waters around Taiwan. Famous works such as "Chengtai Viewing the Sea", "Xiaoliuqiu Morning Glow", "Viewing the Sunrise in the Sea", "Langjiao Listening to the Tide", etc. From these poems, we can find that the literati in the Qing Dynasty came to Taiwan from the sea and observed the waters of Taiwan. Angles and associations, and the magnificent scene of the ocean not only arouse the poet's appreciation, but also arouse his thinking about life.

Keywords: Zhu Shijie, *Liouciou essay*, Marine poetry, Impressions of sea areas, Thoughts on life

一　前言

朱仕玠（約1712-1773年），字璧豐，號筠園，福建邵武建寧人，他出生於康熙年間，活躍於乾隆時代，學問淵博，通經史百家之書，以詩歌聞名於世，其弟仕琇曾讚其詩：「以奇逸之氣，詼諧縱恣，旁溢雜出，為怪巧瑰琦，用盡歷代文體。」[1] 朱仕琇亦是當時著名文學家[2]，以古文名時，從家人與作家的角度來說，他對其兄詩歌的品評應是允當的。

朱仕玠雖才華過人然其仕途卻是顛簸不安，他是乾隆十八年（1753年）貢生，屢試不第，其詩作〈醉歌〉曾云：「我生四十尚未仕，不如細點黃鵪子。安得天河從挹注，倒瀉滄溟九萬里。陋彼澮溝流，漾漾乘小舟……古人思得壯士挽力車，壯士力若不能挽。瞥見日車遠在西，海之西涯於忽乎，空咨嗟。」[3] 詩歌流露年紀老大卻一事無成的感慨，杜甫〈洗兵馬〉有「壯士挽天河」之說，朱仕玠則以「壯士挽力車」來說明自我的雄心壯志無處可用的無奈。朱其後年過四十方由明經科任福建德化教諭，教諭是地方負責儒學教導的小官，以其才志來說實是大材小用，

乾隆二十八年（1763年）調任鳳山縣教諭，然而，他在臺灣所待時間不長，次年即丁母憂解職回鄉。之所以調任鳳山縣教諭之因是福建按察使朱珪所推薦，朱仕玠《小琉球漫誌》說：「予調任鳳山，寔由順天石君朱公向制府推激。予以母老辭，繼感公言不獲辭也。」[4] 朱仕玠願意遠赴波濤之處任

1　〔清〕朱仕玠：《谿音》，收入《清代詩文集彙編》（上海：上海古籍出版社，2010年），第317冊，頁124，〈序〉。

2　《清史列傳‧文苑傳》記載：「朱仕琇，字梅崖，福建建寧人。年十五，補諸生，博通經傳諸子。」「（朱仕玠）幼敏慧，通經史百家，與弟仕琇相切劘。」切劘，是相互砥礪之意。能見得朱仕玠與朱仕琇都是以經濟學問自許，並且相互支持。不著撰人，王鍾翰點校：《清史列傳》（北京：中華書局，2005年），頁5895。

3　〔清〕朱仕玠：《谿音》，收入《清代詩文集彙編》（上海：上海古籍出版社，2010年），第317冊，頁135。

4　〔清〕朱仕玠撰，臺灣銀行經濟研究室編：《小琉球漫誌‧海東記勝（下）》，收入《臺灣文獻叢刊‧第一輯》（臺北：眾文圖書公司，1979年），頁26。

官，除感謝朱珪恩遇外，另一原因是來臺任職三年可以升職，故而朱仕玠來臺任官實是身不由己，情勢所使然，朱仕玠詩作〈上朱臬憲五十韻〉亦交代了此事經過：「苑囿遊驪虞，草木遂萌坼。雲霄下仙鶴，凡禽整毛翮。朱公來甌閩，橫目競修飭。……淺材本樗櫟，蕪沒甘榛棘。量移滄海東，公寔汲引邷。顧念母篤老，未敢身遠適。荷公言覼縷，浩浩輸胸臆。……未可眷私恩，遽爾就家食。忠言撼肝肺，勉力赴行役。」[5]而其「教諭」執掌，依《清史稿・職官志》所敘是：「儒學……訓導、縣教諭，正八品；訓導俱各一人。教授、學正、教諭，掌訓迪學校生徒課藝業勤惰，評品行優劣，以聽於學政，訓導佐之。」[6]工作內容屬於學官，是僅次於鳳山縣令的位階，負責人才品評，選拔學生入孔廟就學的資格，是職責較輕的官職，因而有較多時間能巡覽土地名勝[7]。

有關朱仕玠的相關研究與敘述，多集中於他至鳳山任教諭時的臺灣遊覽經驗研究，如成功大學趙家欣碩士論文《朱仕玠及其《小琉球漫誌》研究》[8]，探討《小琉球漫誌》的文獻內容與價值、限制，除分析朱仕玠的臺地經驗外，也對《小琉球漫誌》中有關物產和風俗的情形進行解讀；謝崇耀所著《清代臺灣宦遊文學研究》，立一章節名為「漁樵淺唱朱仕玠」，將《小琉球漫誌》分為三類別介紹，分別是至臺時所見所聞，詩集，以及誌述筆記[9]；同為謝崇耀著的《月映海內灣──清領時期的宦遊文學》，以一節的篇幅書寫「蟄隱鳳山沉吟的朱仕玠」，將其歸類為清領第二期的宦遊文學，略述

5　施懿琳等編撰：《全臺詩》（臺北：遠流出版事業公司，2004年），第2冊，頁390-391。

6　趙爾巽等撰，楊家駱主編：《楊校標點本清史稿》（臺北：鼎文書局，1981年），頁3358。

7　謝崇耀《清代臺灣宦遊文學研究》：「在宦遊臺灣的文人中，身居文職且職責較輕的臺灣府與各縣教諭、教授、訓導等一直是文本創作的大宗來源，從早期的林謙光、到上文所言的董天工、朱仕玠等人皆是明顯的例子。」見氏著：《清代臺灣宦遊文學研究》（臺北：蘭臺出版社，2002年），頁220。

8　趙家欣：《朱仕玠及其《小琉球漫誌》研究》（臺南：國立成功大學中國文學系碩士論文，2015年）。

9　謝崇耀：《清代臺灣宦遊文學研究》，頁195-210。

《小琉球漫誌》中的〈海東紀勝〉和〈海東贅語〉的特色[10]；黃美玲著《明清時期臺灣遊記研究》則有「南臺灣風土實錄——朱仕玠《小琉球漫誌》」一節，針對風土記勝和誌異筆記論述，肯定其著作對南臺灣文化的貢獻[11]。這些研究都說明朱仕玠的《小琉球漫誌》是有著極大的歷史地理文獻價值的，然而對於朱仕玠擅長的詩作，卻較少論述，如楊正寬的《臺灣古典旅遊文學與文獻》在「詩的旅遊作家與作品中」根據臺灣文獻叢書列出清代作家與作品表，表列一百一十位詩人[12]，卻未有朱仕玠。實則朱仕玠專業於詩，《清史列傳》說他的詩作「沈德潛見其存稾，許為得選詩神理。黃叔琳、方苞、張鵬翀皆一見推許。叔琳嘗曰：『王士禎沒後，不見此調久矣。』」[13]他的詩作是受到藝文界多所認可的，他另有《谿音》、《音別》、《筠園詩稾》、《和陶》、《和紅蕉山房詩錄》、《鴻雁集》等有關詩歌諸著作，故而其詩歌是擁有一定研究價值的。若以《全臺詩》收錄詩作來說，經筆者統計共有一百七十七首[14]，是詩歌創作的名家，而這當中有關臺灣海域印象的詩歌，內容在描述渡海情形、海洋地理和觀海景象等方面多有所觸及，從〈海中觀日出〉、〈海中見澎湖島以無風不能至〉、……至於〈小琉球朝霞〉、〈雞籠山〉、〈西嶼落霞〉、〈斐亭聽濤〉約有四、五十首詩作，有關海洋的書寫主題散見於這些詩歌中，或結合港灣景致，或描述舟船所見，或懷想歷史，這些詩作生動的描述了當時臺灣海域的自然景象和人文活動，從題材選擇和內容敘述來看，對朱仕玠有關於臺灣海域的詩歌書寫進行分析，應能歸納出當時至臺文人對於海洋的觀照特色，當遠離大陸故鄉的文人遠渡海峽到陌生之地，首先面對的便是一望無際的汪洋，這必然給予他們的眼界和心緒極大的衝擊。

---

10 謝崇耀：《月映海內灣——清領時期的宦遊文學》（臺南：國立臺灣文學館，2011年），頁110-116。

11 黃美玲：《明清時期臺灣遊記研究》（臺北：文津出版社，2012年），頁181-205。

12 楊正寬：《臺灣古典旅遊文學與文獻》（新北：揚智文化事業公司，2022年），頁213-223。

13 不著撰人，王鍾翰點校：《清史列傳》，頁5896。

14 施懿琳等編撰：《全臺詩》，第2冊，頁377-419。

有關清代文人渡海來臺的著作相關研究參考，如陳家煌發表於《史匯》的〈從《赤崁集》看孫元衡任職臺灣海防同知的處境與心境〉[15]，探討孫元衡任職海防同知，將日常生活所見吟詠成詩，因職務關係，作品所表現的特殊視角是極有意義的，此篇論文可作為清代文人因身分和地域轉變下心境轉折書寫的重要參照。孫元衡於臺灣所待時間約四年左右，且有專著《赤崁集》記敘臺灣風物，陳家煌另篇論文〈論孫元衡及其《赤崁集》〉，發表於《漢學研究》[16]，更詳細的闡述他抵臺之前後詩歌中的心緒變化，由畏懼至於安然，這與朱仕玠的心情有相類似之處。

而吳毓琪〈論孫元衡《赤崁集》之海洋意象〉[17]，則更深一層針對孫元衡海洋為主題的作品進行意象的聯想探究，吳毓琪另外和施懿琳合著〈康熙年間臺灣宦遊詩人的情志體驗探討〉[18]，此篇論文分析康熙年間渡海來臺文人的遊臺體驗，對於大陸來臺文人的心緒有大略的論述。

直接對於文人觀海引發的興趣書寫研究，有李知灝的〈清代臺灣賦作海洋書寫中的神怪想像：以《全臺賦》為研究中心〉[19]，以及〈權力、視域與臺江海面的交疊——清代臺灣府城官紳「登臺觀海」詩作中的人地感興〉[20]等篇章，無論是想像或感興，皆是因情繫於海而由之，見得當時渡海文人的確是將大海作為一主體性抒情對象來理解的。特殊的研究，如以比較的觀點

15 陳家煌：〈從《赤崁集》看孫元衡任職臺灣海防同知的處境與心境〉，《史匯》第19期（2016年6月），頁1-28。

16 陳家煌：〈論孫元衡及其《赤崁集》〉，《漢學研究》第23卷第2期（2005年12月），頁289-320。

17 吳毓琪：〈論孫元衡《赤崁集》之海洋意象〉，《文學臺灣》第43卷（2002年7月），頁151-163。

18 吳毓琪、施懿琳：〈康熙年間臺灣宦遊詩人的情志體驗探討〉，《臺灣文學研究學報》第5期（2007年10月），頁9-33。

19 李知灝：〈清代臺灣賦作海洋書寫中的神怪想像：以《全臺賦》為研究中心〉，《臺灣古典文學研究集刊》第3期（2010年6月），頁197-218。

20 李知灝：〈權力、視域與臺江海面的交疊——清代臺灣府城官紳「登臺觀海」詩作中的人地感興〉，《臺灣文學研究學報》第10期（2010年4月），頁9-43。

進行遊宦文人與本土文人研究的論述有許惠玟的〈李逢時生平交遊及其《泰階詩稿》初探〉[21]，作者分析清朝宜蘭本土文人李逢時與當時宦遊至臺文人（如周恆甫、王修業、洪熙恬等人）以及本土文人的酬唱差異，說明詩人的生命歷程因之建構；又如氏著〈清代臺灣詩中儒學傳承與文昌信仰的關係〉[22]，從幾位來臺的遊宦人士對於「魁星信仰」的特別記述，凸顯出臺灣本地信仰的特殊性，這些差異性，正是來臺文人思想與臺灣在地形成衝突與融合的情狀。上述相關清代文人渡海來臺的各面向研究，均可作為研究清代文人來臺單一個案的研究基礎，例如以孫元衡的官職和朱仕玠相較，孫元衡有著「簿書填委道心孤」的感慨，工作繁忙之餘也畏懼著臺灣可能發生動亂[23]，這是朱仕玠不會有的心境。研討會相關研究上，由中山大學文學院於二〇一〇年主辦的海洋文化學術研討會，出版論文集《多重視野的人文海洋：海洋文化學術研討會論文集》[24]，其中有三篇論述能直接做先行研究之參考：陳家煌〈孫元衡《赤嵌集》中的海洋印象〉、李知灝〈鮫鯨宮闕龍伯國——清代游宦文人對臺海的空間想像與渡海書寫〉、吳毓琪〈康熙時期臺灣宦遊詩人對海洋空間的體驗、感知與審美〉[25]，三篇文章分述康熙時期最負盛名的宦遊詩人孫元衡渡海來臺任官後詩歌中對旅途及臺灣附近海域的印象和來臺的游宦文人如何理解詮釋臺灣海峽的現象，以及宦遊詩人對臺灣海洋如何以抽象的感知來表達自我的思索。這些篇章論述與朱仕玠的時代和體驗是密切相關的。

根據施懿琳、廖美玉主編的《臺灣古典大事年表・明清篇》，朱仕玠於

---

21 許惠玟：〈李逢時生平交遊及其《泰階詩稿》初探〉，《東海大學文學院學報》第48卷（2007年7月），頁139-180。

22 許惠玟：〈清代臺灣詩中儒學傳承與文昌信仰的關係〉，《東海大學文學院學報》第46卷（2005年7月），頁95-120。

23 陳家煌：〈論孫元衡及其《赤嵌集》〉，頁316。

24 林慶勳主編：《多重視野的人文海洋：海洋文化學術研討會論文集》（高雄：國立中山大學文學院，2010年）。

25 林慶勳主編：《多重視野的人文海洋：海洋文化學術研討會論文集》，頁35-125。

乾隆二十八年六月調任鳳山教諭，乾隆二十九年四月即丁母憂回籍[26]。不到
一年的時間中，朱仕玠卻能創作出許多與臺灣地理和海域密切相關的詩歌，
這應是詩人對環境的敏感性感知所然，其中必然聚焦著作者對重大環境改變
的情思，臺灣海域在他詩歌中的呈現，一方面能見到居內地的文人對大海的
印象，另方面則可見其心緒的轉變和關注之所在。以下根據《全臺詩》試將
朱仕玠有關臺灣海域的重要書寫詩歌，分詩題、詩旨和相關地理位址及作者
心緒表列如下：

詩 題	詩 旨	臺灣相關地理	作者心緒
〈小擔嶼放洋〉	出海景況描述	金門	感嘆無奈
〈海中觀日出〉	渡海見日出	臺灣海峽	感嘆勞苦
〈海中見澎湖島以無風不能至〉	見澎湖島於海上過夜	臺灣海峽 澎湖	感嘆平靜
〈澎湖〉	澎湖地理形勢	澎湖	思古期待
〈由黑水溝夜泛小洋〉	渡海的險惡情況	臺灣海峽	憂傷驚怖
〈鹿耳門〉	鹿耳門的形勢險峻	臺南安南	驚懼思古
〈鹿耳門潮聲〉	潮水的流向	臺南安南	思古體恤
〈七鯤身〉	地理形勢	臺南	思古勸誡
〈鯤身漁火〉	地理形勢	臺南中西區	客觀白描
〈內河〉	渡過洶湧內河臨近臺灣府	臺南臺江內海	驚恐憂慮愉悅
〈臺灣府〉	臺灣山海地理綜述	臺南中西區	感嘆疑惑
〈安平鎮〉	安平地理歷史	臺南安平區	思古愉悅
〈赤嵌城〉	赤嵌地理歷史	臺南中西區	思古讚頌

（續表）

---

26 施懿琳、廖美玉主編：《臺灣古典大事年表·明清篇》（臺北：里仁書局，2008年），頁
　210-211。

詩 題	詩 旨	臺灣相關地理	作者心緒
〈澄臺觀海〉	登臺望海有所思	臺南中西區	疑惑感嘆
〈宜亭〉之一	靜坐觀海有所思	臺南中西區	愜意期盼
〈登朝天臺〉	登臺望海有所思	臺南	懷鄉感嘆
〈暗洋〉	傳聞臺海無人島之事	不詳	悲傷疑惑
〈鳳山春雨〉	春雨聯想大海	高雄鳳山	寂寞
〈登龜山憶家〉	登山看海思鄉	高雄左營	懷鄉憂愁
〈瑯嬌聽潮〉	聽山外浪濤聲	屏東	振作愉悅
〈淡溪月夜〉	溪邊望海觀月的聯想	下淡水溪（高屏溪）	疑惑愉悅
〈打鼓山〉	打鼓地理歷史	高雄鼓山壽山	思古憂傷
〈萬丹港〉	萬丹港口景物	高雄左營	客觀白描
〈岡山樹色〉	海邊樹木奇景	高雄岡山	驚嘆
〈初至鳳山即訪小琉球所在以海道險阻不能至〉	隔海遠望小琉球因狂風而不能至	高雄鳳山、屏東東港	欣喜惋惜
〈小琉球朝霞〉	早晨遠望小琉球	屏東東港	驚喜
〈雞籠山〉	對臺灣和雞籠地理氣候的描寫	基隆市	期盼想像
〈渡安平〉	安平渡口所見	臺南安平區	平靜
〈安平晚渡〉	安平渡口所見	臺南安平區	憂愁
〈沙鯤漁火〉	漁人泊港，往來不懼波濤	不詳	客觀白描
〈鹿耳春潮〉	潮水奔流景象	不詳	思古愉悅
〈東溟曉日〉	海上日出景象	不詳	驚嘆
〈西嶼落霞〉	秋晚海上日落	不詳	白描想像
〈斐亭聽濤〉	寒夜聽濤聲有感	不詳	白描想像

由表列可知，朱仕玠相關的海洋印象書寫集中於臺南、高雄一帶，這與他任鳳山教諭得地理之便有關。他從大陸至臺灣府的一段海上行程的詩歌敘述，能夠發覺他對洶湧的海洋波濤是有著不可知的畏懼之感的，這種畏懼之感即使到了臺灣，仍有蔓延發展的趨勢，詩人對海洋自然景物的驚嘆是與他的身世之感相繫連的，思古與想像之情，或許是詩人紓解自身憂慮的方式，因而在海洋書寫上，是有著時代與個人特色的。

　　另外需注意的是〈沙鯤漁火〉、〈鹿耳春潮〉、〈東溟曉日〉、〈西嶼落霞〉、〈斐亭聽濤〉五首有提及海洋內容的詩歌，收於朱仕玠《臺陽八景》詩名下，這實是當時文人所流行的《臺灣八景》組詩[27]，《清代臺灣宦遊文學研究》說：「高拱乾所著的『臺灣八景詩』則是最早的臺灣八景詩，後起仿效者甚眾，並且進而孳生『鳳山八景』『諸羅八景』『彰化八景』『恆春八景』……幾乎成為有清一代臺灣詩壇的主流。」[28]這些詩作極有可能是朱仕玠在同題競作的風氣下結合所見所聯想完成，有可能非完全是實際體驗。下圖二是參考《臺灣古典詩》系統所繪製的朱仕玠至臺路線示意圖，與當時其他文人如高拱乾、郁永河、黃叔璥等人相較，朱的遊歷僅侷限在幾地，他待臺時間亦極短，但卻留下《小琉球漫誌》這樣專門的遊覽臺灣之作，他在臺灣海洋文學上具有足夠的時代代表性，這是因為他所歷的地點都有著人文和歷史的積澱，他所觀照和描述的海域萬象，自然也是有著群體的象徵意義。

---

27 朱仕玠的《臺陽八景》組詩收入余文儀《續修臺灣府志・藝文》篇。〔清〕余文儀：《續修臺灣府志》，收入《臺灣文獻史料叢刊・第一輯》（臺北：臺灣大通書局，1984年），頁974-976。是書亦收錄其他詩人相關《臺灣八景》（或云臺陽八景）詩作，如余延良之作（頁972-974）、覺羅四明之作（頁959-961）、立柱（頁954）、錢琦（頁952-954）、莊年（頁922-924）。當時至臺的文人，似乎沒寫作相關八景詩，就跟不上潮流，這是文學風氣使然。

28 謝崇耀：《清代臺灣宦遊文學研究》，頁37。

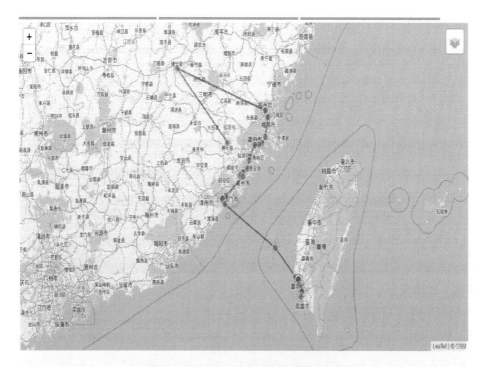

圖二　朱仕玠人生經歷歷程圖

資料來源：《臺灣古典詩》系統，國立臺灣文學館與國立成功大學版權所有[29]。

二　海域位置的觀照

　　朱仕玠詩歌中有關臺灣的海洋書寫，主要是他親身經歷與觀察所得，雖無今日的地理知識作支撐，但其描述海域與地理位置的語句多是準確的，對於空間景觀的營造是他詩歌寫作的一項特色。由所見的景物位置敘述，可以發現視角的轉換對詩人來說，書寫呈現的自然之美有著千迴百轉的妙境，如是的藝術構思是從作家從現實世界出發結合理想世界，所產生的文學氣象。

29　國立臺灣文學館、國立成功大學「臺灣古典詩」網站，網址：https://taiwanpoem.insowe.
　　com/gis.html?poet=67+%E6%9C%B1%E4%BB%95%E7%8E%A0，檢索日期：2023年5
　　月19日。

此種造訪地理空間而產生的文學，是傳統詩人壯遊之下所擴展的生活境界，就海洋而言，詩人的敘寫造就所謂的「人文海洋」，「將自然的海洋賦予人文意涵，深化文化意境，探索人文與自然的對話、人與海洋之間的互動、衝突與矛盾，以達到深化海洋文化內涵與提升海洋人文價值之目的」[30]。而海洋相關的書寫是最需要相觀景物來協助靈感觸發的，畢竟一片汪洋，能下筆的方向有限，必須要有聯想力的衍伸和視野的轉換才能完成作品。朱仕玠〈臺灣府〉：

> 海中望臺山，山形倏明滅。合沓乘風潮，閩然臨巘薛。自從鑿混沌，
> 狖猱狔喍齧。安知萬禩後，冠裳儼森列。南北千里餘，竹木青轇輵。
> 相傳雞籠陰，猶有太古雪。海流日砰訇，海巇長屼嵲。野鶴適何來，
> 拚飛忩寥泬。[31]

詩人從海中觀照臺灣，遙望向島嶼，緬想上古時期野獸（狖猱）橫行，經過萬年的開化後，方有人文活動，接續作者由南北俯瞰全島的角度敘寫臺島特色，廣闊深遠的林木籠罩全島，雞籠北方山上據說有著千年不化的積雪，海流衝擊海岸發出巨大聲響（砰訇），海邊的山巖森然聳立，而野鶴不知從哪飛來，在空曠的天空恣意飛翔。詩作有遠視、仰望，想像的俯瞰等視角，對詩人來說，從海中望向臺灣的印象是南北綿長，海流洶湧，海岸壁立，而雞籠附近山勢極其高峻，山頭皚皚，像是臺灣的特出標幟。朱仕玠所描述的臺島形勢和郁永河《臺灣竹枝詞・第十二首》所述：「臺灣西向俯汪洋，東望層巒千里長。一片平沙皆沃土，誰為長慮教耕桑。」[32]有著異曲同工之妙，但一是由海望臺，一是由臺望海，角度的不同，就形塑了意趣迥異的詩意。以下試由角度敘寫的不同，略述朱仕玠對臺灣海域景象的書寫方式。

---

30 林慶勳主編：《多重視野的人文海洋：海洋文化學術研討會論文集》，頁ii，〈序〉。
31 施懿琳等編撰：《全臺詩》，第2冊，頁384。
32 施懿琳等編撰：《全臺詩》，第1冊，頁226。

（一）俯瞰：全知的視角

　　俯瞰的敘寫角度是一種全知的視角，當然事實上在當時是無法真確擁有這樣的視野的，因是詩人所描摹的往往僅是印象中的全知，而非事實上的觀照，但亦能從中明白臺灣海域給予當時文人們的籠統印象為何。所謂全知的視角，在敘事學中是非聚焦的，「這是一種傳統的，無所不知的視角類型，敘述者可以從所有的角度觀察被敘述的故事，並且任意從一個位置移向另一個位置」[33]試運用在詩歌中，即是景物、活動、史事的統合觀照，朱仕玠〈臺灣府〉即是一例，所形成的效果是橫跨時空限制的，《文心雕龍・神思》中的「寂然凝慮，思接千載，悄然動容，視通萬里」[34]便是在說明作家思維的如是運作。〈小擔嶼放洋〉：「遊子類飛蓬，飄飄臨海界。長颸維百尺，忽與滄溟會。大塊杜德機，蘊氣不復噎。神物酣蟠睡，意快脫柙械。茫茫尾閭泄，淼淼萬川瀯。安從測海深，祇益驚天大。」[35]海洋的深廣是無法測量的，朱仕玠從小擔嶼渡海往澎湖時，他所看到的是長風百尺與海水相聚合的壯闊景象，這讓他聯想起海洋的遼闊無涯，大海是萬川所匯，自然的浩大是令人詫異的，因而在描寫廣大的海域時，全知俯瞰的層次，往往是詩人無法省略的面向，這是詩人以立體觀照方式來寫景的傳統手法。

　　朱仕玠〈打鼓山〉：

> 鼓山邑右輔，百里見尻骨。猙狀類孤羆，修腳踏漲渤。茲地萃舟航，宄黠時出沒。道乾昔敗衂，衄船漬番血。誰為覼縷傳，毋乃涉荒忽。森森樸材欹，營伍樵蘇窟。代期三年瓜，口糧隨月撥。猛性闞虎哮，賴此朝夕活。居民懾乳羊，腰鐮不敢越。將軍巡哨堡，清笳暮幽咽。[36]

---

33 此視角又稱「上帝的眼睛」。胡亞敏：《敘事學》（武漢：華中師範大學出版社，2004年），頁25。

34 〔南朝梁〕劉勰著，范文瀾註：《文心雕龍註》（北京：人民文學出版社，1958年），頁493。

35 施懿琳等編撰：《全臺詩》，第2冊，頁380-381。

36 施懿琳等編撰：《全臺詩》，第2冊，頁394。

詩歌敘寫鼓山港灣的交通重要，是舟航行駛的必經之地，而海盜利用此點，時常出沒，劫取商船人民，據說海盜林道乾戰敗時曾經此處，後經清軍戡亂，平定盜匪，駐守於此。打鼓山的茂密林木是士兵們樵蘇的資源，居民們畏懼士兵不敢靠近，每當將軍於黃昏巡視碉堡時，都會傳出憂傷的笳聲。透過朱仕玠以俯瞰的角度來敘述，我們能知道在當時打鼓山的港灣是海防要地，形勢險峻，且得以受重視的原因是曾有海賊出沒，以是得知，鼓山港灣的潮浪的力量是足資船舶棲泊和航行遠方的，是位置與條件兼具的良港。詩歌雖未直接描述海洋，但從舟船出沒可知，此處的海洋景象，定是風波兼具的。

　　另首詩作亦以山名為詩，亦未直敘海洋，然描述了水域匯集的壯盛之狀，詩作〈雞籠山〉：

> 維水之所歸，星辰恣蕩瀁。大地一巨島，矧茲千里凸。要之南北殊，
> 亦有寒燠別。雞籠北境盡，聞有照海雪。未隨瘴銷鎔，長留寒凜冽。
> 蛟鼉凍踡縮，魍魎避澄澈。溯初纏世網，靈臺漸磨滅。催迫義車奔，
> 昏迷斗柄幹。百年音過耳，一逝箭離筈。家山當嚴冬，皚皚沁肌骨。
> 冷逼町睡隘，僵臥扃關閉。可憐堆瓊瑤，烏能旋甓甓。何如溟漲開，
> 浩蕩霏玉屑。風姨快展布，滕六逞澆潑。氣侵凝碧宮，光射瀛洲闥。
> 願賚濟勝具，跣踏萬壑潔。目睛刮翳障，臟腑洗污涅。剖開蒂芥胸，
> 還納團團月。丹田沃神泉，天鼓叩清越。安期挹咫尺，木公許參謁。
> 刀圭一朝授，羽翼生俄忽。上乘萬里風，振迅鬢鬆髮。遨遊蔚藍天，
> 金殿蹻雌蜺。玉女笑投壺，人寰驚列缺。磛隤固無盡，靈芽亦不折。
> 相與竟終古，安知時代閱。[37]

朱仕玠先從臺灣海域的特色寫起，臺灣是眾水所歸之處，是大地凸出的一狹長形巨島，氣候有著南北差異，回溯臺灣歷史自洪荒開拓起，太陽奔走，斗杓旋轉，時間百年轉瞬即逝，浪淘湧作，嚴風刺骨，作家聯想到傳說中的司風之神（風姨）、雪神（滕六）、秦始皇所遇的安期生（安期）、仙人東華帝

---

37 施懿琳等編撰：《全臺詩》，第2冊，頁397。

君（木公）、東王公和仙女投壺之事（玉女笑投壺），極盡浪漫聯想之能事，將海天情景聯繫到時代的無窮無盡之喟嘆。李知灝認為，渡海文人會將渡海與上古傳說結合，開展出「遊仙」的場景[38]，而以朱士玠的詩來說，臺灣海洋的書寫即能聯繫到遊仙的境界，再以李知灝的話語來形容是：「在上古傳說的基礎上，將詩人自身描述為到神仙境界一遊的旅人。復藉由經歷仙境的跨界壯遊，來凸顯詩人之豪雄。」[39]與〈臺灣府〉詩相同的是亦提及雞籠山北部的高聳，《續修臺灣府志》記載：「大雞籠嶼：……上建石城，即郡城八景之『雞籠積雪』也。臺地無霜雪，獨此嶼極北寒甚，冬有積雪。」[40]朱仕

圖一　　中央研究院歷史語言研究所歷史文物陳列館藏，
《臺灣民番界址圖》局部[41]

---

38 李知灝：〈鮫鯨宮闕龍伯國——清代游宦文人對臺海的空間想像與渡海書寫〉，收入林慶勳主編：《多重視野的人文海洋：海洋文化學術研討會論文集》，頁87。

39 李知灝：〈鮫鯨宮闕龍伯國——清代游宦文人對臺海的空間想像與渡海書寫〉，收入林慶勳主編：《多重視野的人文海洋：海洋文化學術研討會論文集》，頁88。

40 〔清〕余文儀：《續修臺灣府志》，收入《臺灣文獻史料叢刊・第一輯》，頁31。

41 中研院歷史語言研究所歷史文物陳列館藏：《臺灣民番界址圖》，見中央研究院歷史語言

玠以俯瞰的視角關注到臺灣南北兩大港（雞籠、打狗）的地理位置和極端氣候，敘寫了人於自然環境中的身體感受和生發的情懷。

上圖一是查詢中央研究院歷史語言研究所歷史文物陳列館的乾隆二十五年《臺灣民番界址圖》，其中有關雞籠山的位址，可供參考。

由此圖可略知，清代臺灣雞籠山給予當時文人的印象是極北之地。

（二）遙望：想像的聯繫

遙望的角度，乃是到了地景之處，因景色的鼓盪心懷，而產生情感上想像聯繫，詩人不直接進入情景所在，而是採取著旁觀者的角度，以紀錄的方式，客觀的呈現所書寫之景，對異地風物興趣盎然的描寫，讓詩人的情志產生的寄託。此種景色上的遙望，讓詩人對景觀物象有著聚焦性的描述，如朱仕玠渡海來臺時，海上所見日出之景：「夜半天雞鳴，霞燒半海赤。絳闕爛溫汾，三山下臨逼。掉頭顧平地，夜氣正黝黑。良久火輪出，游氛漸開闢。」（〈海中觀日出〉）[42]此時海上日升掃除黑夜的氣勢便自然的體現出來。朱仕玠〈萬丹港〉：「萬丹港水半篙寒，絕愛蒲帆一幅寬。向夕依依浮極浦，凌晨葉葉下前灘。青魚大上時隨影，白鳥低飛屢拂翰。來往行人頻喚渡，沙頭長是駐征鞍。」[43]萬丹港的黃昏美景在朱仕玠的筆下，有著一股和諧的美感，青魚、白鳥、行人、兵卒，形成風景畫中不絕如縷的活動景象。而「絕愛」一詞，更是寫出詩人主觀情思關注之所在，成為詩作中引人遐想之關鍵。

海域景象的觀照有因海象不佳而不能至的情況，此時遙望的方式，成為觀照的解方，如其詩作〈海中見澎湖以無風不能至〉：

研究所歷史文物陳列館網站，網址：https://museum.sinica.edu.tw/exhibition/15/item/75/，檢索日期：2023年5月19日。

42 施懿琳等編撰：《全臺詩》，第2冊，頁381。

43 施懿琳等編撰：《全臺詩》，第2冊，頁394。

> 五日歎羈遲，六日漩尤靜。意輕溟漲闊，目眩陽烏烱。飛廉謝冰夷，
> 逃竄深戢影。穹蒼虛相涵，一氣同溟涬。烏鯊狎澹澵，撥剌時一逞。
> 舵移眛遠近，寸碧出俄頃，安辨根虛無，常虞失嬾虹。氣蹻未可
> 乘，臨空殊耿耿。[44]

在海面上因無風故而羈遲了舟船行駛的航程，風神（飛廉）謝絕了海神（冰夷）的邀請，在船的移動中，似乎失去遠近距離的感覺，遠方寸許碧玉般的澎湖島短暫的出現，無法辨別是否處在虛無的大海中，擔心失去這美好的感受，面對著這晃蕩的大海心中掛懷。澎湖，成為了詩人心中寄託的焦點。再如朱仕玠〈初至鳳山即訪小琉球所在以海道險阻不能至〉詩：

> 黃石東行平海衛，浪蘸虹霓濕修曳。
> 天清時見小琉球，一點青螺漾空際。
> 舟行萬里隨天風，探奇默禱蛟螭宮。
> 便邀海若相感動，波攢疊巘青摩空。
> 安知琉球何者是，轉瞬陰雲迷尺咫。
> 到官兩日席未暖，欲踐層巒恣雙眼。
> 風顛浪吼冰夷怒，即恐靈鼇倏移去。
> 咄哉神闕焉可窺，倚天猿嘯無窮期。[45]

朱仕玠至鳳山官署兩日極欲造訪屏東小琉球，嚮往的期待與興奮的心情讓他不能自己，於是乘船出海探訪，然因陰雲籠罩，風狂水怒，使得他不得不止於海上，遠望層巒疊嶂的青翠山峰直指天際，只能暫時以想像來平息自我的心緒。此詩可見臺灣海域的海象氣候是隨時而變的，而小琉球美景之名，竟能遠傳至大海彼端的文人。另首〈小琉球朝霞〉：「朝來紅紫射窗櫺，海上明霞炫錦屏。遠映三山魚尾赤，高烘孤島佛頭青。光浮淵客時橫脊，影照鸂鶒欲曬翎。安得日餐成五色，從教駐算百千齡。」[46]詩歌內容描寫朝陽紅紫光

---

44 施懿琳等編撰：《全臺詩》，第2冊，頁381。

45 施懿琳等編撰：《全臺詩》，第2冊，頁395。

46 施懿琳等編撰：《全臺詩》，第2冊，頁396。

芒映照於窗，海上明豔的晨霞映照於錦屏之上，相映成趣，光影的交錯在不需明言中形成特異的朦朧感受，遠望三山的尾端一片赤紅，小琉球島頂端青色的景致直入眼簾，朝霞顏色的聚焦是此詩的特點，這也是詩人能想像五色繽紛的絢麗景色永駐的起始點。《文藝創造心理學》說：「文學作品能創造出具有獨創性和表現力的色彩組合，是作者才能的一個重要標志⋯⋯在想像中卻有深度。」[47]下圖三是取自原住民族委員會原住民族文獻網站的《清乾隆中葉臺灣番界圖》，其中小琉球位於右下角之處。

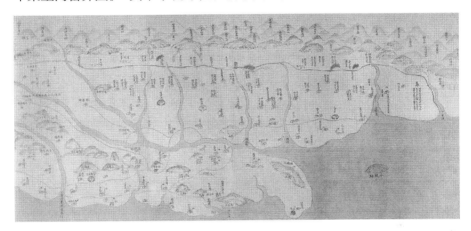

圖三　原住民族委員會原住民族文獻，《清乾隆中葉臺灣番界圖》

網站註明圖片來自中央研究院歷史語言研究所[48]

青翠的琉球島嶼圖，孤懸海中，和臺灣本島白底的地形圖形成強烈的對比。

（三）近觀：切身的體驗

與遙望的角度相對的是親身體驗的細觀，切身的探尋是無法取代的個人

47　劉烜：《文藝創造心理學》（吉林：吉林教育出版社，1992年），頁314。

48　中央研究院歷史語言研究所藏：《清乾隆中葉臺灣番界圖》，見原住民族委員會「原住民族文獻」網站，網址：https://ihc.cip.gov.tw/EJournal/EJournalCat/120，檢索日期：2023年5月19日。

經驗，這是詩歌中最具個人生命色彩的寫作，有著個人親自踏勘的步履痕跡，也有著探奇尋異的積極心緒，更有著親自與自然互動的第一手感觸，這是渡海來臺仕宦者的寫作特色，吳毓琪說：「他們的詩作中不僅呈現海洋地理空間的表象特徵，也藉著表象特徵來指涉另一個主題，以衍生空間表象之外的抽象意義。」[49]如〈由黑水溝夜泛小洋〉：

> 舟過黑水溝，舵工顏如墨。畏驚驪龍睡，檣艣快掀擊。回瞻黑奔渾，
> 弱膽尚餘惕。行斾颯飄颻，颺張迅弩激。便堪瀛壺遊，卻恐銀潢逼。
> 夜久風更怒，崩濤恣澎湃。何得萬鼓角，號叫鬧深黑。蒼茫神鬼集，
> 哀傷天地窄。始知潛鱗介，喁喁伸膈臆。茲行固留滯，肝腸已結塞。
> 宵征太蒼黃，履險更迷適。誰能鞭羲車，光展陽烏翼。[50]

黑水溝是澎湖與大陸間的海域，小洋則是從澎湖至臺灣間的海域，詩人在船上的心情是隨著如激弩的狂風和如崩裂的怒濤而驚懼不安，夜晚渡海，蒼茫的海域中，似乎所有鬼神都群聚一起，與船上的乘客共同哀傷著天地的狹窄，只盼望朝陽能提早到來，驅散黑暗。但詩人即使心裡再怎麼惶恐，也要極力的將此段體驗敘述出來。

〈初至鳳山即訪小琉球所在以海道險阻不能至〉詩也是極佳的例證，雖因風浪不能至，但飄盪海上之浮沉感和觀照天邊景色的模糊感，這是屬於朱仕玠特有的生命意識的煥發，可以說朱仕玠相關臺灣的詩作，幾乎都有著切身體驗的質素。朱仕玠〈岡山樹色〉詩：「海邊島樹自敷榮，根浸滄溟蔭愈清。高幹排雲涵蜃氣，疏枝漏月送猿聲。寔殊華夏何曾見，種別圖經不解名。極目遙天青末了，長年迢遞送人行。」[51]詩人登爬岡山，見到山上樹木因臨近大海，根部浸在大海中，因而樹蔭蓊鬱，夜晚時月光從疏枝灑落而下，猿猴啼叫，這是在中原無法見到的奇特景象，極目遠望，青天無窮無

49 吳毓琪：〈康熙時期臺灣宦遊詩人對海洋空間的體驗、感知與審美〉，林慶勳主編：《多重視野的人文海洋：海洋文化學術研討會論文集》，頁95。
50 施懿琳等編撰：《全臺詩》，第2冊，頁382。
51 施懿琳等編撰：《全臺詩》，第2冊，頁395。

盡，海邊的林木長年於此遠送行人，詩作是作者近觀於景，所記下的深刻印象。近觀是比遙望的角度更細緻的摹寫，更聚焦於單一空間或物象上，此詩集中於海岸林木的主題，這是文學作品空間構建的一種獨特類型，在文學地理學上是所謂「寒江獨釣」型，「它的景觀、實物、人物、事件都出現在這個單一的時空裡，它的思想、情感也由這個單一的時空生發開來」[52]，以此詩說明，景觀是海岸，實物是樹木，人物是朱仕玠，事件是登山觀林，都是單一時空，而引發的思想情感則隱然有孤芳自賞，澄澈自明之意，此詩作所描寫的海域印象則是臺灣海岸是蒼翠碧綠充滿生意的。

朱仕玠〈安平晚渡〉詩：「七鯤身外暮雲生，赤嵌城邊競渡聲。沙線茫茫連島闊，蒲帆葉葉映霞明。鳴榔惟有漁樵侶，捩舵時同狑猺行。新月一鉤懸碧漢，剛聽畫角咽初更。」[53]七鯤身，依《續修臺灣府志》記：「七鯤身：……自打鼓山下起，七峯宛若堆阜；風濤鼓盪，不崩不蝕。多生荊棘，望之鬱然蒼翠。外為大海，內為大港，採捕之人多居之。」[54]能知七鯤身附近實多漁民所居，朱仕玠所言的「狑猺」原是中國西南少數民族，此借指臺灣原住民，這首詩或是他親身乘船經渡所作，他觀察到赤崁城邊夜晚渡船往來的情形，晚霞映舟船，新月掛夜空，畫角咽初更，這是臺灣海域港岸的忙碌狀態，詩人聚焦的景觀是港口紛鬧之景，亦有情感投射的幽隱，雖置身於中，卻有著獨立於景之外的寂寞意態，於平靜中隱含著難以言說的心境。

三　有關海洋的人文活動

清代王國維說：「能寫真景物、真感情者，謂之有境界。」[55]文學境界的存在在於景真情真因而人亦真，境界的存在，是文學之所以有魅力的關鍵原因之所在。尤其當人文活動與景物相結合之後，所產生的真情之作是能動

52　曾大興：《文學地理學概論》（北京：商務印書館，2017年），頁178。

53　施懿琳等編撰：《全臺詩》，第2冊，頁417。

54　〔清〕余文儀：《續修臺灣府志》，收入《臺灣文獻史料叢刊・第一輯》，頁10。

55　王國維著，徐調孚校注：《人間詞話》（臺北：頂淵文化事業公司，2001年），頁3。

人心脾的，朱仕玠的景物相關詩作，都有著意興與真情結合的境界感。如其詩作〈半屏山夕照〉詩：「屏山突兀映高空，樹色山光入望中。一抹寒雲開夕照，千竿疏竹動秋風。牛羊點點歸茅巷，鳥雀啾啾下枳叢。欲倩郭熙無處寫，綸巾相對意何窮。」[56] 夕照的欣賞即是一種人文的活動，是所謂「有我之境」，「有我之境，於由動之靜時得之」[57]，在動態的觀照中（寒雲開展、千竿竹動、牛羊歸、鳥雀下），得到「意何窮」之境界，是我融於自然之景中的高雅境界。海洋的相關人文活動也是如此，人的存在感藉由與環境的互動舒展開來，如朱仕玠〈東溟曉日〉：「火輪初出海波齊，一道雲霞望眼迷。炯炯赤光射鯨背，嘐嘐清唱送天雞。漫驚秋橘懸暉迥，那識扶桑拂影低。咫尺便應霄漢接，世人何處問端倪。」[58] 欣賞日出是海洋人文活動之一，由自然景物的觀照，不但引起詩人的疑惑思維，也同時賦予此次活動天文哲學的涵義，自然景觀在人為的軌跡影響之下，被沾染上人文的意義，繼而進行不斷的創生和演化[59]。

（一）觀潮：乍驚寒浪湧

潮水的起落能引起文人對自然循環狀態的領悟，《論語・子罕》：「子在川上，曰：『逝者如斯夫！不舍晝夜。』」[60] 對於海洋，和陸地相比，人們始終是懷著畏懼之意的，畢竟海洋底下是無法一眼看澈的，也無法經由入海揭開海洋內部的奧秘，因而最簡單的方式即是運用身體感官去理解它。觀潮是文人對大海的觀察的一種活動，視覺的印象往往是第一義的，潮汐的起伏對居於內陸的文人而言，有著無以名狀的吸引力，朱仕玠〈七鯤身〉詩云：

---

56 施懿琳等編撰：《全臺詩》，第2冊，頁392。

57 王國維著，徐調孚校注：《人間詞話》，頁2。

58 施懿琳等編撰：《全臺詩》，第2冊，頁418。

59 「當文學家來吟詠、書寫它（自然景觀）的時候，或是對已有的人文意義予以認同和強調，或是予以補充和豐富，或是予以改寫，賦予它新的人文意義。」曾大興：《文學地理學概論》，頁238。

60 〔宋〕朱熹：《四書章句集注》（臺北：國立臺灣大學出版中心，2016年），頁153。

臺疆肖彎弩，千里射潮汐。鯤身劈半環，小曲百里窄。團束內河流，
明鏡安臺脊。少女逞狡獪，撼動天光碧。氣連滄海昏，險自洪荒畫。
修鱗欲來遊，骯髒齾阻格。內河望鯤身，隱隱凸浮磧。竭來勿押侮，
下逼蛟龍腋。[61]

詩人以彎弓喻臺島，以箭喻連綿的潮汐，以刀喻七鯤身，以明鏡喻內河，敘
寫地形險要易守難攻之勢，告誡懷有異心的外敵，若無知來犯，必會驚醒海
中蛟龍。很明顯的，潮汐和浪濤是外夷難以侵犯的主因。《續修臺灣府志‧
潮信》言：「潮漲多在春夏之中，潮大每在朔望之後。海濱皆然，臺亦無
異。」[62]根據記載，臺灣潮汐雖與大陸海濱相似，但亦有些時日上的差別。
但已久居內陸的文士們來說，突然來到海島，觀潮是海洋最直接的變化，有
著特殊的活動意義。朱仕玠〈登朝天臺〉：「泱漭接虛無，臺空瞰四隅。乍驚
寒浪湧，惟見片雲孤。拙宦東溟遠，懷鄉西日徂。不堪華鬢髮，漂泊嘆窮
儒。」[63]朝天臺是建於鳳山衙署中供官員們遊覽之處，登臺觀海，面對浪起
浪落的變幻之景，詩人在驚嘆中，也不由得興起羈遲於外，懷鄉的飄泊之感
受，這樣的人文活動，是透過外在自然運作的同時，激發內心的情感萌生的
情況，此時的「驚」，不僅因賞景而驚，也因回思自我生命而驚。

觀潮的活動，也易引發物是人非，滄海桑田之嘆，〈鹿耳春潮〉：「大荒
地險盡堯封，想見天兵克偽堧。故壘迄今盈百室，寒潮依舊捲千重。餘波南
匯暹羅水，細沫東噓日本峰。笑看舳艫爭利涉，長年來往狎鷗蹤。」[64]潮水
往來不息，人事幾番代謝，遙念往古歷史遺跡，鹿耳門是鄭成功軍隊登臺之
要地，其後也成清兵駐紮之所在，但無論歷史如何演變，自然循環的力量始
終是最偉大的，人們的活動也僅是關注於眼前的生活利益。在觀潮的人文活
動書寫中，朱仕玠的詩歌營造出人對海洋最基礎認識的一道橋樑，因是而感
知人是無法與自然相抗衡的。

---

61 施懿琳等編撰：《全臺詩》，第2冊，頁383。

62 〔清〕余文儀：《續修臺灣府志》，收入《臺灣文獻史料叢刊‧第一輯》，頁505。

63 施懿琳等編撰：《全臺詩》，第2冊，頁388。

64 施懿琳等編撰：《全臺詩》，第2冊，頁417。

（二）聽濤：壯聲洗鬱陶

　　從聽覺的震撼感受來說，海洋衝擊岩岸，所造成的心理感受是壯闊的，聽著潮水不止息的往復，文人們會產生獨特的愉悅感，也會將聽覺印象銘印至生活中，聲音聯繫起詩歌寫作，可以說是創作家內部動機所發起，「藝術家為表達自己感受、情緒、願望，實現自己的人生理想而工作，就如同骨鯁在咽，不吐不快」，與視覺觀潮活動相比，浪濤聲對作家的刺激會是更劇烈的，因為眼可避而不看，但耳卻不能禁而不聽，朱仕玠詩作〈鹿耳門潮聲〉[65]（與〈鹿耳春潮〉詩作內容相同）是極佳的例證，詩歌內容雖未特別描摹潮聲，但詩名潮聲，足見是因聽潮而引起創作興趣，濤聲入耳猶如一帖清涼運入胸襟之中，〈斐亭聽濤〉詩：「氣激滄溟地軸搖，斐亭危坐聽寒宵。沸騰洧水雙龍鬥，蹴踏天閑萬馬驕。蜀客漫誇巫峽浪，楚人厭說曲江潮。三山飄渺知何處，噴沫吹漚應未遙。」[66]濤聲不斷，是海洋不可割絕的特質，雄壯的濤聲猶如地動天搖般震撼，又猶如雙龍鬥水，萬馬奔騰，人處在這樣的環境中，所感受的和所思維的自然而然就被放大了。

　　臺灣著名的觀潮景點是瑯嶠，乾隆舉人謝其仁有〈瑯嶠潮聲〉詩：「瑯嶠壁立海雲生，山盡東南水一鳴。沙馬時聞金鐵響，仙人常聽雨雷聲。乘潮舟楫安無恙，息浪魚龍臥不驚。極目汪洋環島嶼，蒼州天外憶蓬瀛。」[67]當浪潮湧起，波濤聲就如同金鐵齊鳴，當浪潮平息，波濤聲能使魚龍不驚，可見波濤聲對海洋環境和人們感受的影響。朱仕玠亦有〈瑯嬌聽潮〉詩：「欲向三山訪巨鼇，瑯嬌島外雪翻濤。何當一夜寒聲壯，正值千崖秋氣高。屢訝馮夷來擊鼓，底須董女丁鳴璈。年來踟蹰轅駒似，欲仗餘波洗鬱陶。」[68]朱詩以馮夷擊鼓，董女奏樂的想像比擬濤聲的壯闊，除歌詠海浪聲音的美好感受外，他的詩比謝其仁詩作多了自我觀照的部分：濤聲能振作精神，洗滌胸中的鬱悶不順。這是海洋人文活動對生命所產生的創發性意義。

---

65 施懿琳等編撰：《全臺詩》，第2冊，頁383。
66 施懿琳等編撰：《全臺詩》，第2冊，頁418。
67 施懿琳等編撰：《全臺詩》，第2冊，頁338。
68 施懿琳等編撰：《全臺詩》，第2冊，頁393。

（三）賞海：蒼茫乘槎去

　　賞海的詩作在古代即有詩人創作，與海相關古典詩作，實是不少，如魏武帝曹操即有〈觀滄海〉（《步出夏門行》之一章）之名作：「東臨碣石，以觀滄海。水何淡淡，山島竦峙。樹木叢生，百草豐茂。秋風蕭瑟，洪波湧起。日月之行，若出其中。星漢燦爛，若出其裡。幸甚至哉，歌以言志。」[69]詩歌寫曹操登上碣石山，欣賞壯闊海景，同時藉由大海吞吐宇宙萬象的奇觀，暗喻自己非同尋常的抱負。賞海的人文活動在詩人的筆端下，成為一種象徵性的寄託。朱仕玠的賞海詩作，也是有著文人特殊的觀照和寄託意義存在的。海中泛舟賞海時首先能見到的常是一片蒼茫水面之上浮生的日出之景，這也是最具意義的人文活動，〈東溟曉日〉和〈小琉球朝霞〉即是此賞海觀日活動的代表作，〈尸位學署岑寂無聊泛泛隨流跡近漁父每有聞見輒宣謳詠因名瀛涯漁唱〉之六十六：「夜半丹霞照海湣，滄溟日出氣清新。世人狃視黃金橘，那識扶桑地大輪。」[70]此種日出照耀海上之景，彷彿是光芒驅逐黑暗的勝利般，此時的大海充滿著蓬勃的生機。

　　再如其詩〈海中觀日出〉：

> 我生守蓬蒿，寸步困偪仄。忽成滄海遊，揆眼恣天色。坤輿漾空虛，洪河洶涓滴。扶桑澆懸根，滇晒知不隔。夜半天雞鳴，霞燒半海赤。絳闕爛溫汾，三山下臨逼。掉頭顧平地，夜氣正黝黑。良久火輪出，游氛漸開闢。燋勞念馮生，始覘東方白。安知金鴉輝，早射崑崙脊。[71]

日出之景，實是海中難得一見的美景，朝陽是人生的希望之光，將生命的偪仄和燋勞化解於海洋之中，乘槎浮海的舉措，便不再是無意義的漫遊，而是有著開展人生新方向和新天地的意涵了。

69　逯欽立輯校：《先秦漢魏晉南北朝詩》（北京：中華書局，1983年），頁353。
70　施懿琳等編撰：《全臺詩》，第2冊，頁409。
71　施懿琳等編撰：《全臺詩》，第2冊，頁381。

四 海洋所引發的生命思索

面對廣闊無窮的海洋，山島聳峙，海天相連的景色，讓人不禁有著永遠沉浸其中美景的衝動。與海洋相關的人文活動，也引發文人們的描繪和聯想，海上波濤起伏，潮擊岩岸，舟船往來，魚躍鳶飛的景象，無一不是文學中值得描述的文化景觀，若加之生活中的悲喜情感，自然會形成獨特的海洋文學，同時作者吟詠形塑的生命思索，會讓作品擁有豐富的意蘊。高拱乾《臺灣府志・凡例》說：「臺灣為新闢，海疆流峙，異於中原。」[72] 渡海的行為「讓游宦文人開始想像自己進入一個全然不同的世界」[73]，詩人會以想像和傳說的方式，來解釋所見海洋的現象，因為「個人的獨創的想像是有限的，文人書寫必有賴於文化體中，與海洋相關之意象的支持」[74]，再從文化體中相關意象的論述，結合自我的生涯歷程，從而以之感發志意，這可說是海洋引發的個體生命思索的意義。

唐代韓愈在〈答劉正夫書〉也說：「夫百物朝夕所見者，人皆不注視也；及睹其異者，則共觀而言之：夫文豈異於是乎？」[75]就海洋而言，對文人來說的確是新異的描寫對象，但此種新奇之感，不能僅停留於表象物態窮形盡狀的描摹上，需有著生命省思的價值，如此的海洋文學才是擁有人文景觀的文學。朱光潛《談文學》中說：「宇宙間一切現象都可以納到四大範疇裡去，就是情、理、事、態。情指喜怒哀樂之類主觀的感動，理是思想在事物中所推求的條理秩序，事包含一切人物的動作，態指人物的形狀。」[76]以朱仕玠的臺灣海域詩歌來說，事、態都是基礎具備的，而「情」和「理」才

---

72 〔清〕高拱乾：《臺灣府志》（臺北：成文出版社，1983年），頁9。

73 李知灝：〈鮫鯨宮闕龍伯國——清代游宦文人對臺海的空間想像與渡海書寫〉，林慶勳主編，《多重視野的人文海洋：海洋文化學術研討會論文集》，頁71。

74 李知灝：〈鮫鯨宮闕龍伯國——清代游宦文人對臺海的空間想像與渡海書寫〉，林慶勳主編，《多重視野的人文海洋：海洋文化學術研討會論文集》，頁71。

75 〔唐〕韓愈著，馬其昶校注，馬茂元整理：《韓昌黎文集校注》（上海：上海古籍出版社，2014年），頁232。

76 朱光潛：《談文學》（臺北：文房文化公司，2001年），頁57。

是讓他詩歌昇華境界的幫助元素。以下試由三方面，分述朱仕玠臺灣海域諸詩作所構建的人文思維。

（一）漂泊海隅的戀鄉情懷

朱仕玠抵臺後憂懼的感受除了生活環境的重新適應外，最深刻的念響無疑是對家鄉的思慕了，這是一種暫時寄身於海隅漂泊於孤島的心態，「思鄉最常見的原型意象是抒情主體自身的登高望遠」[77]，登高遠望，能消解思鄉的痛楚之感，也能盡情抒發自身的眷戀之情，朱仕玠〈登龜山憶家〉：

> 怒石勢欲落，哀狁啼啾啾。攀援無尺土，寸步猶淹留。槎枒千章木，
> 終古聞颼飀。陽鳥避薈蔚，六月思重裘。升高瞰巨浸，端倪洵難求。
> 洪濤蘸雲霓，淡漫不可收。緬渺望鄉邑，西接崑崙邱。王母竟何許，
> 玄圃空悠悠。想像扶桑枝，垂椹光十洲。安能馭鸞鵠，飽啖銷羈憂。[78]

此處龜山，是鳳山縣治所在左營的龜山，朱仕玠攀緣龜山島，登島困難，舉步維艱。面對枝條橫生的樹木和風聲不間斷的吹襲，還有聳峻岩石猶如隨時欲墜落般，加上猿猴哀鳴聲，且山上氣候寒冷，他的阻礙重重，登島似乎是毫無意義的，但當他遠望大海，洪濤和雲霓連接在一起淡漫得無邊無際，緬想崑崙山的西王母何能允許她的花圃空無一物的時候，朱仕玠的鄉愁也與之貫連起來了，這時，他想做的是駕馭鴻鵠，飽餐之後消除羈旅之憂。詩人登島望海的行為，喚醒時刻潛藏在心底的思鄉感受，這是文學創作中的個體與外在無法調解的矛盾心理，一方面登高眺視心懷闊遠，但一方面卻又激起眷戀故土的情緒。在這樣的心態影響下，觀海思鄉，也是超越現實，減輕憂患的途徑。詩作〈雞籠積雪〉亦有異曲同工之妙：「試上高樓倚畫欄，半空積素布晴巒。誰知海島三秋雪，絕勝峨嵋六月寒。自有清光搖槃戟，翻擬餘冷

---

77 王立：《中國古代文學十大主題》（臺北：文史哲出版社，1994年），頁239。
78 施懿琳等編撰：《全臺詩》，第2冊，頁393。

沁冰紈。北來羈客鄉思切，時向炎天矯首看。」[79]思鄉情懷是難以化解的，登高望天，與登高覽海一樣，都是藉由廣大空間，消遣情思，故而此時在詩人心目中，「海島」的印象，就形成了廣闊無依的意象了，詩人的生命因此暫時被鎖困在小島之上。朱仕玠所寫之〈雞籠積雪〉與〈東溟曉日〉，以此題名的詩，根據陳家煌的說法，在康熙時期是屬於域外想像的景觀，當時文人並未到過東臺灣也未到過險惡的雞籠地區[80]，雖然朱仕玠是乾隆時期文人，但依照其生涯路線推論，應該也是想像之創作。不過雖是想像之筆，也是能從中窺見朱仕玠對自我情懷的營造。

（二）軀輕鴻毛的時空省思

海洋詩歌的書寫是明清文人遠赴異鄉的深刻體驗，這是生命的特殊經歷，在掭筆紀錄的同時，也書寫個人的心情起伏和面對自然時的深沉懷抱。海洋與陸地迥異，因此詩人面對汪洋荒阪時所產生的觀察視野與生命聯想也會是殊異的，與一般山川行旅相關詩歌不同，在廣袤海洋的包裹下，人對天地自然的感受，是另一層次的凝視與體悟。如郁永河名作〈渡黑水溝〉：「浩蕩孤帆入杳冥，碧空無際漾浮萍。風翻駭浪千山白，水接遙天一線青。回首中原飛野馬，揚舲萬里指晨星。扶搖乍徙非難事，莫訝莊生語不經。」[81]眼界的拓展與胸襟的播揚是渡海之舉得到的收穫，與此同時，詩人亦會思索起生命於時空的意義。

朱仕玠著名觀海詩作〈澄臺觀海〉：「海上棲遲及早秋，登臺騁望思悠悠。常虞雷雨從空下，始信乾坤鎮日浮。淡漫由來圍赤嵌，蒼茫何處問舟邱。乘槎便欲從茲去，憑占星文入斗牛。」[82]天地漂浮在宇宙中感悟使得詩

79 施懿琳等編撰：《全臺詩》，第2冊，頁418。

80 陳家煌：〈孫元衡《赤嵌集》中的海洋印象〉，林慶勳主編：《多重視野的人文海洋：海洋文化學術研討會論文集》，頁54。

81 施懿琳等編撰，《全臺詩》，第2冊，頁222。

82 施懿琳等編撰，《全臺詩》，第2冊，頁387。

人產生乘著小舟划向無涯的大海，就像進入無窮盡的星空般，想窺探廣大空間奧秘的心情，讓人有著生命輕如鴻毛的豁達和醒悟，這是大海給人的生命哲思。此種登臺觀海活動所引起的生命意義是深沉的，李知灝引柯慶明之說論述，在人文素質上，「詩人在登臺觀覽，收得周遭景致的同時，亦自覺其極限而知有『不見』之域，更挑起詩人探索『不見』之域的欲望」[83]，如是的欲求，會使得詩人不斷地向內在探索。〈尸位學署岑寂無聊泛泛隨流跡近漁父每有聞見輒宣謳詠因名瀛涯漁唱〉之一：「鴻爪留泥盡偶然，此生何意到瀛壖。彼蒼憐跼溪航小，放眼滄溟十丈船。」[84]在朱仕玠的詩中，上蒼似乎是有意給他這趟海域之行，「放眼滄溟十丈船」，將自己的生命意識擴大了，而且充滿主觀的肯定意味，蔡英俊說：「『主觀』即是一種自然生命的肯定，它認定每一種經驗都可能體現一種『知』，而具有獨立自足的價值」[85]，如是的價值不僅是詩人個體的價值，也是海域存在價值的朗現。

（三）大荒多異的造化詠嘆

在《重修鳳山縣志》中有郡志「八景」之紀錄：「一曰鳳岫春雨、一曰泮水荷香、一曰瑯嶠潮聲、一曰岡山樹色、一曰翠屏夕照、一曰丹渡晴帆、一曰淡溪秋月、一曰球嶼晚霞。」[86]這八景在來臺文人中已成獨特的文化意象，除朱仕玠有創作外，《重修鳳山縣志》卷十二收錄有覺羅四明、卓肇昌、王賓、陳思敬、林夢麟、謝其仁的同題諸作[87]，同樣的八景主題在不同文人筆下卻有著不一樣的視角，也有不同的生命感思。海洋詩歌的創作亦然

---

83 李知灝：〈權力、視域與臺江海面的交疊——清代臺灣府城官紳「登臺觀海」詩作中的人地感興〉，《臺灣文學研究學報》第10期（2010年4月），頁15。

84 施懿琳等編撰：《全臺詩》，第2冊，頁397。

85 蔡英俊主編：《抒情的境界》（臺北：聯經出版事業公司，1993年），頁82。

86 〔清〕王瑛曾：《重修鳳山縣志》，收入《臺灣文獻史料叢刊・第一輯》（臺北：臺灣大通書局，1984年），頁11。

87 〔清〕王瑛曾：《重修鳳山縣志》，收入《臺灣文獻史料叢刊・第一輯》，頁447-461。

如是，即使是平常之景也能掘發屬於自我的特異之處，更何況海域的變幻實是多變難測的。

面對奇異的海域物象景觀，無論是人、事、景、物，皆是聞所未聞，見所未見，詩人對海洋力量的詠嘆是建立於對自我生命的理解和情懷的感知上的，如詩作〈渡安平〉：「泛泛安平渡，微風試啟窗。岸遙波侵樹，山盡日沉江。水鶴歸何獨，沙禽浴自雙。端居泚滄海，覿此覺心降。」[88] 詩人啟窗觀景，臨對安平渡口，江海相連，他感受到了天地一體的境界，心理的情緒與外在景象達成平衡，有著愜意之感。此時的海域是動中能靜的和平狀態，詩人所詠之異，正是萬物各得其所的自在感。不過這是當他面對能夠接納的情狀下的心態。

海隅之島，當然有異事怪景的情狀，如〈暗洋〉詩中，海客傳來消息：

> 海客傳逸事，令我再三歎。有島絕居民，花濃竹欹亂。紅彝拏舟來，
> 留種置行館。再至燭遺書，墮淚浩如霰。愴傷人代促，黝黑歲序半。
> 義車厭修巒，暑退快脫絆。安知秋陽輝，長此冬夜漫。山魈恣彳亍，
> 魍魎互窺瞷。大荒固多異，兩儀無更換。誰能鑿空虛，啟閉作昏旦。
> 甚類燭龍誑，何減諾皋譠。空堂夜杳闃，泱漭望河漢。[89]

紅毛夷人將原住民移居無人島，迫使他們留遺書自絕，而此座無人島，陽光少照，夏日短暫，秋天竟無陽光，冬天漫長無期，山魈、魍魎橫行，是極為恐怖之地。朱仕玠對這件事是抱持懷疑態度的，他覺得就像神怪小說（諾皋），又像《山海經》中的燭龍之說，但面對海域異聞，他眺望無垠河漢，心中半信半疑，就如李知灝所說：「海洋中的諸多現象與前人的相關神話傳說皆成為文人認知海洋的媒介」[90]。不過，若有確實證據，朱仕玠的態度是開放的，如〈岡山頂有螺蚌蠣房遺殼甚夥賦之〉：

---

88 施懿琳等編撰：《全臺詩》，第2冊，頁416-417。

89 施懿琳等編撰：《全臺詩》，第2冊，頁389。

90 李知灝：《從蠻陌到現代——清領時期文學作品中的地景書寫》（臺南：國立臺灣文學館，2013年），頁33。

岡山三百仞，雲壓吐油油。蚌螺辭洪濤，陸死昧所由。濛鴻溯開闢，
萬川甕倒流。嶔崟墮汩沒，漱激重泉幽。吞舟如山鯨，突兀時來遊。
戴殼亦狡憤，弄潮鎮淹留。波窮忽蹭蹬，呀呷失所求。含漿戀污淤，
涎壁成拘囚。安知十萬代，壞涸莉青疇。委形埋瘴癘，攢集蟲蟻搜。
樵蘇驚磊砢，舌撟不得收。乘除自古然，天地終悠悠。[91]

是詩描述岡山山頂所見，居然有著許多蚌螺蠣房的遺殼，於是詩人猜想，應
是天地蒙昧之時，山脈是沉於海中的，到處都是海洋，有巨鯨然游憩至此，
因而殼類生物也依附至此，豈知滄海桑田，海水退去後，這些蚌螺生物就從
此困於泥壁之中了，其後乾涸之地成為長滿青草的田疇，山上樵夫看見到處
都是螺蚌蠣房遺殼，驚訝得不能言語。其實，以造化的悠遠奧妙，天地的變
化一切都是自然的。朱仕玠對於海洋退去形成陸地的識見，以今日科學學理
來說，是極有可能的，他對海洋流轉自然開放的觀念，造就他對臺灣海域運
作的活潑印象。以渡海抵臺為官的詩人詩歌創作來說，他們創作的共通技巧
有「平鋪直敘」、「詩的紀錄化，紀錄的詩化」、「引用典故」、「情景交融」、
「套用陳詞」（王幼華〈東寧去來──清代「宦臺心曲」詩歌探究〉）[92]，扣
除「引用典故」和「套用陳詞」外的技巧來檢視朱仕玠相關的詩歌創作，能
發覺朱仕玠對於臺灣海域既能入情的書寫，又能以客觀務實角度來記錄，而
不被自己主觀情志所累，的確能說是一位稱職的海洋詩人。

五　結論

　　朱仕玠的臺灣海洋書寫詩，是他親身經歷所體驗的，是個人生涯的奇異
旅程，從未橫渡大海的文人面對汪洋實有著惝慄不安的情緒，而至臺灣任官
又是情勢所使然，離母遠任，非自動請纓，因而他的心情多數情況下都是不
安且缺少寄託的，海洋景點的觀察與書寫成為詩人抒發情感的活動方式，也

---

91 施懿琳等編撰：《全臺詩》，第2冊，頁394-395。
92 見王幼華：《考辨與詮說：清代臺灣論述》（臺北：文津出版社，2008年），頁166-170。

是生活紀錄的方式。於臺灣島上觀察自然洪濤的起伏中，形塑成景物的細緻描摹，發諸於詩歌，他所聯想到的是個人的身世遭遇和歷史時空的蔓衍，在壯闊的景色變幻下，文人的反應是「怪生少所見，俯仰舒長喟」（朱仕玠〈火泉〉）的，這是人畏懼於自然力量下的臣服書寫，詩人所領悟到的是人的渺小短暫與自然的寬廣恆常產生的強烈對比。

海域的多變，使詩人深刻感受自我的居於天地間的不安，在有關海域書寫的詩歌中，朱仕玠以想像力將景物做出新異的譬喻，這樣的寫作方式是文人好奇尚異的心態所致，屬於刻意的聯想，與此相關的是詩歌中有關於人的身體感覺是極大的張揚化與敏銳化，如描述海島冬季之感有「皚皚沁肌骨」（〈雞籠山〉）之說，描述海浪洶湧則有「風顛浪吼冰夷怒」（〈初至鳳山即訪小琉球所在以海道險阻不能至〉）之句，敘述朝霞亦有「海上明霞炫錦屏」（〈小琉球朝霞〉）的視覺饗宴。可以說，文人將視覺、聽覺、觸覺的描摹，極盡能事呈現在感官的書寫中。

有關於朱仕玠的臺灣海域詩歌，從視角的轉換，人文的活動和引發的生命思索上，能夠發覺他對自我的定位是清晰的，他所代表的意義是清代文人至臺灣後，對地理和環境的觀照產生與大陸生活不同的新奇想像，同時寄託情感於景物的遊覽中。身分的轉換和生活場域的轉移，表現出當時文人對這塊荒夷之地的驚詫和憂疑，這其中固然有著發現新世界的興奮感，但伴隨著書寫而萌生的主要是對生命的歷程的醒悟思維，人至異地，所抒發的情懷主軸是偏向愁慮的。

參考文獻

一　傳統文獻

〔唐〕李白注，〔清〕王琦注：《李太白全集》，北京：中華書局，1977年。

〔唐〕韓愈著，馬其昶校注，馬茂元整理：《韓昌黎文集校注》，上海：上海古籍出版社，2014年。

〔宋〕朱熹：《四書章句集注》，臺北：國立臺灣大學出版中心，2016年。

〔清〕朱仕玠著，臺灣銀行經濟研究室編：《小琉球漫誌》，收入《臺灣文獻叢刊‧第一輯》，臺北：眾文圖書公司，1979年。

〔清〕朱仕玠：《谿音》，收入《清代詩文集彙編》，第317冊，上海：上海古籍出版社，2010年。

〔清〕高拱乾：《臺灣府志》，臺北：成文出版社，1983年。

〔清〕王瑛曾：《重修鳳山縣志》，收入《臺灣文獻史料叢刊‧第一輯》，臺北：臺灣大通書局，1984年。

〔清〕余文儀：《續修臺灣府志》，《臺灣文獻史料叢刊‧第一輯》，臺北：臺灣大通書局，1984年。

逯欽立輯校：《先秦漢魏晉南北朝詩》，北京：中華書局，1983年。

不著撰人，王鍾翰點校：《清史列傳》，北京：中華書局，2005年。

王國維著，徐調孚校注：《人間詞話》，臺北：頂淵文化事業公司，2001年。

趙爾巽等撰，楊家駱主編：《楊校標點本清史稿》，臺北：鼎文書局，1981年。

施懿琳等編撰，陳彥仲等校讀：《全臺詩》，臺北：遠流出版事業公司，2004年。

二　近人論著

劉　焴：《文藝創造心理學》，吉林：吉林教育出版社，1992年。

蔡英俊主編：《抒情的境界》，臺北：聯經出版事業公司，1993年。

王　立：《中國古代文學十大主題》，臺北：文史哲出版社，1994年。

朱光潛：《談文學》，臺北：文房文化公司，2001年。

謝崇耀：《清代臺灣宦遊文學研究》，臺北：蘭臺出版社，2002年。

胡亞敏：《敘事學》，武漢：華中師範大學出版社，2004年。

王幼華：《考辨與詮說：清代臺灣論述》，臺北：文津出版社，2008年。

施懿琳、廖美玉主編：《臺灣古典大事年表‧明清篇》，臺北：里仁書局，2008年。

林慶勳主編：《多重視野的人文海洋：海洋文化學術研討會論文集》，高雄：國立中山大學文學院，2010年。

謝崇耀：《月映海內灣──清領時期的宦遊文學》，臺南：臺灣文學館，2011年。

黃美玲：《明清時期臺灣遊記研究》，臺北：文津出版社，2012年。

李知灝：《從蠻陌到現代──清領時期文學作品中的地景書寫》，臺南：國立臺灣文學館，2013年。

曾大興：《文學地理學概論》，北京：商務印書館，2017年。

楊正寬：《臺灣古典旅遊文學與文獻》，新北：揚智文化事業公司，2022年。

三　學位論文

趙家欣：《朱仕玠及其《小琉球漫誌》研究》，臺南：國立成功大學中國文學系碩士論文，2015年6月。

四　期刊論文

吳毓琪：〈論孫元衡《赤嵌集》之海洋意象〉，《文學臺灣》第43卷，2002年7月。

陳家煌：〈論孫元衡及其《赤嵌集》〉，《漢學研究》第23卷第2期，2005年12月。

許惠玟：〈清代臺灣詩中儒學傳承與文昌信仰的關係〉，《東海大學文學院學報》第46卷，2005年7月。

吳毓琪、施懿琳：〈康熙年間臺灣宦遊詩人的情志體驗探討〉，《臺灣文學研究學報》第5期，2007年10月。

許惠玟：〈李逢時生平交遊及其《泰階詩稿》初探〉，《東海大學文學院學報》第48卷，2007年7月。

李知灝：〈清代臺灣賦作海洋書寫中的神怪想像：以《全臺賦》為研究中心〉，《臺灣古典文學研究集刊》第3期，2010年6月。

李知灝：〈權力、視域與臺江海面的交疊——清代臺灣府城官紳「登臺觀海」詩作中的人地感興〉，《臺灣文學研究學報》第10期，2010年4月。

陳家煌：〈從《赤崁集》看孫元衡任職臺灣海防同知的處境與心境〉，《史匯》第19卷，2016年6月。

五　網路資源

國立臺灣文學館、國立成功大學「臺灣古典詩」網站，網址：https://taiwanpoem.insowe.com/index.html。

中央研究院歷史語言研究所歷史文物陳列館網站，網址：https://museum.sinica.edu.tw/exhibition/15/item/75/。

原住民族委員會「原住民族文獻」網站，網址：https://ihc.cip.gov.tw/EJournal/EJournalCat/120。

海難與臨海禁忌的衍發：

「幽靈船都市傳說」的集體記憶與文化元素探究

吳詣平[*]

摘要

民間故事向來能夠反映人們的思想、精神、文化、風俗、信仰，近年盛行的都市傳說也不例外。而地理位置四面環海的臺灣，不可避免地會衍生與海洋有關的都市傳說。其中，「幽靈船傳說」就是一個相當著名的例子。這則傳說起於一九九五年衛爾康餐廳大火事件後。臺中當地開始流傳該場火災是幽靈船作祟、幽靈船會收走一定數量的人命使船隻「滿員」才會駛離，因而後續傳聞認為，此船也曾出現於其他人群聚集的封閉式場所上空，多起火災也是因此發生，在當時造成社會恐慌。然而這本是發生於城市裡的重大災難，為何是以「幽靈船」作為傳說的「主角」？其傳說產生與流傳的背後，是否有著對應於大眾的集體記憶、文化觀念？臺灣四面環海的地理、人文與歷史環境，又是否有連結想像的因素？其與許多臺灣歷來的「海難印象與臨海禁忌」，包括西方幽靈船傳說（如「飛行的荷蘭人」）、臺灣「採船」與「縊鬼船入港」傳說、各種海難新聞事件的流傳是否有所牽連？而透過若干從日治時期到現代的小說與演藝（如電影《冰海沉船記》、《幽冥鬼船》），又可能觸發哪些想像與影響，且經由大眾的想像加工，最終形成臺灣特有的「幽靈船都市傳說」？以上內容都將是本文試著要收羅文本資料，並進而探

---

[*] 國立中興大學中國文學研究所碩士生。

索的問題與論述的方向。

關鍵字：都市傳說、幽靈船、民間傳說故事、海洋文化

Derivative of Shipwreck and Coastal Taboos:

Delving into Collective Memory and Cultural Elements in "Urban Legends of Phantom Ship"

Wu, Yi-Ping[*]

Abstract

Folk stories reflect people's thoughts, spirits, culture, customs, and beliefs. In recent years, urban legends have become popular, and Taiwan, surrounded by the sea, inevitably has urban legends related to the ocean. Among them, the "Ghost Ship Legend" is a well-known example. This legend originated from the 1995 Wei Er Kang restaurant fire incident, and it was rumored in Taichung that the fire was caused by a ghost ship. The ghost ship would take away a certain number of lives before leaving only when it was "full." It was believed that this ship had also appeared in other enclosed spaces where people gathered, and many fires had occurred as a result, causing social panic at the time.

However, why is the "Ghost Ship" the "protagonist" of the legend in this major disaster that occurred in the city? Is there a corresponding collective memory and cultural concept among the public behind the generation and dissemination of the legend? And with the geographical, cultural, and historical

---

* M.A. student, Graduate School of Chinese Literature, National Chung Hsing University.

environment of Taiwan surrounded by the sea, are there factors that link to imagination? Does it have any connection with many of Taiwan's historical "impressions of maritime disasters and coastal taboos," including Western Ghost Ship legends (such as "The Flying Dutchman"), Taiwan's legends of "Gathered Lives to God's Boat" and "hanged ghost ships entering the harbor," and the dissemination of various maritime news events?

Through various novels and performing arts from the Japanese colonial period to modern times (such as the movies *A Night to Remember* and *Death Ship*), it is possible to trigger certain imaginations and influences. Through the processing of the public's imagination, it ultimately forms Taiwan's unique "ghost ship urban legend". This is the issue and direction that this article attempts to collect textual data and explore.

Keywords: Urban Tale, Urban Legend, Ghost Ship, Folklore, Folk Tale, Folk Story, Legend, Marine Culture

一　前言

　　臺灣地理環境四面環海，長久以來即流傳著許多與海相關的傳說，能反應人們對大海的想像與種種不同的心態，也往往和風俗、信仰、文化、歷史記憶有著密切的關係。而在近年來所盛行的都市傳說中，有相當知名的「幽靈船傳說」。「幽靈船」所帶來的普遍印象，總會讓人想起漂泊在茫茫大海之上，殘破、無有生靈，甚至可能作祟、令人感到恐懼的船隻，抑或是連結著幽靈的想像。這類船隻還可能漂泊到空中，成為糾索靈魂至無盡恐怖之境（如地獄）的載體，誠如何敬堯《都市傳說事典：臺灣百怪談》所言：

> 幽靈船：「於夜裡飄浮在空中神秘的船，找尋人類的靈魂，帶向地獄。若無意間看到它，會發生災厄。[1]」

根據此書與《臺灣都市傳說百科》等相關書籍的描述，臺灣特別產生的「幽靈船」都市傳說，最早是在一九九五年出現[2]。起因是衛爾康餐廳在一九九五年二月十五日發生的火災，那是臺灣有史以來單一建築物死亡人數最高的災難事件。在事件發生後，就開始有「大火是因為空中的幽靈船導致」、「幽靈船會收走一定數量的人命使船隻『滿員』才會駛離」的傳聞。隨著口耳相傳，「幽靈船」的都市傳說甚囂塵上，甚至漸漸擴散到其他縣市。而一九九六年二月十七日夏威夷三溫暖發生的火災，更是讓傳說越演越烈。直到二〇〇五年臺中金沙大樓的火災事件，依然有「該場火災是幽靈船再次現身導致的」傳聞產生。然而這本是發生於城市裡的重大災難，為何是以「幽靈船」作為傳說的「主角」？其傳說產生與流傳的背後，是否有著對應於大眾的集體記憶、文化觀念？且對應著臺灣四面環海的地理、人文與歷史環境，又是否有連結想像的因素？恐涉及許多「海難印象與臨海禁忌」的因素，而成為

1　何敬堯：《都市傳說事典：臺灣百怪談》（臺北：奇幻基地，2022年），頁42。

2　何敬堯：《都市傳說事典：臺灣百怪談》，頁44。楊海彥等著，《臺灣都市傳說百科》（臺北：蓋亞文化公司，2022年），頁330。

值得探究的問題。所以，本文將從西方海難與幽靈船傳說、臺灣「採船」與「縊鬼船」傳說、臺灣臨海禁忌與海難印象等方面收集相關資料，包括以若干小說與電影作為佐參文本進行探究與論述，期望能由此獲得上述問題的合理解釋，進而明瞭西方與在地幽靈船或鬼船等海洋傳說，在臺灣這樣的集體記憶與文化環境中，對於災難事件所可能衍發那些想像與影響，並且經由大眾的想像加工，最終形成臺灣特有的「幽靈船都市傳說」。

二　海難與幽靈船傳說的流傳與效應

　　「幽靈船」這一名詞，並非臺灣本有之用語，而是起源自外來文化的詞語。而這些外來文化的引入，也為幽靈船傳說的誕生奠定基礎。根據《都市傳說事典：臺灣百怪談》所述，「幽靈船」名詞最早應該是出自日治時期臺灣的日日新報[3]。不過，當時的臺灣人仍不常使用此外來用語。透過漢珍全文影像系統的關鍵字搜尋，可見到五則「幽靈船」的報導，其中有一九一二年「浦潮の幽靈船」一則，報導日俄戰爭中日軍擄獲的醫療船アンガラ號，後來改稱「姊川丸」，依兩國條約官還俄國途中的鬧鬼事件[4]；一九一六年「地方近事」有「基隆　幽靈船小しつ丸」一則，是關於一艘船主不名的廢棄船，人稱幽靈船的事情[5]；一九二九年則有大佛次郎著《幽靈船傳奇》的出版訊息[6]；至於一九三七年的兩則新聞，都與廈門商船出現「幽靈船客」的現象有關[7]。由此可見「幽靈船」一詞，除了跟鬼怪有關的傳說之外，也

3　何敬堯：《都市傳說事典：臺灣百怪談》，頁47。

4　《臺灣日日新報》，（大正元）1912年12月22日，第4版，「浦潮の幽靈船　我軍戰利の病院船　一時姊川丸と改稱」。

5　《臺灣日日新報》，（大正5）1916年7月8日，第3版，「地方近事　基隆　幽靈船小しつ丸」。

6　《臺灣日日新報》，（昭和4）1929年4月2日，第3版，「幽靈船傳奇（大佛次郎著）」。

7　《臺灣日日新報》，（昭和12）1937年4月11日，第7版，「商船對便利屋に　又復トラブル　幽靈船客取締りから」；（昭和12）1937年4月27日，第2版，「幽靈船客に　海關が嚴重警告　今後は一層嚴重な積荷檢查」。

兼有無主、不明、暗中（非法）等意義。然而到了戰後的四、五十年間，大量外來文化進入臺灣，似乎逐漸使這個外來名詞更為人們所習慣。而臺灣人對海上災難的想像，也隨著外來文化的傳播受到影響。例如改編自鐵達尼號沉沒事件的電影作品《冰海沉船記》（*A Night to Remember*）在引入臺灣後，強化了大眾對於海難的警惕心。而飛行的荷蘭人傳說，在傳入臺灣並進行傳播後，便對臺灣人關於「幽靈船」的想像架構了嶄新的形象，衍生出《鬼船》兒童故事。《幽冥鬼船》（*Death Ship*）電影將海難與海上航行的「幽靈船」的連結強化，描述了遭遇海難的倖存者們，登上被魔鬼操控的幽靈船，最終被折磨至死的故事。該部電影在臺灣上映後，增強了人們對「幽靈船」會帶來災厄的既定印象，替臺灣「幽靈船」都市傳說的產生進行鋪墊。因此，本文將於此先探討海難與幽靈船傳說的流傳與效應，將重點置於來自西方的海難與幽靈船傳說的淵源、發展及相關文藝（小說、電影）在臺灣發展的意義與可能的影響。

（一）海難與幽靈船傳說的淵源與發展

從大航海時代以來，隨著西、葡、英、法、荷諸國在海外擴展殖民勢力，競相爭鬥以圖掌控洲際航路，許多關係著航海見聞與想像的傳說，夾雜著面對各地原住民族與各國之間戰鬥的故事，也就經常被傳誦，甚至成為小說的題材。如十八世紀的《格列佛遊記》、《魯賓遜漂流記》，十九世紀的《金銀島》等皆是。這些可說都是大航海時代以來的經驗投射，以及航海冒險故事的擴大想像。其中也難免會有涉及海難的若干說法及情節，使得人們面向茫茫大海，將由大自然到海權爭鬥的恐懼，容納在故事內。而「飛行的荷蘭人」又常譯作「漂泊的荷蘭人」，是起源自歐洲民間的傳說故事（荷語：De Vliegende Hollander；英語：The Flying Dutchman）。一般流行著四種不同的說法，其故事背景皆是發生在大航海時代，故事中的船長有著不同的名字，但都駕駛著「飛行荷蘭人號」，且其航行的位置或是目標各自不

同，但魔鬼都是當中的關鍵人物，導致了船隻永無止盡地在海上漂泊。[8]關於這四種說法的大致情節，可簡略說明如下：

第一種故事的說法是 Herr Von Falkenberg 船長與魔鬼賭博，將自己的靈魂作為籌碼，最終永無止盡的在北海航行。其發生的場域就在荷蘭附近，而從各種說法的情節比較來看，似乎是最早產生的「飛行的荷蘭人」傳說。

第二種說法則描述了受到荷蘭東印度公司所僱用的 Willem van der Decken 船長，在回程行駛至非洲好望角時遇上暴風雨，船隻觸礁發生海難，他脫口而出的「就算航行到世界末日，我都要繞過這個海角！」被魔鬼聽見了，至此永無止盡地駕駛著船隻在好望角附近徘徊，人們總會在惡劣的天氣時看見他。

第三種說法中的 Bernard Fokke 船長，他駕駛的船隻速度極快，被人懷疑他是與魔鬼交易才得以如此迅速。由於這個傳言，當船上發生嚴重的鼠疫時，沒有港口願意讓他停靠，Bernard Fokke 船長立下詛咒，從此永無止盡地在海上漂泊，人們總會在暴風雨的天氣時看見他。

第四種說法與第二種說法極為相似，描述了船長 Van Straaten 在前往印尼途中，行經非洲好望角時遇上暴風雨，他賭咒要魔鬼幫助他度過好望角，至此永無止盡地駕駛著船隻在好望角附近徘徊，人們總會在暴風中見到他。

在各種傳說故事的說法當中，有兩則與海難相關，有兩則沒有海難的情節（其中一則提及船上發生鼠疫）。而發生海難的兩則故事中的船長，都是在行經好望角時發生海難，因為與魔鬼交易而得以倖存。在這些故事中，除了可能是最早產生的 Herr Von Falkenberg 船長以外，其餘三則故事最後都提到，人們會在惡劣的天氣目擊飛行荷蘭人號。因此，即使四則故事中的船長們受到詛咒，導致無盡漂泊在海上的過程不盡相同，但飛行荷蘭人號出現時會伴隨著狂風暴雨的形象，已然隨著可能是較晚誕生的三則故事傳播，形成人們對飛行荷蘭人號的既定印象。雖迄今留存的各家說法記載中，與上述故

8　荷事生非：〈讓《神鬼奇航》必須致敬，傳奇幽靈船「飛行荷蘭人」背後的奇聞軼事〉，見「The News Lens關鍵評論網」網站，網址：https://www.thenewslens.com/article/37978/page2，檢索日期：2023年5月10日。

事描述仍有細節出入，如詛咒船長的是海神而非魔鬼等等。但大致上來說，「船長受詛咒」、「飛行荷蘭人號永無止盡漂流」、「行經處必有狂風暴雨」仍是記載中的共同母題。因此上述三點為歐洲國家的人們對「飛行荷蘭人號」傳說的既定印象，也成為後續以此為題材的文藝創作基礎。而以「飛行的荷蘭人號」傳說為基礎，最知名的改編創作是德國作曲家理察・華格納（R. Wagner）的歌劇《漂泊的荷蘭人》，在一八四三年德國德勒斯登歌劇院首演，歌劇共有三幕[9]。與傳說不同的是，歌劇中飛行荷蘭人號的船長，每隔七年能有一次上岸的機會，並且只要找到真愛之人，就能破除他受到的詛咒。《漂泊的荷蘭人》的內容，便是描述了「飛行荷蘭人號」的船長在挪威海港偶遇一艘躲避風雨的船隻，受其船長邀請，上岸後與船長的女兒相戀，最終破除詛咒的故事。作曲家理察・華格納在創作過程中，除了結合自身經歷外，也受到詩人克里斯蒂安・約翰・海因里希・海涅（Christian Johann Heinrich Heine）的小說《施納貝勒沃普斯基的回憶錄》（*Aus den Memoiren des Herren von Schnabelewopski*）影響，而海涅的著作同樣取材自飛行的荷蘭人傳說。在華格納以後，一九五一年阿爾伯特・勒文（Albert Lewin）執導的電影《潘多拉和飛翔的荷蘭人》（*Pandora and the Flying Dutchman*）[10] 在英國上映，故事情節則明顯受到華格納歌劇的影響。同樣是能夠短暫停留在陸地的飛行荷蘭人號船長，破除詛咒同樣需要真愛之人，內容也是以船長的戀愛糾葛為主。

由此可見，「飛行的荷蘭人」傳說在歐洲具有一定的影響力，特別是受到詛咒的船長、無盡的飄泊，已然形成人們對於「飛行的荷蘭人」傳說的文化記憶。而華格納的歌劇與後來的電影，是經過詩人、作曲家等藝術家之手

9　吳祖強主編，華格納（R. Wagner）劇本，劉岠渭推薦：《華格納：漂泊的荷蘭人》（臺北：世界文物出版社，2021年），見「世界文物出版社」網站，網址：http://www.mercury-publish.com.tw/index.asp?module=Product_List&file=Detial&Category=228&PID=M3175，檢索日期：2023年5月10日。

10　《潘多拉與飛翔的荷蘭人》，見「豆瓣電影」網站，網址：https://movie.douban.com/subject/1764392//，檢索日期：2023年5月10日。

進行再詮釋，加入了愛情元素，替陰森恐怖的傳說添上浪漫色彩。不過，這暴風雨、魔鬼、海難、疫病與無有止盡的航程，還有面對末日感的怨懟，不僅是人們對於「飛行的荷蘭人」傳說的深刻記憶，也可說是長久以來對於種種航海時的危險、恐懼心理的投射，進而衍伸成為一種塑造「幽靈船」的形象概念。再加上時有所聞的海難新聞，還有無主船隻漂流之事，以及人們傳頌或構思故事時的種種想像，那象徵死亡的「鬼船」、「幽靈船」，甚至是「骷髏船」的樣貌，就幾乎被定型，且隨著各種後續的文藝創作而廣為流傳。位居東亞航路要衝，從大航海時代就與各方殖民勢力牽連的海島臺灣，雖無有直接證據說明早年這些「幽靈船」的傳說，就隨著各方力量（甚至是在此建立的殖民政權）而得以流傳，但從眾多發生在周圍的海難事件來看，這些船難的印象與概念確實是存在的。根據姚開陽先生整理的臺灣沉船與水下文化資產資料庫網站，可以看到在大航海時代的臺灣發生過許多沉船事件。當中除了眾多戰役導致被擊沉的船艦外，亦不乏因惡劣天氣、不熟悉地形導致觸礁等事故發生的船難，如以下引文所述[11]：

> 1652年6月27日Delft號從巴達維亞出發前往澎湖，任務是赴臺灣運回所產的蔗糖，並且協助熱蘭遮城防禦國姓爺鄭成功的攻擊，結果在10月3日失蹤，當時的船長是Kornelis Pietersz. Roggeveen，有8名船員被漁船救起。

這種大航海時代的勢力爭奪，就在臺灣的四周海域，甚至於不同國家所建立的臨海堡壘發生，如荷蘭首次攻擊北臺灣西班牙人所建立的聖薩爾瓦多城，就有船艦在天候與對方防砲下損傷[12]：

---

11 姚開陽：〈Delft〉，見「臺灣沉船史與水下文化資產」網站，網址：http://www.capitanc creative.com/wreck/wreck1/Delft.html，檢索日期：2023年5月10日。

12 姚開陽：〈聖薩爾瓦多城戰役擊沉之荷蘭軍艦〉，見「臺灣沉船史與水下文化資產」網站，網址：http://www.capitancreative.com/wreck/wreck1/%E8%81%96%E8%96%A9%E7%88%BE%E7%93%A6%E5%A4%9A%E5%9F%8E%E6%88%B0%E5%BD%B9%E6%93%8A%E6%B2%89%E4%B9%8B%E8%8D%B7%E8%98%AD%E8%BB%8D%E8%89%A6.html，檢索日期：2023年5月10日。

（聖薩爾瓦多城戰役擊沉之荷蘭軍艦）1641年8月荷蘭人第一次進攻聖薩爾瓦多城，守軍以一門18磅砲擊傷荷軍旗艦，最後該艦可能因夜間的北風太強折斷桅桿，並被海流帶到淺水處擱淺而毀於岸邊，桅桿帆及索具漂浮在水上。

荷蘭是大航海時代曾殖民臺灣的國家，其船隊正是必須繞過發生「飛行的荷蘭人」傳說的好望角而來。當然得以繞過好望角的船隻，尚須經過許多危險的航程才能到達臺灣，甚至在經過南海接近臺灣時，更可能誤觸暗礁，因此在前引遭遇國姓爺攻擊失蹤之後，又有東沙島附近的觸礁事件：

兩年後另一艘荷蘭船Utrecht（烏特勒支號）在東沙島觸礁沉沒，遇難的船員在島上竟然發現Delft號的一具艙門，證實了Delft號是在東沙附近海域遇難。Delft號是荷蘭東印度公司船隻較早在東沙島觸礁的，有可能因海圖不清地形不熟而出事。

又或是該資料庫提及的另一起海難事件，則是遭遇原住民攻擊，這是殖民勢力擴張時，必定受到的在地挑戰[13]：

（哆囉滿海難）1627至1628年之間，一艘來自馬尼拉運送補給物資的舢舨（西班牙文獻中所稱舢舨往往指大型戎克船而非今日對小划船的稱謂）漂流至今日花蓮壽豐海岸，被當地Patiur部落（阿美族舊社）的原住民搶劫。

這些類似的事件持續發生到十九世紀末，甚至影響到臺灣在各方勢力競逐下的命運。也顯現臺灣人長遠以來，就經常耳聞或親見海難，再加上閩、粵移民渡過「黑水溝」而來的艱辛，所謂「十去，六死，三留，一回頭」。這些對於海難深刻的印象，不僅是來自各方殖民勢力競逐的場面，更對映著

---

13 姚開陽：〈哆囉滿海難〉，見「臺灣沉船史與水下文化資產」網站，網址：http://www.capitancreative.com/wreck/wreck1/%E5%93%86%E5%9B%89%E6%BB%BF%E6%B5%B7%E9%9B%A3.html，檢索日期：2023年5月10日。

自身、家族的經驗或者是族群歷史。而隨著更多戰役在臺灣的四周海域發生，許多沉船或破船的形象也就更加顯明，如資料庫中提到的清鄭澎湖大海戰[14]：

> 經過多年的蹉跎，康熙皇帝終於在1683年6月17日（康熙二十二年五月廿三日）下令由施琅擔任主帥進攻臺灣，澎湖海戰因此爆發。……10月8日施琅來台接收，鄭克塽在承天府薙髮跪迎，從此臺灣成為大清帝國的版圖達212年。這場海戰清軍出動24,000人，大鳥船70艘、趕繒船103艘、雙帆居船65艘，合計238艘。明鄭出動20,000人，大小炮船、鳥船、趕繒船、洋船、雙帆等各式船艦約200艘，如此規模浩大的海戰遺留在澎湖海底的沉船一定很多，但因參戰船艦龐雜且戰損統計資料模糊，無法為各艦單獨立傳。

所以，從大航海時代就對西方船艦不陌生的臺灣人，在歷史記憶中也少不了因戰爭、風雨等因素產生的破船、沉船記憶，再加上荷蘭、西班牙曾在此建立殖民政權，留下若干與其文化元素連結的建築、地名、食物、宗教信仰等，後來清法戰爭又有多處戰場位於臺灣（基隆、澎湖）。這些渡海而來的力量，在此興盛、衝擊、衰落，於是與之連結的航海與遭難印象，更顯得清晰、深刻，使得以西方船艦為基底的「幽靈船」形象與意義，也可在臺灣社會的集體記憶中，產生得以衍發至附會於各種災難的現象。

（二）海難與幽靈船故事書的形象思維

前文提及一九二九年《臺灣日日新報》有大佛次郎著《幽靈船傳奇》的出版訊息，然此之後，據何敬堯所考得的幽靈船或鬼船故事書，要到一九七

---

14 姚開陽：〈清鄭澎湖大海戰〉，見「臺灣沉船史與水下文化資產」網站，網址：http://www.capitancreative.com/wreck/wreck1/%E6%B8%85%E9%84%AD%E6%BE%8E%E6%B9%96%E5%A4%A7%E6%B5%B7%E6%88%B0.html，檢索日期：2023年5月10日。

○年代文林出版社出版《兒童世界怪談》系列的《鬼船》故事[15]才再次出現。《鬼船》內容描述一名船長在暴風雨中行船，與惡魔交易得以成功渡海，然而他的船隻卻因此失去實體，在海洋上漂流數百年，此後凡是見到他的船隻的人都會死於非命。這則故事的內容與西方傳說「飛行的荷蘭人」極為相似，可以推斷其原型應該便是「飛行的荷蘭人」。而此流入臺灣的傳說改編內容，也與一九九○年代出現臺灣「幽靈船」都市傳說的部分情節呼應，甚至可以說是其「幽靈船」形象與行事的雛形。如「凡是見到他的船隻的人都會死於非命」此點，便與「幽靈船會收走一定數量的人命」同樣具有吸人性命、致人於死的相近之處；而「船隻卻因此失去實體」和臺灣的幽靈船都市傳說中，「幽靈船沒有實體」的形象頗為類似。因此，從這兒童故事書《鬼船》對「飛行的荷蘭人」傳說的衍繹，更可以加強證明「飛行的荷蘭人」傳說，對臺灣「幽靈船」都市傳說的形成確實造成影響。

　　而在一九九一年，也出現了聯合報刊載作家黃易的〈幽靈船〉小說創作[16]，其內容大致為：「男主角與妻女坐遊艇至百慕達三角洲，卻被幽靈船擊沉遊艇發生船難，只剩男主角一人獲救。倖存的男主角回到百慕達海域，發現該地是不同異時空的交會點，因此才會發生各種匪夷所思的事件，使得船隻、人類失蹤。」這篇小說與《兒童世界怪談》，同樣都描述了人們遇見海難，以及海洋上航行的不祥船隻帶來災難的情節。由此可以看出，即便前者故事當中將帶來災難的船隻稱為「鬼船」、「虛幻船」；後者則稱「幽靈船」，但相隔了約二十年仍然存在的相似情節，可以看出海難發生及不祥船隻的關聯性，已然成為文化記憶的一部分，為小說創作者自然運用。而將「百慕達三角洲」傳說，特別是人船失蹤、進入異時空的情節與幽靈船帶來船難的概念結合，也可以見到類似傳說在轉作小說構思的過程中，不僅具有呼應文化記憶的意義，更具有靈活吸納新傳說素材的效應，可以擴大原傳說的表述情境與架構。

---

15 何敬堯：《都市傳說事典：臺灣百怪談》，頁48。

16 何敬堯：《都市傳說事典：臺灣百怪談》，頁50。

而一九九五年臺灣幽靈船都市傳說的誕生，可以說就是在這種來自文化記憶，又吸納新傳說素材，也就是從災難新聞衍發為各種街談巷議、謠言渲染的說法，構成幽靈船從海至陸，成為奪取性命的載體。讓這象徵死亡的印象，藉著幽靈船的形象意義，成為新興都市傳說的主體。尤其是幽靈船都市傳說持續近二十年依然經久不衰，而幽靈船的船隻形象，也經由作家的再詮釋，有了更為立體的形構與出沒情境。如二〇一七年奇幻基地出版，作家笭菁撰寫的《都市傳說第二部3：幽靈船》[17]就鋪展出這樣的效果：

> 銀色閃光在深灰厚實的雲層裡不停發光，將雲層照得通透，雲裡隱約的有不尋常的、黑色的、相當巨大的——唰！
> 羊頭骨倏地穿破雲層，一艘巨大但騰空的船破雲而出，雲如絲霧般纏繞著船身與船桅，船身似以骨頭組成，前半突出於雲外，後半隱沒於烏雲中，那在雲裡飛揚的帆帶著襤褸頹廢。

在作家的描述當中，可以看出幽靈船的外型除了如《鬼船》、〈幽靈船〉描寫，同樣是漂浮於空中，不具有實體外，還增加了黑色外觀、骨頭建造、破爛帆布的形象。雖然笭菁的小說成書年代較前文提及的兩部作品晚，但從文章中將幽靈船與火災連結的敘述，能夠得知作家筆下的傳說源頭，同樣是來自衛爾康餐廳火災事件衍發的幽靈船都市傳說。因此，這種出現在城市災難的幽靈船傳說，似乎已經成為臺灣人文化記憶的一部分，其形象也在人們的思維想像、口耳相傳、文字記載中被形塑出越發不同的樣貌。而這樣的流傳趨勢到了作家手上，顯然已經成為一種新的素材，或者是促發想像的重要元素，使得幽靈船的破廢樣貌與死亡的恐懼，有了更具體、明確的牽連，尤其是透過小說封面圖畫與出版宣傳短片，更讓這由海上而轉向火場的幽靈船形象，成為構築恐怖情境的一種象徵與文化記憶。

17　笭菁：《都市傳說第二部3：幽靈船》（臺北：奇幻基地，2017年），見「博客來」網站，網址：https://www.books.com.tw/products/0010763616，檢索日期：2023年5月10日。

（三）海難與幽靈船電影的具象激發

　　一九五〇年代以後，歐美電影在穩定的社會環境中，有了更多元發展的條件，而災難片與恐怖片也隨著聲光刺激的效果，成為電影作為大眾娛樂的重要類型。隨著接受美援與美軍駐防臺灣的時空背景，歐美電影在臺灣播放，不僅是足以豐富娛樂生活的方式，也成為一種文化輸入的重要指標。其中，根據《聯合報》的報導，可以看到一九五九年曾有一部在臺灣上映的電影，是依據美國一九一二年真實海難事件，也就是著名的鐵達尼號船沉沒事件而拍攝，名為《冰海沉船記》[18]（*A Night to Remember*）。該電影使用群像手法，描述了鐵達尼號船隻沉沒事件中，不同階層人物們的視角與心態反應。而這海難電影的內容，對於生長在四面環海環境的臺灣人來說自不陌生，甚至產生深刻的警惕，而這來自電影的警惕要素，也對臺灣人塑造「幽靈船」都市傳說的災難氛圍產生影響。

《冰海沉船記》電影廣告

18　《冰海沉船記》電影廣告，《聯合報》第8版，1959年10月17日。

　　一九八一年，曾在美國、英國等地上映的《幽冥鬼船》[19]（*Death Ship*，或譯作《幽靈船》）電影也曾在臺灣上映，描述了一艘客輪在海上遭遇碰撞事故沉沒，倖存者們為了求生，不慎登上被魔鬼操控的「幽冥鬼船」，除了當中的一家四口在互助下得以逃脫，其他人都被折磨至死的故事。其中「客輪在海上遭遇碰撞事故沉沒」的情節可以看出，該電影同樣以鐵達尼號沉沒事件為改編原型。但是登上魔鬼操控的「幽冥鬼船」的發展，則與「飛行的荷蘭人」以來，那種由魔鬼控制幽靈船，象徵著恐怖與死亡的概念相符。不僅將西方國家古老的民間傳說，警示人們對海洋保持敬畏的怪談故事，幻化成具體聲光詮釋的電影，相關海報、宣傳品，甚至是電影院的大型看板，都讓這「幽靈船」的形象更成為集體深刻的文化記憶，這與後來都市傳說藉幽靈船象徵死亡召喚的概念相合。試從其刊登於《自立晚報》的宣傳話語：「恐怖、驚駭、碎膽、嚇死人」；「吸人血充能源，採骨骼當燃料」；「橫行海

《幽冥鬼船（幽靈船）》電影廣告

19　《死亡船》（*Death Ship*），見「豆瓣電影」網站，網址：https://movie.douban.com/subject/1302139/?from=tag_all，檢索日期：2023年5月10日。

上最怪異，最恐怖的魔鬼船」；「屍骸網罩、勾魂羅剎、地獄冤魂、黑海厲
鬼、見我者狂、觸我者死、橫行海上、大小通吃、活人祭品、鬼船飽饜」；
「不是等閒的恐怖片！請勿單獨來看！」；「不是不關痛癢的刺激，請帶著最
大的阻力來觀賞」[20]等用詞之強烈，即可知此片所帶來的「幽靈船」形象意
義，已是極度放大的恐怖與死亡、鬼魂受虐、如同地獄的想像。所以，就幽
靈船都市傳說背後的大眾流傳效應來說，此類電影更具有具象激發的作用。

三　「採船」、禁忌傳說與在地海難印象的對應

　　關於「幽靈船都市傳說」的內涵意義，除了有來自西方的船難、幽靈船
（鬼船）傳說、對應於臺灣的歷史記憶與小說、電影的激發之外，來自本土
的「採船」與「縊鬼船入港」傳說，還有近年在地海難的印象，也可能融化
在其中，使其帶來恐懼與死亡的概念更具有本土文化的意涵。

（一）「採船」與「縊鬼船入港」

　　根據林培雅老師的〈王爺的角力戰──臺南安平「採船」傳說研究〉論
文內容可以得知。臺南安平從日治時期開始就有採船的傳說，此傳說最早可
追溯至清朝，和當地濃厚的王爺信仰有緊密的關聯性[21]。採船的船都來自於
王爺，它與王船不同的地方在於，王船是王爺在自己管轄的社裡繞行的船，
信徒們有可能會在繞行的過程中被選為船上的工作人員。而工作人員的職位
類似於榮譽職，且可以在被選的人往生後由其家屬繼承。因為這種選人方式
不會危及信徒的生命安全，又保證了往生後可以不入地府，所以信徒們並不
排斥，甚至樂意擔任。但採船則不同，採船的船是無形的，它通常是外來的
王船，也就是非本地王爺的王船。而這些船在路過時，可以直接抓走當地居

---

20 《幽靈船》電影廣告，《自立晚報》，1981年7月31日。
21 林培雅：〈王爺的角力戰──臺南安平「採船」傳說研究〉，《文化資產保存學刊》第44
　　期（2018年6月），頁15。

民充當水手以補足人手缺漏，補足了才會離開。根據採訪的說法，通常是身材高大壯碩，或者從事漁業的人才會被抓，而被抓的人往往會突然生病。家屬如果想把人找回來，必須請自己住址社里的王爺去交涉，用「你的王船抓走了我管轄地區的信徒，危害到我的信徒的安全，干擾了我的管轄權」為由來向採船的王爺談判。交涉的過程當中，往往會以王爺間的武力、官職的較量來斷定結果，因此必須找身為武將的王爺出面，才有機會把人帶回來。此外，請王爺去交涉還有黃金時間必須掌握，如果拖得太久導致採船的王船離開了，就無法將被抓走的人帶回，被抓的人會因靈魂出竅而死。另外需要留意的是，被採船的人會表現為突然生病，但不是所有突然生病的人都是被採船，必須請示擔任文職的王爺判定是否確實被採船。

由林培雅老師的採訪紀錄，我們可以進一步得知，因為安平當地居民信仰王爺，敬畏之心強烈，不敢貿然詢問王爺採船的真實情況[22]。加上乩童不得過多洩漏神明起乩過程的限制，使得安平人們無從得知採船的來龍去脈。多數人普遍以為採船的船是外來的、搶劫的、不好的船，又因為天機不可洩漏，加上唯恐觸怒王爺，所以不敢詢問王爺或乩童。只有林培雅老師採訪到的現任王船水手，才格外清楚當中原因。而安平的王爺信仰色彩濃厚，時至今日還能聽到王爺的傳說並經常見到祭祀活動。但基於各社里信徒都不願被採船的緣由，因此王船只會在對應王爺的管轄區域繞行，不會繞境。如果要繞境，也只會在燒掉王船之後。此外，在安平以外的地方，也能聽聞採船傳說，例如離島的採船是女性被選為船上領導階層人員的伴侶。不過林培雅老師的研究，主要聚焦於安平區域的王爺信仰和採船傳說，因此尚未對其他地方多做探究。林培雅老師在最後的結論提到，目前學者們普遍認為，王爺信仰是人們對瘟疫原始的恐懼，上升為神格後，再逐漸發展成穩定的信仰體系[23]。而筆者認為這種恐懼，是否沿襲下來，轉化成為對於突然過世者的遭遇解釋，即突然過世者為遭遇「採船」，似乎是可以再收集更多資料，持續探究的方向。

---

22 林培雅：〈王爺的角力戰──臺南安平「採船」傳說研究〉，頁21。
23 林培雅：〈王爺的角力戰──臺南安平「採船」傳說研究〉，頁25。

　　不過,綜合林培雅老師的論述,可以觀察到「採船」傳說與「幽靈船」都市傳說的相似之處,並進而解釋「採船」對於「幽靈船」都市傳說在形成過程中可能產生的影響。首先是「採船的船是無形的」,如此關於「採船的船」之形象描述,恰好與「空中無形的幽靈船」互相吻合。其次,採船會「抓走當地居民充當水手以補足人手缺漏,補足了才會離開」,與幽靈船會「收走一定數量的人命使船隻『滿員』才會駛離」頗為相似;只是採船是為了補足缺乏的水手才要抓走一定數量的人,幽靈船為何要滿員則沒有在傳說中解釋。此外,採船會「使人突然生病,最後靈魂出竅而死」,與幽靈船會「造成火災意外使人喪命」同樣都表現為不可預期的急難情況,最終也都會讓人喪命;不過「採船」可以被王爺化解,幽靈船則無法可解。所以,「採船」傳說與「幽靈船」都市傳說,可說具有相似的某些本土文化元素,卻可能因為時空環境的不同有所差異。而「幽靈船」都市傳說的背景在臺中,這層地緣關係與位於西南沿海的臺南安平,是否有所連繫或造成差異?也將成為筆者觀察討論與解釋現象的重點。首先是關於「採船」傳說與「幽靈船」都市傳說的船隻形象都是無形的說法,由於「採船」傳說又可上溯至清朝的時間點,即便臺中不像安平地區王爺信仰興盛,然而臺灣曾受過清朝政府治理,或可認為有關採船的文化彼時便已傳入臺中,只是並未因廣泛信仰而昌盛,為人所知而已。因此「採船」傳說應該是「幽靈船」形象何以是無形的因素之一。其次,有關採船是為了補足缺乏的水手抓人;幽靈船卻無理由抓人以達到滿員。前者有明確的目的可以追索理解,後者卻令人難以捉摸。筆者推測這可能有兩個原因:

　　其一,採船雖然被誤解是不好的、搶劫的船,但究其起源,還是出自王爺信仰。既然有信仰為基礎,即便傳說(習俗)始末,無法讓信徒太明確的理解,如為何採船有權力傷害王爺庇佑的信徒性命?仍然須對採船的行為作出動機補充,正是如同對王爺信仰的傳說必須作出合理說明一般,需要給出較合理的解釋,以避免動搖信徒的虔誠。而採船的傳說在受王爺信仰傳說影響下,自然也會被信徒圓上較合理的說法。然而「幽靈船」都市傳說,其出現的緣由是來自於對火災事件的解釋,後續故事流傳演變更是圍繞著人們對

火災、對無形之物的種種恐懼與警惕。而最大的恐懼莫過於未知，因此幽靈船傳說幾經周轉，也都沒有對為何必須滿員作出解釋。甚至根據《臺灣都市傳說百科》的觀察，幽靈船已經超過傳說中需要滿員的人數，卻仍未駛離[24]。而這種難以捉摸的傾向，也是「幽靈船」這一偏向鬼怪作祟的傳說，與賞善罰惡、庇護信徒的神明傳說表現的公正嚴明不同。因此，雖然採船和幽靈船同樣都有「需要補足人數」的傳說內容，而追究早至清朝的採船傳說，也可認為採船或許是影響幽靈船傳說的原因之一；但信仰傳說與都市傳說塑造的根本目的並不相同；流傳過程中前者是以信仰為動力，後者則是以恐懼、警惕等為動能，故而會產生最終情節內容的不同。

其二，則是採船傳說在口耳相傳的過程中，很可能因為語言傳遞上的誤差，導致臺中居民在接收到採船的故事內容時，已經遺失了有關「抓人是為了補足缺乏的水手」這一描述。如此一傳十、十傳百，採船傳說的樣貌已與在安平時大不相同，也與可能被清朝遺留下來的文化形貌不一致。即使日後採船傳說經由文字再次進入臺中，臺中人對採船傳說的印象也已積非成是，很難再做改變。以至於最終受採船傳說因素影響形成的幽靈船都市傳說，並沒有「為何需要達到滿員」的說明。

至於「採船可以被王爺化解，幽靈船則無法可解」的區別，或許也可以上述兩項原因做解釋。因為流傳動力和根本原因不同，才導致與信仰傳說密切關聯的「採船」還有信徒的一線生機以安撫信眾心理；而為了凸顯恐懼和警惕作用的「幽靈船」，則沒有信仰元素所產生的安撫人心意涵在內。這樣的現象對現代社會來說，可能以「認知防火重要」的警惕作用，來產生一種「如果能注意防火的要領、做好公共安全設施檢查，就可以避免火警，免去幽靈船收人」的效用。當然要以口耳相傳造成的內容變貌，來解釋「幽靈船」、「採船」傳說內容同而有異的原因，也是可以說得通的。

除了上述的「採船」傳說，根據《漢文臺灣日日新報》一九一〇年七月七日〈姑妄言之〉[25]的內容，我們也能看到具有和「採船」類似，卻脫離信

---

24 楊海彥等著：《臺灣都市傳說百科》，頁330。

25 本報訊，〈姑妄言之〉，《漢文臺灣日日新報》，第5版，1910年7月7日。

仰因素而與「幽靈船」內容相類的傳聞：

> 美時買辦楊澄階之縊死。有云是夜有行員親見一婦人入其室。呼之不
> 應。追之竟杳。人始知為鬼。以其室變死者已數人。故疑為來捉交替
> 者。又有云近日有縊鬼船入港。遭此厄者必尚多也。不知其船果何標
> 識。而驚世駭俗若此。是亦姑妄言之姑聽之耳。其何能信。

報導指出洋行買辦楊澄輕生後，有洋行行員在當天夜裡，見到一名婦人進入
楊澄的房間，隨後離奇地消失了。而婦人進入的那間房間，已有多起人員過
世的事件先後發生，因此被人們認為是民間相傳的「抓交替」。同時，又聽
說了有上吊輕生的鬼魂船隻要入港，將造成許多災厄。因此，透過這則報
導，可以從「抓交替」、「縊鬼船入港」兩個部分，從中分析可能對幽靈船傳
說造成影響的因素。「抓交替」的內容，會在後續關於民俗禁忌的論述中進
行分析，此處暫且不提。而「縊鬼船入港。遭此厄者必尚多也」與「幽靈
船」停留在建築物上空，會造成建築中的人們死於非命的說法極為相似，不
同之處僅有船隻的名稱和停留的地點。從停留海邊的「縊鬼船」，到盤桓空
中的「幽靈船」的現象，可以窺見由海洋至陸地的轉變。「縊鬼船」船上的
乘客應當都是上吊輕生的鬼魂；而幽靈船上的乘客則沒有提及身分，僅能從
傳說內容推測，或許是鬼魂、精怪。作祟船隻的停靠位置改變，可以看出原
本徘徊在海邊的災厄，經過一九一〇年至一九九五年的時間流逝，將地點轉
移到陸地。雖然臺灣海邊至今仍有「抓交替」的民俗禁忌傳說，但卻甚少聽
說「縊鬼船」傳說。或許可以認為，該則傳說已經完成了發生地點的轉移，
離開海邊，「上岸」到陸地的建築上空。雖然目前沒有明確證據能肯定「縊
鬼船」傳說與「幽靈船」傳說之間有因時演變的關係，但與海洋相關的災難
元素發生陸地化之現象，已可從中窺見一二。

　　此外，「縊鬼船入港造成災厄」的說法，與採船傳說當中提到的「採船
會停留抓人上船」相近，都具有「船隻停留」、「停留後發生事故」的情節，
而採船傳說起源自清朝時期的文化遺留，它與一九一〇年的「縊鬼船入港造
成災厄」傳聞之間，即便沒有前後流變之關聯，也應當對傳聞內容的重要元

素有所影響。因此，綜合以上由「縊鬼船」傳說的誕生，到「幽靈船」傳說發生年代，傳說內容變化的論述，以及採船傳說的分析，可以得出暫時性的結論。一九一〇年的「縊鬼船」傳說，無疑是當時在洋行行員間流傳的都市傳說。而該則傳說歷時長久，再加上戰後外來文化進入臺灣，使得人們逐漸遺忘「縊鬼船」傳說。但在王爺信仰、採船傳說，或許還有對已經遺忘的「縊鬼船」傳說情節的既視感多重因素影響下，讓原本在地理位置上與海洋密切相連，與海洋災難息息相關的傳說型態，逐漸發生改變。最終在餐廳大火的事件催化下，形成至今仍讓人議論紛紛的「幽靈船」都市傳說。亦使原本傳達對海洋抱持警惕、懷有恐懼的傳說主旨，發展為對於公共場所安全的疑慮，特別是對火災的恐懼，以及對建築物空間規劃不夠完善的提醒和警惕。

（二）「抓交替」與海洋禁忌

「抓交替」是臺灣鬼魅傳說常見的情節（母題），從山溪到河海、交通要道都有可能發生「抓交替」的場域。而臺灣漁民、釣客對海洋有多項禁忌，例如每逢七月中元節，都會有「不要靠近水邊以免被抓交替」的說法。又如「浮標漂走不要撿，可能是水中好兄弟想要，若是去撿會觸怒對方」；「釣魚前，要看看地上有沒有燒過的金紙，若有，可能是該地出過事」；「十月風浪大，是抓交替的季節，不可海釣」等等。這些禁忌傳說，反映了人們對海洋的敬畏，對海難的恐懼。事實上，前文提及《漢文臺灣日日新報》一九一〇年七月七日〈姑妄言之〉的報導，其傳聞亦有受到「抓交替」這個概念的影響。報導當中的婦人鬼魂，被認為是來引人自殺，「抓交替」好讓自己能投胎轉世。「縊鬼船入港」除了如上文所述，會帶來災厄外，也被報導中的行員認為是鬼魂要來「抓交替」的前兆。由此可以看出，民間禁忌「抓交替」對傳說形成的深遠影響。既然「縊鬼船」傳說與臺灣幽靈船都市傳說之間具有高度相似性，以致雖然無法證明兩者之間有因時演變的脈絡關係，也不見臺灣幽靈船都市傳說中「幽靈船」要滿員才駛離的情節，是否具有「抓交替」的意義，但破敗的幽靈船本象徵由魔鬼或幽靈（亡魂）所駕駛，

其取人性命（甚至是多人性命）的行事實與「抓交替」的作法並無不同，故仍能肯定「縊鬼船」傳說對臺灣的「幽靈船」概念有相當程度的影響，也間接證明了「抓交替」禁忌在臺灣幽靈船都市傳說的形成過程中，發揮了相當重要的作用。

四　結語

　　自大航海時代以來，臺灣不乏諸多船難事件。背後因素除了戰爭導致，也有不熟悉地形、天氣惡劣招致的意外事故。使得對於海難的深刻印象和警惕，深植於臺灣民眾的集體記憶當中，奠下人們對世界各國海難相關影視、文學等作品產生共鳴的基礎。而「幽靈船」這一名詞，本非臺灣本土文化所有。隨著荷蘭、日本、歐美等外來文化的引入，帶來了「飛行的荷蘭人」民間傳說，也初步塑造「幽靈船」的概念。與魔鬼交易的船長，無盡航行漂泊在海上的情節，以及其中的海難元素，都隨著臺灣本土小說創作者們的再詮釋廣為流傳。再加上《冰海沉船記》、《幽冥鬼船》等電影在臺灣上映後，更進一步強化了幽靈船和海難的連結，並增強幽靈船的恐怖形象。此外，臺灣本土的採船傳說，「抓交替」禁忌、「縊鬼船入港」傳聞等，都呈現了臺灣信仰文化與民俗觀念對應於海難事件的諸多解釋，其既引人恐懼，又能產生警惕的效果，也使西方幽靈船傳說中幽靈船的行事，與臺灣傳說結合後，更有貼近於本土的想像內涵。因此，對「無形船隻會帶走人命」的恐懼心理及印象，在「幽靈船」的概念廣為人知後，與其互相結合，「幽靈船」不僅與海難產生連結，更因此與「許多人意外死亡」的事故產生聯繫。在衛爾康餐廳發生火災後，留下的廢墟遺址與廢棄船隻相似的外型，結合大火時許多人意外死亡的情形，在人們的想像中與「幽靈船」的文化符號互相融合，最終使得幽靈船「上岸」，成為迄今仍為人所熟知的，臺灣的幽靈船都市傳說。

參考文獻

一　專書

何敬堯：《都市傳說事典：臺灣百怪談》，臺北：奇幻基地，2022年。
楊海彥等著：《臺灣都市傳說百科》，臺北：蓋亞文化公司，2022年。
謝宜安：《特搜！臺灣都市傳說》，臺北：蓋亞文化公司，2020年。

二　期刊論文

林培雅：〈王爺的角力戰──臺南安平「採船」傳說研究〉，《文化資產保存學刊》第44期，2018年6月，頁7-28。

三　報紙

本報訊：〈姑妄言之〉，《漢文臺灣日日新報》，第5版，1910年7月7日。
本報訊：〈1959《冰海沉船記》〉，《聯合報》，第8版，1959年10月17日，。

四　網路資料

《死亡船》（*Death Ship*），「豆瓣電影」網站，網址：https://movie.douban.com/subject/1302139/?from=tag_all，檢索日期：2023年5月10日。
邱怡萱：〈64死慘劇煞氣重？臺中百坪精華地狂砍4千萬求售〉，「中時新聞網」網站，網址：https://www.chinatimes.com/realtimenews/20181008001437-260410?chdtv，檢索日期：2023年5月10日。
吳祖強主編，華格納（R. Wagner）劇本，劉岠渭推薦：《華格納：漂泊的荷蘭人》（臺北：世界文物出版社，2021年），「世界文物出版社」網

站，網址：http://www.mercury-publish.com.tw/index.asp?module=Product_List&file=Detial&Category=228&PID=M3175，檢索日期：2023年5月10日。

苓　菁：《都市傳說第二部3：幽靈船》（臺北：奇幻基地，2017），「博客來」網站，網址：https://www.books.com.tw/products/0010763616，檢索日期：2023年5月10日。

姚開陽：〈Delft〉，「臺灣沉船史與水下文化資產」網站，網址：http://www.capitancreative.com/wreck/wreck1/Delft.html，檢索日期：2023年5月10日。

———：〈哆囉滿海難〉，「臺灣沉船史與水下文化資產」網站，網址：http://www.capitancreative.com/wreck/wreck1/%E5%93%86%E5%9B%89%E6%BB%BF%E6%B5%B7%E9%9B%A3.html，檢索日期：2023年5月10日。

———：〈清鄭澎湖大海戰〉，「臺灣沉船史與水下文化資產」網站，網址：http://www.capitancreative.com/wreck/wreck1/%E6%B8%85%E9%84%AD%E6%BE%8E%E6%B9%96%E5%A4%A7%E6%B5%B7%E6%88%B0.html，檢索日期：2023年5月10日。

———：〈聖薩爾瓦多城戰役擊沉之荷蘭軍艦〉，「臺灣沉船史與水下文化資產」網站，網址：http://www.capitancreative.com/wreck/wreck1/%E8%81%96%E8%96%A9%E7%88%BE%E7%93%A6%E5%A4%9A%E5%9F%8E%E6%88%B0%E5%BD%B9%E6%93%8A%E6%B2%89%E4%B9%8B%E8%8D%B7%E8%98%AD%E8%BB%8D%E8%89%A6.html，檢索日期：2023年5月10日。

———：〈1582年的海難〉，「臺灣沉船史與水下文化資產」網站，網址：http://www.capitancreative.com/wreck/wreck1/1582%E5%B9%B4%E7%9A%84%E6%B5%B7%E9%9B%A3.html，檢索日期：2023年5月10日。

———：〈海祥輪〉，「臺灣沉船史與水下文化資產」網站，網址：http://www.capitancreative.com/wreck/wreck4/%E6%B5%B7%E7%A5%A5%E8%

BC%AA.html，檢索日期：2023年5月10日。

———：〈Koudekerke〉，「臺灣沉船史與水下文化資產」，網址：http://www.
　　　capitancreative.com/wreck/wreck1/Koudekerke.html，檢索日期：2023
　　　年5月10日。

荷事生非：〈讓《神鬼奇航》必須致敬，傳奇幽靈船「飛行荷蘭人」背後的奇
　　　聞軼事〉，「The News Lens 關鍵評論網」網站，網址：https://www.
　　　thenewslens.com/article/37978/page2，檢索日期：2023年5月10日。

《潘多拉與飛翔的荷蘭人》，「豆瓣電影」網站，網址：https://movie.douban.
　　　com/subject/1764392//，檢索日期：2023年5月10日。

〈換個角度看鐵達尼號 1959年電影《冰海沉船記》〉，「報時光」網站，網
　　　址：https://time.udn.com/udntime/story/122834/6124005，檢索日期：
　　　2023年5月10日。

東港地方木造漁船產業與王船的演變

陳建佐[*]

摘要

　　全臺各地迎送王爺使用的王船主要為木造或紙糊兩種，多由某位師傅領頭承包後，與其配合工班完成整艘王船的製作，惟東港東隆宮與小琉球三隆宮特設王船組製作木造王船，並由組員共同完成王船，而東港迎王使用的王船並非一開始便如此壯觀，主要分期為一九七三年癸丑科前後，在此之前原以招標方式製作紙糊王船，該科則改為木造，並延續至今；而小琉球原屬東港七角頭之一，自一九二五年脫離東港自辦遶境，後改為前往南鯤鯓代天府進香，並於一九八五年改作乙丑正科，開始自建木造王船。東琉兩地雖各自舉辦迎王多年，但製作木造王船的王船組成員多有重疊，特別是小琉球籍的造船師傅在東港建完東隆宮的王船後，許多人隔年會再回小琉球建造三隆宮的王船，之所以會有這種情況，起因為東港於一九七三年癸丑科先行建造王船，原本參與東港王船組的小琉球師傅累積經驗之後，於一九八五年回鄉建造尺寸較小的木造王船，因此東琉兩地雖各自成立王船組，其組員卻大抵相同，而近年來小琉球籍的蔡文化先生成為東隆宮祭典委員會設計科科長之後，兩地王船組主導人馬已日漸趨同。本文欲整理東港王船組建立時的背景，並釐清東港地區因日治時期發展漁業，以及戰後美援等國家政策使木造船產業發達，在地方經濟發展下進而影響宗教活動之因素，並進一步討論東港王船形制因造船師傅而產生的不同型制差異。

關鍵字：迎王、王船組、木造漁船、造船師傅、漁業經濟

---

* 國立成功大學臺灣文學研究所碩士生。

Wooden Fishing Boat Industry and the Evolution of the "King Boat" in Donggang

Chen, Chien-Tso[*]

Abstract

The main types of King Boats used to welcome and send off the Wang Ye are primarily made of wooden or paper in Taiwan. These boats are usually contracted by a master craftsman who leads a team to complete the construction of the entire King Boat. However, Donglong Temple in Donggang and Sanlong Temple in Xiaoliuqiu have a special King Boat group dedicated to building wooden King Boats. The members of the group work together to complete the construction of the King Boat. Initially, the King Boats used in Donggang's folk festival procession were not as spectacular as they are now. The construction of wooden King Boats began around 1973, replacing the previous practice of making paper King Boats through bidding. Since then, the tradition of wooden Wang Boats has continued. As for Xiaoliuqiu, it was originally one of the seven Gat-Tau communities in Donggang. In 1925, it separated from Donggang and started conducting its own procession, and go on a pilgrimage to NanKunShen Temple. In 1985, it began constructing its own wooden King Boats.

---

[*]　M.A. student, Department of Taiwanese Literature, National Cheng Kung University.

Although Donggang and Xiaoliuqiu have been holding Wang Ye processions separately for many years, there is a significant overlap in the members of the King Boat construction teams, especially among the shipbuilders from Xiaoliuqiu. After completing the construction of the Wang Boat for Donglong Temple in Donggang, many of them return to Xiaoliuqiu to build the King Boat for Sanlong Temple for the following year. The reason for this is that Donggang took the initiative to construct Wang Boats in 1973. After gaining experience from participating in the king boat team in Donggang, the shipbuilders from Xiaoliuqiu returned to their hometown in 1985 to build smaller wooden king boats. As a result, although Donggang and Xiaoliuqiu have their own King Boat teams, the members are mostly the same. In recent years, Tsai Wen-hua, a native of Xiaoliuqiu, has become the Design Section Chief of the Donglong Temple Festival Committee, leading to increasing similarities between the leaders and members of the Wang Boat teams in both places.

This article summarizes the background of the establishment of the Donggang King Boat team and clarify the factors that led to its formation. It will also shed light on how the development of the fishing industry during the Japanese colonial period and the post-war aid from the United States contributed to the growth of the wooden boat industry in the Donggang area. This economic development subsequently influenced religious activities. Furthermore, it will further discuss the different variations in the shape and structure of the Donggang King Boats resulting from the shipbuilders' craftsmanship.

Keywords: "Ying Wang" Festival, King Boat team, wooden fishing boats, shipbuilders, fishing industry economy

一　前言

　　一九九四年為配合全國文藝季,「東港王船祭」成為屏東縣文藝季主題首選[1],在媒體的大肆報導下,迎王慶典以「王船祭」之名開始廣為人知,「王船祭」指涉範圍包含東港溪流域內的東港、小琉球與南州,此三處每三年舉辦一次迎王祭典,因為以「王船祭」名之,與東港在地習慣稱呼的「迎王」有所差異,在地方民眾多年陳情建議下,二〇一〇年已於屏東縣變更登錄為「東港迎王平安祭典」,並於同年通過中央指定為重要民俗[2]。

　　在東港溪流域系統[3]的迎王祭典中,王船一直都不是真正的主角,王船形制的碩大華麗也是近幾年來的事情,用作恭送當科千歲爺時的一種交通工具[4],然不能否認的是,王船仍是祭典中十分重要的角色。

　　全臺各地迎送王爺使用的王船主要為木造或紙糊兩種,多由某位師傅領頭承包後,與其配合工班完成整艘王船的製作[5],惟東港東隆宮與小琉球三隆宮特設王船組製作木造王船,並由組員共同完成王船,而東港迎王使用的王船並非一開始便如此壯觀,主要分期為一九七三年癸丑科[6]前後,在此之前,原是以招標方式製作紙糊王船,該科則改為木造並延續至今;而小琉球原屬東港七角頭之一,自一九二五年脫離東港自辦遶境,後前往南鯤鯓代天府進香,並於一九八五年改作乙丑正科,開始自建木造王船,恭請代天巡狩

1　謝宗榮:《臺灣的王爺廟》(臺北:遠足文化事業公司,2006年),頁134。

2　文化部文化資產局「國家文化資產網」,網址:https://nchdb.boch.gov.tw/assets/overview/folklore/20100618000011,檢索日期:2023年6月12日。

3　黃文博將王船信仰由南而北主要分為東港溪流域系統、二仁溪流域系統、曾文溪流域系統、八掌溪流域系統、朴子溪流域系統與澎湖群島系統。

4　王俊凱:《屏東地區迎王祭典之研究——以下淡水溪和隘寮溪流域為主》(臺北:國立臺北大學民俗藝術研究所碩士論文,2009年),頁93。

5　陳淑華,蔡東祐著:〈東港王船沿革與承造工法保存調查〉,《臺灣文獻》第72卷第1期(2021年3月),頁181。

6　東港逢生肖年牛年(丑)、龍年(辰)、羊年(未)、狗年(戌)便會舉辦迎王祭典,因每三年舉辦一次,故稱「三年一科」。

大千歲暨眾位千歲聖駕南巡[7]。

　　東港王船組為一任務型組織，負責木造王船的建造，隸屬於東隆宮祭典委員會之下的設計科（每一科皆有一名科長與數名副科長），以一九九七年丁丑科為例，祭典委員會組織架構如下：

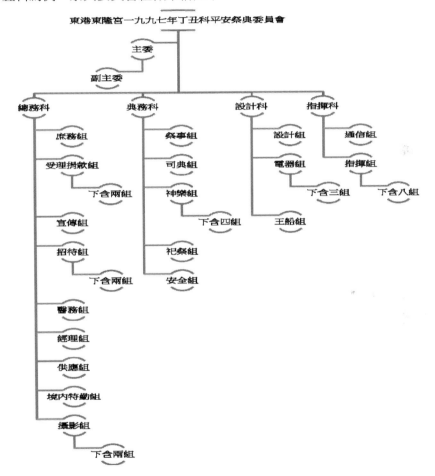

東港東隆宮一九九七年丁丑科平安祭典委員會組織架構圖

資料參考：整理自李豐楙等著：《東港迎王——東港東隆宮丁丑正科平安祭典》（臺北：臺灣學生書局，1998年），頁71。

7　鄭華陽：《字繪琉嶼：琉球信仰側記》（屏東：琉球國中，2018年），頁53。

王船組組員皆為義務性質，除執行長與組長需全程參與、副組長參與至少一個月、一般組員須參與三天，以及女性不得參加的規定以外，並無嚴謹硬性要求規範，結構較為鬆散，雖無特別限制入組資格，然組內成員多為擁有造船技術的造船師傅，其中專業性最高為木造船船師，次高為塑膠船船師，再者為木工，最後則為較無專業性的雜工[8]。

隨著迎王祭典規模擴張與業務增加，委員會組織也會隨之異動，如王船組便增設執行長，又分出船帆組，以二〇〇九年己丑科為例，其組織架構已演變為更複雜的樣貌：

東琉兩地雖各自舉辦迎王多年，但製作木造王船的王船組成員多有重疊，以一九九七年丁丑科為例，東港王船組中小琉球籍師傅便約佔了四分之一[9]，小琉球籍的造船師傅在東港建完東隆宮的王船後，許多人隔年會再回小琉球建造三隆宮的王船，之所以會有這種情況，起因為東港於一九七三年癸丑科先行建造王船，原本參與東港王船組的小琉球師傅累積經驗之後，於一九八五年乙丑科回鄉建造尺寸較小的木造王船，因此東琉兩地雖各自成立王船組，其組員卻有部分相同，近年來小琉球籍的蔡文化先生成為東隆宮祭典委員會設計科科長之後，兩地王船組主導人馬已日漸趨同。

在關於東琉兩地王船船組的研究之中，鄭華陽其碩士論文《從專案管理看東港迎王祭典王船建造——以東隆宮乙未正科王船建造為例》及出版物《船心‧傳藝：乙未正科王船建造紀錄手冊》[10]分別紀錄了東琉兩地的王船建造流程，亦專訪謝春成、蔡文化先後兩位王船組組長，然重點仍放在王船如何建造；梁芝茗《東港迎王文化對傳統木造船工藝保存之影響》[11]除紀錄建造木造王船流程之外，亦訪問多位師傅與耆老，但主要以無形文化資產的

8　鄭華陽：《從專案管理看東港迎王祭典王船建造——以東隆宮乙未正科王船建造為例》（屏東：國立屏東科技大學企業管理系碩士論文，2014年），頁60。

9　李豐楙等著：《東港迎王——東港東隆宮丁丑正科平安祭典》（臺北：臺灣學生書局，1998年），頁102。

10　鄭華陽：《船心‧傳藝：乙未正科王船建造紀錄手冊》（屏東：自印本，2015年）。

11　梁芝茗：《東港迎王文化對傳統木造船工藝保存之影響》（屏東：國立屏東大學文化創意產業學系碩士論文，2016年）。

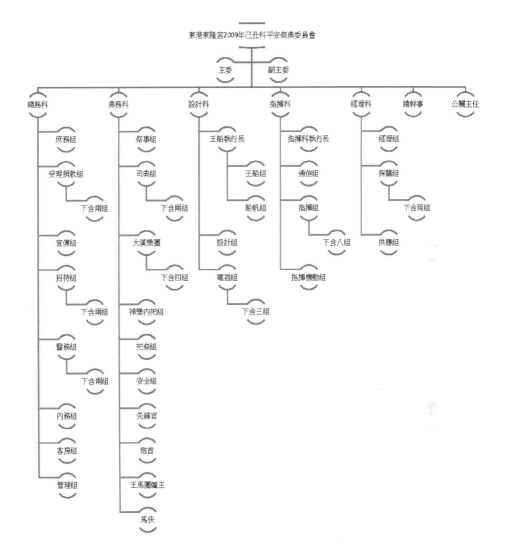

東港東隆宮二○○九年己丑科平安祭典委員會組織架構圖

資料參考：鄭華陽：《從專案管理看東港迎王祭典王船建造——以東隆宮乙未正科王船建造為例》，頁56。

角度整理探討東港地區造船廠歷史；陳淑華與蔡東祐合著的期刊論文〈東港王船沿革與承造工法保存調查〉以東港王船組師傅們面臨的問題切入，整理

了許多相關資訊，但論文內容著重在王船與南澳船之關係，以及提出如何保存承造工法的解決方案。

　　本文欲整理東港王船組建立時的背景，釐清東港地區因日治時期發展漁業，以及戰後美援等國家政策使木造船產業發達，進而影響宗教活動之因素，並進一步討論東港王船形制因造船師傅而轉變為東琉兩地獨有的「漁王船」之過程。

（一）東港木造漁船產業的興衰

　　一八九五年日本殖民臺灣初期，為阻絕臺灣與清廷沿海的高度依賴關係，並將清國視為外國，陸續發佈多條法規[12]限制清國船隻只能在基隆、淡水、安平、打狗四個口岸登陸，因為改變了臺灣與清國之間長期建立的貿易關係，各地商民紛紛聯合向日本政府陳請開港，以復甦地方商業貿易[13]，為解決此問題，一八九七年日本政府公布「特別輸出入港辦法」，暫時限定包含東港在內的八個港口進出支那型船舶——也就是戎克船——來運送海峽兩岸貨物。

　　隨著日貨取代清國貨品，加上港口於清末時便有逐年淤積之勢，進出東港的戎克船數量僅有幾年超過一百艘，平均出港數約四十五艘、入港數約四十六艘，平均出入船數大約為九十艘上下[14]，一九一五年日本總督府開始積極建設高雄港，並開始開發高雄到華南的航線，東港逐漸失去商業機能，於一九一七年遭裁廢「特別輸出入港」身份，其後鐵路建造連結潮州、南州、林邊等地時亦繞過東港，除二戰時因日本海軍於大鵬灣設置航空隊而有較多

12　如《清國人入境臺灣條例》、《清國人入境臺灣條例施行細則》、《清國人入境臺灣者申報要領》、《清國人入境臺灣實施規則》、《清國人上陸條例施行規則》、《清國式船舶管理章程》等。

13　蔡昇璋：《日治時期臺灣「特別輸出入港」之研究》（桃園：國立中央大學歷史研究所碩士論文，2008年），頁92-93。

14　蔡昇璋：《日治時期臺灣「特別輸出入港」之研究》，頁155、157。

工作機會[15]，整體經濟貿易狀況是走下坡的。

　　然不僅作為打狗以南唯一的特別輸出入港，東港附近海域因有海流經過，加上位居下淡水溪、東港溪、林邊溪出海口，是為良好漁場，漁獲量能供應阿緱與鳳山等地需求，地方上以傳統戎克船、竹筏作為捕魚船隻，從事漁業者達千人以上，並於一九○四年成立東港漁業組合[16]。作為屏東地區的重要產業，阿緱廳透過漁業組合主導漁船、漁網及漁具等漁業改良事務，讓一般漁民學習日式漁法，並於隔年招聘日本漁師前來教導東港漁民，揚棄舊有的漁網和漁船慣習，移植西方禁止濫捕、保護魚苗的觀念來臺[17]。

　　為了以漁業作為工具實行南進政策，臺灣總督府自一九○五年開始進行水產獎勵。一九一一年日本商業勢力「臺灣海陸產業株式會社」開始於東港投資，經營魚市場、從事水產製造、產品買賣輸出等業務[18]。為吸引青年留鄉從事漁業，一九二二年東港水產補習學校成立，教授水產通論、捕魚法及養殖測量等科目，並利用夜間等空閒時間，針對造船工人、發動機船長、船工等舉辦相關水產講習會[19]。一九三五年至一九四二年日本政府逐漸將漁業發展重心由近海、沿岸轉為遠洋，以遠洋漁船船內設備作為主要獎勵事業，包含建造補助、冷凍器械、重油機關等[20]，以一九三八年為例，東港已是小型發動機船的運輸交通中心，水產業年生產額超過百萬日圓，不僅和小琉球同為重要停泊漁港，東港製冰株式會社亦擁有製冰十頓、冷藏五頓的能力，

---

15 翁淑芬：《東港街市的形成與發展》（臺北：國立臺灣師範大學地理研究所碩士論文，1997年），頁67、70、78。

16 郭婷玉：《日本時代東港地方社會發展與社會力量之形成》（臺北：國立臺灣師範大學臺灣史研究所碩士論文，2011年），頁51。

17 林玉茹：〈殖民地的產業治理與摸索──明治末年臺灣的官營日本人漁業移民〉，《新史學》第24卷第3期（2013年6月），頁104。

18 郭婷玉：《日本時代東港地方社會發展與社會力量之形成》，頁52。

19 李宗信：《小琉球的社會與經濟變遷（1622-1945）》（臺南：國立臺南大學臺灣文化研究所碩士論文，2004年），頁72-74。

20 吳柏勳：《美援與臺灣遠洋漁業之發展（1951-1965）》（桃園：國立中央大學歷史研究所碩士論文，2011年），頁16-19。

供應漁業和民生用途，和琉球造船工廠是東港郡下的較大工業[21]。

　　在日本總督府發展漁業的趨勢下，東港籍的造船學徒接受日本「舟大工」的日式木造漁船製圖、施作工法，直到二戰結束時，東港木造船師傅們的造船技術均已是日式機動木造漁船的技藝[22]。

　　二戰期間受到美軍轟炸的緣故，東港港口與漁船破損嚴重，百廢待興，隨著一九四八年修建東港港口，及一九五一年至一九六〇年間漁港築港工程的完成，使東港有機會再次發展漁業，一九五三年，經濟部所屬漁業增產委員會擬定遠洋漁業政策，並將焦點著重於遠洋鮪釣漁業發展，但因鮪魚多聚集於低緯度地區，以當時臺灣所擁有的漁船和設備，並無法進行遠洋漁業的開發[23]，為發展遠洋漁業以增加外匯，除民間自行籌款建造船隻之外，美援資金中漁業計畫撥款半數均用於漁船重建，因此漁船數量及噸位皆迅速成長，截至一九六四年，扣除動力舢舨，全臺五十噸以下的漁船已超過六千艘[24]，一九五八年省政府也開始輔導運用各有關單位輔導運用各行庫放款，透過漁會協助辦理貸款，輔導業者建造大型鮪釣漁船、拖網漁船，積極引入技術及人力發展漁業，並對漁船用油實施優惠油價，包含免徵漁船用油之營業稅與貨物稅，以及給予優惠油價補貼。一九五三年至一九七三年國民政府實施五期四年經建計畫，前兩期將資金投入振興沿近海小型漁業，運用美援貸款協助漁民建造漁船，並實施漁船放領，希望達到漁者有其船的目標[25]。

　　東港從日治時期便開始發展延繩釣漁法，其漁具在東港與小琉球地區稱之為「緄（kún）」，在漁場投繩佈置則稱為「落緄（lo-kún）」或「放緄仔（pàng-kún-á）」，是一種被動性漁法，漁具主要部分為一條長的幹繩，在幹

---

21 陳慶華：《東港漁業的發展與變遷，1948-2008》（桃園：國立中央大學歷史研究所碩士論文，2009年），頁30。

22 陳淑華，蔡東祐著：〈東港王船沿革與承造工法保存調查〉，頁200-201。

23 洪紹洋：《近代臺灣造船產業的技術轉移與學習》（臺北：遠流出版事業公司，2011年），頁111-112。

24 吳柏勳：《美援與臺灣遠洋漁業之發展（1951-1965）》，頁68-70。

25 胡忠一，范雅鈞作：《1624-2015臺灣漁會大事年表》（臺北：中華民國農民團體幹部聯合訓練協會，2016年），頁95、107。

繩上節有許多較短的枝繩，枝繩末端連結已掛餌的釣鉤，鉤與鉤之間有一定間距，幹繩長度可由小型沿岸漁業的數百公尺到大型遠洋漁業的五十公里以上[26]，一九六○年左右東港近海漁業以鮪延繩釣為主，佔總產量百分之七十七；一九六一年東港與小琉球的鮪釣漁船達二百三十艘，年產量八千餘公噸，是臺灣最大的近海鮪魚生產地[27]，一九六四年東港從事鮪延繩釣和雜魚延繩釣者有四百三十五艘，已成為東港漁業主流，漁船數量增加也代表漁業

一九五四至一九七五年臺灣與東港動力漁船數量對照表

地區　　年份	臺灣 動力漁船艘數	東港 動力漁船艘數
1954	2444	172
1955	2785	
1956	3215	199
1957	3438	230
1960	5541	
1963	6475	
1964	7648	647
1972	10592	
1973	11365	
1975	11977	1005

資料參考：行政院農委會漁業署：〈漁船筏數量統計相關報表〉，《民國100年（2011）漁業統計年報》；胡興華：《話漁臺灣》（臺北：行政院農委會漁業署，2000年），頁66；吳柏勳：《美援與臺灣遠洋漁業之發展（1951-1965）》（桃園：國立中央大學歷史研究所碩士論文，2011年），頁69；陳慶華：《東港漁業的發展與變遷，1948-2008》（桃園：國立中央大學歷史研究所碩士論文，2009年），頁80。

---

26 比約達爾（Åsmund Bjordal）、勒克柏格（Svein Løkkeborg）著，林俊辰譯：《延繩釣漁業技術與魚類對漁具的生態行為》（臺北：財團法人徐氏文教基金會，1999年），頁1-2。
27 胡興華：《臺灣漁會譜》（臺北：臺灣省漁業局，1998年），頁183。

從業人員的增加，截至一九七三年，東港漁民已從一九五四年的七千〇二十七人躍升至一萬四千八百八十三人[28]。

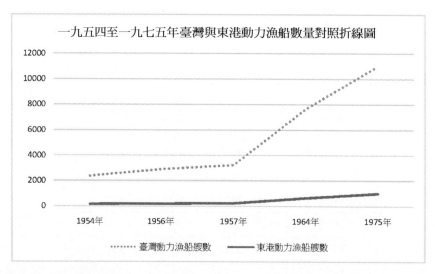

一九五四至一九七五年臺灣與東港動力漁船數量對照折線圖

資料參考：本研究繪製。

由動力漁船數量的提升可推知，此時東港木造船產業蓬勃發展，當時造船廠主要聚集在東港碼頭對岸的新園鄉鹽埔村，有金建利、健富、存富三家大型造船廠，東港與小琉球籍漁船多在此建造，東隆宮在此處有十幾公頃的廟地，金建利造船廠就是向東隆宮租借土地使用[29]，現為東隆宮祭典委員會設計科科長的蔡文化先生在訪談中也表示：

> ……做到後來就大車拼，做到後來都過來這邊（東港）六十的（指引擎馬力），尾仔一百的啦，一二五的啦一百五的啦，越做越大，有的都專門牽冷藏的，都過來這邊，以前都在鹹埔仔那邊做，整個造船所都全是造木船的，那時就很那個了。……[30]

---

28 陳慶華：《東港漁業的發展與變遷，1948-2008》，頁81-82。

29 梁芝茗：《東港迎王文化對傳統木造船工藝保存之影響》，頁49。

30 蔡文化，訪談於2023年2月27日。

當時東港木造漁船產業的興盛可見一斑。

一直到了一九七三年十月以阿戰爭爆發，導致全球石油危機，國際油價飆漲，一九七四年漲幅達百分之三百五十，影響全球經濟成長，加上氣候因素導致糧食生產減少，使得國際糧價飆漲，國內物價大幅飆漲[31]，在此之前臺灣雖已出現物價上漲跡象，但國民政府採行貨幣緊縮政策，並於一九七三年十一月宣布「九大建設計劃」（後加入核能發電廠，改稱為十大建設），全面管制能源價格，即便如此，通膨率與失業率仍於接下來的兩年逐步上漲，一九七九年兩伊戰爭引起的第二次石油危機也同樣造成了不小的生產成本上揚與通貨膨脹[32]。

萬物齊漲的情況下，東港木造漁船產業面臨同樣危機，木造船師傅主要以「向船東承攬接案」或是「受聘進到船廠工作」為收入來源，若短期間暫無工作，多隨漁船出海捕魚，從事沿岸或近海漁業貼補家用，然無論是造船還是捕魚，在當時都有相當高的風險，據曾為木造漁船師傅的王船組組員、同時也是製作木船模型的兆傳工作室負責人黃貴燦先生所述：

> 港內很少船，後寮溪都沒船仔哪，那船都沒有了餒，啊就是空窗期一段時間，除了拖網船進來，你知道拖網船最好經營的，因為他們是近海的，一天的花費不多，每天都是現金，你也知道他們都在小市場在賣，整天都是現金啊，啊稍大的鮪魚船出去就是一兩百萬，差不多一百多萬的經費，你知道你抓不到那個魚啊會怎樣呢？下航出去真的會怕。[33]

根據日治時期紀錄，臺灣延繩釣漁業主要採按比例分配的分紅制度，船隻與船具由業主（船東）提供，自一次出海漁獲總售款中扣除各項成本如燃料、

---

31 蕭彩鳳：〈臺灣、日本、韓國在1974年與近年能源危機期間之經濟與物價〉，見行政院農委會網站，網址：https://www.coa.gov.tw/ws.php?id=18379，檢索日期：2023年4月7日。
32 郭柱延：《石油危機時期之物價問題與相關經濟政策分析》（嘉義：國立中正大學國際經濟研究所碩士論文，2011年），頁22-24。
33 黃貴燦，訪談於2023年1月20日。

船員飲食費用、維修費等之後，按照船員等級依序分紅[34]，東琉地區延續此種方式至國民政府執政之後，若是參與投資稱之為擁有「股份」，由參與其中的漁民先行出資分攤出海成本，再依照股份分配收益，建造漁船亦涵蓋在此制度範圍內，船東不僅透過貸款籌措經費[35]，也會四處找人合股，而造船師傅也時常參與投資。

> 那時候我們師傅在做是不錯啦，一天差不多一千塊，所以差不多做兩天可以買一坪地。早期鹹埔（鹽埔）那邊的地是六百塊而已，做一天幾乎可以買一坪地還有剩，因為當初鹹埔那邊你種什麼都種不起來啊，很沒有價值啦！像沿海路這邊差不多一千五而已啦！以前的師傅就是賺一天幾乎一千塊，但是他們沒有把這個賺來的錢去另投資，投在哪裡？投在漁船上，很糟糕。這是人家船東要造船，有時候都是要工頭投資，以前那個鮪魚，當初日本來開發市場是很好賺，真的很好賺，當時是蓬勃發展，遇到（第二次）石油危機的話就是整個崩下來，整個崩下來我們這一梯次的幾乎都瓦解。[36]

東港木造船產業受兩次石油危機重挫之後，接續面臨的是玻璃纖維船 FRP（又稱化工船）的出現競爭，木造船浸泡在海中的部分約在使用四、五年後受蟲蛀、腐爛或黏著藤壺，約半年就得上岸保養並油漆船體外殼，需付出額外費用，反觀玻璃纖維材質成本低、強度高、重量輕、不受海水腐蝕、耐用年限長且汰換率低，一九六五年引進 FRP 後，一九七八年政府開始大力推廣[37]，木船便在接下來的二十年間逐漸遭取代。此外，因檜木較不易受到海

---

34 李宗信：《小琉球的社會與經濟變遷（1622-1945）》，頁101。

35 據黃貴燁訪談所述，不僅建造漁船的經費可以貸款，漁船引擎可以用來貸款，漁船的保險也可以拿來貸款，以遠洋漁業為例，可以用前一艘漁船的貸款來建造下一艘漁船，有時候前一艘尚未出港，下一艘便開始建造，其收入來源則是遠洋漁業的海外基地，有時候年收益可達幾千萬，差不多一兩年便可回本。

36 黃貴燁，訪談於2023年1月20日。

37 魏鳳錦：《戰後安平造船產業文化》（臺南：國立臺南大學文化與自然資源學系臺灣文化碩士班碩士論文，2021年），頁61-62。

水侵蝕腐壞、也較不易扭曲變形或崩裂，成為木造漁船使用的材料之一，其來源主要來自阿里山、八仙山和太平山林場[38]，一九六〇年代初展開的林相變更伐盡許多闊葉樹林，改植針葉樹及經濟價值較高的闊葉樹[39]，原生的硬木如多用以製作漁船船肋的相思樹逐漸減少，在本土材料取得困難的情況下，進口木材不敷成本，木造船師傅紛紛轉行，許多人重新學習 FRP 技術，或轉而從事裝潢等木工事業，以現為王船組執行長的潘鳳得先生為例，玻璃纖維船 FRP 出現之後便離開東港，到宜蘭轉做廟宇工藝[40]。

　　一九七〇年代開始因山林資源枯竭，木材產量銳減，木造船廠紛紛改做 FRP，無法自行轉型的則變賣給有資金的企業，轉型為鐵殼船船廠[41]，而玻璃纖維船的船殼模型與部分船頭仍需要木作支撐，但木造漁船已完全失去市場需求，日漸沒落的同時開始轉型為其他面向，成為因應宮廟需求製作永嗣王船、縮小比例之個人收藏或博物館館藏藝品、或是宗教慶典送王船遊天河或遊地河所需之建造技術。

　　於一九七三年成立的東港王船組正好順勢保存了製造木造漁船的技藝，並與王船的形式結合，如承續日式漁船建造時使用的專業術語[42]、水密隔艙[43]技術的運用與「漁王船」的外型特色，皆是不同於其他地區王船建造的獨特之處。

---

38 葉志杰：《聽看東港——從老漁村見識大歷史》（臺北：野人文化，2004年），頁46。

39 林慶華：〈永續林業・生態臺灣〉，《臺灣林業》第2期（總第43期）（2017年4月），頁10。

40 潘鳳得，訪談於2023年3月1日。

41 林于煒：〈沒有名字的造船人：爺爺的一生與臺灣民間造船史〉，網址：https://storystudio.tw/article/gushi/those-who-built-the-ships-in-memory-of-my-granddad/，檢索日期：2023年4月25日。

42 如水底板上方、外版下方突出的兩片船殼板稱「ko si」；船頭版稱為「ka ru ki」；船肋頂端編號如「天友」、「天表」；「魯拉」則是指纏繞繩子操控的絞車。

43 利用隔板將船艙分成互不透水的不同艙區，航行時若是一兩個隔艙意外破損，海水進不到其他艙中，船能繼續保持浮力不會沉沒。

（二）東港與小琉球兩地王船組建立背景

　　一九七三年癸丑科東港迎王祭典為最後一屆大總理制，在此之便後改為委員制，同時，此科也將遊天河的紙王船轉為木造王船，並碰巧遇上第一次石油危機，本節欲釐清此些情事先後順序，並整理說明當時的時空背景。

　　東港東隆宮的迎王祭典籌備制度以一九七三年癸丑科作為分隔，大總理的推選方式原為抽籤，在一九五二年後改為地方七角頭推派人選輪流擔任，癸丑科則是最後一屆大總理制，祭典主要經費來源是各家各戶題緣金捐獻及迎王期間所得（從請水之後算起的香火錢、金牌與捐款），總收入歸大總理，若是經費短缺，大總理或廟方視情況補貼，然隨著物價逐年上漲和祭典規模的擴大，各項經費支出增加，使得擔任大總理一職備感經濟壓力，因此廟方便和地方角頭協議改制，成立平安祭典委員會，由委員會統籌經費籌措與開支，同樣也是依賴題緣金、香火錢及捐款作為主要收入，為因應經費龐大的問題，以王船為例，紙糊王船造價約為五萬元，改為木造後，初期由王船組自行籌措材料費，後自一九八八年戊辰科改為提早製作王船，並開放讓信眾參拜，並將捐款與香火錢用以支付製作費用[44]。

　　根據東隆宮官方出版品《東港迎王——東港東隆宮丁丑正科平安祭典》所述，早期東港紙糊王船主要由蔡氏一家三代負責（蔡顏、蔡清溪、蔡水諒），然紙糊日益昂貴，一九七〇年庚戌科造價已達四萬餘元，因為此時東港木造漁船工藝發達，地方上的造船師傅熱心發起，義務參與木造王船的建造工程[45]。陳淑華與蔡東祐合著之〈東港王船沿革與承造工法保存調查〉更詳細地提及國際能源危機引發通貨膨脹，紙糊王船造價高漲，癸丑科大總理謝丙寅先生提議，東港造船爐（造船工友會）的造船師傅附議，由造船爐中的造船師傅輪流擔任義工，共同打造木製王船[46]。同是東隆宮官方出版品的

---

44 李豐楙等著：《東港迎王——東港東隆宮丁丑正科平安祭典》，頁74-76。

45 李豐楙等著：《東港迎王——東港東隆宮丁丑正科平安祭典》，頁99-100。

46 陳淑華，蔡東祐著：〈東港王船沿革與承造工法保存調查〉，頁201。

《東港迎王平安祭典木王船工藝》寫到紙糊王船改為木造的主要原因是因為第一次石油危機影響，使依賴原油進口的臺灣原物料大漲，並訪談東隆宮前總幹事林文誠先生所述：「當時一艘紙紮王船也要五、六萬，那時是最後一屆大總理制，一些先期的開支都是大總理在承擔，所以漲價他也是會煩惱，所以在言談之中說給大家聽，有人說，那時木料還很是便宜。造船師傅說東港造船師傅很多，為什麼我們不造木料的，折起來料也差不多那些錢，因為沒有做過，大概初估差不多是那些錢，造船師傅作義務的不支薪。後來才做木造的，木造王船是這樣來的。其實嚴格講做下去那料也沒那麼少，但頭都剃下去了，不洗不行，不過那麼大，質感當然跟紙糊的差很多。[47]」

然而上述文獻紀錄容易使人連結解釋為「因石油危機導致的物價上漲，考量紙糊王船與木造王船造價相近，因此改為木造」，可是，第一次石油危機和癸丑年迎王皆是一九七三年十月之後發生的事[48]，以王船建造約三個多月的時程推算，並考量第一次建造需從頭摸索，應會花費更多時間，該科王船有可能在舉辦活動的當月、或是前一個月才建造嗎？

東港迎王自清末以來變動過多次活動日期，日治時期迎王多於農曆三月舉辦，活動歷時三天，一九〇七年不知何故改於六月舉辦，但擔心天氣過於炎熱而預定延期至八、九月後，後於十月間舉行，亦有一傳聞是九、十月漁民收穫不佳，等到迎王過後果然漁獲大增[49]，一九三七年因二戰而停辦後直到一九五二年才又再次開始舉行迎王祭典，之後每三年一次，日期約落在農曆八到十月[50]，活動時程也逐步增加，一九六七年丁未科增為五天，一九七六年丙辰科增為六天，一九八二年壬戌科增為七天，一九八八年戊辰科增為

---

47 蔡誌山等編：《東港迎王平安祭典木王船工藝》（屏東：東港東隆宮，2022年），頁166-167。

48 據《東港東隆宮癸丑正科平安祭典秩序冊》資訊所示，該科於一九七三年十一月七日至十一日（農曆十月十三日至十七日）舉辦為期五天的祭典活動。

49 林怡君：《屏東迎王平安祭典研究——以屏東縣東港、小琉球、南州三地為例》（高雄：國立高雄師範大學國文學系博士論文，2010年），頁200-201。

50 蔡誌山等編：《東港迎王平安祭典木王船工藝》，頁118。

八天[51]，直至二〇二一年辛丑科，祭典天數仍是維持八天七夜。為方便閱讀理解脈絡，整理表格如下所示：

一九〇七至一九八八年東港迎王制度與活動時長演變表

西元年	年號	科別	制度	西曆日期	活動時長
1907	明治四十年			11/26-11/28	三天
未有紀錄					
1925	大正十四年			5/8-5/10	三天
1931	昭和六年			5/4-5/7	四天
1934	昭和九年			5/28-5/30	三天
1937	昭和十二年			4/24-4/25	兩天
1940-1949因戰爭停辦					
1973	民國六十二年	癸丑	大總理制	11/7-11/11	五天
1976	民國六十五年	丙辰	委員制	10/23-10/28	六天
1982	民國七十一年	壬戌	委員制	10/20-10/26	七天
1988	民國七十七年	戊辰	委員制	10/19-10/26	八天

資料參考：整理自鄭華陽：《從專案管理看東港迎王祭典王船建造——以東隆宮乙未正科王船建造為例》（屏東：國立屏東科技大學企業管理系碩士論文，2014年），頁29；蔡誌山等：《東港迎王平安祭典木王船工藝》（屏東：東港東隆宮，2022年），頁118、130；班頭心情記事部落格，https://blog.xuite.net/tkjasoncha707/twblog（檢索日期：2023年4月10日）

由上述整理觀之，一九七三年癸丑科舉辦迎王時約為第一次石油危機爆發後一個月左右，雖物價與失業率受國際油價影響而有波動，但整體籌備時程皆在西曆十一月之前，因此「因石油危機影響而導致紙糊王船轉為木造王船」這樣的論述並不正確。

---

51 鄭華陽：《從專案管理看東港迎王祭典王船建造——以東隆宮乙未正科王船建造為例》，頁29。

　　另一個問題是，如果當時社會經濟狀況呈現的是萬物齊漲，原本就較為昂貴的木料價格應會更高，將紙糊轉為木作並不划算，據《東港迎王平安祭典木王船工藝》中的推測，因紙糊王船價格上漲，對大總理來說是個負擔，因此由木造船師傅統籌承包，改為木造的同時也不支薪，木材大多一次進大批貨，且當時東港木造船產業興盛，木料取得方便，加上木料部分有信眾指定捐款，倒也能減輕費用上的負擔[52]。

　　東港文史工作者陳進成先生認為，雖然第一次石油危機爆發之前物價已有逐漸上漲跡象，但當時：

> 臺灣控制石油價格啊，其實受影響只是其他的像塑膠類的，你漁船、車油（指漁船引擎使用的柴油）什麼這都政府管制很牢嘛，所以說那時……而且那時候的造船業正興盛，所以你看東港和琉球這些造船師傅，有些人就搬去高雄、旗津，有些人搬去蘇澳、南方澳，這都是討海的地方，你一定要有造船的啊！[53]

因留下的相關紀錄甚少，若以相應的時程估算，較有可能的發展歷程應是：隨著祭典活動時間的拉長與規模擴大，大總理一職所需負擔的費用增加，加上紙糊王船造價抬升，使得擔任大總理職位備感經濟壓力，當時東港木造船產業正興盛，木造船師傅所屬的東港造船爐（造船工友會）附議癸丑科大總理謝丙寅提議，將紙糊王船改為由師傅們義務製作木造王船，每人參與三天，由於木材多為一次大量買進，早期也多由造船師傅自行籌措備料，並不會即時反映在成本上，進而達到減輕大總理負擔的目的，在此科之後也由原先的大總理制改為委員制，經費統一由祭典委員會處理。此外，即便一九七三年之後因兩次石油危機導致物價浮動，但已擲筊得到東隆宮溫府千歲應允而改為木造王船一事，無法輕易改回紙糊，而木造漁船產業在接下來幾十年內逐漸衰微，王船反而成為保留日式木造漁船工藝的載體，轉化為宗教藝術的載體。

52　蔡誌山等編：《東港迎王平安祭典木王船工藝》，頁167-168。
53　陳進成，訪談於2023年2月27。

　　而製作王船的經費來源主要為廟方負責木材部分的支出與聘請彩繪匠師，東隆宮作為東港鎮最主要的宮廟，大部分收入來源為迎王祭典時信徒捐款以及各地香客捐獻的香油錢，且因媒體的報導帶來更多外地人的參與，帶給東隆宮很多利益[54]，然東港王船組因為其本身的義務性質，廟方並未提供其他補助，直到二〇二一年辛丑科才開始供應午餐與下午點心，且另外撥出三萬塊作為修理器械的開支與其他雜支，若不足再寫收據另外跟廟方報帳[55]。

　　同屬東港溪流域的小琉球脫離東港七角頭後開始自辦遶境，後前往南鯤鯓進香，因臺南無極混元玄樞院的混元法舟漂流至小琉球杉福村岸邊，一九八二年壬戌科建造首艘木造王船作為三隆宮鎮座王船，一九八五年乙丑科正式建造儀式用的木造王船[56]。

　　早期小琉球造船廠約有三處[57]，因一九七〇、一九八〇年代許多琉球鄉親移居東港、鹽埔從事造船業，一九八五年乙丑科時白沙尾角參事理事建議何不委託造船師傅們協助建造王船，故比照東港王船組建制，委請人稱「老可伯」的蔡萬可先生擔任組長，老可伯原即從事木造船產業，小琉球池隆宮、水仙宮、三隆宮鎮座王船皆出其手筆，兩科之後的一九九一年辛未科老可伯以年邁為由辭去組長一職，由「讚伯」王天從先生出任組長，讚伯亦從事造船業，原無意接任，在其徒弟「決仔」蔡文化先生鼓勵下掛名出任，負責製作船帆，指揮工作交由蔡文化先生代為發落，當時蔡文化先生已於東港擔任東隆宮王船組組長之職，此科亦向三隆宮三府千歲請示，將小琉球王船形制改與東港相同，只有尺寸上大小之別。二〇〇〇年讚伯以歲高辭組長，由蔡文化先生接任至今[58]。

　　其製作王船的經費來源和東港東隆宮稍有不同，老可伯擔任組長製作第

54 康豹：〈戰後王爺信仰的演變〉，《臺灣經驗：二、社會文化篇》（臺北：東大圖書公司，1994年），頁164-165。

55 蔡文化，訪談於2023年2月27日。

56 鄭華陽：《字繪琉嶼：琉球信仰側記》，頁83。

57 據蔡文化先生所述，現靈山寺旁有一處造船所，內港（現老人會）有一處，另一處則為他大姑丈所開設，位於現在琉球檢查哨旁。

58 鄭華陽：《船心・傳藝：乙未正科王船建造紀錄手冊》，頁25。

一艘木造王船時，是以向王船組組員募資的方式分擔建造成本，若是無法負擔，不足的部分再跟小琉球三隆宮請款，一九八五年當科迎王結束後，王船添儀共收入一百六十多萬，當時的總幹事蘇豐原先生表示「你們王船組造這隻船，錢都是王船組自己捐出來的，但是這個一百六十幾萬，是你廟拿去，你們王船組做衣服的、買材料的、買這些螺絲釘什麼的開支，在這裡吃便當什麼，算多少？」點算後便撥出三十多萬還王船組，剩餘經費作為下一科王船製作經費，並另外撥五萬塊作為共同基金，放在銀行生利息，此外也會在迎王結束時的宴會宴請王船組成員，以十個人為一桌計算，作為王船組製作王船的犒賞[59]。

東港與小琉球兩地王船組雖各自獨立運作，但因創立時期有先後之別，其成員組成多有重複，許多東港王船組的琉球籍成員同時也是小琉球王船組的一員，皆為在小琉球、東港、鹽埔、甚至高雄從事木造船產業的造船師傅，且兩地主導人物同為「決仔」蔡文化先生（現為東港迎王祭典委員會設計科科長、小琉球王船組組長），其王船樣式除了尺寸差異外也大致相同，因此雖為兩個不同的組織，但實際上皆起於東琉兩地木造船產業興盛所致，因地方經濟發展而與信仰結合，促成其在地獨有現象。

（三）王船形式的演變

相較於其他流域的王船，東港地區的王船具有強烈的「漁王船」特色，意指融合漁船特色之王船外型，和一般王船後廳供奉天上聖母的媽祖樓不同，而是作為「駕駛艙」的大公厝仔取而代之，船邊底部彩繪也非飛馬，而是各式水族，因王船組製作時希望王船能和漁船一樣，能夠真正行駛於海上，在在呈現木造漁船師傅們的思考邏輯[60]。

除一九七三年作為紙糊王船與木造王船的主要分野外，陳進成先生認為早期福建泉州廣信府遊街道士將迎王相關祭儀傳入東港時，便已開始建造木

---

59 蔡文化，訪談於2023年2月27日。

60 王俊凱：《屏東地區迎王祭典之研究──以下淡水溪和隘寮溪流域為主》，頁92-93。

造王船，但直到一九〇四年，該科放流出去的王船遭鹽埔鄉信奉基督教的討海人攀上船，將信眾的添儎物搬光，後王船漂回岸邊，眾人便請示溫王爺，決定從一九〇七年開始改為竹架紙糊，並採遊天河的方式火化王船[61]。

在王船組接手製作王船的任務以前，紙糊王船的製作地點多在王爺廟後方的草寮裡，建造時保持隱密，不隨便給人進入觀看，造好之後為了避免閒雜人等的觸碰而被破壞，並保持船身的神聖性，在出場遶境前都是圍起來不開放參觀的[62]，在製作第一艘木造王船時，東港造船師傅前往臺南[63]詢問製作方式，後回來東港東隆宮參考廟中供奉超過百年的小型王船，並嘗試用日式匠師傅承的手藝盡量模擬古式帆船建造，但因當時會 tshiá 版仔[64]的老師傅多已離世，現王船組年紀較大的師傅開始製作王船時約已是第三、四艘，也就是距第一艘木造王船已過至少九年之後，本身並沒有「以日式漁船技術來製作王船」的意識，在他們的認知當中，製作木造漁船和木造王船是兩件不一樣的事情，多認為：

> 過去王船做怎樣我們也不識，就人家老輩就這樣，我們就這樣做，不是說我們什麼就很屬害，不是，我們也是說老輩這個工作就怎樣做怎樣做，我們來那個，對吧，說要像這個，以前像那個鄭和下西洋那個什麼啦，或是帆船是怎樣，我們連看到也不識，也是老輩都這樣做，我們就照這樣做。[65]

---

61 陳進成，訪談於2023年2月27日。

62 李豐楙等著：《東港迎王──東港東隆宮丁丑正科平安祭典》，頁102。

63 根據黃貴燝的說法是到臺南七股去詢問當地師傅；陳進成的說法是到西港去，而西港在地的師傅則源自於澎湖與高雄茄萣。

64 臺語音近「刺」版仔，指製作木造船的模板，用以量制零件，現東港東隆宮王船寮裡的版型多是幾十年前所製作而成，此技術已幾近失傳，蔡文化先生雖仍會製作，但自認是模仿更早之前的師傅們自行摸索而來，並非專業。

65 蔡文化，訪談於2023年2月27日。

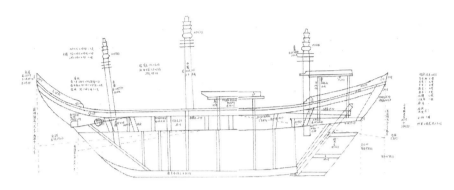

已逝設計科科長謝春成繪製之設計圖

資料參考：鄭華陽《從專案管理看東港迎王祭典王船建造——以東隆宮乙未正科王船建造為例》（屏東：國立屏東科技大學企業管理系碩士論文，2014年），頁72-73。

可歷年木造王船的形式仍有所差異，據黃貴燧先生所述：

> 當時在造前差不多兩三隻都是很像臺南的那種造型，很像茄萣那種造型，畢竟是造船的生態體系全臺灣東港是很完整的，當時的時候很強盛，所以說船體一直改，看不會就改良，改良到後來這兩科差不多三科，船體就差不多像現在這樣，很飽滿很圓潤，但結構上臺南那邊都是王船的上面結構都是用廟宇的型態，東港就是用漁船的體態在表現，王船公坐的那間厝仔，很簡單的像以前我們那個漁船大公厝仔駕駛艙這樣，但是臺南那邊不一樣，像是兩間廟宇。[66]

文史工作者陳進成先生也提及：

> 東隆宮王船從六十二年，那時候我們才國小六年級開始看，看到現在東隆宮的船身有沒有變，有變，他怎麼原本比較瘦身，現在比較長、圓身，不是肥起來，圓身，因為考慮到實際的吃水，還有造船師傅很大的那個……造船師傅有的人造起來那個身體那個肚子桶會瘦瘦的，有的人就會比較圓。[67]

---

66 黃貴燧，訪談於2023年1月20日。
67 陳進成，訪談於2023年2月27日。

　　綜上所述，實際上歷科王船的外觀實際上是有所差異的，且會依照不同主導者而有不同的外觀，對照東港東隆宮官方臉書專頁[68]所釋出的王船舊照比對，更能明確顯現此差異：

一九七三或一九七六年，王船組組長為李壁輝或洪振通

一九八二年壬戌科，王船組組長為洪振通

---

68 東港東隆宮溫府王爺廟網站，網址：https://www.facebook.com/yingwangfestival/photos_
　by，檢索日期：2023年4月12日。

一九八八年戊辰科，王船組組長為洪全瑞。

一九九一年辛未科，王船組組長為蔡文化。

雖第一張照片（1973或1976年）拍攝距離較遠，且為黑白照片較難以辨

認，但依比例顯示，其尺寸已十分碩大[69]，且隨著時間演變有逐科略為加大的趨勢[70]，第二張照片（1982年）、第三張照片（1988年）、第四張照片（1991年）三艘王船負責的組長皆不同，雖拍攝角度不盡相同，但仍可辨認出主要明顯差異為坡仔[71]弧度和靠近船艉處的王船公厝。

以一九八八年戊辰科洪全瑞擔任組長所製作的王船為例，其船頭船尾上翹的弧度比其他科王船更大，前舟參[72]也較窄，王船公厝的造型亦和前後兩艘王船差別甚大，僅為漆上紅漆的中空木架。

因此，自東港迎王由紙糊改為木造王船之後，雖同為木造漁船師傅打造，每一科王船的外觀還是會因為王船組組長的不同而有或大或小的差異，並非固定不變，也不全然是師傅口中「老一輩怎麼做，他們就照著做」的完全重現。

結論

原為屏東平原貨物集散地的東港在日治時期轉而發展漁業，並奠定木造漁船產業的基礎，日式漁船匠師的製作工藝傳承給東港在地造船師傅後，因政策與經濟環境使然，臺灣的動力漁船數量在一九五〇年代後期開始大幅上升，東港漁業也位處蓬勃發展的行列中，更是臺灣近海鮪延繩釣的基地[73]，以歷年漁獲生產量相對照，可見其生產量逐年上升：

---

69 1973年木造王船龍骨長十八尺二寸、寬度十尺七寸五分、深度五尺五寸七分；1976年木造王船龍骨長十八尺二寸、寬度十尺五寸、深度五尺六寸。

70 李豐楙等著：《東港迎王——東港東隆宮丁丑正科平安祭典》，頁115。

71 指船堪（船身兩側突出長塊，避免停泊時與其他船隻碰撞而損壞船殼）下的船殼。

72 立在船前後的大板，用作船艏艉的外板，前舟參靠近上方處會書寫當科大千歲之姓氏。

73 行政院農業委員會臺灣農家要覽增修訂再版策劃委員會編著：《臺灣農家要覽漁業篇》（臺北：豐年社，1995年，增修訂再版），頁58。

一九六〇至一九七五年臺灣、屏東縣、東港鎮漁獲生產量對照表

地區 年份	臺灣 漁貨生產總量	屏東縣 漁貨生產量	東港鎮 漁貨生產量
1960	259137	13685	
1961	312432	18764	8000
1962	327048	15602	
1963	350730	16671	
1964	376399	16658	
1965	381638	20454	
1966	425277	21393	
1967	458222	22835	14988
1968	531170	24733	
1969	560917	26461	
1970	613152	27874	
1971	650167	32604	
1972	694331	32988	
1973	758486	36440	29612
1974	693570	40715	
1975	779952	49632	

單位：公頓

資料參考：屏東縣政府：《屏東縣統計提要（民國三十九年至八十八年）》，頁328；行政院農業委員會漁業署：〈歷年漁業生產量〉，《民國100年（2011）漁業統計年報》；胡興華：《話漁臺灣》（臺北：行政院農業委員會漁業署，2000年），頁67；陳慶華：《東港漁業的發展與變遷，1948-2008》（桃園：國立中央大學歷史研究所碩士論文，2009年），頁82。經詢問東港漁會後，總幹事鄭鈺宸表示東港魚市場和漁會推廣部並無留存民國四十年到八十年間的紙本資料，民國八十年之後才開始使用電腦留存資料。

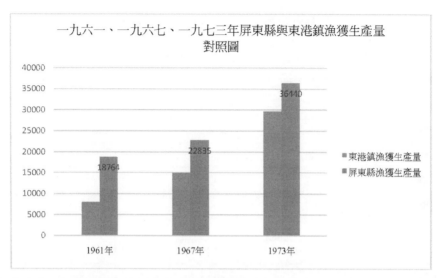

資料參考：本研究繪製（標有數字者為屏東縣漁獲生產量）

在漁業興盛的情況下，除增加就業機會外，也會帶動上下游關聯產業的發展，如上游的修造船業、機械及航儀製造業、漁具製造業、船員補充、物資補給與金融服務業，下游的漁產加工及運銷業等[74]，一九六○、一九七○年代東港木造船產業極為興盛，而木造船產業的成熟更成為王船組的成立的原因之一。

　　一九七三年為迎王祭典大總理制最後一屆，此後迎王活動經費由祭典委員會負擔，並開始不再使用竹架紙糊王船，而是以木造王船取而代之。該科祭典舉辦在第一次石油危機發生後的一個月，並非因石油危機影響而導致紙糊王船轉為木造王船，而是因木造漁船產業發達，地方木造船匠師義務發起組成王船組分擔大總理經濟壓力，即便其後物價揚升，依然持續建造木造王船至今，小琉球王船組成員多來自東港王船組，主導人同是蔡文化先生，雖各自獨立，但實際上皆起於東琉兩地木造船產業興盛所致。

　　此外，東港迎王改為木造王船之後，雖王船組內較老一輩的師傅總將

---

74 盧向志：《細說漁業》（基隆：國立海洋科技博物館籌備處，2000年），頁43。

「老一輩怎麼做，我們就照著做」掛在嘴邊，但歷科王船外觀會因主導人不同而產生不同變化，雖形制大體相同，但在坡仔弧度和靠近船舺處的王船公厝仍會出現明顯差異，足以見得王船組內部木造船匠師對王船外型的重要影響。

參考文獻

一 專書

行政院農業委員會臺灣農家要覽增修訂再版策劃委員會編著：《臺灣農家要覽漁業篇》，臺北：豐年社，1995年，增修訂再版。

李豐楙等著：《東港迎王──東港東隆宮丁丑正科平安祭典》，臺北：臺灣學生書局，1998年。

胡興華：《臺灣漁會譜》，臺北：臺灣省漁業局，1998年。

比約達爾（Åsmund Bjordal）、勒克柏格（Svein Løkkeborg）著，林俊辰譯：《延繩釣漁業技術與魚類對漁具的生態行為》，臺北：財團法人徐氏文教基金會，1999年。

胡興華：《話漁臺灣》，臺北：行政院農委會漁業署，2000年。

盧向志：《細說漁業》，基隆：海洋科技博物館籌備處，2000年。

葉志杰：《聽看東港──從老漁村見識大歷史》，臺北：野人文化，2004年。

謝宗榮：《臺灣的王爺廟》，臺北：遠足文化事業公司，2006年。

洪紹洋：《近代臺灣造船產業的技術轉移與學習》，臺北：遠流出版公司，2011年。

鄭華陽：《船心・傳藝：乙未正科王船建造紀錄手冊》，屏東：自印本，2015年。

胡忠一，范雅鈞作：《1624-2015臺灣漁會大事年表》，臺北：中華民國農民團體幹部聯合訓練協會，2016年。

鄭華陽：《字繪琉嶼：琉球信仰側記》，屏東：琉球國中，2018年。

蔡誌山等編：《東港迎王平安祭典木王船工藝》，屏東：東港東隆宮，2022年。

二　學位論文

翁淑芬：《東港街市的形成與發展》，臺北：國立臺灣師範大學地理研究所碩士論文，1997年。

李宗信：《小琉球的社會與經濟變遷（1622-1945）》，臺南：國立臺南大學臺灣文化研究所碩士論文，2004年。

蔡昇璋：《日治時期臺灣「特別輸出入港」之研究》，桃園：國立中央大學歷史研究所碩士論文，2008年。

王俊凱：《屏東地區迎王祭典之研究——以下淡水溪和隘寮溪流域為主》，臺北：國立臺北大學民俗藝術研究所碩士論文，2009年。

陳慶華：《東港漁業的發展與變遷，1948-2008》，桃園：國立中央大學歷史研究所碩士論文，2009年。

林怡君：《屏東迎王平安祭典研究——以屏東縣東港、小琉球、南州三地為例》，高雄：國立高雄師範大學國文學系博士論文，2010年。

郭婷玉：《日本時代東港地方社會發展與社會力量之形成》，臺北：國立臺灣師範大學臺灣史研究所碩士論文，2011年。

吳柏勳：《美援與臺灣遠洋漁業之發展（1951-1965）》，桃園：國立中央大學歷史研究所碩士論文，2011年。

郭柱延：《石油危機時期之物價問題與相關經濟政策分析》，嘉義：國立中正大學國際經濟研究所碩士論文，2011年。

鄭華陽：《從專案管理看東港迎王祭典王船建造——以東隆宮乙未正科王船建造為例》，屏東：國立屏東科技大學企業管理系碩士論文，2014年。

梁芝茗：《東港迎王文化對傳統木造船工藝保存之影響》，屏東：國立屏東大學文化創意產業學系碩士論文，2016年。

魏鳳錦：《戰後安平造船產業文化》，臺南：國立臺南大學文化與自然資源學系臺灣文化碩士班碩士論文，2021年。

三　期刊論文

林玉茹：〈殖民地的產業治理與摸索——明治末年臺灣的官營日本人漁業移民〉，《新史學》第24卷第3期（2013年6月），頁95-133。

林慶華：〈永續林業・生態臺灣〉，《臺灣林業》第2期（總第43期）（2017年4月），頁10-19。

陳淑華、蔡東祐：〈東港王船沿革與承造工法保存調查〉，《臺灣文獻》第72卷第1期（2021年3月），頁177-245。

康　豹：〈戰後王爺信仰的演變〉，《臺灣經驗：二、社會文化篇》，臺北：東大圖書公司，1994年，頁159-174。

四　政府統計

屏東縣政府：《屏東縣統計提要（民國三十九年至八十八年）》。

行政院農委會漁業署：〈歷年漁業生產量〉，《民國100年（2011）漁業統計年報》。

行政院農委會漁業署：〈漁船筏數量統計相關報表〉，《民國100年（2011）漁業統計年報》。

五　網路資源

蕭彩鳳：〈臺灣、日本、韓國在1974年與近年能源危機期間之經濟與物價〉，行政院農委會網站，網址：https://www.coa.gov.tw/ws.php?id=18379，檢索日期2023年4月7日。

東港東隆宮溫府王爺廟網站，網址：https://www.facebook.com/yingwangfestival/photos_by，檢索日期：2023年4月12日。

林于煖：〈沒有名字的造船人：爺爺的一生與臺灣民間造船史〉，網址：https://storystudio.tw/article/gushi/those-who-built-the-ships-in-memory-of-my-granddad/，檢索日期：2023年4月25日。

班頭心情記事部落格，網址：https://blog.xuite.net/tkjasoncha707/twblog，檢索
　　日期：2023年4月10日。

論江戶時代的長崎唐商媽祖信仰

陳樂恩[*]

摘要

　　本文探討江戶時代在長崎的貿易背景與政治氛圍之下建立及發展的唐商媽祖信仰。所謂唐商，係指渡日貿易的中國商船群體。長崎唐商媽祖信仰具有濃厚的時代色彩。中國海商之商人身份特殊，因此群商人並不在日本落地生根，只是短暫停留於日本，然而卻因訪日人數多而在長崎自成一套與媽祖信仰相關的習俗。但畢竟旅日唐人的活動被限制於長崎，尤其唐館設立後，日方更對唐人外出有嚴格規定，以致長崎媽祖信仰處於定點狀態，無流動及傳播。從文化傳播的角度而言，長崎唐商媽祖信仰實是日本官方與唐商之間的互動，故注意官方對長崎媽祖信仰的管理方式及態度如何影響信仰的內容及形式，實有其必要。

　　日方對媽祖之稱呼，乃一觀察長崎媽祖信仰的切入點。從日方傾向選擇以「天妃」而非「天后」封號稱呼媽祖，可看出日方對明清二朝截然不同的態度，以至背後蘊含的華夷思想。另外，日方多稱媽祖為菩薩，加上媽祖供奉於屬黃檗宗的唐三寺等，亦可見長崎媽祖信仰與佛教的密切關係。不過，媽祖信仰與佛教的連繫僅為表面現象，實際上若從江戶時代的政治背景下考察，可推斷長崎的媽祖信仰在一定程度上是因應官方的禁教令，繼而影響貿易政策，而在佛教的蔭庇下發展。

　　儘管長崎的唐商媽祖信仰，因政治環境的限制而呈定點狀態，不過從寶

---

[*]　國立政治大學中國文學系碩士生。

永五年（1708）一場關於媽祖揚的衝突來看，以唐三寺為中心的媽祖信仰圈似乎具有排他性。信仰圈的內部結構甚為固定，對信仰圈以外的他者抱持排拒的態度。

關鍵字：中日貿易、長崎、唐商、唐館、唐三寺、媽祖信仰

Mazu Beliefs of Chinese Merchants in Nagasaki during the Edo Period

Chan, Lok-Yan[*]

Abstract

The study aimed to investigate Chinese merchants' Mazu beliefs and customs, considering Nagasaki's trade and political situations during the Edo period. Chinese merchants were defined as Chinese merchant marines who traded with Japan. Mazu beliefs of Chinese Merchants in Nagasaki reflected features of Japan at the time. Unlike immigrants from China who did their immigration before Japan's Sakoku (鎖國) policy was made, Chinese merchant marines at the time were not allowed to immigrate to Japan but resided in Nagasaki for a short period. Merchant marines were even prohibited from leaving Tōjin Yashiki (唐人屋敷) as a general rule. As a result, the spread of Mazu Beliefs of Chinese Merchants in Nagasaki was limited. Mazu Beliefs of Chinese Merchants in Nagasaki as the diffusion of culture showed the interaction between the Edo Shogunate and Chinese merchants.

Appellations that Mazu received in Nagasaki reflected the Sinocentrism in Japan, as the Japanese government preferred "Tianfei" (天妃) instead of "Tianhou" (天后). On the other hand, Mazu Beliefs in Nagasaki related to Buddhism, with a view to handling the Edo Shogunate's ban on Christianity.

---

[*] M.A. student, Department of Chinese Literature, National Chengchi University.

The issue of depositing the statue of Mazu in 1708 brought Shōfuku-ji (聖福寺) into conflict with the Three Tou temples (唐三寺). The three Tou temples were at the center of the Mazu belief sphere in Nagasaki, and the belief sphere was exclusive.

Keywords: Sino-Japanese Trade, Nagasaki, Chinese Merchants, Tōjin Yashiki, Tou Temples, Mazu Beliefs

一　前言

　　媽祖於明清時代已是地位舉足輕重的海上守護神，而隨唐商飄洋過海到長崎貿易的過程中，媽祖信仰亦在長崎落地生根。江戶時代歷經中國明清兩朝，由明代實施海禁而民眾偷渡日本進行走私交易，到清廷於康熙二十三年（貞享一年，1684）撤銷海禁令，中日雙方卻始終未有正式建交，因此位於長崎的中日貿易在名義上屬民間貿易。話雖如此，在實際的貿易過程中，日方實對唐商以至其商品實施非常嚴密謹慎的審查；而媽祖信仰在長崎的發展，也在很大程度上取決於日方在政治上的各種政策。

　　目前關於長崎唐人媽祖信仰的研究，多是在從建築和儀式兩方面切入。首先是唐三寺——即興福寺、福濟寺和崇福寺，內部與媽祖信仰有關的建築，如二階堂善弘則從中心與周圍的相對角度考察媽祖信仰，實地考察現今唯二尚存媽祖堂的崇福寺及興福寺。[1]另又有關於唐人屋敷（即唐館）的天后宮之研究，例如永井規男分析唐館內部結構，其中也有考察唐館之天后宮。[2]當然，建築和儀式只是大致分類，兩者不能完全分割，因此討論建築時亦往往會涉及儀式活動，如宮田安分析崇福寺媽祖門及媽祖堂的結構，同時亦論及長崎媽祖信仰活動。[3]又如朱德蘭有專文論近代長崎唐商之媽祖信仰文化，當中也有涉及唐三寺關於媽祖的建築，以及江戶時代特有的媽祖信仰儀式，即媽祖揚及媽祖乘，但畢竟論述焦點在近代而非江戶時代，故相關內容並不深入。[4]另外，藤田明良就媽祖信仰的研究多是歷史追溯之考察，且研究範圍包括但不限於長崎，例如論述中國以至東日本之媽祖信仰，再論及媽祖於日本的在地化——如何與日本的船玉神信仰相容，亦有從古媽祖像

1　〔日〕二階堂善弘：〈長崎唐寺の媽祖堂と祭神について——沿海「周縁」地域における信仰の伝播〉，《東アジア文化交渉研究》第2號（2009年3月），頁99-108。

2　〔日〕永井規男：〈唐人屋敷——町の構成〉，收於〔日〕大庭脩編：《長崎唐館図集成》（吹田：関西大学出版部，2003年），頁207-224。

3　〔日〕宮田安：《長崎崇福寺論攷》（長崎：長崎文献社，1975年），頁341-358。

4　朱德蘭：〈近代長崎華商媽祖信仰文化〉，《史匯》第18期（2015年3月），頁34-41。

切入討論者。[5]本文討論江戶時代的長崎唐商媽祖信仰，亦基本沿用前人在建築和儀式方面的研究成果，由此兩方面論述。

　　而本文標題所指「唐商」，實際上取其廣義：不僅是指在日中國商人，[6]而是指來日貿易的中國商船群體，其中亦包括不同職位的船員。當時隨唐船到長崎的，並不止有商人。[7]但是當時來航者主要是為貿易，則是事實。本文使用「唐商」而非「唐人」一詞，是為與「住宅唐人」作區分，[8]限於日本鎖國時期不具歸化日本資格、僅為貿易在長崎短暫居留的唐人身上。因此，本文的聚焦點在於與此群短暫居留的唐人相關之媽祖信仰活動。

　　「唐商」的信仰活動之研究價值，在於相關信仰活動有非常鮮明的時代色彩。唐商的短暫居留身份，以至於媽祖信仰活動本身，實際上都跟日本鎖國的政治環境有密切聯繫，因而形成了相應的時代色彩。首先是唐商，作為當時少數可到日本進行交流之群體，正是因日本實施鎖國，才會成為在該時代背景下無法歸化日本，卻又花費長時間停留於日本，人數以及影響力都不容小覷的獨特社群。而一些與媽祖信仰相關的儀式，如「菩薩揚」、「菩薩乘」，均是與中日貿易相關、且在日本開國以後便不復存在的信仰活動，[9]由

5　〔日〕藤田明良：〈古媽祖像からみた媽祖の伝播・融合・転生〉，《キリスト教文化研究所紀要》第33號（2020年3月），頁23-48；藤田明良：〈東アジアの媽祖信仰と日本の船玉神信仰〉，《国立歴史民俗博物館研究報告》第223集（2021年3月），頁97-148。

6　在日中國商人，指的不止是「從中國來航」的商人。事實上，當時也有自柬埔寨、暹羅等地渡日的華人，仍被視作唐船。詳參〔日〕長崎市役所：《長崎市史・通交貿易編・東洋諸国部》（長崎：長崎市役所，1923年），頁1。另，據陳衍德所述：「日本幕府『利用中國商人迫切想得到信牌的心情，要求他們聘請各種人材到日本』」，其中包括原清軍軍官、獸醫等，均由唐商應日方所需以重金聘自中國。詳參陳衍德：〈華人移居日本與媽祖信仰在日本的傳播〉，《文化雜誌（中文版）》第99期（2016年），頁116。

7　孫文言：「除了船工、商人外，知識界、醫界、藝術界乃至佛教界人士也不斷搭乘赴日商船前往日本。」詳參氏著：《唐船風說：文獻與歷史──《華夷變態》初探》（北京：商務印書館，2011年），頁134。

8　「住宅唐人」係指「歸化日本，並在當地擁有家業的中國人」。詳參劉序楓：〈明末清初的中日貿易與日本華僑社會〉，《人文及社會科學集刊》第11卷第3期（1999年9月），頁451。

9　朱德蘭：〈近代長崎華商媽祖信仰文化〉，頁41。

此可見其時代色彩。

　　有見及此，本文欲特別關注官方視角下的長崎媽祖信仰活動。如陳衍德所指，媽祖信仰的傳播實為文化傳播，而文化傳播則要求有傳出與傳入兩方產生互動。[10]端看江戶時代的中日貿易活動，因特殊時代背景故僅由中國商人單方面進入日本進行貿易，而日方亦竭力禁止中日人民私下交流，因此唐人媽祖信仰之影響力亦僅集中在華僑社會之內，所謂文化傳播的互動，實際上是日本官方與唐商之互動。惟前人研究江戶時代的媽祖信仰，多集中在信仰活動本身，論及時代背景一般亦只提及江戶時代的禁教令，而筆者認為尚可進一步從時代背景的視角下注意媽祖信仰活動。因此，本文欲注意官方對長崎媽祖信仰的管理方式及態度如何影響信仰內容及形式。下文先會概述長崎唐人之媽祖信仰活動，其後從日方華夷思想分析其對媽祖封號之取捨背後的考量，並從幕府禁教令及幕府與佛教的關係，觀察長崎的媽祖之佛教色彩，最後則初步探討一場唐三寺與聖福寺之間因寄放媽祖像而起的爭執。

二　長崎唐人的媽祖信仰概述

　　長崎唐人的媽祖信仰，基本上是以唐三寺，即江戶時代初期建立的興福寺、福濟寺及崇福寺為基地。隨後，在唐人屋敷成立之後，其內亦有與媽祖相關的宗教場所。除此之外，媽祖信仰相關儀式亦作為通例，固定地出現於在日唐人的生活之中。本節將說明唐三寺及唐人屋敷內的媽祖相關建築，其後則說明媽祖相關儀式，以及媽祖信仰與在崎唐人生活相關之處。

　　唐三寺的劃分，基本上是以中國出身地的地理位置區分的。相關劃分形成「幫」（ぱん，即鄉幫團體）的概念，唐三寺除了是唐人宗教場所，實際上也是作為後世華僑團體的基礎。[11]山本紀綱便統整了三大鄉幫，現引用如下：

---

10 詳參陳衍德：〈華人移居日本與媽祖信仰在日本的傳播〉，頁104。

11 〔日〕山本紀綱：《長崎唐人屋敷》（東京：謙光社，1983年），頁146。

（一）三江幫：江蘇、安徽、江西、浙江各省出身人士之鄉幫

（二）泉漳幫：福建省泉州、漳州出身人士之鄉幫

（三）福州幫：福建省福州出身人士之鄉幫[12]

唐三寺基本上都是從媽祖廟演變而成的黃檗宗佛寺。[13]唯有長崎的唐寺有獨立的媽祖堂。[14]首先是最早於元和六年（1620）建成，以三江幫祭拜為主、又名南京寺的興福寺。興福寺中有媽姐堂，亦稱海天司命堂。[15]堂中正面壇上有媽祖像，並有侍女像與千里眼、順風耳像，左壇祭祀關帝、關平、周倉，右壇則祭祀三宮大帝。[16]其次是屬泉漳幫的福濟寺，建於寬永五年（1628）。有別於興福寺，福濟寺並未見獨立的媽祖堂。其媽祖像置於青蓮堂的左壇，青蓮堂即觀音堂；同樣有侍女像，且壇前有題為「海天活佛」的橫額。[17]青蓮堂內，中央為佛殿，左右則有藏經室；[18]而左側的藏經室中擺放了唐船暫寄的媽祖像，內裡則有媽祖棚。[19]最晚建成的是福州幫的崇福寺，在寬永六年（1629）建成。崇福寺亦有獨立的媽姐堂，在正面、高六尺的須彌壇上安置了媽祖像，稱「海神天后聖母像」，同樣有侍女像及千里眼、順風耳像。[20]跟福濟寺的情況相反，崇福寺的觀音像在媽祖堂的右壇。

---

12 〔日〕山本紀綱：《長崎唐人屋敷》，頁146。另外，李獻璋亦就此三幫有關於住宅唐人的論述，惟非本文議題，就此省略。詳見李獻璋：《長崎唐人の研究》（佐世保：親和銀行ふるさと振興基金会，1991年），頁179-268。

13 興福寺、福濟寺與崇福寺均為《長崎市史》編入「黃檗宗」一章。詳見長崎市役所：《長崎市史・地誌編・仏寺部下》，頁151-502。另見陳莉莉：〈江戶初期における長崎唐三寺の建立と關帝信仰〉，《文化交涉：東アジア文化研究科院生論集》第10號（2020年11月），頁211。

14 〔日〕宮田安：《長崎崇福寺論攷》，頁341。不過，實際上福濟寺並沒有獨立媽祖堂，其媽祖像置於觀音堂。

15 〔日〕長崎市役所：《長崎市史・地誌編・仏寺部下》，頁190。

16 同前註，頁190、207-208。

17 同前註，頁292-293。

18 同前註，頁292。

19 同前註，頁293。

20 同前註，頁418。

而堂內兩側有櫃子，以擺放暫寄的船神媽祖像。[21]

至於唐人屋敷，後來亦增設了天后宮。唐人屋敷的天后宮在元文元年（1736）由南京人建立。[22]唐館在元文元年於唐館南方擴張了約五百九十七坪，而天后宮便是在這次擴張時成立。天后宮與關帝並祀，佔地十六坪，較皆為六坪的觀音堂與土神堂為大，[23]佔地面積乃唐館內宗教場所之最。天后宮並不是唐館的初期建築。天后宮建成時，距離唐館初成立已經四十七年，將近半個世紀，且期間還發生過數次火災。[24]由此可見天后宮是唐館中期的建築。此後於天明四年（1784）整個唐館又因大火而毀於一旦，自此唐館的結構有極大變化，[25]中期建成的天后宮亦因此而消失。

至於長崎唐人媽祖信仰的儀式與祭典，即媽祖揚與媽祖祭，皆是當時相當重要的宗教活動。首先是媽祖揚（媽祖揚げ），又稱菩薩揚（菩薩揚げ）。此儀式所指的是，從唐船將媽祖像傳送並寄放在唐三寺。而回程當日則需在唐三寺接回媽祖像到船上，則稱為菩薩乘（菩薩卸し）。[26]

《長崎名勝圖繪》詳細記載媽祖揚的過程。唐船上有菩薩棚，作為祭拜船魂（ふなだま）神的場所，該處便會安置媽祖像，供航行期間日夜供奉祭拜之用，以祈求航海安全。[27]在唐船到達並停泊於長崎港後，則恭敬高捧著媽祖像，到唐三寺寄放。[28]早年是據各船所皈依的寺廟寄放媽祖像，但後來

---

21 同前註。

22 〔日〕永井規男：〈唐人屋敷──町の構成〉，收於〔日〕大庭脩編：《長崎唐館図集成》，頁211。

23 〔日〕田辺茂啟：《長崎實錄大成正編》，（長崎：長崎文献社，1973年），頁249；林慶勳：〈《袖海編》記載的唐館──十八世紀唐館有關文獻探討之一〉，《應華學報》第24期（2021年6月），頁107。

24 〔日〕永井規男：〈唐人屋敷──町の構成〉，頁210。

25 同前註，頁212-213。

26 「菩薩卸し」的中譯，參考朱德蘭：〈近代長崎華商媽祖信仰文化〉，頁41。

27 〔日〕饒田喻義編述，〔日〕打橋竹雲圖畫，〔日〕丹羽漢吉譯著：《長崎名勝圖繪》（長崎：長崎文献社，1974年），頁153。

28 同前註。

基於寄放數量不均，便改成唐三寺輪流寄放。[29]以下將以《長崎名勝圖繪》中〈唐人奉天妃振直庫之圖〉，說明媽祖揚的分工與流程。[30]

圖一：《長崎名勝圖繪》載〈唐人奉天妃振直庫之圖〉

　　唐船的「香工」（ひょんこん，或こうこう）是媽祖揚之中不可或缺的一環。[31]據《增補華夷通商考》，香工乃負責菩薩香華燈明、晝夜禮拜之事，[32]所謂菩薩即是媽祖，[33]故上文所述航行期間對媽祖的祭拜，便是由香

29 同前註。

30 相關流程，亦部分參照〔日〕松浦章著，高致華譯：〈清代跨越海域的船神〉，《臺灣宗教研究通訊》第9期（2011年6月），頁20-21。

31 「ひょんこん」為《增補華夷通商考》所錄「香工」讀音，「こうこう」則據《長崎名勝圖繪》所載，故一併列於註釋。詳參譯自〔日〕西川忠亮：《增補華夷通商考》，《西川如見遺書》（東京：求林堂，1899年），第四編，卷二，頁16b；〔日〕饒田喻義編述，〔日〕打橋竹雲圖畫，〔日〕丹羽漢吉譯著：《長崎名勝圖繪》，頁153。

32 〔日〕西川忠亮：《增補華夷通商考》，《西川如見遺書》，第四編，卷二，頁16b。

33 本文第四節將深入探討媽祖被稱為菩薩一事。

工負責。至於在長崎護送媽祖像到唐三寺的過程中，香工亦處於行列之首。在前面的香工負責手持燈籠，左右並列，各持一個燈籠（見圖一①）。從圖中可見其手拿的燈籠的一面分別寫有「天后」和「聖母」。其後是手持銅鑼之人，同樣是二人一組，左右並列（見圖一②）。接續的是持直庫者（見圖一③）。所謂「直庫」，又寫作「鉄鈷」，是一根約六尺、頂端綁有紅色棉繩的棒。[34]擔任揮舞直庫的人，會穿戴長袖黑衣與黑帽，[35]或是穿長袖紫衣，[36]以仿僧人姿態。之後是手捧媽祖像之人（見圖一④）。媽祖像多是木像，其後左右各有一持團扇的侍女像，其前則有千里眼和順風耳像，或是置有虎爺像。在此後左右有人持旗，[37]後面則有人持傘蓋（見圖一⑤）。[38]除唐人以外，唐通事與日方官吏皆會在媽祖揚時跟隨在旁（見圖一⑥）。

在前往唐三寺的路上，會因應途經的地方和不同方位的轉換，而需要揮舞直庫和敲擊銅鑼。若途經十字路口，則需要揮舞直庫和敲擊銅鑼。揮舞直庫時，直庫會橫持於手袖之上。而直庫的頂端會因應朝東或朝西而隨之改變方向，而朝南或北時則不變。[39]

到達寺廟之後，亦要在特定位置敲擊銅鑼和揮舞直庫。特定位置即是在寺廟的山門、中門、關帝堂之前、媽祖門和媽祖堂。[40]若有人不小心從隊伍前橫過，則需要重新揮舞直庫，以去除障魔污穢。[41]此後媽祖像和直庫都會

---

34 〔日〕饒田喻義編述，〔日〕打橋竹雲圖畫，〔日〕丹羽漢吉譯著：《長崎名勝圖繪》，頁153。

35 同前註。

36 〔日〕磯野信春：《長崎土產》（長崎：大和屋由平壽櫻，1847年），頁39a。

37 〔日〕饒田喻義編述，〔日〕打橋竹雲圖畫，〔日〕丹羽漢吉譯著：《長崎名勝圖繪》，頁153。惟圖中未見。

38 原文稱傘蓋為「蓋傘」。詳參〔日〕饒田喻義編述，〔日〕打橋竹雲圖畫，〔日〕丹羽漢吉譯著：《長崎名勝圖繪》，頁153。

39 〔日〕饒田喻義編述，〔日〕打橋竹雲圖畫，〔日〕丹羽漢吉譯著：《長崎名勝圖繪》，頁153。

40 同前註。

41 同前註。

奉納於媽祖堂，唐人則回到唐館。[42]唐寺的媽祖堂有專門放置唐船媽祖像的祭壇，為分辨不同唐船的媽祖像，壇門上貼有寫有干支以及所屬船號資訊的白紙。[43]至於回航時，雖直庫的揮舞方法稍有不同，[44]但基本流程雷同。

而媽祖祭，又稱媽祖會、媽祖降生會，不過主要是以「菩薩祭」為長崎人所熟知。[45]媽祖祭一年舉行三次，分別在三月二十三日、七月二十三日及九月二十三日。和媽祖揚寄放媽祖像的情況類似，原先基於各船據船籍各有所屬之唐寺，因此唐三寺會各自舉行媽祖祭；惟每年從各地而來的唐船數都有落差，故最後改為由唐三寺輪流主持舉辦。[46]據《長崎市史》所載唐三寺的「年中行事」，興福寺稱之為「媽姐祀」，[47]福濟寺稱其為「天后聖母千秋節」，[48]崇福寺則稱其「媽姐祭」。[49]不過僅崇福寺的年中行事分別寫下三月、七月和九月均有媽祖祭，而興福寺與福濟寺則只記錄三月有媽祖祭。

自唐館建成而到崎唐人強制住進唐館以來，因唐館有門禁使唐人的行動

---

42 據〔日〕松浦章著，高致華譯：〈清代跨越海域的船神〉一文，其中引文言：「這之後『老媽祖』的像和『直庫』都會被奉納在媽祖堂，再移送到唐館。」此句引文來自《長崎土產》：「其後老媽姐の像及ひ直庫を媽姐堂に納めて館内に帰るなり。」《長崎名勝圖繪》也有內容相仿的記載：「これが濟むと、老媽の像と鉄鈷を媽姐堂に納めて、館內に引き揚げる。」然而《長崎土產》有記載唐寺有專門供奉唐船媽祖像的祭壇，亦貼有白紙記載唐船資訊，如此一來似乎與媽祖像稍後會移至唐館有矛盾。另外，若媽祖像已移至唐館，而唐館靠近長崎港口，基於唐館與唐船距離之近，似乎不必再重複一次媽祖揚的流程，將媽祖護送回船上。據以上兩點，筆者以為此句是指唐人完成儀式後便回唐館，非指媽祖像與直庫送往唐館。詳參〔日〕松浦章著，高致華譯：〈清代跨越海域的船神〉，頁21；〔日〕磯野信春：《長崎土產》，頁40b；〔日〕饒田喻義編述，〔日〕打橋竹雲圖畫，〔日〕丹羽漢吉譯著：《長崎名勝圖繪》，頁153。

43 〔日〕長崎市役所：《長崎市史・風俗編》，頁462。

44 〔日〕饒田喻義編述，〔日〕打橋竹雲圖畫，〔日〕丹羽漢吉譯著：《長崎名勝圖繪》，頁153。

45 〔日〕長崎市役所：《長崎市史・風俗編》，頁464。

46 〔日〕饒田喻義編述，〔日〕打橋竹雲圖畫，〔日〕丹羽漢吉譯著：《長崎名勝圖繪》，頁17。

47 〔日〕長崎市役所：《長崎市史・風俗編》，頁184。

48 同前註，頁272。

49 同前註，頁394-395。

自由大受限制。劉序楓整理了當時唐人可獲准外出的十三種特例，其中一例便是媽祖祭。[50]劉氏亦提到：「以上僅為出館的可能情況，至於許可與否，或出館之人數，則由唐館街官，甚至長崎奉行決定，且除一些固定年中行事外，並非年年固定。」[51]而媽祖祭當屬固定年中行事。清代商人汪鵬於明和元年（1764）撰《袖海編》，記錄在崎所聞，其中亦有提到媽祖祭乃唐人可外出的特例，而且能夠出外一整天：「凡有建醮、酬願，及天后聖誕，例得遊覽竟日。」[52]由此可見媽祖祭是在崎唐人難得可出外歡慶的大日子。

《長崎市史》記載了媽祖祭的準備工作與當日流程。媽祖祭之前約四、五天，唐寺的僧人便會準備聯額、金山和銀山，知客則會準備媽祖贊，至於唐通事和其他僧人則負責送出邀請函。[53]二十一日會設置媽祖壇，準備四具足等祭祀用品。二十二日則會放上大胡麻餅、素麵、壽桃包等供品，並在花瓶內插上花。[54]到了二十三日，即媽祖祭當日，會在媽祖壇前焚香，並會吹奏嗩吶和敲擊金鼓。誦讀佛經之後，便會享用卓袱料理（しっぽくりょうり）。

總括而言，不論是媽祖揚還是媽祖祭，基本上都是由唐三寺主導。唐三寺彷彿自成一個唐寺系統，媽祖信仰便在這個系統之內運作。加上後來唐人屋敷的建成，來崎唐人可以移動的地點非常有限，亦導致唐人的媽祖信仰只是在定點的區域內發展，沒有傳播的空間。

以上所述均為長崎唐商媽祖信仰的概況，而清代咸豐年間的《豐利船日記備查》中關於祭神的記載，正好能呈現更詳細的媽祖信仰活動之面貌。據王榮國所考，《豐利船日記備查》記載豐利船從浙江乍浦港至長崎港的十七

---

50 劉序楓：〈德川「鎖國」體制下的中日貿易：以長崎「唐館」為中心的考察（1689-1868）〉，收於海洋史叢書編輯委員會編：《港口城市與貿易網絡》（臺北：中央研究院人文社會科學研究中心，2012年），頁99-100。

51 同前註。

52 〔清〕汪鵬：《袖海編》，收入《叢書集成續編》（臺北：新文豐出版公司，1989年，影印《昭代叢書》道光十三年世楷堂刊本），第224冊，頁462下。

53 〔日〕長崎市役所，《長崎市史・風俗編》，頁464-465。

54 同前註，頁465。

天航程內，共祭神六次，其中有四次是祭拜媽祖。[55]至於在長崎的四個多月中，則有二十九天進行拈香祭拜，其中又有四次記載為專門祭拜媽祖，亦有在唐館內及分別到唐四寺祭拜。[56]由此可見唐商無論在航程中，抑或在長崎暫留期間的媽祖祭拜活動還是相當頻繁的。

三　媽祖封號與日本華夷思想

在長崎對媽祖的稱呼受政治影響甚深，更可從中看出日方之於華夷問題的立場與態度。在長崎，媽祖實際上常有許多不同稱呼。據《長崎市史》記載，媽祖被稱為菩薩、天后聖母、娘娘菩薩、老媽、天后、天妃和媽祖娘娘。[57]其中值得注意的，是天后和天妃此二稱號。

關於媽祖獲賜天后封號一事，向來定論為康熙二十三年（1684）施琅（1621-1696）因攻佔臺灣奏請康熙褒封媽祖為天后。然而據李世偉所考，當時施琅的請封實被否決，目前可考清朝首次敕封媽祖為天后，實際上要到乾隆二年（1737）。[58]只是在這期間，民間、甚至部分朝臣以至雍正皇帝其實都有誤信此一請封傳說，認為媽祖已改封天后，因此在雍正年間出現「天妃」與「天后」兩個稱號皆被使用的情況。[59]

至於長崎唐人屋敷中的天后宮，是在元文元年（1736）由南京人創建，[60]

---

55 王榮國：《海洋神靈——中國海神信仰與社會經濟》（南昌：江西高校出版社，2003年），頁147。

56 同前註，頁152-154。另，唐四寺即唐三寺及聖福寺之統稱，本文第五節將簡述聖福寺的由來。

57 〔日〕長崎市役所：《長崎市史・風俗編》，頁460。

58 李世偉：〈「媽祖加封天后」新探〉，《海洋文化學刊》第1期（2005年12月），頁29-30。

59 同前註，頁26-29。

60 〔日〕饒田喻義編述，〔日〕打橋竹雲圖畫，〔日〕丹羽漢吉譯著：《長崎名勝圖繪》，頁103。另，雖《長崎名勝圖繪》以「天后堂」稱呼天后宮，後亦有學者沿用《長崎名勝圖繪》之稱呼，稱該廟為天后堂。不過天后宮當是正式名稱。且不論是「堂」或「宮」，仍是將媽祖稱為天后，不影響本文論點。另參〔日〕大庭脩編：《長崎唐館圖集成》，頁6-7、143。

時間剛好落在清朝正式褒封媽祖為天后的前一年。唐館的天后宮有用大字寫「天后聖母」的旗幟，而堂上也有寫著「天后宮」和「天后行宮」的題額。[61]綜合上文所述關於康熙二十三年的賜封媽祖傳說，這當可反映中國民間對於媽祖「天后」稱號的接受。從目前所存圖畫以及汪鵬《袖海編》的記載，「天后宮」乃當時一直沿用的名稱。寫於明和元年（1764）的《袖海編》記載：「（唐館）有天后宮，規制頗宏。」[62]而繪於安永九年（1780）、現藏神戶市立博物館的富島屋版〈唐人屋舖景〉，亦有標明「天后宮」之名。[63]

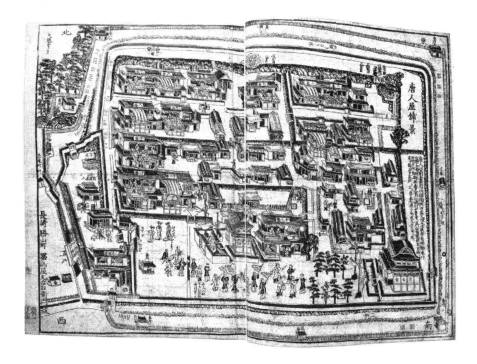

圖二：《長崎唐館圖集成》載〈唐人屋舖景〉

61　〔日〕饒田喻義編述，〔日〕打橋竹雲圖畫，〔日〕丹羽漢吉譯著：《長崎名勝圖繪》，頁103。

62　〔清〕汪鵬：《袖海編》，收入《叢書集成續編》，第224冊，頁459下。

63　〔日〕大庭脩編：《長崎唐館図集成》，頁6-7、143。

不論天后封號的出現時間實際落在哪個時間點，天后封號畢竟是在清朝年間才首度出現，「天后」帶有強烈的清廷官方色彩則是無可置疑。從唐館天后宮的情況，亦可看到「天后」稱號確實在江戶時代為人使用。然而從不同的日方文獻來看，儘管日方有記載「天后」為其中一個媽祖的別稱，但一般在介紹唐人媽祖信仰時均未提天后封號的來源，反倒是強調明成祖的褒封。關於明成祖的賜封，有以下記載：

> 成祖永樂七年（一四〇九），以神屢有護助大功加封「護國、庇民、妙靈、昭應、弘仁、普濟、天妃」，建廟都城外，額曰「弘仁普濟天妃之宮」。[64]

而日方文獻，基本上都會特別介紹是次賜封，說明明成祖賜封「天姊（妃）老媽」之謚號。如西川如見（1648-1724）於享保五年（1720）成書的《長崎夜話草》：「大明天子賜予天姊老媽之謚號，（媽祖）作為觀音化身，唐人對其均懷尊敬之意。」[65]另，又如《長崎市史・風俗編》介紹媽祖各種稱號時，有註說明「明代成祖皇帝賜『天妃老媽』之謚號。」[66]明朝僅冊封媽祖兩次，而唯一一次賜封號「天妃」，便是由明成祖所敕封；惟其實早在元朝，媽祖已為元世祖所冊封為天妃，明成祖並不是首度封媽祖為天妃的皇帝。清朝相較明朝賜封媽祖更為頻密，媽祖信仰才在官方視野中佔據重要位置。據現存記載，最早將媽祖封為天妃的，實為元世祖：

> 〔元〕世祖至元十八年（一二八一），以庇護漕運封「護國、明著天妃」。二十六年（一二八九），以海運藉佑加封「顯佑」。[67]

日方介紹天妃封號，略過元代不提而選擇介紹明成祖；另一方面，天后

64 臺灣銀行經濟研究室編：《天妃顯聖錄》（臺北：臺灣銀行經濟研究室，1960年），頁2。

65 譯自〔日〕西川忠亮：《長崎夜話草》，《西川如見遺書》（東京：求林堂，1898年），第六編，頁4a。

66 譯自〔日〕長崎市役所：《長崎市史・風俗編》，頁460。

67 臺灣銀行經濟研究室編：《天妃顯聖錄》，頁2。

封號隨渡日唐商傳入長崎，日本文獻亦多有介紹媽祖有稱天后，且天后封號顯然較天妃為高，惟相關文獻均未提及天后封號始於清朝。

值得注意的是，日方並非不知天后封號的來源。記錄在林春勝（1618-1680）、林信篤（1644-1732）父子所編的《華夷變態》中，所輯錄的貞享二年（1685）貳番南京船風說書，正是花了非常長的篇幅說明施琅於臺灣作戰時獲媽祖之力保佑的故事，因而康熙敕封媽祖為「聖母元君」。[68]而批語則介紹媽祖為船神，是福建興化林氏之女，且尊稱天后聖母。[69]

唐船風說書為何物？大庭脩的解釋是：

> 所謂「唐人風說書」，是指唐通事經詢問入港唐船船頭後寫成的報告書。其內容包括中國國內形勢、他國形勢、航海情形、船頭與其役人情況、乘員情況等。報告書寫成後，必須提交給長崎奉行，再由長崎奉行向江戶報告。[70]

上文已提及，康熙二十三年的冊封不過是傳說，但至少在民間已有此說流傳。正如浦廉一所強調，風說書的史料價值甚高，風說書中所載就算是街談巷議，亦是有相當的史料價值；[71]何況唐船風說書的存在價值，本來就是讓日方得知以中國大陸為中心、關於內外情勢的情報。[72]此風說書時間正好落在傳說的冊封之後一年，至少一方面可以反證當時清朝地方已流傳關於是次媽祖冊封；另一方面，風說書反映日本官方必定知曉天后封號的來源，至少知道中國民間有關於清聖祖敕封的說法。

日方「取天妃棄天后」的取向，或跟日方的華夷思想有關。事實上，日

---

68 〔日〕林春勝、林信篤編，〔日〕浦廉一解說：《華夷變態》（東京：東方書店，1981年），上冊，頁452-453。

69 同前註。

70 〔日〕大庭脩著，徐世虹譯：《江戶時代日中秘話》（北京：中華書局，1997年），頁21。

71 〔日〕浦廉一：〈華夷變態解題——唐船風說書の研究〉，收入〔日〕林春勝、林信篤編，〔日〕浦廉一解說：《華夷變態》（東京：東方書店，1981年），上冊，頁77。

72 同前註，頁24。

方對明、清本就分辨得非常清楚，如《增補華夷通商考》便分別畫有〈明朝人物像〉與〈清朝人物像〉，以分辨明清之人。[73]皇帝對神祇的封號帶有非常強烈的政治色彩，日方僅承認明朝的封號，是對清朝的反撥。林春勝撰於延寶二年（1674）的〈華夷變態序〉，正是此一立場的絕佳例子：「崇禎登天，弘光陷虜，唐魯纔保南隅，而韃虜橫行中原。是華變於夷之態也。」[74]這段文字說明其書《華夷變態》取名之意，正是滿人入侵中國已使華夏文化不保，滿人統治下的中國已從華夏變成蠻夷了，言辭間足見其對滿人的不滿，認為滿族未具資格為華夏文化正統之意，相當明顯。這樣的說法並不只是林春勝的一家之言，而是代表當時日本學者的普遍看法。王德威言：

> 林春勝所言充分反映當時日本學者對大明亡國的看法。所謂「華夏變於夷之態」，意味明清鼎革其實是華夏禮儀之邦變成蠻夷的過程。以往的華夷秩序淪為失序狀態。隱含其下的，則是日本居高臨下、自命為華夏正統的微妙立場。[75]

從王德威的解說可知，日方對於中國的華夷之辨，實際上是帶有居高臨下的態度。因此，日方對於媽祖此一從中國東渡而來的神祇之判斷，是寧願認可媽祖爵位較低的天妃封號，也不承認源自清朝而爵位較高的天后封號，從中是有華夷思想的政治考量。

四　禁教令與佛教──媽祖、觀音與瑪利亞

在唐三寺之下發展的媽祖信仰，實際上帶有明顯的佛教色彩。

首先，從長崎人對媽祖的稱謂，可知長崎人對媽祖的認知是菩薩。松浦章指出長崎以「菩薩」作為媽祖的通稱。[76]從許多文獻中都可見媽祖被稱為

73　〔日〕西川忠亮：《增補華夷通商考》，《西川如見遺書》，第四編，卷一，頁4。

74　〔日〕林春勝、林信篤編，〔日〕浦廉一解說：《華夷變態》，上冊，頁1。

75　王德威：〈華夷之變──華語語系研究的新視界〉，《愛知大学国際問題研究所紀要》第155號（2020年3月），頁49。

76　〔日〕松浦章著，高致華譯：〈清代跨越海域的船神〉，頁19。

菩薩，例如《長崎市史》記載媽祖揚為「菩薩揚」，[77]菩薩亦作為媽祖的假字。[78]即使漢字寫「媽祖」或「媽姐」二字，標示讀音時仍是寫「ボサ」，即「菩薩」。例如《長崎土產》中「媽姐堂」標為「ボサダウ」便是一例。[79]更甚者，西川如見《長崎夜話草》、饒田喻義《長崎名勝圖繪》均有提及媽祖是觀音的化身。[80]

關於媽祖的設置與儀式，不時可見一些佛教元素。例如崇福寺的媽祖壇是「須彌壇」，所謂「須彌壇」，即是：

> 安置佛菩薩像之臺座。又稱須彌座。即以木、金、石等材料作成須彌山之模形，上置佛像。又此壇置於佛堂中央；以其位置恰似須彌山之立於世界中央，故有須彌壇之稱。[81]

此外，媽祖祭事前的準備工作中，需要預備四具足，當日又需敲擊金鼓。據《佛光大辭典》：「在佛前常供養香、花、燈明等用具，若由二隻花瓶與火舍（香爐）、燭臺等四器而成，稱為四具足。」[82]又：「金屬製之鼓，或謂以黃金所作之鼓，乃召集眾人時所敲擊之器具。經典中列有金鼓、銀鼓、銅鼓等。自古以來金鼓與鉦、鐃被視為相同之物；然在日本，兩面之鐃稱為金鼓。」[83]便是二例。

為何長崎的媽祖信仰會呈現佛教的色彩？事實上跟幕府禁教有關。江戶時代的佛教，事實上與政治有密切關係。金地院崇傳（1569-1633）在慶長十八年（1613）十二月為幕府起草〈伴天連追放之文〉，隔年一月並大肆捕

---

77 〔日〕長崎市役所：《長崎市史・風俗編》，頁460。

78 〔日〕宮田安：《長崎崇福寺論攷》，頁341。

79 〔日〕磯野信春：《長崎土產》，頁40b。

80 〔日〕西川忠亮：《長崎夜話草》，《西川如見遺書》，第六編，頁4a；〔日〕饒田喻義編述，〔日〕打橋竹雲圖畫，〔日〕丹羽漢吉譯著，《長崎名勝圖繪》，頁149。

81 慈怡主編：《佛光大辭典》（高雄：佛光出版社，1988年），下冊，頁5366。

82 同前註，上冊，頁1703-1704。

83 同前註，中冊，頁3586。

捉基督教徒，並逼使其改宗佛教。[84]而寺檀制度甚至使佛教與戶籍制度結合，以管理人民。釋道禮指：

> 寺檀制度是藉由從室町時代興起的各藩大名與寺院二者的結合，才開始產生的。到了江戶時期，伴隨著封建制度的建立，將政治組織納入宗教界裡，進一步利用佛教作為基督教的禁制手段，規定天下人民必須歸屬於佛教的某一宗派，若無特別的理由，不允許改派或是離檀，寺檀制度愈加穩固。[85]

而劉序楓亦指：「長崎唐寺的創建，最初並不完全是由唐人自身的信仰出發，而是因日本嚴格取締基督教之環境因素所造成。」[86]從興福寺所存的文書記錄中，寬永十九年（1642）的上諭〈吉利支丹禁令〉裡面關於媽祖的內容值得注意：

> 本寺雖屬媽姐香火道場，實乃祝國焚脩、摧邪辨正之伽藍也。是昔起建之後，寬永壬午十九年三月，曾蒙　鎮主馬場三郎左衛門公轉奉大將軍上諭，言：唐船至崎貿易，重禁者莫如邪教，仍恐唐船往來混載南蠻惡黨之人，況所來者不出南京、福州等處，故爾三寺住持，凡唐人上岸入寺燒香禮，必須嚴查，易得辨明白。又給此禁條張掛在寺，永遠流傳。[87]

由此可見，雖然媽祖在長崎有跟佛教融合的傾向，但其實在官方眼中並沒有混淆兩者，因此上文興福寺才會表明兩者區別。而興福寺表明自己為「伽藍」，實際上也是向官方表明自己的忠誠。另外，從中亦非常明確的看到官方對於基督教徒混進唐船來日的憂慮。從〈伴天連追放之文〉可看出，在幕

---

84 釋道禮：〈江戶時代佛教與政治之關係：以本末制度與寺檀制度為探討〉，《圓光佛學學報》第35期（2020年6月），頁105。

85 同前註，頁107。

86 劉序楓：〈明末清初的中日貿易與日本華僑社會〉，頁454。

87 〔日〕長崎市役所：《長崎市史·地誌編·仏寺部下》，頁222。

府眼中對外貿易與天主教傳播有著非常緊密的連繫：

> 爰吉利支丹之徒黨，適來於日本，非啻渡商船，而通資財。叨欲弘邪
> 法惑正宗，以改域中之政號，作己有，是大禍之萌也。不可有不制
> 矣。[88]

從文中可見，對幕府來說，作為「外國勢力」的天主教，正是從貿易的通道
來日，為的卻不只是金錢上的貿易。因此，作為外國人的唐商來日貿易，自
然也要接受日方嚴謹的審查，以防萬一。例如中國商人到達長崎後，一要宣
誓，二要踏上印有耶穌或瑪利亞肖像的銅板，即所謂「繪踏」（えぶみ），以
象徵式地表達與基督宗教劃清界線的立場。曾經多次到長崎從商的中國商人
汪鵬，便在其《袖海編》中記載有關事宜：

> 唐山船至，例有讀告示、踏銅板二事。告示中大署敘天主邪說之非，
> 煽人之巧，恐船中或有挾帶而來，丁寧至再。銅板則以銅鑄天主像，
> 踐履之以示擯也。[89]

何以汪鵬指「丁寧至再」，被再三提醒莫要觸犯禁忌？皆因萬一被日方發現
教徒身份，或帶有違禁品，後果不堪設想，甚至要丟了性命。而中日兩國雖
無邦交，長崎貿易名義上僅屬民間貿易而非朝貢貿易，不過清朝實際上對日
本的禁教令與貿易情況仍有一定認知。從李衛（1688-1738）上奏內容，便
可見中方既知「繪踏」，亦知日方會嚴厲處置偷渡的天主教徒，可見其大致
能掌握長崎貿易關於禁教的情形：

> 東洋獨日本為強，隣國無不懼之。……幸日本與西洋天主教結為世
> 仇，雖東西遙隔，海面俱通，彼此不能相容。凡商船往倭，有奉此教
> 者，立即加害，並用鐵鑄天主之形，令下船諸人、腳踹登岸，方信無

---

88 〔日〕德富猪一郎：《近世日本國民史・德川幕府上期・上卷・鎖國篇》（東京：民友
社，1924年），頁120。
89 〔清〕汪鵬：《袖海編》，收入《叢書集成續編》，第224冊，頁462下。

疑。於此可見，其不能別有聯絡之勢矣。[90]

　　不過幕府以佛教禁天主教，日本隱匿的基督教徒（即「潛伏キリシタン」）倒過來以佛教暗自維持地下的宗教活動。其中一種方法則是以白瓷觀音像作為瑪利亞像以禮拜，此種觀音像被稱為瑪利亞觀音像（マリア觀音）。而幕府之於對外貿易處處設防，正是憂慮與天主教相關的物品會被走私至日本，而其中一種就是瑪利亞觀音像。而據目前考究，現藏東京國立博物館、於安政三年（1856）沒收自肥前國彼杵郡浦上村（今屬長崎市）的瑪利亞觀音像，當是福建德化窯於十七世紀的成品。[91]由此可見相關物品確是有從中國傳入的可能性。

　　而據《長崎市史》記載，媽祖揚被日方視為自證清白、與天主教劃清界線的象徵。[92]跟腳踏天主教銅板一樣，儀式本身有表明信奉媽祖立場的象徵意味。但其實相關儀式亦是監控唐人的手段之一。如前所述，媽祖揚的媽祖像，一般多是木像。[93]寄放在唐三寺處，才能讓日方掌握唐船上所祭祀的是否魚目混珠的神像；因此寺方亦被要求唐船媽祖像暫寄於寺廟時，需確認是否真為媽祖像。[94]

　　綜上所述，媽祖信仰會帶有佛教的色彩，在唐寺下發展，實際上跟當時幕府欲禁教的政治手段不無關係。

五　封閉的媽祖信仰圈——寄放媽祖像的鄉幫之爭

　　上文所論述的，都是關於日方的政治因素對長崎媽祖信仰的發展影響。

---

90 轉引自〔日〕長崎市役所：《長崎市史・風俗編》，頁460。

91 〔日〕宮川由衣：〈サンクタ・マリアとしての白磁製觀音像——潛伏キリシタン伝來の「マリア觀音」をめぐって〉，《西南学院大学博物館研究紀要》第8號（2020年3月），頁29。

92 〔日〕長崎市役所：《長崎市史・風俗編》，頁460。

93 〔日〕饒田喻義編述，〔日〕打橋竹雲圖畫，〔日〕丹羽漢吉譯著：《長崎名勝圖繪》，頁153。

94 劉序楓：〈明末清初的中日貿易與日本華僑社會〉，頁456。

不過從寶永五年（1708）唐三寺與聖福寺之間的衝突可看出，這個長崎唐人的媽祖信仰圈實際上是封閉的——不僅是因為日方限制唐人行動而導致信仰無法流通與傳播，更是因為唐三寺對外的態度本來就是不友善的。

聖福寺所成日子稍晚於唐三寺，建於延寶五年（1677）。[95]雖與唐三寺一樣，聖福寺亦跟鄉幫拉上關係，俗稱「廣州寺」。聖福寺亦會舉行媽祖祭，《長崎市史》便記錄其「年中行事」，三月二十五日會舉行「天后聖母祭」，[96]時間上稍晚於唐三寺。聖福寺內的觀音堂左壇亦有媽祖像，[97]惟無侍女像。當今學者一般都視聖福寺為廣州幫的代表，亦有將聖福寺與唐三寺並列為「唐四寺」的說法。[98]

但是相較之下，唐三寺是徹頭徹尾的「純唐人血統」，住持均是從中國請來的唐僧，聖福寺卻不然。聖福寺的開基住持鐵心道胖（1641-1710）是長崎出身，母親亦是長崎人，只是父親陳朴純出身於福建漳州，[99]故鐵心道胖其實並不算唐僧。而其後的住持亦均是日本僧人。[100]聖福寺的特殊「血緣」，似乎令其被唐三寺視為長崎唐寺系統的外人。媽祖揚向來均由唐三寺處理，唐船媽祖棚上的媽祖像只會寄放在唐三寺處，而不會寄放在其他寺廟。[101]《長崎名勝圖繪》亦記載，儘管聖福寺是唐寺，但聖福寺是不會舉行媽祖揚的。[102]

值得注意的是，寶永五年，聖福寺與唐三寺之間有一場關於寄放媽祖像的爭執。根據《長崎市史》，三月十八日，拾壹番唐船取得長崎奉行所的許可，將唐船的媽祖像寄放於聖福寺。[103]於是唐三寺的看坊便向長崎奉行所詢

95　〔日〕長崎市役所：《長崎市史・地誌編・仏寺部下》，頁503。

96　同前註，頁543。

97　同前註，頁549、572。

98　陳衍德：〈華人移居日本與媽祖信仰在日本的傳播〉，頁113。

99　〔日〕山本紀綱：《長崎唐人屋敷》，頁172。

100　同前註，頁173。

101　〔日〕長崎市役所：《長崎市史・地誌編・仏寺部下》，頁523。

102　〔日〕饒田喻義編述，〔日〕打橋竹雲圖畫，〔日〕丹羽漢吉譯著：《長崎名勝圖繪》，頁153。

103　〔日〕長崎市役所：《長崎市史・地誌編・仏寺部下》，頁523。

問，明明自古以來都沒有將媽祖像寄放在唐三寺以外的先例，何以會將媽祖像寄放於聖福寺？同月二十四日，長崎奉行所便指，因聖福寺過往亦如唐三寺般接受唐人的捐款與捐獻，因此亦應跟唐三寺平均分配寄放的媽祖像。[104] 唐三寺並不滿意於長崎奉行所的答覆，更發起了激烈的抗議行動。[105]最終在同年八月十九日，長崎奉行所便發出指令，不再讓聖福寺接收唐船的媽祖像。[106]

《長崎市史》對此事件的記載不太深入，只略述了事件經過。然而，從中仍可看出唐三寺對於他們之外的寺廟寄放媽祖像的基本態度。唐三寺顯然不視聖福寺為「唐寺系統」的一部分，而是視聖福寺為他者，才會不願讓聖福寺一同分擔寄放媽祖像的工作。從是次事件也可以看出，以唐三寺為核心的唐人媽祖信仰圈，實際上是封閉的。就算聖福寺被視為唐寺，作為此媽祖信仰圈中流砥柱的唐三寺，亦無意讓其他寺廟進一步參與信仰圈。

六　結語

綜上所述，長崎的媽祖信仰以唐三寺為基地。唐三寺內均有媽祖像，而興福寺和崇福寺更是有獨立的媽祖堂。至於儀式方面有媽祖揚與媽祖祭，皆是在崎唐人以至日方都重視之活動。縱觀長崎的媽祖信仰活動，其中不乏佛教色彩。經過探討，長崎的媽祖信仰實際上與日本的華夷思想與禁教令有密切關係，媽祖信仰的發展其實深受日本政治環境左右。

至於封閉的媽祖信仰圈，筆者提出的僅為初步觀點，且均以《長崎市史》為參考文獻。關於寶永五年的媽祖像事件，尚有一些可發掘之空間，例如唐三寺抗議聖福寺可寄存媽祖像的時間點於三月，而長崎奉行所最終撤銷聖福寺的許可則時在八月，唐三寺其中五個月有什麼行動？又有什麼因素使長崎奉行所最終決定收回許可？這些均是可以再加探索的部分。

---

104 同前註。

105 同前註。

106 同前註。

參考文獻

一　傳統文獻

〔清〕汪鵬：《袖海編》，收入《叢書集成續編》，臺北：新文豐公司，1989
　　　年，影印《昭代叢書》道光十三年世楷堂刊本，第224冊。

臺灣銀行經濟研究室編：《天妃顯聖錄》，臺北：臺灣銀行銀行經濟研究室，
　　　1960年。

〔日〕田辺茂啟：《長崎實錄大成正編》，長崎：長崎文献社，1973年。

〔日〕西川忠亮：《長崎夜話草》，《西川如見遺書》，東京：求林堂，1898
　　　年，第六編。

〔日〕西川忠亮：《增補華夷通商考》，《西川如見遺書》，東京：求林堂，
　　　1899年，第四編。

〔日〕林春勝、林信篤編，〔日〕浦廉一解說：《華夷變態》，東京：東方書
　　　店，1981年。

〔日〕長崎市役所：《長崎市史》，長崎：長崎市役所，1923年。

〔日〕磯野信春：《長崎土產》，長崎：大和屋由平壽櫻，1847年。

〔日〕饒田喻義編述，〔日〕打橋竹雲圖畫，〔日〕丹羽漢吉譯著：《長崎名
　　　勝圖繪》，長崎：長崎文献社，1974年。

二　近人論著

王榮國：《海洋神靈——中國海神信仰與社會經濟》，南昌：江西高校出版
　　　社，2003年。

王德威：〈華夷之變——華語語系研究的新視界〉，《愛知大学国際問題研究
　　　所紀要》第155號，2020年3月，頁45-77。

朱德蘭：〈近代長崎華商媽祖信仰文化〉，《史匯》第18期，2015年3月，頁
　　　31-64。

李世偉：〈「媽祖加封天后」新探〉，《海洋文化學刊》第1期，2005年12月，頁21-36。

李獻璋：《長崎唐人の研究》，佐世保：親和銀行ふるさと振興基金会，1991年。

林慶勳：〈《袖海編》記載的唐館──18世紀唐館有關文獻探討之一〉，《應華學報》第24期，2021年6月，頁103-142。

孫　文：《唐船風說：文獻與歷史──《華夷變態》初探》，北京：商務印書館，2011年。

陳衍德：〈華人移居日本與媽祖信仰在日本的傳播〉，《文化雜誌（中文版）》第99期，2016年，頁104-119。

陳莉莉：〈江戶初期における長崎唐三寺の建立と関帝信仰〉，《文化交渉：東アジア文化研究科院生論集》第10號，2020年11月，頁209-225。

慈怡主編：《佛光大辭典》，高雄：佛光出版社，1988年。

劉序楓：〈明末清初的中日貿易與日本華僑社會〉，《人文及社會科學集刊》第11卷第3期，1999年9月，頁435-473。

劉序楓：〈德川「鎖國」體制下的中日貿易：以長崎「唐館」為中心的考察（1689-1868）〉，收於海洋史叢書編輯委員會編：《港口城市與貿易網絡》，臺北：中央研究院人文社會科學研究中心，2012年，頁81-124。

釋道禮：〈江戶時代佛教與政治之關係：以本末制度與寺檀制度為探討〉，《圓光佛學學報》第35期，2020年6月，頁71-112。

〔日〕二階堂善弘：〈長崎唐寺の媽祖堂と祭神について──沿海「周縁」地域における信仰の伝播〉，《東アジア文化交渉研究》第2號，2009年3月，頁99-108。

〔日〕山本紀綱：《長崎唐人屋敷》，東京：謙光社，1983年。

〔日〕大庭脩著，徐世虹譯：《江戶時代日中秘話》，北京：中華書局，1997年。

〔日〕大庭脩編:《長崎唐館図集成》,吹田:関西大学出版部,2003年。

〔日〕永井規男:〈唐人屋敷——町の構成〉,收於〔日〕大庭脩編:《長崎唐館図集成》,吹田:関西大学出版部,2003年,頁207-224。

〔日〕松浦章著,高致華譯:〈清代跨越海域的船神〉,《臺灣宗教研究通訊》第9期,2011年6月,頁1-24。

〔日〕宮川由衣:〈サンクタ・マリアとしての白磁製観音像——潜伏キリシタン伝来の「マリア観音」をめぐって〉,《西南学院大学博物館研究紀要》第8號,2020年3月,頁29-39。

〔日〕宮田安:《長崎崇福寺論攷》,長崎:長崎文献社,1975年。

〔日〕德富猪一郎:《近世日本國民史・德川幕府上期・上卷・鎖國篇》,東京:民友社,1924年。

〔日〕藤田明良:〈古媽祖像からみた媽祖の伝播・融合・転生〉,《キリスト教文化研究所紀要》第33號,2020年3月,頁23-48。

〔日〕藤田明良:〈東アジアの媽祖信仰と日本の船玉神信仰〉,《国立歴史民俗博物館研究報告》第223集,2021年3月,頁97-148。

從朝鮮《茲山魚譜》看海洋
博物書寫的跨海傳播與因地創新[*]

林素嫻[**]

摘要

　　《茲山魚譜》——為朝鮮著名儒士丁若銓所著之漢文海洋博物書籍。全書分為三卷，內容詳述韓國西南島嶼——黑山島周圍海域之所見、所聞的海洋生物。書寫方式詳實記載生物特徵及特性外，並兼考據查證、辨其真偽，甚或提出個人的獨特見解，在在顯示丁氏學養之豐富，及其為民著述的懇切之心。就全書內容而論，本文發現此書除引用大量漢文經典古籍之外，丁氏亦透過自身的學養，在著述中充分展現儒者對知性的追求；及原始儒家對於德性與知性是基於於本心的一體雙重的概念。更以庶民社會的儒家教化為思想根本，進而實現「體踐儒學」具體作為。可見丁若銓《茲山魚譜》一書的論述脈絡，與中國儒學有密切的關連性。也顯現文化在歷經跨海傳播、時間演變後，即使時空發展各異，但仍可找到其間的關係與改變。丁氏選擇以海洋博物書寫的《茲山魚譜》，作為個人傳達思想理念的工具，此點與他當時貶謫離島有很大的關係。反映了文化傳播中核心議題改變，與相應的中心轉移。本文亦將透過「核心—邊緣」轉變的相關論述基礎，探討丁若銓如何將文化、地理邊陲的黑山島，透過貶謫轉變為具海洋意識儒學價值的知識核

---

* 特別感謝本所安城秀學長及王靖馨同學協助《茲山魚譜》全書文各版本電子資料收錄，本研究才得以進行，特此感謝。
** 國立臺灣海洋大學海洋文化研究所碩士生。

心。整體來說,這是嘗試從島嶼的海洋博物書寫中,見證文化跨海傳播的轉變與因地創新。

關鍵字: 茲山魚譜、海洋博物書寫、知性儒家、體踐儒學、文化跨海傳播、核心邊陲

The Phenomenon of Culture Spread Over Sea and Innovation Due To Changing Living Geography, in Study of Korean Joseon Dynasty Fish Book "茲山魚譜" [*Hyonsan－Opo*]：The Island Marine Animals Encyclopedia

Lin, Su-Hsien[*]

Abstract

This paper targets the Korean Joseon Dynasty Fish Book "茲山魚譜" [*Hyonsan-Opo*]" which is a marine encyclopedia of costal Korea written by ancient Chinese [Han characters]. The book is divided into three volumes, which detail the marine life seen and heard in South Jeolla Province, Heuksando island. The purpose of the Author Jeong Yak-jeon (丁若銓): to refer to the Materia Medcia, to cultivate the correct name, and then to achieve the purpose of curing, using, and managing finance. Jeong Yak-jeon shows well in this book, we can clearly see the phenomenon of cultural spread across the sea. And, due to the

---

[*] M.A. student, Institute of Oceanic Culture, National Taiwan Ocean University.

change in the geography of life, there is an innovative Confucian action.

There are two directions of analysis in this paper. One is the background of Author. The background includes not only why he want to write this book but also his thought after he left the capital Soul. The other direction is the content of Fish Book. After classing the content of book, we can find the clues of culture difference after crossing border. He was tried to sort out the knowledge system for the benefit of the people with rational thinking in complex things: Learning from concrete world and life experience with intellect and reason, will obtain concrete and usable ideas from them.Why did Jeong Yak-jeon choose the book "茲山魚譜" as a tool for individuals to convey ideas. Because of his disparagement to the islands at that time. The island reflects a change in the core theme of cultural communication, with a shift in center. This article will explore how Jeong Yak-jeon (丁若銓) transformed the culturally and geographically marginal island of Heuksando into a core of knowledge with the value of Confucianism of marine consciousness through the relevant theory of "core-periphery" transformation.

Overall, this paper is an attempt to witness the transformation and innovation of cultural transmission across the sea from the marine museum writing of the island.

Keywords: marine encyclopedia, Confucianism, cultural cross-sea transmission, core frontiers

一　前言

　　本文旨在透過《茲山魚譜》一書，藉由作者與島嶼的海洋博物書寫內容，從其為何書寫？如何書寫？及是否有擴充與創新的知識內容？等三大面向，由儒學認知的角度來探討。了解文化在跨海傳播、時間演變後，面對時空發展的各異，是否還能找到其間的關係。

　　韓國電影《茲山魚譜》[1]以文人水墨畫的風格，講述朝鮮時代儒學大家丁若銓於偏遠離島——黑山島的流放生涯。道出為學者急切盼望經世致用、救國救民的苦心，既說明了丁若銓的情懷，也間接讓人深刻了解《茲山魚譜》創作的獨特與不凡。《茲山魚譜》成書約於〔清〕嘉慶年間（1796-1820）。此時，朝鮮儒學開始受到西學傳入以及壬辰倭亂局勢影響，[2]對程朱理學中的清談空論提出反省，倡導經世致用、利用厚生、實事求是、救國濟民的「有用之學」（即為實學），[3]並藉此尋求社會問題的改革方案。此亦為

1　電影《茲山魚譜》（韓語：자산어보 Jasaneobo），由李濬益執導，2022年3月31日在台上映，見《維基百科》網站，網址：https://zh.wikipedia.org/zh-hans/%E8%8C%B2%E5%B1%B1%E9%AD%9A%E8%AD%9C，檢索日期：2022年6月4日。

2　壬辰倭亂：西元1592-1598年間，明、朝鮮與日本（豐臣政權）之間爆發的兩次戰爭因立場各異，故稱號不一。朝鮮：壬辰倭亂，第二次稱之為丁酉再亂；明朝：萬曆朝鮮之役；日本：文祿・慶長之役。指的是朝鮮半島16-17世紀最大的動亂，影響民眾生活甚鉅。之後，朝廷內部興起改革浪潮，意圖復興被倭與女真損毀的國家，此即為實學興起的背景。

3　關於朝鮮實學的釋義，李鉉曰：「韓國韓國實學大致可分為三個派別；一是經世致用學派（星湖學派）。二是利用厚生學派（北學派）。三是實事求是派。上述三個學派中，利用厚生派主張「北學於中國」。而且強調不學中國（清）即無實學，因此他們被稱為「北學派」，其後更逐漸成為韓國實學的正統中心學派。此韓國實學，不論經世致用學派或利用厚生學派、實事求是派，均受清代實學的深刻影響，此由其著作與實學理論上可以充分印證。其中「北學派」受清代實學影響最為深刻。總而言之，在十七、十八世紀朝鮮舊社會中，部分先進的有識之士由於深受清初經世實學和乾嘉考證實學之影響，因而積極提倡「實學」，以謀求革除舊弊，並達成革新和富國強兵之目的，於是逐漸產生並發展成為「朝鮮實學」，進而構成朝鮮後期的重要時代思潮，」見氏著：《清代「實學思想」對韓國之影響——以十七、十八世紀為中心》（臺北：國立臺灣師

丁氏思想養成的背景，所以他自序中也清楚言明其著述目的為：參證本草、修潤正名，進而達到治病、利用、理財之用。就是希望透過傳承實用的知識，幫助一般民眾生活所需（尤其是漁民），進而改善國家國力。《茲山魚譜》著述展現了丁若銓思想上的二大主軸：一是以人為本，期以生活起居間的體現，彰顯自我存在價值與「道」的意義。二則是，以行動展現孟子所言「天下溺，援之以道」；換言之，以道援天下，乃是君子不可逃避的承擔。[4] 故丁氏著述目的正是他個人思想的實踐—庶民社會的儒家教化，[5]也與以下「體踐儒學」的釋義相同。

> 儒家以為，個人每一動念言行影響所及，即透過此層層網絡發生作用顯露意義、甚至擴及於整個「天下」。簡言之，在「天下」這個廣闊的存在格局中，具有多層次的意義空間，可供每一個人逐步實踐，其理一貫，不因天子庶人而有所分別。[6]

《茲山魚譜》乃專論島嶼海洋生物的博物書寫書籍，屬漢文古籍中少有的類別。就中國而言，此類以「物」為主體的書寫，多散見於子、集二部或地方方志之中，但仍有少量專書流傳於世。目前已知的海洋博物書寫書籍有：

範大學歷史研究所碩士論文，1988年）。再參酌南明鎮的論文研究結果，其進一步說明：「（1）朝鮮朝後期與明末清初之社會背景相仿，學術流弊亦極類似，故兩國皆出現經世思想。（2）朝鮮朝後期實學之勃興受清初之影響，清初學術流派中注重經史學派，影響了朝鮮李星湖系統學風，而注重實用實習派和注重科學派，則影響了朝鮮洪湛軒系統之北學派。（3）茶山實學思想即以星湖為，縱以北學派為橫，並集其大成。且茶山接觸清初經史學派部分著述，接受顧亭林之經世思想及其制度論，閻百詩之書經等及其他清初學人之懷疑、批判、考證之治學精神。」見氏著：《清初學術與韓儒丁茶山實學思想之研究》（臺北：私立中國文化大學東亞研究所碩士論文，1985年）。

4　摘錄自黃麗生：《邊緣與非漢：儒學及其非主流傳播》（臺北：國立臺灣大學出版中心，2010年），頁41。全句為：「言下之意，以道援天下，乃是君子不可逃避的承擔。孟子以他自身的實踐，樹立了君子不從政而能以道援天下的典範。」

5　關於庶民社會的儒家教化，參見潘朝陽：〈庶民社會的儒家教化〉，《成大中文學報》第47期（2014年12月），頁285-326。

6　同註4，頁38-39。

〔三國孫吳〕沈瑩《臨海水土異物志》、〔明〕楊慎《異魚圖贊》、〔明〕屠本畯《閩中海錯疏》及〔清〕聶璜《海錯圖》等書。以沈瑩《臨海水土異物志》為例，該書早已佚失，現多僅見其引文，無全書完整資料，足見相關書籍的匱乏。海洋博物書寫作為當時代海洋生物記錄依據，書寫的缺乏與破碎，間接地影響到我們對當時海洋生物、生物利用及海洋文化的實質了解。所以，如何透過更有效而廣泛的方式，蒐羅相關資訊，破解海洋博物書寫匱乏的障礙，是深入了解古代海洋文化內容的重要指引。很顯然地，如《茲山魚譜》此類跨域的海洋博物書寫漢文古籍，正是協助我們了解海域海洋文化的重要工具之一。

《茲山魚譜》內容詳列韓國黑山島周圍海域之所見、所聞的海洋生物，除書寫上描述詳實、嚴謹之外，丁氏亦強調廣泛學習、認知事物及現象的必要性。展現傳統儒士的為學做人風格；即有經典為根基的教養且博學多聞。這種將基於本心「知性理性」規劃的知識架構，進一步具體展現為外延的仁愛實務上，正是表現身為儒者對知性的追求，亦即在「博學、審問、慎思、明辨、篤行」的博覽學習與確實運用中立足；在「人一能之己百之」的實質用功處立足。簡言之，就是在繁複的事物中，以理性思維整理出利民的知識系統；而這也正是先秦原始儒家，以「知性、理性」從具體的世界和生活經驗中學習，並從中獲得具體可用的觀念。[7]如潘朝陽引用徐復觀看法詮釋「知性儒家」：

> 徐先生的意思是認為孔子代表的先秦原始儒家，是以「知性理性」從具體的世界和生活經驗中學習一切現象而獲得的實體性、實證性知識，才是關鍵。[8]

---

7 關於「知性儒家」的釋義與概念，參見潘朝陽：《知性儒家：儒學儒教的知識之路》（臺北：臺灣學生書局，2021年）。其內容提及：「原始儒家以至漢儒經史之學乃至儒家的子學，都顯示了『知性理性』不但是『德性理性』之得以實踐出來構成世間人倫的架構性功能，它本身的客觀和外延意義，亦是知識系統和科學體得以建立和發展的保證。」

8 潘朝陽：〈向孔子思想性格的回歸——為紀念民國六十八年孔子誕辰而作〉，轉見自潘

丁若銓《茲山魚譜》的著述，也反映了相同的態度與想法。

　　本文研究方法上，係採原典文本的比較分析。從實際書寫的內容看文化跨海傳播後的傳承、改變與創新。資料來源參酌「韓國國立中央圖書館所藏之國立本」[9]、「首爾大學奎章閣所藏之嘉藍本」[10]及「日本神奈川大學日本常民文化研究所所藏之常民研本」[11]等三本具電子資料的原典版本。將《茲山魚譜》三卷內容，計二百二十八種生物記述內容，重新句讀並加以分類，詳分為：類別、名稱、俗名、外型特色、捕撈食用記錄、藥用功能、引用經典內容、引用典籍及國立本所在頁數……等分類，建表如附錄〈韓國《茲山魚譜》生物資料記錄分析一覽表〉。[12]再依序就其海洋自然文化中生物特徵、

<hr />

朝陽：《知性儒家：儒學儒教的知識之路》（臺北：臺灣學生書局，2021年），序文頁IV。

9　《茲山魚譜》韓國國立中央圖書館所藏之國立本，「韓國國立中央圖書館」網站，網址：https://www.nl.go.kr/NL/contents/search.do?resultType=&pageNum=1&pageSize=10&order=&sort=&srchTarget=total&kwd=%E7%8E%86%E5%B1%B1%E9%AD%9A%E8%AD%9C&systemType=&lnbTypeName=&category=&hanjaFlag=&reSrchFlag=&licYn=N&kdcName1s=&manageName=&langName=&ipubYear=&pubyearName=&seShelfCode=&detailSearch=&seriesName=&mediaCode=&offerDbcode2s=&f1=&v1=&f2=&v2=&f3=&v3=&f4=&v4=&and1=&and2=&and3=&and4=&and5=&and6=&and7=&and8=&and9=&and10=&and11=&and12=&isbnOp=&isbnCode=&guCode2=&guCode3=&guCode4=&guCode5=&guCode6=&guCode7=&guCode8=&guCode11=&gu2=&gu7=&gu8=&gu9=&gu10=&gu12=&gu13=&gu14=&gu15=&gu16=&subject=&sYear=&eYear=&sRegDate=&eRegDate=&typeCode=&acConNo=&acConNoSubject=&infoTxt=&fbclid=IwAR0ScCgBDwgv83WSrbdRxMRGVUbfEPtMvh-X9V3eyACIwttV_5wraIeaTko#，檢索日期：2023年1月8日。

10　《茲山魚譜》首爾大學奎章閣所藏之嘉藍本，「首爾大學奎章閣」網站，網址：https://kyudb.snu.ac.kr/main.do（首頁中搜尋：자산어보），檢索日期：2023年1月8日。

11　《茲山魚譜》日本神奈川大學日本常民文化研究所所藏之常民研本，資料來源：中野泰〈海峽を越えた朝鮮半島の魚譜──神奈川大學日本常民文化研究所所藏『茲山魚譜』の解題を中心に〉一文附錄，《神奈川大学国際常民文化研究機構年報》卷5（2015年1月），頁195-205，見「神奈川大学学術機関リポジトリ」網站，網址：https://kanagawau.repo.nii.ac.jp/?action=pages_view_main&active_action=repository_view_main_item_detail&item_id=9561&item_no=1&page_id=13&block_id=21，檢索日期：2023年1月8日。

12　附錄〈朝鮮《茲山魚譜》生物資料記錄分析一覽表〉，為筆者依據《茲山魚譜》原典三卷內容，重新句讀分類所成。

繁殖、活動、居住環境、魚汛等內容；或其海洋文化中風俗、特產、捕撈、藥用及經典紀載與考證等，提出分析結果與看法，藉此作為文化跨海傳播的解說依據。

二　朝鮮丁若銓的《茲山魚譜》

《茲山魚譜》這部由飽含學識之人，透過親身體驗用生命撰寫的海洋生物百科，全書不單單只為朝鮮時代黑山島，甚至東海海域生態及漁民生活留下紀錄，更是作者希望實踐學用於民的治學理想。其書多方考證、引述各種典籍，欲將畢生所學融會活用並廣為推廣之心，不言可喻。是朝鮮儒學的實證，也是研究文化跨海傳播，珍貴且不可多得，值得細究的一本古籍。另本文從「海洋意識」、「核心—邊緣」、「體踐儒學」與「知性儒家」等研究概念，檢視並討論丁若銓書寫《茲山魚譜》這本海洋博物專著的意識背景、情境成因與價值意義。

（一）作者生平及著述成因與目的

《茲山魚譜》著者丁若銓（정약전，1758-1816），字天全，號巽庵、研經齋、每心，與其弟丁若鐘、丁若鏞（號茶山先生）三人，為十八至十九世紀活躍於朝鮮半島的實學派學者。兄弟之中，以丁若鏞最為有名，是韓國實學集大成者，著有《牧民心書》、《經世遺表》……等大作傳世。丁若銓則是在朝鮮正祖時期，擔任成均館典籍及兵曹佐郎一職，負責編撰《嶺南人物考》。未料兄弟三人因信奉天主教而遭逢「辛酉邪獄」，丁若鐘慷慨以身殉教，丁若銓則與其弟丁若鏞雙雙流放離島；丁若鏞流放薪智島（康津郡），丁若銓則流放到更遠、更偏僻的牛耳島、黑山島。在流放期間，丁若銓為當地居民爭取土地耕種與減輕賦稅，逕向政府提出建言，即〈松政私議〉。爾後再著《茲山魚譜》一書，期藉多識鳥獸草木之名，讓常民習得實用的知識與文字。且《茲山魚譜》與丁氏先前著述——《論語難》、《東易》，迥然不

同。說明丁若銓在貶謫離島後，心路歷程有了明顯的轉變。

　　首先，論及海洋意識的萌發──黑山島位於朝鮮半島西南端（圖1），距離當時朝鮮都城漢陽（今首爾）甚遠，屬政治、文化、經濟的邊陲地帶。黃麗生《邊緣與非漢：儒學及其非主流傳播》一書，對海洋意識提出這樣的解釋：「所謂『海洋意識』，可理解為與海洋有關之人文識覺與世界視野。他可能來自切身的海洋經驗，或來自對海洋相關之人文與自然現象的感受。」[13]很明顯地，貶謫島嶼的生活，確實讓丁氏對於海洋與依海而生的人有所感知，進而觸動其著述。倘若丁若銓一生居留漢陽，或許也就難有《茲山魚譜》的出版。換言之，海洋意識的形成，成為書寫《茲山魚譜》的最大動力。

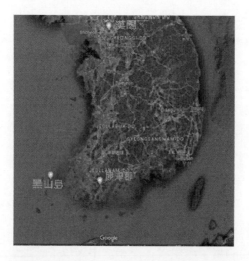

圖1：朝鮮半島地圖（含《茲山魚譜》相關地點）

資料來源：筆者繪製自 Google Map

　　再者，關於「核心──邊緣」與儒學傳播的思考，可參考黃麗生綜合各家的論述。[14]其中，舉出黃俊傑對於邊緣意義，列出的三種可能做說明：地

---

13 黃麗生：〈主題研究計畫──「人與海洋：文化的現象與詮釋」〉，《海洋人文教學與研究通訊》創刊號（2008年1月），頁10-11。轉見自註8，頁328-329。

14 同註4，頁1-11。

理意義的邊緣、社會意義的邊緣及思想意義的邊緣；[15]而黑山島正是涵蓋這三種可能的絕對邊緣。正因為是邊緣，所以提供了議題的轉換與另類思考，讓丁若銓得以從不同的議題及面向，闡述自身思想的核心與儒學價值。從以下這段話可以更清楚了解：

> 「邊界」其實是某些事物在一個運動中開始浮現的地方。所謂「某些事物的浮現」，很可能是指與核心發生關聯的性質，亦可能是這個關聯的變異或新的延伸。因此，與空間核心距離較遠、與外部反而較近的「外環」或「邊界」，常有異於核心的獨特性以及新的可能。它本身當然可以成為文化研究的對象。[16]

> 儒學本有其核心的命題、意義與價值，但要不斷地被再詮釋以體現新生的活力；往往這些再詮釋的角度，係來自於核心以外的「他者」。……「他者」即是所謂的「邊緣」，「邊緣」可以是學問的邊緣，也可以是地區的邊緣。[17]

至於著述的目的，丁若銓在《茲山魚譜》序文中如此說明：

> 茲山海中魚族極繁，而知名者鮮，博物者所宜察也。余乃博訪於島人，意欲成譜。……旁及於海禽、海菜，以資後人之考驗。顧余固陋，或已見本草而不聞其名，或舊無其名而無所可考者，太半也。只憑俗呼，俚不堪讀者，輒敢創立其名。後之君子因是而修潤之，則是書也，於治病、利用、理財、數家固應有資，而亦以補詩人博依之所不及爾。[18]

---

15 黃麗生：〈關於「邊緣儒學與非漢儒學：東亞儒學的比較視野（17-20世紀）」學術研討會的思考〉，《東亞文明研究通訊》第4期（2004年4月），頁47-49。轉見自註4，頁8。

16 同註4，頁4。

17 同註4，頁7-8。

18 《茲山魚譜》，首爾大學奎章閣（嘉藍本），頁3-4。資料來源：同註10，檢索日期：2023年1月8日。

其重點在於：參證本草，修潤正名與治病、利用、理財之用，更可補詩人言所未及，此即為丁若銓著《茲山魚譜》之用。亦如顧炎武「經世致用」學說一般；關注社會現實，面對社會矛盾，並用所學解決社會問題，以求達到國治民安的實效。簡言之，《茲山魚譜》充分體現朝鮮實學思想，力求「學以致用」，著眼於儒學中「經世致用」、「利用厚生」和「實事求是」的思想。在尋求解決社會問題改革方案的思想主體外，其實也承襲了中國近代儒學傳統知識分子講求事實、務實的思想特點以及「以天下為己任」的情懷。儒學的中心價值在跨海的傳播中仍是一脈相承且緊密的關係。除此之外，丁氏還在著述中特別著重於當地物產的考察與記錄，期能對當地漁民有實質且直接的協助。這點從魚譜「鰒魚」、「海參」及「海草」等類條目中，可明顯得知。

（二）著作構成及記述形式

中野泰論文中，引用丁明炫《정약전（丁若銓，1758-1816）의자산어보에담긴해양박물학의성격》（即《丁若銓（1758-1816）茲山魚譜的海洋自然科學特徵》）[19]一文統計，製成「《茲山魚譜》構成‧內容」一表。根據該表，《茲山魚譜》全書分為三卷，有鱗、無鱗、介、海蟲、海禽、海獸及海草七類，共二百二十六種，[20]涵蓋朝鮮全羅南道黑山島周圍海域之所見、所聞的海洋生物。[21]

魚譜記述自「卷一鱗」石首魚開始，再將石首魚細分為：大鮸、鮸魚，蹄水魚等三種。全書記述方式，依循卷名、類別、品種，逐一登載。「卷一鱗」共記二十類、七十二種魚類，其中鯊魚占十九種，為鱗類之冠。「卷二

19 丁明炫：《정약전（丁若銓，1758-1816）의자산어보에담긴해양박물학의성격》（首爾：首爾國立大學研究生院跨學科項目科學史與哲學碩士論文，2002年）。

20 本文則將原表重製為：表1〈《茲山魚譜》生物分類表〉。

21 中野泰：〈海峽を越えた朝鮮半島の魚譜──神奈川大学日本常民文化研究所所蔵『茲山魚譜』の解題を中心に〉，《神奈川大学国際常民文化研究機構年報》卷5（2015年1月），頁195-205。

無鱗、介」，共記錄無鱗類生物十九類、四十三種；介十二類、六十九種。「卷二無鱗、介」無鱗類生物記述自鱝魚開始，鱝魚登載有八種，另烏賊、章魚合計五種，此二者幾乎含蓋了無鱗類的記載種類，也是黑山島著名的地產。而在此類別中還有鰻魚、河豚……等生物，甚至還包含了傳說的生物——人魚。介類則種類繁多，有海龜、蟹、鰒魚（鮑魚）、蛤、蠔、螺……等。舉例來說：蟹計十九種、蛤有十八種、螺有十六種，此三者合計數量之多，顯示其生活價值及食用頻率均高。「卷三雜類」，記錄海蟲、海禽、海獸、海草等四類，共四十五種生物。其中，海草相關的記載有三十五種之多，是本書單一類別中最多的。整體而言，從魚譜資料看來，舉凡全羅南道黑山島海域盛產的海洋生物，《茲山魚譜》全書記載的數量及詳細記錄均多。

表1：《茲山魚譜》生物分類表[22]

卷	區別	類	種
1	鱗	20	72
2	無鱗	19	43
	甲殼（介）類	12	66
3	海蟲	1	4
	海禽	1	5
	海獸	1	1
	海草	1	35
	合計	55	226

再者，《茲山魚譜》單一物種的記述內容也非常多樣，包含有：名稱、形狀、生態、食用（味道）、漁獲方法、用途等（詳見本文附錄〈朝鮮《茲山魚譜》生物資料記錄分析一覽表〉），寫作基於觀察、傳聞和文獻考證綜合而來。其中對生物觀察入微的書寫，與丁若銓獲得島民張昌大（即序文所指

---

22 本研究製表——《茲山魚譜》生物分類表，係根據中野泰〈海峽を越えた朝鮮半島の魚譜〉論文中，〈《茲山魚譜》構成・內容〉一表而來。同註21，頁196。

之張德順）的鼎力協助有很大關連。這點讓《茲山魚譜》與其他海洋博物書寫的著作，有很大的不同。足見丁氏在魚譜書寫上秉持儒者「知性、理性」的態度，以嚴謹而詳實方式，一一詳細考究。除使其具備治病、利用、理財實用之外，更以自身豐富的學養及經典的根基，廣用各類典籍，從釋字義、知典故到草藥醫學，為民眾規劃完整的知識架構，以期能從中體悟人與自然生生不息之道。可以說，就是在繁複的事物中，以理性思維整理出利民的知識系統的最好事證，也是先秦原始儒家，以「知性、理性」從具體的世界和生活經驗中學習，並從中獲得具體可用的觀念。

（三）相關研究史及著作版本分析

在《茲山魚譜》的相關研究中，日本筑波大學學者中野泰所發表的〈海峽を越えた朝鮮半島の魚譜——神奈川大学日本常民文化研究所所藏『茲山魚譜』の解題を中心に〉論文，可說是箇中翹楚，本章節將以此論文為根據，討論《茲山魚譜》的相關研究史。[23]

此論文目的原欲透過神奈川大學日本常民文化研究所所藏版本（常民研本），與涉澤敬三所收藏之祭魚洞版本進行比較。闡明從獲取手稿的過程當中，魚類的相關知識亦由此途徑從朝鮮傳到日本。但實質研究內容則涵蓋了《茲山魚譜》作者丁若銓生平、著述目的、著作構成、記述形式、相關研究史及著作版本分析等。以下就其論文文獻回顧中，針對先前學者研究內容要點，逐一說明：首先，漁業相關性——《茲山魚譜》一書的研究與漁業有極其密切的關係；論文提及的相關研究有：韓國魚類學者鄭文基——根據林奈生物與韓國固有名稱記述差異的研究[24]、漁業史學者朴九秉——鯡魚等洄游

---

23 同註21。

24 內容包括：鄭文基：《朝鮮魚名譜》（韓國：朝鮮水產會，1934年）、鄭文基：《韓国魚譜》（韓國：商工部，1954年）、鄭文基：〈丁若銓의茲山魚譜：내가 愛蔵하는図書〉，《思潮》1-4（韓國：思潮社，1958年），頁158-161。

魚類與漁業資源的研究[25]，及丁明炫《丁若銓（1758-1816）茲山魚譜的海洋自然科學特徵》[26]研究。

其中，丁明炫提出以博物學檢證，評價《茲山魚譜》則有四點值得被提及：即系統分類的創建、觀察細節的描寫、文獻考證、物種創名。但筆者以為，關於系統分類這點，日、韓學者均未見就中國古典典籍予以考證，僅以中西比較的角度，將此視為丁若銓之創建，恐怕是跨域整合資訊之不全使然。筆者於下一章節，將對分類脈絡從禮記到本草綱目逐一說明。總之，鱗、介二屬，是沿襲中國水族動物分類而來，非丁氏獨有。

再者，中野泰的論文中也針對其他學者的研究，提出值得關注的地方。如：李泰沅關注「晴案」一詞，在考證中扮演的角色。[27]及福島好和對《茲山魚譜》全書無圖，與當時日本栗本丹洲《皇和魚譜》繪圖精美的差異，與其想傳達意義，提出疑問。[28]中野泰指出以上這幾點看法，都值得作進一步的研究與探討。總結來說，他認為《茲山魚譜》之後的研究方向，將會朝二方面發展；一為丁若銓個人的獨特魅力與思想內涵，另一則為圍繞黑山島區域的人的地方文化和歷史的魅力。[29]

至於《茲山魚譜》傳世版本及所藏機構，依中野泰的研究計有十二版，分屬個人及法人、學術機關典藏（表2：〈《茲山魚譜》寫本的所在、所藏機關〉）。中野泰的論文旨在討論日本典藏「祭魚洞本」與「常民研本」的比較，還有就版本抄寫者鄭文基（韓）與收藏者涉澤敬三（日），闡述當時的日韓關係。整體來說，是藉《茲山魚譜》版本比較，說明相關魚類知識的傳遞及殖民與被殖民國間的權力關係，非本文關注論點，故此僅就版本數量及

---

25 朴九秉：〈《牛海異魚譜》・《茲山魚譜》・《蘭湖魚牧志》〉，《海洋과文化》5，（韓國：海洋文化財團，2001年），頁186-207。

26 同註19。

27 李泰沅原文為〈《茲山魚譜》를찾아서〉，全 5 卷，청어람미디어（2002）。日文版為金容權譯：《「茲山魚譜」を訪ねて》1-2卷（東京：日本評論社，2005-2007年）。

28 福島好和：〈栗本丹洲と魚譜―1―丹洲の生涯とその研究〉，《人文論究》第28卷第3號（1978年12月），頁1-23。

29 同註21，頁197-198。

引用略作說明之。而《茲山魚譜》的歷史價值及本草學對東亞整體文化的影響，在此也獲得佐證。

表2：《茲山魚譜》寫本的所在、所藏機關[30]

	版本名稱	所在	所藏者‧機關
1	鄭氏本	韓國	鄭潮汐
2	嘉藍本（首爾大學）	韓國	首爾大學奎章閣
3	一石本（首爾大學）	韓國	首爾大學中央圖書館
4	想白本（首爾大學）	韓國	首爾大學奎章閣
5	國立本	韓國	國立中央圖書館
6	西江大本	韓國	西江大學LOYOLA圖書館
7	釜慶大本	韓國	釜慶大學中央圖書館
8	湖南本	韓國	陳鎮洪
9	高麗大本	韓國	高麗大學中央圖書館漢籍室
10	嶺南大本	韓國	嶺南大學中央圖書館古文獻室
11	常民研本（神奈川大學）	日本	神奈川大學日本常民文化研究所
12	祭魚洞本	日本	中央水產研究室圖書資料館

　　本文選用現有傳世版本中，已有電子資料文件檔之「韓國國立中央圖書館所藏之國立本」（圖2-1、2-2）、「首爾大學奎章閣所藏之嘉藍本」（圖3-1、3-2）及「日本神奈川大學日本常民文化研究所所藏之常民研本」（圖4-1、4-2）作為比較，並以國立本為比較內容根本，將內容文本逐字比對、分析。

---

30 本研究製表——《茲山魚譜》寫本的所在‧所藏機關，係根據中野泰〈海峽を越えた朝鮮半島の魚譜〉論文中，「《茲山魚譜》寫本所在‧所藏機關」一表而來。同註21，頁201。

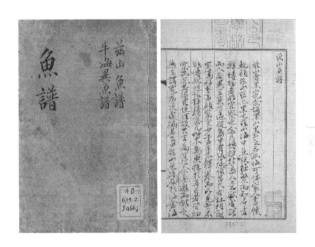

圖2-1、2-2　《茲山魚譜》（韓國國立中央圖書館所藏之國立本）
封面及內頁

資料來源：韓國國立圖書館[31]

圖3-1、3-2　《茲山魚譜》（首爾大學奎章閣所藏之嘉藍本）封面及內頁

資料來源：首爾大學「奎章閣韓國學研究院」
（Kyujanggak Institute for Korean Studies）[32]

---

31 《茲山魚譜》，韓國國立圖書館（國立本），資料來源：同註9，檢索日期：2023年1月8日。

32 《茲山魚譜》首爾大學奎章閣所藏之嘉藍本，資料來源：同註10，檢索日期：2023年1月8日。

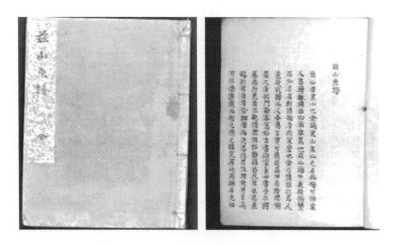

**圖4-1、4-2　《茲山魚譜》（日本神奈川大學日本常民文化研究所
所藏之常民研本）封面及內頁**

資料來源：日本神奈川大學日本常民文化研究所[33]

（四）研究方法說明

韓國學者丁明炫曾以《정약전（丁若銓，1758-1816）의자산어보에담긴
해양박물학의성격》為題，對《茲山魚譜》一書，進行海域海洋自然科學特
徵的博物檢證，並對其系統分類的創建、觀察細節的描寫、文獻考證、物種
創名……等，有很高的評價。但目前礙於語言上的限制，暫無法取得原文內
容進行比對與研究。已知的是，韓國學者已將物種列表，並對內容觀察有相
當的了解。

本文選擇先就《茲山魚譜》內容為研究根本，以漢字文化使用的角度切
入，仔細觀察漢字、儒學文化與海域內海洋文化的交流、影響，從中比較出
中國、朝鮮二地的異同，也可藉此作為運用典籍研究海域海洋文化內容的開
端。正是先前學者前輩就海域研究所提的建議：將書寫內容視為最根本物

---

33 《茲山魚譜》日本神奈川大學日本常民文化研究所（常民研本），資料來源：同註11，
　　檢索日期：2023年1月8日。

質，擺脫後設概念回歸其歷史本質，從中再對其進行文化表徵的深入探討，觀察文化內容與海域網絡互動的脈絡。

至於《茲山魚譜》文本內容，本文參酌「韓國國立中央圖書館所藏之國立本」[34]、「首爾大學奎章閣所藏之嘉藍本」[35]及「日本神奈川大學日本常民文化研究所所藏之常民研本」[36]等三本具電子資料檔的原典版本。並將《茲山魚譜》三卷內容，計二百二十八種生物記述內容[37]，重新句讀並加以分類。詳分為：類別、名稱、俗名、外型特色、捕撈食用記錄、藥用功能、引用經典內容、引用典籍及國立本所在頁數……等，建表如附錄〈朝鮮《茲山魚譜》生物資料記錄分析一覽表〉，全表計二十二頁，生物類別統計數量如下表3〈朝鮮《茲山魚譜》生物資料記錄分析一覽表：生物分類表〉。詳細生物種類與韓國學者丁明炫的差異說明，請參見註37。

---

34 《茲山魚譜》韓國國立中央圖書館所藏之國立本，資料來源：同註9。

35 《茲山魚譜》首爾大學奎章閣所藏之嘉藍本，資料來源：同註10。

36 《茲山魚譜》日本神奈川大學日本常民文化研究所所藏之常民研本，資料來源：同註11。

37 丁明炫《정약전（丁若銓，1758-1816）의자산어보에담긴해양박물학의성격》一文，將各類生物類別歸納後合計總數226種。但筆者製表羅列後改為228種，其中的差異點為：（1）鱗類──石首魚內除有大小數種外，無其他詳述，故本表以號次0表之。合計鱗類物種為71種。（2）無鱗介類──其中鰒、蛤與螺三項，雖皆為類別開始的解說，但實際內容仍與其他說明有異，故本表都視為單一種別。其中螺類不僅於類別之始有說明，在類別結尾也書寫相當篇幅，本表合計增列一個號次。合計無鱗介類計69種。以上二點為本表製作目的為提供生物種類研究之用，故與韓國學者丁明炫分類上有些許差異，致使總數多增加二個種類。

表3：朝鮮《茲山魚譜》生物資料記錄分析一覽表：生物分類表[38]

	區別		類	種
1	鱗	鱗	20	71
2	無鱗	無鱗	19	43
2	無鱗	介（甲殼）	12	69
3	雜類	海蟲	1	4
3	雜類	海禽	1	5
3	雜類	海獸	1	1
3	雜類	海草	1	35
合計			55	228

後續即以此〈朝鮮《茲山魚譜》生物資料記錄分析一覽表〉為依據，依序就其海洋自然文化中生物特徵、繁殖、活動、居住環境、魚汛等內容；或其海洋文化中風俗、特產、捕撈、藥用及經典紀載與考證等，提出分析結果與看法，逐一解釋《茲山魚譜》中呈現出本土風物差異、文化交流影響及對自然環境的臨海實證。

　　整體來說，從《茲山魚譜》的實質內容，可以窺見文化傳播在書寫分類、說明及引典上的影響，誠如先前章節——「作者生平及著述成因與目的」中所言，島嶼的地理位置在此至關重要，是成就《茲山魚譜》以海洋博物書寫可以闡明文化傳播變異的關鍵。

三　《茲山魚譜》的內容特色與對中國典籍的徵引與意義

　　《茲山魚譜》一書，將海洋生物劃分為鱗類、無鱗類、介類及雜類四

---

38 即附錄〈朝鮮《茲山魚譜》生物資料記錄分析一覽表〉內所載生物分類。

種。其中以鱗、介二類分屬,實則沿襲中國自古以來的脈絡,也是類書、本草傳承的架構。

根據《大戴禮記・曾子天圓》記載:「毛蟲之精者曰麟,羽蟲之精者曰鳳,介蟲之精者曰龜,鱗蟲之精者曰龍,勞蟲之精者曰聖人;龍非風不舉,龜非火不兆,此皆陰陽之際也。」[39]。是故,「五蟲」是古人對動物的分類,相應著陰陽及五行觀,此概念自先秦以來未曾改變。北宋類書《太平御覽》同樣承襲上述分類架構,將動物分為獸、羽、鱗介、蟲豸等部,藉此作為百科檢索之用,與先秦兩漢分類大同小異。

再列舉《茲山魚譜》一書提及、參考最多的書籍——〔明〕李時珍的《本草綱目》為例;《本草綱目》將動物分為:蟲、鱗、介、禽、獸、人等部,鱗、介二屬並無變化。顯而易見的是,無論作為博物學或草藥學的分類參考,鱗、介的區分方式有很清楚延續的脈絡,即便是遠在海域另一端的朝鮮,亦深受影響,且承襲使用不變。更可由《茲山魚譜》的引典考證中,再次看出端倪;即對詞語根源釋義,與對本草諸書研讀極深,受其影響也鉅使然。可見檢索百科、詞語解釋及實用藥典與經世治國的書一樣,在漢字文化圈中深受歡迎,影響力也大。

然而,《茲山魚譜》第三卷的分類——雜類,內容包含:海蟲、海禽、海草三類,計四十五種生物類別,尤以海藻、海帶類為大宗。此分類凸顯出二個朝鮮在東海海域內海洋文化,與中國沿海地區最明顯的不同:即沿海生物的登載記錄多樣與海草類食用文化的興盛。這類資料在中國聞所未聞,無論先秦或是近代,所以無法從古籍取得資料參考比較,更無法依循前面的分類歸納之。因此,丁若銓遂自行分立一類,並從中詳加說明,表達出他立身於海島,實證觀察的特殊性與可貴,也是《茲山魚譜》在原有分類系統上的創見與差異。

---

39 〔漢〕戴德撰:《大戴禮記》(漢魏叢書本),第4冊,頁124。資料來源:擷取自《中國哲學電子書計畫》網站:https://ctext.org/library.pl?if=gb&file=82279&page=124#%E7%BE%BD%E8%9F%B2%E4%B9%8B%E7%B2%BE%E8%80%85,檢索日期:2022年6月4日。

（一）內容特色分析

　　關於《茲山魚譜》全書內容篇章的分類結構，已於本章節初始處交待。接下來的部分，將從《茲山魚譜》細目及內容中逐一說明、分析。

　　日本學者中野泰已就《茲山魚譜》種類及數目提出以下幾點看法：首先，以類別起始魚種，石首魚（鱗類）及鱝魚（無鱗）；鱝魚為黑山島名產、重要漁產。其次是部分種類記載數量繁多；如：鯊魚有十八種之多，介類內容亦繁多，包含海龜、蟹、鮑魚等，其中蟹有十七種，螺有十三種。但最特別之處是，海草類相關記載竟有三十五種之多，是本書單一類別中最多的。整體來說，從魚譜資料看來，石首魚、鱝魚及蟹為全羅南道地域產物，數量及記錄均多。除此之外，中野泰更舉海鉈外型描述與俗名海八魚的關係、鯛魚的烹煮與食用，或以飛魚為例，出現與當時漁汛、捕撈、釣場等漁業文化相關細節⋯⋯等，加上中國古籍的引證書寫，在在說明《茲山魚譜》的特殊性。[40]

　　本文認同其觀點，但在內容特色分析上則另分：一、記載資料多樣化；二、當地特產分類細緻；三、漁業內容豐富；四、藥用知識豐富；五、海洋文化內容豐富；六、引典考證扎實⋯⋯等，詳究其文本內容與漢字文化影響，或漢文古籍脈絡沿襲的關係，顯現出另一角度的觀察結果。

1　記載資料多樣

　　相較於其他漢文古籍中的海洋博物書寫，《茲山魚譜》確實獨特。其記述內容多樣，涵蓋海洋自然資源；如生物特徵、繁殖、活動、居住境及魚汛⋯⋯等，及海洋文化內容；如：風俗、特產、捕撈、藥用，以及經典記載與考證，範圍之廣，且專就海洋生物一類，在漢字古籍之中，實屬罕見。

　　舉「鱝魚」為例，《茲山魚譜》的書寫內容是這樣的：

　　　鱝魚，俗名洪魚。大者廣六七尺，雌大雄小，體似荷葉，色赤黑，酥

40　同註21，頁196。

鼻當頭位,豐本而尖,末口在酥鼻底。胸腹間直口,背上(即酥鼻之本)有鼻,鼻後有目。尾如豬尾,尾脊有亂刺。雄者陽莖有二,陽莖即骨狀,如曲刀,莖底有囊卵,兩翼有細刺,交雌則以翼刺鉤之而交,或雌者含鉤而伏,則雄者就而交之,舉鉤則並隨而上。雌死於食,雄死於淫,可為饕淫者之戒。雌者產門外有一孔,內通三穴,中穴通於腸,兩旁成胞,胞上有物如卵,卵清則產胞成子,胞中各成四、五子(鯊魚產門之外一內三,亦同此)。冬至後始捕,立春前後肥大而味佳,至於三、四月則體瘦而味劣。宜膾、炙、羹、臘。羅州近邑之人好食其餒者,嗜好之不同也。胃腹有癥瘕宿疾者,取鱝魚之餒者作羹,飽之能驅下穢惡,又最能安酒氣。又蛇忌鱝魚,故其腥水所棄之處,蛇不敢近,凡蛇咬處,傳其皮良效。晴案正字通云,鱝魚形如大荷葉,長尾口在腹下,目在額上,尾長有節,螫人。本草綱目曰,海雞魚,一名邵陽魚(食鑑作少陽),一名荷葉魚,一名鱝魚,一名鯆魮魚,一名蕃踏翁魚,一名石蠣。李時珍云,狀如盤及荷葉,大者圍七、八尺,無足無鱗,肉內皆骨節,節聯比脆軟可食。皆指今之洪魚也。東醫寶鑑,作鮏魚,然鮏是魚子之稱(音拱),恐誤。[41]

描寫生物特徵鉅細靡遺,從體型大小、色澤,到鱝、鱐、魟類魚種特有的「酥鼻」、「尾刺」,全無疏漏。且就其對鱝魚生殖系統及生殖方式的描寫,可以看出確實有親身實證,甚至是解剖觀察的體驗。

除此之外,《茲山魚譜》著書目的——治病、利用、理財,亦在此篇中獲得體現。丁若銓仔細寫出漁產捕撈的最佳時機,還有風俗偏方——治胃疾、療宿醉、防蛇患,為現今當地漁業文化內容留下珍貴的紀錄,可供後人深入探究。最後呈現的是古籍的引典與考證;這邊出現的「晴案」一詞,據為李泰沅《《茲山魚譜》를찾아서》[42]書中考證,應為丁若銓之弟茶山丁若鏞的弟子——李晴所補。此部分非本文著眼處,故不細究,僅對其列舉的古籍提出說明。

---

41 《茲山魚譜》國立本,頁44-46。

42 同前註27。

　　此處引用的漢文古典有：〔明〕張自烈《正字通》、〔明〕李時珍《本草綱目》、〔明〕寧源《食鑒本草》，及朝鮮許浚《東醫寶鑑》。可以看出其重字詞解釋、溯源，且多以本草經典，如《本草綱目》、《食鑒本草》草藥醫學類書籍，作為對物種認識的根本，並兼考書籍中的偏誤；如此處提及《東醫寶鑑》的釋詞有誤，不知是否為「鮸」與「魟」字的誤用，尚待學界進一步考證之。以上說明，足見《茲山魚譜》作為海洋生物百科，內容與資料的豐富性，不言可喻。

　　再舉無鱗類一例「章魚」說明，以下為《茲山魚譜》內記載：

> 章魚，俗名丈魚。大者長七、八尺（產於東北海者長或二丈餘），頭圓，頭下如肩胛出八枝長腳，腳下一半有團花如菊，兩對成行即所以黏著於物者，黏著則寧絕其身，不可離解。常伏石窟，行則用其菊蹄，八腳周圍而中有一孔即其口也，口有二齒，如鷹嘴甚硬。強出水不死，拔其齒即死。腹腸卻在頭中，目在其頸，色紅白，剝其膜則雪白，菊蹄正紅。味甘似鰒魚，宜鱠宜膾。腹中有物，俗呼溫埃，能消瘡根，水磨塗丹毒神效。晴案本草綱目章魚一名章舉魚，一名傷魚。李時珍云，生南海，形如烏賊而大，八足身上有肉，韓退之所謂章舉、馬甲柱，鬥以怪自呈者，皆今之丈魚也。又嶺南志云，章花魚出潮州，八腳身有肉如雪。字彙補云，閩書鱆魚，一名望潮魚，亦皆此也，我國稱八梢魚。董越朝鮮賦，魚則錦紋、飴項、重脣、八梢。自注云，八梢即江浙之望潮，味頗不佳，大者長四、五尺。東醫寶鑑云，八梢魚味甘無毒，身有八條長腳，無鱗無骨又名八帶魚，生東北海，俗名丈魚即是也。[43]

在這段關於章魚的外型描寫中，除了明顯的頭、八足與色澤之外，丁若銓還仔細描寫章魚足部吸盤的外型、功用及特殊之處。「菊蹄」，狀如菊花的足蹄；略帶詩意的名稱，但也確實清楚傳達了章魚足部的意涵，文人筆墨功力

果然了得。至於足部的行走、黏著也都如實刻畫描繪，彷彿就在眼前。此外，一般人可能不曾見過也未能知曉的章魚口部結構、內臟位置，丁若銓的《茲山魚譜》則以解剖觀察的眼光，帶讀者一探究竟。除此之外，文中亦提及到朝鮮東北海域有體型巨大的章魚，這點顯示漁民間有訊息往來，海域的流動是網絡狀發展，而非單向線型、封閉的。還有在食用上觀察可以發現，朝鮮海域愛好食烏賊、章魚一類，曬乾製成乾貨或新鮮烹煮，皆有其方法，也知道口味與鮑魚相近。反觀引典中中國古籍的書寫，「八梢即江浙之望潮，味頗不佳。」，可見對於此類食物的烹煮不擅長，也不愛食用，二地飲食上的差異清楚可見。至於治病療傷一類，章魚也有可書之處。章魚內臟（朝鮮名，溫埃）可以治療瘡傷，水磨後塗抹還可解毒，雖為傳聞的療法，但亦是民間智慧與經驗的展現。在章魚細目的引典上，與前者略有不同。除釋詞類的：〔清〕吳任臣《字彙補》，及本草類的《本草綱目》外，還有屬於地方志的〔東漢〕楊孚《嶺南志》[44]及詩詞：〔唐〕韓愈〈初南食貽元十八協律〉、〔明〕董越〈朝鮮賦〉，顯示作者及註者急欲將所學、所知，完全透過此書傳遞的心意。《茲山魚譜》是本經世致用之書，更是作者的理念之書。

選錄以上二段《茲山魚譜》的細目，可以看出其記述內容果然涵蓋海洋自然資源及海洋文化內容；舉凡生物特徵、繁殖、活動、居住環境、魚汛、風俗、特產、捕撈、藥用及經典記載與考證，範圍之廣，前所未見。且書寫之人——丁若銓，及提註之人——李晴，學識豐富也絕非僅一般文人可以比擬，行筆之間可見其漢學學養之深厚。

2　當地特產分類細緻

在《茲山魚譜》中，可由記載資料的數量多寡，清楚得知其是否為當地的特產，尤其是非其他區域經常性食用的物種，如：鯊魚、鰈魚、鱝魚、烏

44　《茲山魚譜》一書雖載明「又《嶺南志》云，章花魚出潮州，八腳身有肉如雪。」，但因僅記《嶺南志》，無法確認為何人所撰版本，唯從《增修辭源》中找到相同的註釋。見臺灣商務印書館編審委員會編：《增修辭源》（臺北：臺灣商務印書館，1997年），第一卷，頁1583，「章拒」條。

賊、章魚、蟹、蛤、螺等。據本文附錄表統計：《茲山魚譜》中鯊魚十九種、鰈魚八種、鰿魚八種、烏賊魚及章魚六種、蟹十九種、蛤十八種、螺十六種。或是相較於其他區域（如：中國），為特有或高經濟價值的物種，如：鰒魚（六種）及海草類（三十五種）。由於經常食用，所以對於加工處理或食用方式，都較其他地區豐富，可書寫、記錄的地方也多，此部分特別能展現當地特有的海洋文化。以下列舉部分原文釋義：

> 鰈魚，俗名廣魚。大者長四、五尺，廣二尺許，體廣而薄，兩目偏於左邊，口縱拆，尻在口下，腸如紙匣，有二房卵，有二胞，自脅而由脊骨間達于尾。背黑腹白鱗極，細味甘而醲。晴案我邦謂之鰈域，鰈者東方之魚也。後漢書邊讓傳注云，比目魚一名鰈，今江東呼為板魚。異物志云，一名箬葉魚，俗呼鞋底魚。臨海志曰，婢屣魚。風土記曰，奴嬌魚。蓋是魚只有一片故，因其形似有此諸名也。然今我邦之海產此鰈魚，大小諸種俗稱各異，而皆一個獨行，有雌有雄兩目偏著一口縱拆。驟看雖若隻體難行，實驗非是兩片相並也。案爾雅云，東方有比目魚，不比不行，其名謂之鰈。郭注云，狀似牛脾鱗細，紫黑色，一眼兩片相合乃得行，今水中所在有之。左思吳都賦云，罩兩魪注云，左右魪一目即比目魚。司馬相如上林賦云，禺禺鱋魶注，鱋一作魚去，比目魚也，狀似牛脾，兩相合乃行。李時珍云，比，並也，魚各一目，相並而行也。段氏北戶錄，謂之鰜鰜兼也，又云兩片相合，其合處半邊平而無鱗，凡此皆未見鰈形，以意言之也。今鰈魚明一個，有兩目，明一個獨行。下腹上背，獨成完體，非相並而行也。李時珍又從而申之曰，合處半邊平而無鱗，有若目覩者然，其實非目覩也。會稽志云，越王食魚未盡，以半棄之水中，化為魚，遂無一面，名半面魚，此即鰈也。半面獨行，非相並也。郭璞爾雅住，以鰈為王餘魚。異魚贊云，比目之鱗，別號王餘，雖有兩片，其實一魚。王餘魚即鱠殘魚，非鰈也。郭氏誤言之也。（正字通，比目魚，名版魚，俗改作魬）。[45]

45 《茲山魚譜》國立本，頁29-31。

　　李晴在鰈魚細目中以「我邦謂之鰈域，鰈者東方之魚也。」刻意強調朝鮮海域位處中國東方，鰈魚種類繁多，確為古籍中眾人所言鰈魚之地。除此之外，文中亦不斷以親身經驗「然今我邦之海產此鰈魚，大小諸種俗稱各異，而皆一個獨行，有雌有雄兩目偏著一口縱拆。驟看雖若隻體難行，實驗非是兩片相並也。」、「今鰈魚明一個，有兩目，明一個獨行。下腹上背，獨成完體，非相並而行也。」等字句，強調鰈魚絕非二片相合併行，舉例說明即使李時珍也是會出現謬誤，「有若目瞉者然，其實非目瞉也。」。此處引典不僅是對鰈魚的溯源考證，更是藉親眼目睹生物特徵、習性，對古籍提出實證批判的最佳案例之一。[46]

　　再者，既為此海域慣於食用的物種，想必一定有特殊海洋文化內容記載，列舉數列說明之。如：「四齒鯊，俗名丹徒令鯊，大者七、八尺，頭似鱸闊鯊，但鱸鯊如平板，此則腦後頗凸，呈長方形，投下如他鯊，左右各有兩齒近頰豐。本向前漸殺，狀如半破壺，魄磊如鰒殼之背而滑澤，堅可碎石，能齧鰒螺之甲。性極頑懶，洄水者遇之，抱之而出。用如癡鯊，而味頗苦。」[47]筆者非生物學專門，無法考究此鯊是何種鯊魚，但能齧鰒螺又甘為洄水者所抱出水，饒富趣味。

　　此外還有關於箕尾鯊，「大者五、六丈，狀如他鯊而體純黑，鰭與尾大如箕，海鯊之最大者也。居於大海，欲雨則群出，噴液如鯨般，不敢追。……鳥獸考云，海鯊、虎頭鯊，體黑巨者二百斤，常以春晦，涉於海山之麓，旬日化為虎，皆今箕尾鯊之謂也。但化虎之說，未有實見。述異記云，魚虎老變為鮫魚。李時珍又以鹿沙為能變為鹿，以虎沙為虎魚所化，則物固有相，變者然未可明也。」[48]及錦（榔）鱗鯊，「長一丈有半，狀如他鯊而體稍狹，上脣有兩髯，下脣有兩髯，舉之參髟鮮大如掌，層次如屋瓦，

46　「鰈魚」細目內容中引用的古籍有：《後漢書・邊讓傳》、《異物志》、《臨海志》、《風土記》、《爾雅》、《爾雅注疏》、〈吳都賦〉、〈上林賦〉、《本草綱目》、《段氏北戶錄》、《異魚贊》、《正字通》，數量多且範圍廣，此資料亦可作為日後搜尋海洋文化相關內容的參考。

47　《茲山魚譜》國立本，頁23-24。

48　《茲山魚譜》國立本，頁26。

極絢爛。肉酥，而味佳。**能治瘡，時或網捕之。**」[49]以上二段文字，一則能提前預知氣候、且有物化的傳說。「物化」，在海洋物種記錄中常有所見；如：蛤化雀、鹿化魚等，可視為對海洋生物未知而產生的奇幻聯想。另一則錦鱗鯊中則提到以鯊治瘡的療用，目前尚未見到中國古籍中有相同的說明，可見朝鮮食鯊、用鯊較其他區域為多。[50]

至於烏賊、章魚、蟹、蛤、螺……等類，迄今仍為韓國廣為食用的海洋物種，從《茲山魚譜》中文字也可看出其端倪，非僅記載數量繁多而已。以烏賊、章魚之類來說，朝鮮民族自古即視其為食療聖品；能治瘡，「烏賊魚……其骨能合瘡生肌骨，亦治馬瘡、驢之背瘡，非此莫治。」[51]；消瘡根解丹毒，「章魚……腹中有物，俗呼溫埃，能消瘡根，水磨塗丹毒神效。」[52]；益人元氣，「石距……益人元氣（牛之瘦疲者，飼石距四、五首則頓健也）。」[53]故此類食材營養滋補，自古以來便為韓國海域居民喜愛。蟹類特殊之處則以生食、鹽、醢居多，如：「石蟹……角赤倒行則屈，其毛而下卷，亦能前行，卵句在腹底。蓋與陸地所產無甚異也。爛而食之，味絕佳。」[54]，食用方式差異頗大，雖各地亦有醃漬醬蟹，但以小蟹為主，大蟹仍以烹煮為多，此為異也。蛤、螺之屬雖常食用，但記錄上並無特殊之處，除「雀蛤」及「僧栗毯」之外；「雀蛤，大者徑四、五寸，甲厚而滑。有雀

---

49 《茲山魚譜》國立本，頁27。

50 關於鯊魚，筆者細查李時珍《本草綱目》，僅鱗之四一篇中有「鮫」的記載。其相關內容如下：「時珍曰：古曰鮫，今曰沙，是一類而有數種也，東南近海諸郡皆有之。形並似魚，青目赤頰，背上有鬣，腹下有翅，味並肥美，南人珍之。大者尾長數尺，能傷人。皮皆有沙，如真珠斑。其背有珠紋如鹿而堅強者，曰鹿沙，亦曰白沙，云能變鹿也。背有斑紋如虎而堅強者，曰虎沙，亦曰胡沙，云虎魚所化也。鼻前有骨如斧斤，能擊物壞舟者，曰鋸沙，又曰挺額魚，亦曰，謂鼻骨如長丈許劍，治骨角。」可為中國古籍言「鯊」少，作佐證。資料來源：《中國哲學書電子化計畫》網站，網址：https://ctext.org/wiki.pl?if=gb&chapter=364&searchu=%E9%AE%AB，檢索日期：2023年7月20日。

51 《茲山魚譜》國立本，頁54。

52 《茲山魚譜》國立本，頁57。

53 《茲山魚譜》國立本，頁58-59。

54 《茲山魚譜》國立本，頁82-83。

色紋似雀毛，疑雀之所化。北地至賤，而南方稀貴。凡甲兩合者曰蛤，皆伏在泥中而卵生。晴案月令季，秋爵（疑為雀）入大水為蛤虫。冬雉入大水為蜃。陸佃云，蚌蛤無陰陽、牝牡，須雀蛤化成，故能生珠。然未必皆物化也。」[55]、「僧栗蛤，毛短而細，色黃為別。昌大曰，嘗見一毬蛤，口中出鳥頭，嘴已成，頭欲生毛如苔，疑其已死而觸之，乃能動搖如平日，雖不見其殼中之狀，要是化為青雀者也，人言此物化為鳥，俗所謂栗毬鳥者是也，今驗之果然。」[56]此由介類物化為禽的傳說故事，有別於中國的禽鳥化為蛤與鳥獸物化為魚。[57]但丁若銓言「然未必皆物化也」在先，後卻又說「今驗之果然」，足見凡昌大所證之事，他皆視為真實。物化之說，以科學的角度雖無法完全完全令人信服，但作為文學議題或由此看丁若銓與張昌大間的關係，他們對蛤類的考察與討論，顯得格外突出。

最後，以鰻魚及海草類作為例。鰻魚，除其外型特徵描寫詳盡之外，有段野鼠伺鰒，勸人為善的內容——「野鼠伺鰒而伏鰒，由尾而上其背，則鼠負而走（鼠動則鰒貼，故走而不落），若鰒先覺而貼其尾（鼠驚動故壓貼愈固），潮至則鼠斃，此可為賊若害人者之戒。」[58]較為奇特。及引「然中國

55　《茲山魚譜》國立本，頁88。

56　《茲山魚譜》國立本，頁104。

57　中國關於物化的說法，可參見《國語・晉語九》，資料來源：《中國哲學書電子化計畫》網站，網址：https://ctext.org/guo-yu/jin-yu-jiu/zh?searchu=%E9%9B%80，檢索日期：2023年7月20日。內容為：「雀入于海為蛤，雉入于淮為蜃。黿鼉魚鱉，莫不能化，唯人不能。哀夫！」，其觀念為萬物皆可物化，唯獨人不可。但反應在「蛤」的物化，則可參見段玉裁《說文解字注》「注解：蜃屬。屬而有大小之別也。有三，目下。皆生於海，三者生於海。別於生淮者也。屬，千歲雀所匕。千當作十。雀十歲則為老矣。月令所云爵入大水為蛤也。高誘注時則訓連上賓字讀，云賓雀者，老雀也，棲入堂宇之間如賓客者。秦人謂之牡屬。本艸經蟲魚上品有牡蠣。海蛤者，百歲燕所匕也。」意即蛤多為鳥類（或蝙蝠）所化，少有蛤化為鳥的傳說，此為二國的差異。再者，根據《述異記》「海魚之異者，黃蛤化為鸚鵡。泡魚大者如斗，身有刺化為豪豬。沙魚之斑者，化為鹿，是不但化為虎也。」《琉球國志略》「盛夏鯊魚躍岸化為鹿；鹿畏熱以舌咂水，亦化為鯊魚。」等書所記，多為化魚或魚化，少有蛤化為他物的傳說。

58　《茲山魚譜》嘉藍本，卷二條目「鰻魚」。附註：本段文字在國立本中缺漏，可見版本比對活用相當重要。

之產甚為稀貴，故王莽憑几啗鰒伏隆詣闕而獻鰒（後漢書）。」[59]論鰒魚在中國稀貴，顯示其豐厚的經濟利益。食用之法從本段落「至于尾峯之外，其肉味甘厚。宜生宜熟，最良者臘。」中可以得知，鰒魚味道甘美濃郁，除一般烹煮外還可生食，但以臘製為最佳，內臟（尾峯）則另有藥用──「其腸，宜熟宜鹽，能消瘡根。」[60]六種鰒魚；鰒魚、黑笠鰒、白笠鰒、烏笠鰒、匾笠鰒、大笠鰒，外型、口味均不同，丁若銓均一一記錄分辨，其對海草類的考察更是如此。《茲山魚譜》一書中，海草類以總數三十五種，為分類之冠，每種苔、藻、草、海帶、紫菜都加以說明區分，除觀察細微之外，也顯示海草類具食用及經濟價值頗豐。以上為針對當地特產分類細緻之解說，礙於篇幅無法再一一詳述其中關於海洋文化細節上的差異。

3　漁業內容豐富

　　針對海洋漁業內容的部分，《茲山魚譜》除了詳細記載各類生物的習性、魚汛時期及捕撈範圍，如：碧紋魚、青魚……等。還有詳細說明捕撈方式的：大鮸、驍鯊、飛魚……等。此外，更有觀測魚群增減的記錄，對於漁業生態與漁民生計間的關係，多所注意。除此之外，丁若銓亦關注周邊其他地區的漁業狀況，如：日本的捕鯨及中國東南沿海的養殖漁業。內容述及的海洋樣貌豐富，關心的範圍也與一般古籍書寫有明顯不同。可謂心思細膩，體恤漁民極深。同樣將上述魚種解說於後：

有關碧紋魚的記載：

> 碧紋魚，俗名鼻登魚，長二尺許，體圓鱗極細，背碧有紋。味甘酸而濁。可羹、可鹽，而不可鱠鯖。楸子諸島五月始釣，七月絕蹤，八、九月復出。黑山海中六月始釣，九月絕蹤。是魚晝則游行倏忽往來，人不可追。性又喜明，故焚燎而夜釣。又喜游清水，故網不得施云。島人之言曰是魚乾隆。庚午始盛至嘉慶乙丑，雖有豐歉，無歲無之。

---

59 《茲山魚譜》國立本，頁53。

60 同前註。

> 丙寅以後，歲歲減損，今幾絕蹤。近間嶺南海中，新有是魚，其理不可知。[61]

從此段文章中可以清楚得知，碧紋魚在黑山及附近海域的魚汛與捕撈期是六月到九月。捕撈方式則為焚燎夜釣，不能用網，也無法在白晝捕撈。島上的人戲稱為「魚乾隆」，乃魚中的皇帝。這邊既然以清朝皇帝的名號稱呼，在語言文化的使用上，值得玩味。更重要的是，最末一段有關於魚群增減的觀測，與對於魚群再度現蹤的質疑。不僅顯現出丁若銓對於影響漁民生計的憂慮，也披露出其作為理學實證者，事事追本溯源的求知態度，是知性儒家的具體表現。而這種展現對自然環境及生態的關懷，反映了儒家所重視的萬物生生不息之道。

還有青魚的這段記載：

> 正月入浦，巡岸而行以產其卵。萬億為隊，至則蔽海。三月間既產，則退伊後。其子長三、四寸入網，乾隆庚午年後極盛，其後中衰。嘉慶壬戌極盛，乙丑後又衰。盛是魚冬至前始出於嶺南左道，遵海而西而北，三月出於海西。[62]

其描述詳細魚的產卵時間、狀態，沿海流而行及各地適合捕撈的時間點，甚至對於魚群整體及魚骨細部結構如：「青魚⋯⋯昌大曰，嶺南之產脊骨七十四節，湖南之產脊骨五十三節。」[63]，雖不能一一驗證，但丁若銓依然盡其可能地完備它，期盼對於漁民會有實質上的助益。

接著是各類魚種捕撈的書寫：

> 大鮫，三、四月間浮出水面（凡魚之浮水不能游，潛者多在春夏間者皆鰾中氣溫也），漁者徒手而捕。六、七月間，捕鯊者設釣鈎于水底，鯊魚吞之而倒懸（鯊甚強，故吞釣則揮其尾使釣綸纏其身，用力

---

61 《茲山魚譜》國立本，頁13-14。
62 《茲山魚譜》國立本，頁14-15。
63 《茲山魚譜》國立本，頁15。

則綸或絕，故勢必到懸），則大鯸又吞其鯊，鯊之鰭骨（鯊有骨如
錐）逆刺其腸是成釣礑，鯸不能拔舉，釣而隨上。漁者力不能制，以
索作套子而勾出，或以手納其口，而掩其闊鰓以出。[64]

丁若銓詳細說明徒手抓鯸及以鯊魚為餌的獨特釣鯸方法。還有關於驍鯊的捕
撈，「漁人以三枝鐵錐刺之，繫索於錐任其怒逸，待力盡，然後收索或釣
時，不意而含鉤逸走，綸繫於指則指拆，綸繫於腰則全身仍隨而入水，鯊仍
曳而走焉。」[65]《茲山魚譜》以生動手法描寫驍鯊奮力逃逸時，危機四伏且
戲劇般的過程。再舉東亞海域經常食用的飛魚捕撈為例：「芒種時聚于海岸
產卵，漁者焚燎用鐵鑯錐捕之，只產於紅衣、可佳島，而黑山間有之。……
其性喜明漁者，乘夜設網而設燎，魚乃群飛入網，或為人所困，而落於原
野，此即文鯺魚也。」[66]在飛魚的捕撈中，節氣占很重要的因素，以漁業文
化而言，此處提供了捕撈時節與方法的第一手觀察記錄。「飛魚」，作為東海
海域常見的食用魚種，古籍提及越多，資料越詳盡，也就可以更清楚看出各
地漁業文化的異同，彌足珍貴。以上，是關於漁業捕撈的相關細例說明。

　　除此之外，《茲山魚譜》中也記載，不單單在黑山島海域有觀測到鯨
魚，也見過漂流的鯨屍；「色鐵黑，無鱗，長或十餘丈，或二、三十丈。黑
山海中亦有之。今日本之人，最重鯨鱠。傳藥於矢射而獲之，今或有鯨死漂
至而猶帶箭者，是其受射而走者，也又或有兩鯨相鬥一死漂岸者。」[67]在這
當中，清楚說明日本人擅於捕鯨，捕鯨方式為用塗抹藥物的箭射，故偶爾會
見到漂流中箭而亡的海中之王。另外，還有記述關於中國近海養殖的訊息；
「今浙東以近海田種之，謂之蚶田。」[68]、「閩粵人以田種之，謂之蟶
田。」[69]，此雖非丁若銓親眼所見，而是引自中國古籍。無論如何，做為海

64　《茲山魚譜》國立本，頁3-4。

65　《茲山魚譜》國立本，頁22。

66　《茲山魚譜》國立本，頁35-37。

67　《茲山魚譜》國立本，頁72-73。

68　《茲山魚譜》國立本，頁89。

69　《茲山魚譜》國立本，頁90。

洋知識及資訊提供者，同樣是以「他山之石，可以攻錯。」的心態，盼能透過知識與訊息的傳播，給黑山海域的漁民們更好的建議，以期達到著作序文中的「利用」、「理財」的功能。

4 醫藥知識豐富

　　《茲山魚譜》雖多引用本草類書的內容，但就藥用知識仍多取自於朝鮮流傳之風俗醫療。這部分撰寫的宗旨主要在丁若銓著書時即載明，他希望書籍的寫作能傳遞實用知識，讓漁民除了減災避禍之外，也能治病療傷，所以該書內容中也提供許多相關的知識。

　　首先為承襲中國本草類醫藥古籍的內容：

> 晴案本草拾遺，海鷄魚生東海，齒如石版，尾有大毒，逢物以尾撥而食之。其尾刺人甚者至死。候人尿處釘之，令人陰腫痛，拔去乃愈。海人被刺毒者，以扈竹及海獺皮解之。（陳藏器）[70]

> 李時珍云，河豚色炎黑有文點者，名斑魚，毒最甚。或云三月後則為斑魚不可食（出本草綱目），此則今之鵲鮢之謂也。凡鮢魚皆有毒。陳藏器所稱，入口爛舌，入腹爛腸，無藥可解者，宜慎之。[71]

以上主要描述海洋生物造成的傷害與解決之方；如：鱝魚尾刺可致人於死、河豚入口皆毒無藥可解，以上內容均出自唐代陳藏器所著《本草拾遺》。這類食用上的禁忌，對於沿海常民生活至關重要。此外，還有關於食療與健身方面的海帶與海參。「本草綱目，海帶似海藻而粗，柔韌而長，主催生、治婦人病即是也。」[72]、「然考古今本草皆不載錄，至近世，葉桂臨證指南藥方中，多用海參，蓋因我國之用而始也。」[73]這二則的內容，一個說明海帶對於婦女疾病及生產的幫助，一個則對海參藥用本草未記提出質疑與推論。

70　《茲山魚譜》國立本，頁46-47。

71　《茲山魚譜》國立本，頁52。

72　《茲山魚譜》國立本，頁114。

73　《茲山魚譜》國立本，頁74。

顯而易見的是，海參的藥用價值是在海洋貿易暢行後，才獲得大量的實證與應用，相關記載均在清代之後，可以為證；如《茲山魚譜》所指的清代葉天士所撰《臨證指南醫案》，及梁章鉅《浪跡叢談・服海參》一文均是。由此可見，丁若銓言「多用海參，蓋因我國之用而始也。」不無道理，但日本、朝鮮二地，何者為先則尚需再研究考證。然，海參、鰒魚及海帶這三者，確實可以視為東海海域食療食物文化透過海洋傳遞的絕佳例證。

其次為關於朝鮮海洋生物的藥用知識，可以由流傳的風俗偏方與引用許浚《東醫寶鑑》[74]中得知。如：風俗偏方中有關石首魚的：「肝有大毒，食之瞑眩，而發癬疥能消瘡根。（凡大魚之膽皆消瘡毒）其膽治胃痛、腹痛云。」[75]銀鯊的魚翅「其翼臘之火，溫而傅之，能治乳腫。」[76]錦鱗鯊的「能治瘧，時或網捕之。」鱅魚的「胃腹有癥瘕宿疾者，取鱅魚之餒者作羹，飽之能驅下穢惡，又最能安酒氣。又蛇忌鱅魚，故其腥水所棄之處，蛇不敢近，凡蛇咬處，傳其皮良效。」[77]海鰻鱺的「蓋人久泄者，和鰻鱺做糜粥服之則止。」葡萄鮎的「小兒口涎，炙食則效。」烏賊魚的「其骨能合瘡生肌骨，亦治馬瘡、驢之背瘡，非此莫治。」[78]章魚的「腹中有物，俗呼溫埃，能消瘡根，水磨塗丹毒神效。」[79]石距的「益人元氣（牛之瘦疲者，飼

---

74 《東醫寶鑑》（韓語：동의보감／東醫寶鑑），是朝鮮宣祖御醫許浚所編撰的一部漢文醫學著作，成書於1610年，1613年正式刻版刊行。《東醫寶鑑》共有25卷，由內景、外景、雜病、湯液、針灸5篇構成。該書以《黃帝內經》為理論基礎，加之金元四大家的實際醫學理論，並倡導朝鮮鄉藥運用的綜合性醫學理論和臨床典籍。它的問世確立了韓醫學的獨立地位，並最早創用「東醫」作為朝鮮傳統醫學的專用名。2009年，《東醫寶鑑》被聯合國教科文組織列入世界記憶遺產名錄。《東醫寶鑑》與《鄉藥集成方》、《醫方類聚》合稱為朝鮮醫學史三大古典著作。見《維基百科》網站，網址：https://zh.wikipedia.org/zh-tw/%E6%9D%B1%E9%86%AB%E5%AF%B6%E9%91%91，檢索日期：2023年1月8日。

75 《茲山魚譜》國立本，頁3-4。

76 《茲山魚譜》國立本，頁24。

77 《茲山魚譜》國立本，頁44-46。

78 《茲山魚譜》國立本，頁53-56。

79 《茲山魚譜》國立本，頁57-58。

石距四、五首則頓健也）。」[80]鰒魚的「其腸，宜熟宜鹽，能消瘡根。」[81]淡菜的「拔鼻毛而血出者，無藥可止，惟淡菜鬚燒灰傳之神效。又挾淹傷寒，淡菜鬚火溫傳腦後良。」[82]膃肭獸的「其外腎大補陽力。」[83]海帶的「治產婦諸病無蹄。」……等，種類繁多。最特別的是關於烏賊、章魚、石距此類軟體動物幾乎都有藥用的療效，這點較少見於中國的古籍，顯示中國、朝鮮二地在飲食與應用上的差異，也是值得再進一步研究的。

整體來說，《茲山魚譜》乘載了中國漢醫藥學知識的傳承，也記錄了朝鮮獨特的海洋偏方。以跨海文化傳播的內容來看，已有明顯轉變、擴大應用的跡象，顯見朝鮮對於海洋生物應用嫻熟，島民以海洋生物為主的飲食習慣，一切都與海洋關係十分密切。會有這樣的書寫，當然也與丁若銓當時身處島嶼有密切的關係；海洋意識的萌生，在以海洋食物為主的島嶼，海洋文化在此表露無遺。所以《茲山魚譜》一書，對於了解當時東海海域海洋生活內容及文化，極具意義。

5 海洋文化內容豐富

除此之外，《茲山魚譜》也對於黑山島或東海海域內海洋生物的食用方式及其他製作方法、海洋貿易，甚或海洋傳說，亦均有所載，包含許多當時海洋文化的內容，豐富且彌足珍貴。

在當時儲存不易的年代，鹽鯡或醃製是保存新鮮漁產品的主要方法，從書中記載也可看出端倪。在中央研究院「研之有物」〈古人瘋海產，十九世紀吃遍全世界？海產臺灣的百年歷史縮影〉[84]訪談內容中可以明確了解，「鹽鯡」即加鹽曬乾的各類漁產，除一般民生之用外，也是海上貿易的重要

---

80 《茲山魚譜》國立本，頁58-59。

81 《茲山魚譜》國立本，頁83-84。

82 《茲山魚譜》國立本，頁90-91。

83 《茲山魚譜》國立本，頁111-112。

84 蕭歆諺採訪撰文：〈古人瘋海產，十九世紀吃遍全世界？海產臺灣的百年歷史縮影〉，見中央研究院「研之有物」網站，網址：https://research.sinica.edu.tw/seafood-fishing-industry-salted-fish/，檢索日期：2023年1月8日。

商品的加工法之一。在《茲山魚譜》中有鹽鯗方式的記載漁產有：石首魚中鮸魚的「味淡甘，腥熟俱宜，乾者尤益人，鰾可作膠。黑山海中稀貴，或浮出水面，或釣得。羅州諸島以北，五、月網得，六、七月釣捕。其卵胞長數尺，鹽鯗俱美。」[85]鮸魚乾，鹹魚中的上品，無論古今中外皆是，故丁若銓在鮸魚的後段描寫中提到：

> 本草綱目石首魚乾者為鯗魚，能養人，故字從養。羅願云諸魚薧乾皆
> 為鯗，其美不及石首，故獨得專稱，以白者為佳，故呼白鯗。若露風
> 則變紅色，失味。我國亦以民魚為佳鯗，民魚即鮸也。

除魚肉鹽鯗之外，鮸魚鰾作膠及鮸魚卵鹽鯗（應與烏魚子同）也都是美味，可惜詳細作法並無記錄，但或許仍可從海域內的飲食中窺探一二。另外，還有以「臘」為法，曬製風乾的漁獲，如：貫目鯖的說明，「味優於青魚，臘之尤美。故凡青魚之臘，皆稱貫目，非其實也。產於嶺南海中最希貴。」[86]這邊除了點出貫目鯖魚風乾後味佳之外，也額外指出商人魚目混珠，藉機拉抬貨物身價的伎倆，著實有趣。即便曬成魚乾也有曬法的不同，薄鰈小且薄如紙，其曬乾方法則為「編簾而臘」[87]，非常特殊。此外，鯊魚、鱝魚較無法製成魚乾，於是在使用上就與前者不同。鯊魚取肝油作蠟燭（鯨魚也是）；鱝魚則採發酵熟成的「餞」法，這也是韓國目前獨特的食用方法，傳承迄今沒有改變。《茲山魚譜》中的記載是這樣的：「羅州近邑之人好食其餞者，嗜好之不同也。」[88]除魚乾之外，與鮸魚口味相似的章魚、或是石距也可製作成乾。魚譜還有記述海鮀（即水母）的烹煮及食用；「陸人皆煮食或鱠食（煮食則軟者堅韌，靡大者縮小）。昌大曰，嘗剔見其腹，如南瓜敗爛之瓢。」[89]言下之意，近海之人並不喜食用。醬蟹或生食螃蟹並不足為奇，

---

85 《茲山魚譜》國立本，頁4-6。

86 《茲山魚譜》國立本，頁16。

87 《茲山魚譜》國立本，頁32。

88 《茲山魚譜》國立本，頁44-46。

89 《茲山魚譜》國立本，頁70-72。

但「石蟹……角赤倒行則屈，其毛而下卷，亦能前行，卵句在腹底。蓋與陸地所產無甚異也。爛而食之，味絕佳。」其中這句「爛而食之，味絕佳」的「爛」字，是燉爛？搗爛？還是腐爛？真的就令人不解，可惜丁若銓僅書寫至此，沒有留下更多的形容。

　　至於海洋貿易，最明顯的的記錄是：「海參……我邦之海皆產海參，採而乾之，貨於四方，與腹魚、淡菜列為三貨。」[90]這段文字清楚說明，海參在朝鮮海域是常見的生物，也已早有曬乾的技術，與銷售到其他區域的狀況，但很顯然的是黑山島海域並非盛產之地，所以丁若銓書寫的海參種類也僅一項。鰒魚已於「2 當地特產分類細緻」中詳細說明，不再贅述。至於淡菜，《茲山魚譜》倒也未詳加羅列為何為出口貨物的三貨之一，只知貝類乾貨即便今日，仍是東南沿海常民生活食物配料之一而已。海域內飲食文化的探究，尚有很多值得關注之處。

　　最後是奇幻的海洋傳說，最有名、且丁若銓也花最多篇幅說明釋義的便是──人魚，文長達四頁，雖主要為中國古籍中有關人魚的整理與意見抒發，但從中亦可看出丁氏受中國文化影響之深。但在奇幻海洋傳說中丁若銓另有其他實際的觀察：「箕尾鯊……居於大海，欲雨則群出，噴液如鯨般，不敢追。……鳥獸考云，海鯊、虎頭鯊，體黑巨者二百斤，常以春晦，涉於海山之麓，旬日化為虎，皆今箕尾鯊之謂也。但化虎之說，未有實見。述異記云，魚虎老變為鮫魚。」此處將箕尾鯊出沒與氣候結合，頗富神奇氣氛，加上引典關於化虎的傳說，更令人感到驚奇。這種幻化的故事，在《茲山魚譜》中以雀蛤及僧栗毯為最特別；換言之，由貝類幻化為鳥的故事，似乎朝鮮較中國為多。雀蛤，「有雀色紋似雀毛，疑雀之所化。北地至賤，而南方稀貴。晴案月令季，秋爵（疑為雀）入大水為蛤蚰。冬雉入大水為蜃。陸佃云，蚌蛤無陰陽、牝牡，須雀蛤化成，故能生珠。然未必皆物化也。」[91]見到蛤有雀毛而產生與古籍傳說的連結，懷疑其可能為雀所化成，但篇末話鋒

90　《茲山魚譜》國立本，頁74。

91　《茲山魚譜》國立本，頁88。

又一轉，質疑物化的可能，真假之間難以判辨。但，僧栗毯的記錄卻呈現不一樣的角度；「昌大曰，嘗見一毯蛤，口中出鳥頭，嘴已成，頭欲生毛如苔，疑其已死而觸之，乃能動搖如平日，雖不見其殼中之狀，要是化為青雀者也，人言此物化為鳥，俗所謂栗毯鳥者是也，今驗之果然。」[92]令人質疑，是海鳥將蛋寄居於螺中，造成這美麗的意外，或者是昌大的浮誇之詞。總之，螺與鳥之間，在朝鮮的海洋故事中，一直存在著這樣的流傳故事。

除美麗的故事之外，《茲山魚譜》中還記載著船隻的大患，海蛠蟳——「食船板如蛠蟳，愈淡水則死。潮水迅急之處不敢進，多在停渚之水，故東海船人甚畏之。大海中或有其隊，如蜂蟻之屯，船貨遇之急急回帆以避之，又船板數以烟薰之則不能侵。」[93]這能吞噬船板的生物，正是漁人最大的夢魘，透過丁若銓的書寫得以記錄下來。透過本書以上種種內容，反應出豐富的海洋文化。而文化之間的承襲、改變、延伸與創新，更是處處可見。可以說，中、朝二國海洋文化內容，在《茲山魚譜》這本島嶼海洋博物書寫中，嶄露無遺。

6 引典考證扎實

丁若銓學識淵博，著書多所考據，在篇章細目「鰈魚」、「飛魚」、「烏賊魚」、「人魚」等類中，均可看到他博引群書的詳細內容；從字義由來的、從各古籍的實證說明的，均一一羅列，思慮清晰脈絡清楚，以下舉例說明之。

鰈魚，《茲山魚譜》書中關於名稱由來及定義的註解全文如下：

後漢書邊讓傳注云，比目魚一名鰈，今江東呼為板魚。異物志云，一名箬葉魚，俗呼鞋底魚。臨海志曰，婢屣魚。風土記曰，奴嬌魚。蓋是魚只有一片故，因其形似有此諸名也。爾雅云，東方有比目魚，不比不行，其名謂之鰈。郭注云，狀似牛脾鱗細，紫黑色，一眼兩片相合乃得行，今水中所在有之。左思吳都賦云，罩兩鰈注云，左右鰈一

---

92 《茲山魚譜》國立本，頁104。

93 《茲山魚譜》國立本，頁108。

目即比目魚。司馬相如上林賦云，禺禺鱸魶注，鱸一作魚去，比目魚也，狀似牛脾，兩相合乃行。李時珍云，比，並也，魚各一目，相並而行也。段氏北戶錄，謂之鰜鰜兼也，又云兩片相合，其合處半邊平而無鱗，凡此皆未見鰈形，以意言之也。李時珍又從而申之曰，合處半邊平而無鱗，有若目覩者然，其實非目覩也。會稽志云，越王食魚未盡，以半棄之水中，化為魚，遂無一面，名半面魚，此即鰈也。半面獨行，非相並也。郭璞爾雅注，以鰈為王餘魚。異魚贊云，比目之鱗，別號王餘，雖有兩片，其實一魚。王餘魚即鱠殘魚，非鰈也。郭氏誤言之也。（正字通，比目魚，名版魚，俗改作鲅）[94]

引用〔戰國〕《爾雅》、〔晉〕《爾雅注疏》、〔明〕《正字通》作字辭的解釋；引用〔東漢〕《異物志》、〔三國東吳〕《臨海志》、〔晉〕《風土記》、〔唐〕《段氏北戶錄》、〔明〕《本草綱目》、〔清〕《異魚贊》等方志、博物志，說明生物的特徵及來源；最後還以詩賦或傳記，如：〔漢〕〈上林賦〉、〔晉〕〈吳都賦〉、〔南朝〕〈後漢書邊讓傳〉作為補充。取材範圍廣，且引用典籍自先秦到明清，時間久遠，足見丁若銓確實漢學底蘊深厚，博覽群書且運用自如。更重要的是，他以自身親眼所見的經驗，對古籍及李時珍所言，提出質疑。並認為「王餘魚即鱠殘魚，非鰈也」，是郭璞的訛誤。但就筆者了解，臺灣及中國閩南沿海，一般常民確實將鰈魚稱為「皇帝魚」[95]，相關故事也傳頌至今未止，此點又與丁若銓所言，略有不同。無論如何，以生物百科書寫的古籍而言，《茲山魚譜》在資訊提供及作為實證理學家的角度，確實與眾不同。

再舉「飛魚」、「烏賊魚」為例；「飛魚」一類引用先秦時代的《山海經》及《呂氏春秋》、〔漢〕《神異經》及《林邑記》、〔三國東吳〕〈吳都賦〉、〔晉〕《拾遺記》、〔唐〕〈送從兄使新羅詩〉及《酉陽雜俎》、〔明〕《明一統志》等書，此細目對飛魚一類提出二個要點，一是「據此諸說，則東西

---

94 《茲山魚譜》國立本，頁29-31。

95 見「臺灣魚類資料庫」網站，亦以皇帝魚為鰈魚之中文俗名，網址：https://fishdb.sinica.edu.tw/chi/species.php?id=382728，檢索日期：2023年4月30日。

南三方皆有文鰩也」[96]，飛魚的出處頗多，幾乎四海皆有。並以〈送從兄使新羅詩〉，確實證明當時朝鮮一帶也有飛魚。二是以「然山海經所言，未必皆恒有之物也」，表示對《山海經》所說飛魚典故的存疑。

而，「烏賊」一篇則蒐羅各種關於烏賊墨囊的傳說，如《蘇頌》中「行若革囊，背上只有一骨，狀如小舟，腹中血及膽正如墨，可以書字，但愈年則跡滅。懷墨而知禮，故俗謂之海若白事小吏，此皆是也。」[97]，是腹中懷墨的海神文書小官。如《本草拾遺》「是秦王東游棄算袋於海，化為此魚，故形似之，墨尚在腹。」[98]，秦王丟到海中的算袋。如《南越志》中「其性嗜烏，每自浮水上，飛烏見之以為死而啄之，乃卷取入水而食之，因名烏賊，言為烏之賊害也。」[99]，害飛烏亡命的賊人。或是如《羅願爾雅翼》中「九月寒烏入水化為此魚，有文墨可違法則，故名烏鰂，鰂者，則也。」[100]飛烏所化的魚。雖丁若銓以其俱未有實見，間接否定了上述的傳說，但以文學性而言，他的選撰與摘錄，無形之中已將古往今來的烏賊傳說彙集，頗具意義。

最後是關於統整分析「人魚」傳說的書寫，《茲山魚譜》舉出人魚有五種開端，分別為：帝（從魚旁）魚、鯢魚、役（從魚旁）魚、鮫人、婦人之魚等五種。其中「鮫人」及「婦人之魚」二者最具神話故事的興味：

> 左思吳都賦云，訪靈夔於鮫人。述異記云，鮫人水居，魚不廢機織，有眼能泣泣成珠。又云鮫綃，一名龍沙，其價百餘金，以為服入水中不濡。博物云，鮫人水居如魚，不廢機織，寓人家買綃，臨去從主人家索器，泣而出珠滿盤以為主人，此蓋水怪也。綃泣珠說，是弔詭然，猶古人轉相稱述。吳都賦云，泉室潛織而卷綃，淵客慷慨而泣珠。劉孝威詩云，蜃氣遠生樓，鮫人近潛織。洞冥記云，味勒國人乘

96　《茲山魚譜》國立本，頁35-37。

97　《茲山魚譜》國立本，頁55。

98　《茲山魚譜》國立本，頁55。

99　《茲山魚譜》國立本，頁56。

100　《茲山魚譜》國立本，頁56。

> 象入海底，宿於鮫人之宮，得淚珠。李頎鮫人歌云，朱綃文綵不可
> 識，夜夜澄沙連月色。即顧況送從兄使新羅詩亦云，帝女非銜石，鮫
> 人買淚綃。[101]

這些動人的傳奇故事，丁若銓下了如此的結語：「然水府織綃人無見者，淵客泣珠說甚誕矣，皆未有實見，只以傳襲用之者也。」[102]海上來往之人言之鑿鑿，但卻未曾有人親眼看見，大家也是傳襲延用罷了。的確如此，這些傳說在中國廣為後世傳頌，但不知在韓國朝鮮時代之後，是否仍有繼承這脈絡的韓文故事，頗令人感好奇且值得探究。至於「婦人之魚」，《茲山魚譜》以為是海豚的可能性居多；並指出與先前古籍中描述的差異：雙乳及下體之別。

> 徐鉉稽神錄云，謝仲玉者見婦人出墨水中，腰以下皆魚，乃人魚也。
> 徂異記云，查道使高麗，海中見一婦人，紅裳雙袒，髻鬟紛亂，腮後
> 微有紅鬣，命扶於水中，拜手感戀而沒，乃人魚也。蓋帝（從魚旁）
> 鯢役（從魚旁）鮫四者，別無似婦人之說，則仲玉、查道之見是又別
> 異者也。今西南之海有二種類人之魚，其一尚光魚，狀似人而有兩
> 乳，及本草所稱海豚魚也（詳見海豚條）。其一玉朋魚，長可八尺，
> 身如常人，頭如小兒，有鬚髮鬖髿下垂，其下體有雌雄之別，酷與人
> 男女相似，舟人甚忌之，時或入於漁網，以為不祥而棄之，此必查道
> 之所見也。[103]

可見對於「人魚」此一非真實的生物，魚譜承繼中國博物書寫對奇幻生物的想像憧憬，花了很多篇幅考證說明，與內容多數為生活中的魚種、生物的描寫，有很大的差異。

整體來說，在「鰈魚」、「飛魚」、「烏賊魚」、「人魚」這幾個細目說明

---

101 《茲山魚譜》國立本，頁63-64。

102 《茲山魚譜》國立本，頁64-65。

103 《茲山魚譜》國立本，頁65。

中，《茲山魚譜》分別引用了十二篇、十篇、七篇、十六篇的古籍篇章或詩詞歌賦，時間跨距則由先秦到清代，涵蓋範圍非常廣泛，除了可以看出作者的學識淵博之外，中國典籍跨越東海傳播的地位與影響，更可見一斑。

（二）典籍引述的意義

引述典籍的重要意義有二個面向：其一在於作為學習與實踐學習的內容；其二在於做為海洋文化交流與影響的內容，以下就此說明之。

1 海洋博物知識的學習與應用

朝鮮漢學的根基在於儒學與官僚體制，所以過往所言、所知多為四書五經之儒家經典，鮮少提到生活類書在士大夫間流通與閱讀的情況。但在《茲山魚譜》一書中，透過引典的統計，則可清楚得知書籍的類型、種類有所不同，數量豐富。就附錄〈朝鮮《茲山魚譜》生物資料記錄分析一覽表〉分析，全書引用的典籍有：《人魚贊》、〈上林賦〉、《山海經》、《禮記·月令》、《王易燕北錄》、《古今注》、《史記》、《史記·貨殖列傳》、《史記·禮書》、左思〈三都賦〉、〈吳都賦〉、《本草》《本草（諸）》、日華子《本草》、《本草拾遺》、陶弘景注《本草》、《本草圖經》、《本草綱目》、《正字通》、《正義》、《玉篇》、《交州記》、《字彙補》、〈江賦〉、《考工記》、《別錄》、〈吳都賦〉、《吳錄》、《呂氏春秋》、形昺《爾雅疏》、李珣《海藥本草》、杜甫〈戲作俳諧遣悶〉、《酉陽雜俎》、《尚書》、《徂異記》、《抱朴子》、《明一統志》、《明一統志·女真篇》、《松陵集注》、《林邑記》、《南史·褚彥回傳》、《南越志》、《後漢書》、《後漢書·邊讓傳》、《拾遺記》、《段氏北戶錄》、《洞冥記》、《述異記》、《風土記》、《唐書·新羅傳》、《孫思邈》、《浙志》、《神異經》、《荀子·勸學篇》、《荀子議兵》、〈送從兄使新羅詩〉、《馬志》、《三國志·趙達傳》、《寇宗奭》、《康熙字典》、曹植〈祭先生表〉、《淮南子》、《異物志》、《異苑》、《異魚贊》、《陸佃》、陸雲〈答車茂安書〉、《鳥獸考》、《博物志》、《博雅》、《註徐廣》、《集韻》、董越〈朝鮮賦〉、《蜀都賦》、《詩疏》、《詩

經》、《遊覽志》、《漢書・地理志》、《爾雅》、《爾雅注疏》、《爾雅郭注》,《爾雅翼》、《爾雅釋魚》、《甄權》、《說文》、《趙辟公雜錄》、劉孝威《樂府詩集・小臨海》、《廣雅》、《廣韻》、《稽神錄》、《蔡謨》、《嶺表錄異》、《嶺南志》、《臨海水土志》、《臨海志》、《臨海異物志》、《臨證指南醫案》、《韓保升》、《魏志・倭人傳》、《魏武食制》、《蟹譜》、《韻篇》、《類篇》、《蘇恭》、蘇軾《魚說》、《蘇頌》,[104]包含三本《東醫寶鑑》、《三國史・新羅本紀》、《譯語類解》朝鮮漢文古籍。引用書籍類型、數量都非常廣泛,反映當時朝鮮的儒士階層對漢文的學習深入而且閱讀類型廣博。在這當中,尤以本草類諸書,最受各界喜愛。除在魚譜條目中被引用達四十八項之多,也在日本《皇和魚譜》[105]中被提到,可說是東亞海域內被視為博物知識書寫的圭臬,也是最廣泛流傳且影響最大的書籍。這當然與其利用性高,資訊量豐富有絕大的關係。

　　本文針對上述列名之書籍、文章,進一步分析、查證內容後發現;有書籍、文章可供比對的資料,竟高達七十六個項次,包含三本朝鮮漢文書籍。故製〈《茲山魚譜》引典概略表〉說明之(依朝代順序排列如下):

表4:《茲山魚譜》引典概略表[106]

		朝代	作者	書籍或文章	條目 國立本所在頁數
1	14	先秦	不詳	《爾雅》	(釋魚)12-13、32-33、39、59-61、61-65、89、29-30(釋地)

(續表)

---

104 資料來源為附錄〈韓國《茲山魚譜》生物資料記錄分析一覽表〉中的引典細目資料。係依《茲山魚譜》國立版內文直接羅列,尚未進行內容查證的原始資料。

105 《皇和魚譜》載:「……迨明李時珍編綱目稱集本草之大成……」,見「日本国立公文書館デジタルアーカイブ」網站,網址:https://www.digital.archives.go.jp/img.pdf/1238649,檢索日期:2023年4月29日。

106 本研究製表「《茲山魚譜》引典概略表」,係根據國立本《茲山魚譜》內提及的書籍、文章,進行內容比對,經查證確實於書籍或篇章中,有相同文字敘述者方填入本表。本表所用書籍名為文章內容確實出處,特此說明。

		朝代	作者	書籍或文章	條目 國立本所在頁數
2	20	先秦	荀子	《荀子》	22（議兵）、76-77（勸學）
3	24	先秦	不詳	《山海經》	22、35-37、61-65、67
4	34	先秦	呂不韋	《呂氏春秋》	35-37
5	41	先秦	不詳	《詩經》	39
6	71	先秦	不詳	《禮記》	88（月令76）
7	21	漢	司馬遷	《史記》	22（禮書）、26（始皇本紀）、39-40（貨殖傳）
8	23	漢	許慎	《說文解字》[107]	22、39-40、59-61、89
9	33	漢	劉安	《淮南子》	32-33
10	55	漢	郭憲	《漢武帝洞冥記》[108]	61-65
11	3	三國	沈瑩	《臨海異物志》[109]	3-4、6-7、29-31、32-33、66-67、90
12	9	三國	張揖	《（博）廣雅》[110]	6-7、76-77
13	31	三國	曹操	《魏武四時食制》[111]	32-33、47-48
14	58	三國	沈瑩	《臨海水土物志》[112]	69、92、105-106
15	67	三國	曹植	《曹子建文集》[113]	83-84
16	10	晉	郭璞	《江賦》	6-7、69、70-72、92、100-103、
17	12	晉	陳壽	《三國志》	8-9（趙（逵）達傳）、83-84（魏書倭人傳）

（續表）

107 《茲山魚譜》中僅記載《說文》，實為《說文解字》。

108 《茲山魚譜》中僅記載《洞冥記》，實為《漢武帝洞冥記》。

109 《茲山魚譜》中記載為《臨海志》、《異物志》或《臨海異物志》，推判應同為一書。

110 《茲山魚譜》中記載為《博雅》或《廣雅》，經細查內容，推判應同為一書。

111 《茲山魚譜》中僅記載《魏武食制》，實為《魏武四時食制》。

112 《臨海水土物志》或《臨海水土志》，屬佚失書籍，僅就引述查證，推判應與註103之《臨海異物志》為同一書的可能性較高。

113 《茲山魚譜》中僅記載〈祭先王表〉，實為《曹子建文集》中之〈求祭先王表〉。

		朝代	作者	書籍或文章	條目 國立本所在頁數
18	15	晉	郭璞	《爾雅注疏》	12-13、29-31、32-33、39、59-61、61-65、108-109
19	19	晉	左思	《三都賦》	20-21（蜀都賦）、（吳都賦）29-31、35-37、61-65
20	22	晉	徐廣	《史記音義》[114]	22
21	35	晉	張華	《神異經》	35-37
22	39	晉	王嘉	《拾遺記》	35-37、100-103
23	42	晉	陸璣	《毛詩草木鳥獸蟲魚疏》[115]	39
24	52	晉	張華	《博物志》	61-65、70-72、78、100-103
25	51	晉	郭璞	《山海經圖贊》[116]	61-65（人魚）
26	60	晉	崔豹	《古今注》	72-73
27	63	晉	葛洪	《抱朴子》	76-77
28	17	南北朝	沈懷遠	《南越志》	16-17、20-21、53-56、120
29	26	南北朝	任昉	《述異記》	26、61-65、70-72
30	27	南北朝	范曄	《後漢書》	29-31（邊讓傳）、83-84（王莽傳）
31	50	南北朝	陶弘景	《本草經集注》	61-65、95、112-113
32	72	南北朝	陶弘景	《名醫別錄》[117]	91
33	53	南北朝	劉孝威	《樂府詩集·小臨海》[118]	61-65

（續表）

---

114 《茲山魚譜》中僅記載徐廣人名，經查實為《史記音義》中的內容。

115 《茲山魚譜》中僅記載陸璣《詩疏》，其全名應為《毛詩草木鳥獸蟲魚疏》。

116 《茲山魚譜》中記載為郭璞〈人魚贊〉，實應為《山海經圖贊·人魚》。

117 《茲山魚譜》中僅記載《別錄》，實則為陶弘景《名醫別錄》。

118 《茲山魚譜》中記載為劉孝威詩，經查為《樂府詩集·小臨海》。

		朝代	作者	書籍或文章	條目 國立本所在頁數
34	65	南北朝	劉義慶	《世說新語紕漏》[119]	81
35	2	唐	劉恂	《嶺表錄異》	3-4、19、58-59、100-103
36	7	唐	陳藏器	《本草拾遺》（陳藏器本草）[120]	4-6、16-17、46-47、51-52、52、53-56、59-61、90、100-103、112-113、115-115
37	28	唐	段公路	《（段氏）北戶錄》[121]	29-31（鰷）
38	38	唐	顧況	《全唐詩》〈送從兄使新羅〉	35-37、61-65、111-112
39	40	唐	段成式	《酉陽雜俎》	35-37
40	45	唐	日華子	《日華子諸家本草》	48-49、90-91
41	66	唐	蘇恭（敬）	《新修本草》[122]	83-84
42	68	唐	李延壽	《南史》	83-84（卷27褚彥回傳）
43	69	唐	李珣（波斯）	《海藥本草》[123]	85
44	76	唐	皮日休	《松陵集》	100-103
45	77	唐	杜甫	《全唐詩》〈戲作俳諧遣悶〉[124]	108-109

（續表）

---

119 《茲山魚譜》中僅記載蔡謨，經查典故出處為《世說新語·紕漏》。

120 《茲山魚譜》中記載為《本草拾遺》，亦名為《陳藏器本草》，故全書中有《本草拾遺》或言明陳藏器云，皆出自此處。

121 《茲山魚譜》中記載為《段式北戶錄》，實則應為段公路《北戶錄》。

122 《茲山魚譜》中載為蘇恭所言內容，但經比對後筆者認為蘇敬編撰的《新修本草》（或稱《唐本草》）的可能性較高。

123 《茲山魚譜》中僅載為李珣所言內容，經查出處應為李珣撰《海藥本草》（或稱《玻斯本草》）的可能性較高。

124 《茲山魚譜》僅載杜甫詩，經查出處應為《全唐詩·戲作俳諧遣悶》。

		朝代	作者	書籍或文章	條目 國立本所在頁數
46	80	唐	孫思邈	《備急千金藥方》[125]	112-113
47	73	五代	韓保升	《蜀本草》[126]（已佚）	92（卷943鱗介部14石華）
48	5	宋	羅願	《爾雅翼》	4-6、53-56、70-72、76-77
49	11	宋	劉翰、馬志	《開寶本草》[127]	8-9、51-52、53-56、61-65
50	16	宋	丁度	《集韻》	12-13、34
51	18	宋	司馬光	《類篇》	12-13、16-17、34、59-61、39-40
52	32	宋	形昺	《爾雅疏》[128]	32-33
53	46	宋	蘇頌	《本草圖經》	53-56、58-59、77-78、79、82、83-84、93-94、97、98
54	47	宋	蘇軾	《蘇軾文集》[129]	53-56（卷63）
55	55	宋	徐鉉	《稽神錄》	61-65
56	56	宋	聶田	《徂異記》	61-65
57	62	宋	傅肱	《蟹譜》	76-77
58	70	宋	陸佃	《埤雅》[130]	85（卷一）、88（卷三）
59	75	宋	寇宗奭、唐慎微	《圖經衍義本草》[131]	95、108-109、111-112
60	59	宋	劉敬叔	《異苑》	100-103

（續表）

---

125 《茲山魚譜》僅載孫思邈所言，經查出處應為其所著《備急千金藥方》。

126 《茲山魚譜》載韓保昇所言（「昇」恐為「升」之誤植），經查出處應為《蜀本草》。《蜀本草》該書早已佚失，多由其他本草引用而得知。

127 《茲山魚譜》載為馬志或《本草》，全書名《開寶本草》。

128 《茲山魚譜》僅載形昺所言，經查出處應為《爾雅疏》。

129 《茲山魚譜》僅載蘇軾魚說，可由《蘇軾文集》卷六十三得知相關內容。

130 《茲山魚譜》僅載陸佃所言，經查出處為《埤雅》。

131 《茲山魚譜》僅載寇宗奭所言，經查出處應為與唐慎微合編之《圖經衍義本草》。

		朝代	作者	書籍或文章	條目 國立本所在頁數
61	78	宋	歐陽修	《新唐書》[132]	111-112（新羅傳）
62	36	元	陶宗儀	《林邑記》（說郛六十一）[133]	35-37
63	1	明	張自烈	《正字通》	3-4、6-7、9-10、16-17、29-31、39、44-46、53-56、56、61-65、66-67、68、90、108-109
64	4	明	李時珍	《本草綱目》	4-6、6-7、8-9、9-10、12-13、14-15、16-17、19、20-21、26、29-31、32-33、39、44-46、51-52、52、57-58、59-61、61-65、66-67、67、68、70-72、75-76、79、80、83-84、88、89、90-91、91、95、100-103、105-106、108-109、112-113、114、115-116、118、119、120 49（趙辟公《雜錄》）、111-112（甄權）
65	8	明	田汝成	《西湖遊覽志餘》[134]	6-7
66	37	明	李賢	《明一統志》	35-37、66-67
67	49	明	董越	《朝鮮賦》	57-58
68	30	清[135]	沈翼機	《浙江通志》[136]	3-4、29-31（卷126會稽）、83-84（卷264答車茂安書）

（續表）

---

132 《茲山魚譜》載為《唐書》，經細查應為《新唐書》。

133 《茲山魚譜》載為《林邑記》，可查原文出處為《說郛》卷六十一下，《欽定四庫全書》本。

134 《茲山魚譜》中僅記載為《遊覽志》，其全名應為《西湖遊覽志餘》。

135 《茲山魚譜》中可以見到清代的典籍，其時間與丁氏相近，不知卻為其所引述，亦或是後人所補，此處暫時存疑。

136 《茲山魚譜》中僅記載《浙志》或《會稽志》，經查應為《浙江通志》（另，〈答車茂安書〉一闋此處亦有登載）。

		朝代	作者	書籍或文章	條目 國立本所在頁數
69	25	清	陳元龍	《華夷鳥獸考》[137]	26
70	29	清	胡世安	《異魚圖贊箋》[138]	29-31
71	48	清	吳任臣	《字彙補》	57-58
72	57	清	張玉書	《康熙字典》	66-67（王易燕北錄）、70-72
73	61	清	葉桂 （天士）	《臨證指南醫案》	74
74	6	韓國		《東醫寶鑑》	4-6、44-46、57-58、58-59
75	13	韓國		《譯語類解》	11、12-13、31、32-33、34、67
76	79	韓國		《三國史・新羅本紀》	111-112

《茲山魚譜》引典概略表經彙整、分析後發現，從引典次數占比[139]及分類[140]二點，大致可以看出丁若銓架構的魚譜知識系統：一為「草本醫藥學」，另一為「識鱗介海族之名」。此二點確實與丁氏的著述目的吻合，也與儒家經世濟民、孔子藉《詩經》教化人民多識草木蟲鳥之名一致。丁氏在此中心架構下，廣泛應用所知、所學，並以其豐富的漢學底蘊，為常民建立海洋知識學習與應用的路徑，可見一斑。

137　《茲山魚譜》中僅記載《鳥獸考》，同類型書名繁多，經考可能為《華夷鳥獸考》（《格致鏡原》一書中，有多次引用《鳥獸考》或《華夷鳥獸考》之條目，可以證明此書的存在）。

138　《茲山魚譜》中僅記載《異魚贊》，內容經查與《異魚圖贊箋》類同，但若依朝代時間序來看，則明代楊慎《異魚圖贊》較有可能，雖其內容稍有差異。

139　以引典次數來說，李時珍《本草綱目》48次為最，《正字通》17次居次。

140　在引典類別上，本草醫藥類相關書籍文章有12本，再全數可考書籍文章中，占比（12／71）最多。

2 中朝海洋文化的交流與影響

此外，透過引典的運用，在《茲山魚譜》中，也可清楚看到各細目中源於中國古籍的參考比對。丁氏此舉，除有助於朝鮮自身對於海洋知識的了解之外，也間接協助勾稽海洋漢文古籍的相關書目。

以「人魚」一類五端說的內容來看，全文如下：

> 人魚之說蓋有五端，其一帝（從魚旁）魚也。山海經云，休水北注於雒中，多布（從魚旁）魚，狀如蟄佳（從虫部）而長距。本草布（從魚旁）[141]魚，一名人魚，一名孩兒魚。李時珍云，生江湖中，形色皆如鮎鮀，其鰓頰軋軋音如哭啼，故名人魚，此產於江湖也。其一鯢魚也，爾雅釋魚，鯢大者謂之鰕。郭注云，鯢魚似鮎四腳，前似獼猴，後似狗，聲如小兒啼，大者長八、九尺。山海經云，決水多人魚，狀如鰻四足，音如小兒。陶弘景本草注云，人魚，荊州臨沮青溪多有之，其膏燃之不消耗，秦始皇驪山塚中所用人膏是也。（史記秦始皇本紀云，驪山以人魚膏為燭度不滅久之）。本草綱目，鯢魚，一名人魚，一名䰲魚，一名蹋魚。李時珍云，生溪澗中，形聲皆同婦，但能上樹，乃鯢魚也，俗云鮎魚。上下乃此，與海中鯨同名，此產於溪澗者也，蓋帝（從魚旁）鯢之形聲相同，有產江、產溪、上樹之別，故本草綱目分而別之，皆入魚無鱗之部，是同類也。其一役（從魚旁）魚也，正字通云，役（從魚旁）狀如鮎，四足長尾，聲似小兒，擅登竹，又云役（從魚旁）魚，即海中人魚者，耳、口、鼻、手、爪、頭皆具皮肉，白如玉，無鱗有細毛五色，髮如馬尾長五、六尺，體亦長五、六尺，臨海人取養池沼中，牝牡交合與人無異。郭璞有人魚贊（人魚如人，作魚人），蓋役（從魚旁）魚之上樹兒啼雖似帝（從魚旁）鯢，而其形色各異，是別一魚人也。其一鮫人也，左思吳都賦

---

141 此處《茲山魚譜》國立本中，撰寫為「布（從魚旁）魚」，但恐為「帝（從魚旁）魚」之誤，證有多版本勘誤之需。同註11，頁61。

云，訪靈夔於鮫人。述異記云，鮫人水居，魚不廢機織，有眼能泣泣
成珠。又云鮫綃，一名龍沙，其價百餘金，以為服入水中不濡。博物
云，鮫人水居如魚，不廢機織，寓人家買綃，臨去從主人家索器，泣
而出珠滿盤以為主人，此蓋水怪也。織綃泣珠說，是弔詭然，猶古人
轉相稱述。吳都賦云，泉室潛織而卷綃，淵客慷慨而泣珠。劉孝威詩
云，蜃氣遠生樓，鮫人近潛織。洞冥記云，味勒國人乘象入海底，宿
於鮫人之宮，得淚珠。李頎鮫人歌云，朱綃文綵不可識，夜夜澄沙連
月色。即顧況送從兄使新羅詩亦云，帝女非銜石，鮫人買淚綃。然水
府織綃人無見者，淵客泣珠說甚誕矣，皆未有實見，只以傳襲用之者
也。其一婦人之魚也，徐鉉稽神錄云，謝仲玉者見婦人出墨水中，腰
以下皆魚，乃人魚也。徂異記云，查道使高麗，海中見一婦人，紅裳
雙袒，髻鬟紛亂，腮後微有紅鬣，命扶於水中，拜手感戀而沒，乃人
魚也。蓋帝（從魚旁）鯢役（從魚旁）鮫四者，別無似婦人之說，則
仲玉、查道之見是又別異者也。今西南之海有二種類人之魚，其一尚
光魚，狀似人而有兩乳，及本草所稱海豚魚也（詳見海豚條目）。其
一玉朋魚，長可八尺，身如常人，頭如小兒，有鬚髮鬖髿下垂，其下
體有雌雄之別，酷與人男女相似，舟人甚忌之，時或入於漁網，以為
不祥而棄之，此必查道之所見也。[142]

---

142 《茲山魚譜》國立本，頁61-65。

詳細彙整人魚相關書目、文章，整理如下表（依朝代順序排列）：

表5：《茲山魚譜》中人魚條目引典列表

	朝代	作者	書籍或文章
1	先秦	不詳	《山海經》
2	先秦	不詳	《爾雅‧釋魚》
3	漢	司馬遷	《史記》
4	漢	郭憲	《漢武帝洞冥記》
5	晉	郭璞	《山海經圖贊‧人魚贊》
6	晉	郭璞	《爾雅注疏》
7	晉	左思	《三都賦‧吳都賦》
8	晉	張華	《博物志》
9	南北朝	劉孝威	《樂府詩集‧小臨海》
10	南北朝	任昉	《述異記》
11	南北朝	陶弘景	《本草經集注》
12	唐	李頎	〈鮫人歌〉
13	唐	顧況	〈送從兄使新羅詩〉
14	宋	徐鉉	《稽神錄》
15	宋	聶田	《徂異記》
16	明	李時珍	《本草綱目》
17	明	張自烈	《正字通》

資料來源：《茲山魚譜》韓國國立圖書館所藏之國立本[143]

---

143 本研究製表5〈《茲山魚譜》中人魚條目引典列表〉，係根據國立本《茲山魚譜》內提
　　關於人魚條目的書籍、文章及其他文學作品，依時代順序列表說明，參考資料來源為
　　《茲山魚譜》國立本，頁61-65。

「人魚」條目文章中，共引用古籍經典、文章十六篇，如上表4所列。丁氏此舉除協助記載朝鮮由中國漢文古籍中認知的人魚之外，也提供資訊作為人魚論述時參考，甚或可進一步對其認知進行剖析；如選用的古籍、五端的分類、各典籍的論點釋義是否正確⋯⋯等。除此之外，丁若銓也以自我海洋體驗，對「人魚」提出下列看法：首先，他認為鮫人一類，只是一直為世人轉相傳頌的水怪怪誕傳說而已，未曾有人親眼睹見，故不為實。

> 此蓋水怪也。織綃泣珠說，是弔詭然，猶古人轉相稱述。[144]

> 然水府織綃人無見者，淵客泣珠說甚誕矣，皆未有實見，只以傳襲用之者也。[145]

再者，丁氏認為可能被視為人魚的，應該就是「類人之魚」的尚光魚及玉朋魚。丁若銓觀察，此二者身形皆與人相似，有雌雄之別。以現代科學的眼光來看，海豚（尚光魚）與儒艮（海牛，應為玉朋魚）皆為哺乳類，確實與人類相近，丁氏所言不差。

> 今西南之海有二種類人之魚，其一尚光魚，狀似人而有兩乳，及本草所稱海豚魚也（詳見海豚條目）。其一玉朋魚，長可八尺，身如常人，頭如小兒，有鬚髮鬖髿下垂，其下體有雌雄之別，酷與人男女相似，舟人甚忌之，時或入於漁網，以為不祥而棄之，此必查道之所見也。[146]

所以除了轉述中國典籍的描述與立場外，丁若銓更進一步論述自己的觀察與心得，提出看法。顯現《茲山魚譜》一書在海洋文化交流及其影響問題上，除了可以論證之外，還能就更多相關課題提出討論。

以上二點，是對於《茲山魚譜》引述典籍的意義與說明。綜觀來看，以

---

144 《茲山魚譜》國立本，頁64。
145 《茲山魚譜》國立本，頁64。
146 《茲山魚譜》國立本，頁65。

其內容而言，對漢學、儒學及海洋文化均提供了很重要且特別的線索，為域外古籍少見。所以《茲山魚譜》的引典記錄，對了解東海海域的海洋文化有至關重要的開啟性，亦說明了文化傳播經跨海後的應用與實證，故特立一小節詳細說明之。

五　結語

行文至此，對於《茲山魚譜》已盡可能地做全面性剖析，無論是就其分類結構，或是內容細目，還是引用的典籍，均已逐一詳加舉例說明。可以清楚看到丁若銓此書的獨特與價值。但對於文化跨海傳播的演繹與影響，特別就以下二點說明之：

（一）因貶謫島嶼而突破的文化傳播隔閡

如前所述，島嶼的地理環境，無可避免地很容易造成文化傳播上障礙與困境。進而與內地主流文化產生疏離。但丁若銓與丁若鏞的貶謫流放，恰恰為島嶼帶來突破，讓島嶼的文化內涵注入強大養分，亦即儒學向外傳播的效應。

文人貶謫離島在中國歷代各朝中也屢見不鮮，但丁氏何以不同。首先，是他用求知的熱誠，放下士族身分，向島民、漁夫及海洋物產……等，學習島嶼文化的內容。其次，在原有已習得的學問知識架構下，將本草醫藥與識鱗介海族之名融會貫通，成就屬於島嶼可用的文化內容。此種文化吸收與轉化的演繹過程，並不多見。正好反映出因貶謫邊緣而產生儒學核心轉變。丁若銓除了為地方知識的學習帶來希望的種子，島嶼海洋文化的記錄與傳承也因他帶來希望、曙光與轉變，形成另一類的儒學價值核心。

我們可以說，沒有貶謫就沒有島嶼生活；沒有島嶼生活的機會與經驗，丁氏就無從體會海陸生活的差異，也自沒有如此精湛的海洋生物觀察記錄產生。丁若銓是乘載島嶼知識希望的種子，亦是突破島嶼文化往來傳播藩籬的

雙頭矛；有丁若銓，受明、清儒學影響的朝鮮實學知識才得以來到島嶼。[147]
另一方面，島嶼內豐富的海洋文化也藉由他，得以獲得認識與看重，更成為
今日研究海域海洋文化的重要資料。

（二）體踐儒學與知性儒家造就島嶼海洋博物書寫的成就

朝鮮實學思想力求「學以致用」，強調儒學思想中的「經世致用」、「利
用厚生」和「實事求是」的思想，並以此尋求解決社會問題的改革方案。其
關鍵目的在為生民解決問題與困擾。

誠如丁若銓在《茲山魚譜》序文中所言，其著書重點在於參證本草，修
潤正名與為島民治病、利用、理財之用，但這卻與同為實學學者的弟弟——
丁若鏞在看法上有很大的差異；丁若鏞認為與其花泰半的時間在島民、在海
洋生物上，不如投注於治理國政推展的論述。但對丁若銓而言，人無分貴賤，
事無分大小，著眼於自身可以著手改變的事物，就全心全意完成它[148]。仕途
與聲望，對他而言，已全然不重要，這點在兄弟往返書信中也有約略提到。

無論是丁若銓亦或是丁若鏞，在朝鮮實學學者眼中，能幫助生民的知識
才是有用，對於以往性理學的哲學爭論已不復重要，而這正與體踐儒學的觀
點相同。正因如此，丁若銓在幫助島民的意念下，才得以造就《茲山魚譜》
這部島嶼海洋博物書寫的經典，並驗證了文化的跨海傳播與因地創新，進而
深化東海海洋文化的貢獻。

---

147 丁若銓於流放黑山島期間，在島上建一學堂「復性齋」，教育島上青少年習字讀書。

148 同前註8，頁38-39。意思是即使是一般人也能透過自身理解「道」的存在與意義。摘
　　錄內文：「……在『天下』這個廣闊的存在格局中，具有多層次的意義空間，可供每一
　　個人逐步實踐，其理一貫，不因天子庶人而有所分別。」

附錄

朝鮮《茲山魚譜》生物資料記錄分析一覽表

條目總序	分類序號	鱗介屬類	類別	名稱	俗名（或韓音）	外型特色	捕撈食用記錄	藥用功能	引用經典	經典出處	國立本頁數
1	0	鱗類	石首魚			石首魚有大小諸種，而皆腦中有石二枚，腹中白鰾可以為膠。					卷一 4
2	1	鱗類	石首魚	大鮸	艾羽叱	長丈餘，腰大數抱。色黃黑，味亦似鮸而益醲厚。	三、四月間浮出水面（凡魚之浮水不能游，潛者多在春夏間者皆腦中氣溫也），漁者徒手而捕。六、七月間，以鯊魚誘捕。	肝有大毒，食之眩，而發瘡疥能消瘡根。（凡大魚之膽皆消瘡毒）其膽治胃痛、腹痛云。	正字通云，石首魚一名鮸，生東南海中，形如白魚，扁身脊骨細鱗。嶺表錄謂之石頭魚。浙志謂之江魚。臨海志謂之黃花魚。然今之大鮸之形諸書所未及也。	正字通 嶺表錄異 浙志 臨海志	3–4
3	2	鱗類	石首魚	鮸魚	民魚	大者長四、五尺（以周尺言之，下皆倣此），體稍圓，色黃白背青黑鱗，大口巨。	味淡甘，腥熟俱宜，乾者尤益人，鰾可作膠。黑山海中稀貴，或浮出水面，或釣得。羅州諸島以北，五、六月網得，六、七月釣捕。其卵胞長數尺，鹽鯗俱美。		本草綱目石首魚乾者為鯗魚，能養人，故字從養。羅願云諸魚燹乾皆為鯗，其美不及石首，故獨得專稱，以白者為佳，故呼白鯗。若露風則變紅色，失味。我國亦以民魚為佳鯗，民魚即鮸也。又東醫寶鑑以鮰魚為民魚，鮰即鮸也，生於江湖而無鱗。陳藏器（陳藏器本草）誤以鮠為鮸，李時珍辨之，鮰與鮸不可混也。	本草綱目 爾雅翼 東醫寶鑑 本草拾遺	4–6
4	3	鱗類	石首魚	蹈水魚	曹機	大者一尺餘，狀類鮸而體精狹，味亦似鮸而尤淡。最小者（俗呼黃石魚）長四、五寸，尾甚尖，味甚佳，時入於漁網中。	用如鮸卵，宜鹽。興陽外島，春分後網捕。七山海中，寒食後網捕。海州前洋。小滿後網捕。黑山海中，六、七月開始夜釣（水清故魚不吞釣），已盡產卵，故味不及春魚者，鹽之不能耐久，至秋稍勝。今人網捕之時遇其群來，得魚如山，舟不勝載。而海州興陽網捕異時者，以其隨時蹈水也。		臨海異物志石首魚小者名蹈水，其次名春來田九成。遊覽志每歲四月來自海洋，棉亙數里，海人乃下網截流取之。初水者甚佳，二水、三水者，魚漸小而味漸減（出本草綱目）。蓋此魚隨時趁水而來，故名蹈水也。博雅，石首鰦也。江賦注鰦魚一名石首魚，而正字通名辨石首之非。鰦，本草綱目亦別載為二魚，可按而知也。	臨海異物志 遊覽志 本草綱目 博雅 江賦 正字通	6–7

條目總序	分類序號	鱗介屬類	類別	名稱	俗名（或韓音）	外型特色	捕撈食用記錄	藥用功能	引用經典	經典出處	國立本頁數
5	4	鱗類	鯔魚	鯔魚	秀魚	大者長五、六尺，體圓而黑目，小而黃頭扁腹白，性多疑而免於避禍。又善游、善躍，見人影輒跳避水。	不至濁未嘗合釣。水清則網，十步已能色舉。雖入網中，亦雖跳出網。在於後則寧出岸伏於泥，不肯向水。置於網其伏於泥也，全身埋土上而惟以一目伺動靜。味甘而醲厚，為魚族第一。漁無定時，而三、四月產卵，故此時網捕者多，非鹵泥濁水不可罻取。故黑山海中亦或有，之所不可得。				8
6	5	鱗類	鯔魚	假鯔魚	斯陵	狀同真鯔，但頭稍大，目黑而大，尤駿捷。黑山所產只此種，其幼者名夢魚。			本草鯔魚似鯉，身圓頭扁骨軟，生江、海淺水中。馬志云，性喜食泥。李時珍云，鯔魚色黑，故名。粵人訛為子魚，生東海，有黃脂味美，今人所稱秀魚及此也（三國志註云介象與孫權論鯔，象曰鯔魚為上，權曰此出海中安可得。象令汲水滿釣垂綸，須臾釣得鯔魚）。	本草 馬志(三國志趙達傳) 本草綱目	8–9
7	6	鱗類	鱸魚	鱸魚		大者長丈，體圓而長肥者，頭小巨口細鱗，鰓有二重而薄脆，鈎貿易裂。色白而有黑暈背青。產於黑山者瘦細而小，味亦不如進陸之產。	味甘而清。四、五月始生，冬至後絕蹤。喜淡水，每霖雨水盛釣者，尋鹹淡水交會之際授釣，即舉則鱸隨而吞釣。產黑山者瘦細而小，味亦不如近陸之產。		正字通，鱸似鱖，巨口細鱗，長數寸，有四鰓，俗呼四鰓魚。李時珍云，鱸出吳中淞江尤盛，四、五月方出，長僅數寸，狀微似鱖，而色白有黑點（出本草綱目）。矗吳中之鱸短小與我國異也。	正字通 本草綱目	9–10
8	7	鱗類	強項魚	強項魚	道尾魚	大者長三、四尺，形似鱸體短而高，高居長之半，背赤尾寬目大，鱗似鮁，而剛頭項，硬甚，觸物皆碎。齒最強，能嚙鰒螺之甲，含鈎而能伸能折，肌肉頗硬。湖西海西，四、五月網捕。黑山四、五月始生，入夢網罹。	味甘醲。				10

條目總序	分類序號	鱗介屬類	類別	名稱	俗名（或轉音）	外型特色	捕撈食用記錄	藥用功能	引用經典	經典出處	國立本頁數
9	8	鱗類	強項魚	黑魚	甘相魚	色黑而稍小。					11
10	9	鱗類	強項魚	瘤魚	癰伊魚	狀類強項而體稍長，目稍小。色紫赤，腦後有瘤大者如拳，頷下亦有瘤。	（瘤）煮之城膏，味似強項而劣，頭多肉甚醲厚。				11
11	10	鱗類	強項魚	骨道魚	多億道魚	大四、五寸，狀類強項魚，色白骨甚硬。	味薄。				11
12	11	鱗類	強項魚	北道魚	北道魚	大者七、八寸，狀類強項魚，色白。	味亦如（強項魚）之稍淡薄。				11
13	12	鱗類	強項魚	赤魚	剛性魚	大者七、八寸，狀如強項魚而小，色赤。康津縣之青山島海中多有之，八、九月始出。			譯語類解以道尾魚家雞魚。	譯語類解	11
14	13	鱗類	鱘魚	鱘魚	蟲峙魚	大二、三尺，體狹而高，鱗大而多鬣，背青。	味甘而清。穀雨後始漁於牛耳島，自此而漸北，六月間始至海西。漁者追而捕之，然晚不如早。		爾雅釋魚云，鮤，當魱。郭注云，海魚也，似鯿而大鱗，肥美多鯁。今江東呼其最大，長三尺者為當魱。類篇云，鮤出有時，即今鰣魚。集韻，〔魚＋寺〕與鰣同。李時珍云，鰣形秀而扁，微似魴而長，白色如銀，肉中多細刺如毛，大者不過三尺，腹下有三甲，硬鱗如甲，其魴亦在鱗甲中（出本草綱目）。此即今俗所稱蟲峙魚也。譯語類解，以蟲峙魚為肋魚一名鯓刀魚。本草綱目別有勒魚似鰣小首，只於腹下有硬刺，非今俗之蟲峙魚也。	爾雅釋魚爾雅郭注廣韻本草綱目譯語類解	12~13
15	14	鱗類	碧紋魚	碧紋魚	鼻登魚	長二尺許，體圓鱗極細，背碧有紋。	味甘酸而濁。可羹可鮺而不可鯰鯆。楸子諸島五月始釣，七月絕蹤，八、九月復出。黑山海中六月始釣，九月絕蹤。是魚畫則游行倏忽往來，人不可追。性又喜明，故焚燎而夜釣。又喜游清水，故網不得施之。島人之言回是魚乾				13~14

條目總序	分類序號	鱗介屬類	類別	名稱	俗名（或韓音）	外型特色	捕撈食用記錄	藥用功能	引用經典	經典出處	國立本頁數
							隆。庚午始盛至嘉慶乙丑，雖有豐歉，無歲無之。丙寅以後，歲歲減損，今幾絕蹤。近間嶺南海中，新有是魚，其理不可知。				
16	15	鱗類	碧紋魚	假碧魚	假占刀魚	體稍小，色尤淡，口小脣薄，尾旁有細刺，成行至翼而止。	味甘醎，勝於碧玟。				14
17	16	鱗類	碧紋魚	海碧魚	拜學魚	狀同碧紋，色亦碧而無紋。游行大海不近洲渚。	體肥肉脆。				14
18	17	鱗類	青魚	青魚		長尺餘，體狹色青。離水久則煙赤。	味淡薄。宜羹炙，宜鹽鯖。正月入浦，巡岸而行以產其卵。萬億而隊，至則蔽海。三月間既產，則退伊後。其子長三、四寸入網，乾隆庚午年後極盛，其後中衰。嘉慶王戌極盛，乙丑後又衰。盛是魚冬至前始出於嶺南左道，尊海而西而北，三月初魚海西。海西者倍大於南海者，嶺南湘南遂相衰聖云。昌大曰，嶺南之產脊骨七十四節，湖南之產脊骨五十三節。		青魚亦作鯖魚。本草綱目，青魚生江湖間，頷中枕骨狀如琥珀，取無時則非今之青魚也，以其色青，故假以名之也。	本草綱目	14~15
19	18	鱗類	青魚	食鯖	墨乙蟲墨乙，不知產卵，但知求食。	目稍大，體稍長。	四、五月漁之，不見腹中有卵。				15
20	19	鱗類	青魚	假鯖	禹東筆	體稍圓而肥。	味微酸而甘醎，優於青魚，與青魚同時入網。				15
21	20	鱗類	青魚	貫目鯖		狀如青魚，兩目貫通無礙。	味優於青魚，臘之尤美。故凡青魚之臘，皆稱貫目，非其實也。產於嶺南海中最希貴。				16
22	21	鱗類	鯊魚	鯊魚		凡魚之卵生者，無牝牡者，牡者先洩其白液，牝者產卵子液以			正字通，海鯊青目赤煩，背上有鬐，腹下有翅，六書故曰鯊，海中	正字通本草綱目本草拾遺	16~17

條目總序	分類序號	鱗介屬類	類別	名稱	俗名（或轉音）	外型特色	捕撈食用記錄	藥用功能	引用經典	經典出處	國立本頁數
						化成其子，獨鯊者胎生，胎無定時，水蟲之特例也。牝者外有二腎，牡者外有二胞，胞中各成四、五胎，胎成而產句。兒鯊臍下各抱一卵，卵大如絲瓜，卵蕭則產。（卵者即人之臍也，故兒鯊腹中及卵之汁也。）			所產，以其皮如沙得名，哆口無鱗胎生。本草綱目，鮫魚一名沙魚，一名鮨魚，一名䱜魚，一名溜魚。李時珍云，古曰鮫，今曰沙，是一類而有數種也，其皮皆有沙。陳藏器云，其皮上有沙堪揩木如木賊（亦出本草），皆指此海鯊也。其子皆胎生，而出入於母腹。沈懷遠南越志云，環雷魚、鮨魚也，長丈許，腹有兩洞貯水養子，一腹容三子，子朝從口出，暮還入腹。類篇及本草綱目皆言之，可按而知也。（鮨魚即海鯊）	南越志 類篇	
23	22	鱗類	鯊魚	膏鯊	膏麋鯊	大者七、八尺，體長面圓，色如灰（凡鯊色盡然）。鰭上尾上各有一骨如椎，皮硬如沙，肝油特多，而全身皆脂色也。	肉雪白，或炙或爨面味醲，不宜鮺鹺。凡治鯊之法，以熟湯沃而摩之，則沙鱗自脫，然其肝取油，以資臘燭。				18
24	23	鱗類	鯊魚	真鯊	參鯊	狀類膏鯊而體稍短，頭廣目稍大，肉色微紅。昌大曰，瑪杓鯊別有一種，頭如海鷂魚，狀類瑪杓故名，又名鏵鯊（鏵亦似瑪杓），非真鯊之中也。	味稍淡，宜於鮺鹺。				18
25	24	鱗類	鯊魚	蟹鯊	揭鯊	好食䖀蟹故名，狀類膏鯊而無膏，錐鬐旁有白點成行至尾。	其用同真鯊，肝無膏。				19
26	25	鱗類	鯊魚	竹鯊	竹鯊	與膏鯊同而大者一丈許，頭稍大而廣脣，口稍圓廣（他鯊純如匕首），兩脣有黑點成行至尾。		用如真鯊。	蘇頌曰，鰶大而長，喙如鋸者曰胡沙，性善而肉美。小兒皮粗者，曰白沙。白沙肉疆而有小毒。李時珍曰，背有朱紋如鹿而堅疆者，曰鹿沙，亦曰白沙。背有斑紋如虎而堅疆者，曰虎沙，亦曰胡沙（出本草綱目）。今蟹鯊竹鯊䉬齒鯊矮鯊之類，皆有斑點	嶺表錄異 本草綱目	19

條目總序	分類序號	鱗介屬類	類別	名稱	俗名（或韓音）	外型特色	捕撈食用記錄	藥用功能	引用經典	經典出處	國立本頁數
									如虎如鹿，蘇李所言，即指此也。		
27	26	鱗類	鯊魚	凝鯊	非勤鯊	大者五、六尺，體廣而短，腹大而黃（他魚皆腹白）。背紫黑色。口廣目。陷姓甚緩愚，一日出水不死。	宜於鱠，其他不堪用。肝膏特盛。				20
28	27	鱗類	鯊魚	矮鯊	全淡鯊	長不數尺，狀色性味皆類凝鯊，但體小為異（島人呼矮鯊曰趙全淡鯊，又忽濟州兒，未知何義也）。					20
29	28	鱗類	鯊魚	騈齒鯊	愛樂鯊	大者一丈有半，狀類凝鯊紫黑騈齒灰色，兩齶有白點成行，尾梢細齒如曲刀而甚堅利，能齧他鯊，含鉤則騈齒切而啗之，誤吞其鉤，為人所得。	骨柔脆，可生食。				20
30	29	鱗類	鯊魚	鐵剉鯊	苗鯊	與膏鯊大同，背稍廣，尾上鱗稍陷如溝口，上有一角甚長，居全體三分之一，狀如戈劍，兩邊有倒刺如鋸，甚堅利。人或誤觸甚於兵刃，故曰鐵剉，指礪鋸如刀之鐵剉子也。角底有兩鬣，長尺許，其用如真鯊。			本草綱目，鮫鼻前有骨如斧斤，能擊物壞舟者，曰鋸沙，又曰挺頟魚，亦曰鱕鮨，謂鼻骨如鋸斧。（時珍說）左思蜀都賦云，鱕鮨鮨。注云，鱕鮨有橫骨在鼻前如斤斧形。南越志云，鱕鮨鼻前有橫骨如鋸，海船遇之必斷，此皆今俗之鐵剉鯊也。今鐵剉鯊有大二丈者，而截齒鯊，箕尾鯊之屬，皆能吞人覆舟也。	本草綱目、蜀都賦、南越志	20~21
31	30	鱗類	鯊魚	驍鯊	毛突鯊	與他鯊大同而大丈許，鮨絕大者長或三、四丈而不可捕得。齒甚硬，驍勇絕倫。	漁人以三枝鐵錐刺之，繫索於錐任其怒逸，待力盡，然後收索或釣時，不意而含鉤逸走，綸繫於指則指拆，綸繫於腰則全身俱隨而入水，鯊仍曳而走焉。用他鯊，而味稍苦。				22
32	31	鱗類	鯊魚	鱠鯊	諸子鯊	大者二丈許，體似蝌蚪，前翼大如扇。	皮沙尖利如刺，以之為鑢，利於鐵鑢摩其皮。以飾器物，尖鑢而有文星，星可愛。味薄，猶可鱠食。		荀子議兵篇云，楚人鮫革犀兕以為甲。史記禮書，鮫韃注。徐廣云，鮫魚皮可以服器。說文云，鮫海魚皮可飾刀。此皆指今之鱠鯊也。	荀子議兵、史記禮書、註（徐廣）、說文、山海經	22

條目總序	分類序號	鱗介屬類	類別	名稱	俗名（或轉音）	外型特色	捕撈食用記錄	藥用功能	引用經典	經典出處	國立本頁數
									山海經云，漳水東南流注於淮，其中多鮫魚，皮可飾刀劍口錯治材角。李時珍曰，皮有珠可飾刀劍，治骨角口錯者，口裏之錯皮也。今鱰鯊口裏之錯皮甚利於磨揩，俗謂之口中皮即是也。		
33	32	鱗類	鯊魚	艫𦉛鯊	歸安鯊	大者丈餘，頭似艫𦉛。似𩾃鯊，目在艫𦉛左右之隅，奇鰭甚大，張鰭而行治似張帆。是鯊有兩耳聳出，而方言謂耳曰歸，故曰歸安也，艫𦉛亦船之兩耳。	前方而後殺。味甚佳，宜鮺及爨鱠。				23
34	33	鱗類	鯊魚	四齒鯊	丹徒令鯊	大者七、八尺，頭似艫𦉛鯊，但艫𦉛鯊如平板，此則腦後頷凸，呈長方形，投下如他鯊，左右各有兩齒近頰豐。本向前漸殺，狀如半破壺，碗磊如飯殼之背而滑澤，堅可碎石，能齧飯螺之甲。	性極頑獷，泅水者遇之，抱之而出。用如凝鯊，而味頗苦。				23~24
35	34	鱗類	鯊魚	銀鯊	銀鯊	大者五六尺，質弱無力，色白如銀，無鱗。體狹而高，目大在頰旁（他魚目在腦旁）。酥鼻出口外四五寸，口在其下（酥鼻者頭盡處多出一肉，向前殺，尖軟滑如酥，故今名之）。翼肥面廣如扇，尾如蝌蚪。	用如他鯊，而鱠尤佳。	其翼臁之火，溫而傅之，能治乳腫。			24
36	35	鱗類	鯊魚	刀尾鯊	環刀鯊	大者丈餘，體圓似冬瓜，瓜末尾觸如走獸毛，長於元體一倍，廣而直末彎殺。末曲如環刀，利如鋸，堅於鐵，用之揮擊以食他魚。	味甚薄。				24~25
37	36	鱗類	鯊魚	戟齒鯊	世兩鯊	大者二、三丈，狀類竹鯊而但無黑點，色如灰而微白，自脣至頷齒有四重，森列如	故釣綸胃齒則隨牽而出，殊不然也。割肉至骨不驚不動，若觸其目與				25

條目總序	分類序號	鱗介屬類	類別	名稱	俗名（或韓音）	外型特色	捕撈食用記錄	藥用功能	引用經典	經典出處	國立本頁數
						戈戟麗立。性甚緩慢，故人能釣出，或言甚愛其齒。	骨，則鼓勇踴躍，人不敢近。肌肉雪白，或鱐或羸狒然溜皤。味甚薄，肝無膏。				
38	37	鱗類	鯊魚	鐵甲將軍		大數丈，狀似大鯇而鱗掌許大，堅硬如鋼鐵，叩之鐵聲，五色交錯成文，輻鮮明而滑如冰玉。	其味亦佳，島人當（嘗）一獲。				26
39	38	鱗類	鯊魚	箕尾鯊	耐安鯊、豚蘇兒	大者五、六丈，狀如他鯊而體純黑，鬐與尾大如箕，海鯊之最大者也。	居於大海，欲雨則群出，噴液如鯨般，不敢追。		史記始皇本紀，方士徐市等，入海求神藥，數歲不得，乃詐曰，蓬萊藥可得，然常為大鮫魚所苦，故不得至。鳥獸考云，海鯊、虎頭鯊，體黑巨者二百斤，常以春晦，涉於海山之麓，旬日化為虎，皆今箕尾鯊之謂也。但化虎之說，未有實見。述異記云，魚虎老變為鮫魚。李時珍又以鹿沙為能變為鹿，以虎沙為虎魚所化，則物固有相，變者然未可明也。	史記、鳥獸考、述異記、本草綱目	26
40	39	鱗類	鯊魚	錦（郎）鱗鯊	恩折立	長一丈有半，狀似他鯊而體稍狹，上脣有兩鬐，下脣有兩鬐，鬐之參瀑鮮大如掌，層次如屋瓦，極絢爛。	肉酥，而味佳。	能治癧，時或網捕之。			27
41	40	鱗類	黔魚	黔魚	黔處歸	狀類強項魚，大者三尺許，頭大目大口大，體圓鱗細，背黑鯺鬐剌剌甚。	味似鱸魚，肌肉稍硬，四時皆有。大抵黔魚之屬皆在石間。				27
42	41	鱗類	黔魚	薄脣魚	發落魚	狀類黔魚而大如踘魚（石首魚）。色青黑口小脣，鰓慎薄。盡游大海，夜歸石窟。	味同黔魚。				27~28
43	42	鱗類	黔魚	赤薄脣魚	孟春魚	與薄脣魚同色，赤為異。					28
44	43	鱗類	黔魚	頳魚	北諸歸	此類黔魚目尤大而突，色赤。	味亦似黔魚而薄。				28
45	44	鱗類	黔魚	釣絲魚	餓口魚	大者二尺許，狀類蝌蚪，口極大，開口使無餘地。色紅脣，頭有二釣竿，大如髻	桿頭有釣絲，大如馬尾絲，末有白餌如飯粒，美其綸倒，他魚以為食而				28

條目總序	分類序號	鱗介屬類	類別	名稱	俗名（或轉音）	外型特色	捕撈食用記錄	藥用功能	引用經典	經典出處	國立本頁數
						鍼，長四、五寸。	來就，則攫而食之。				
46	45	鱗類	黔魚	鱉魚	邏䲁魚	狀類小黔魚大，亦如知奇鮨慎毒，怒則如蝟。		近之則蟄人，或被螫痛不可忍，松葉煎湯，浸其螫處則神效。			28
47	46	鱗類	鰈魚	鰈魚	廣魚	大者長四、五尺，廣二尺許，體廣而薄，兩目偏於左邊，口縱拆，尻在口下，腸如紙匣，有二房卵，有二胚，自脊而由脊骨間達于尾。背黑腹白鱗極細。邦謂之鰈域，鰈者東方之魚也。然今我邦之海產此鰈魚，大小諸種俗稱各異，而皆一個獨行，有雌有雄兩目偏著一口縱拆。驟看雖若隻體難行，實驗非是兩片相並也。今鰈魚明一個，有兩目，明一個獨行。下腹上背，獨成完體，非相並而行也。	味甘而釅。		後漢書邊讓傳注云，比目魚一名鰈，今江東呼為板魚。異物志云，一名箬葉魚，俗呼鞋底魚。臨海志曰，婢屩魚。風土記曰，奴屩魚。蓋是魚只有一片故，因其形似有此諸名也。爾雅云，東方有比目魚，不比不行，其名謂之鰈。郭注云，狀似牛脾鱗細，紫黑色，一眼兩片相合乃得行，今水中所在有之。左思吳都賦云，罩兩鰶注云，左右鰶一目即比目魚。司馬相如上林賦云，禺禺鱸魶注，鱸一作魚去，比目魚也，狀似牛脾，兩相合乃行。李時珍云，比，並也，魚各一目，相並而行也。段氏北戶錄，謂之鰜鰜兼也，又云兩片相合，其合處半邊平而無鱗，凡此皆未見鰈形，以意言之也。李時珍又從而申之曰，合處半邊平而無鱗，有若目覩者然，其實非目覩也。會稽志云，越王食魚未盡，以半棄之水中，化為魚，遂無一面，名半面魚，此即鰈也。半面獨行，非相並也。郭璞爾雅注，以鰈為王餘魚。異魚贊云，比目之鱗，別號王餘，雖有兩片，其實一魚。王餘魚即鱠殘魚，非鰈也。郭氏誤	後漢書邊讓傳 異物志 臨海志 風土記 爾雅 爾雅注疏 吳都賦 上林賦 本草綱目 段氏北戶錄 異魚贊 正字通	29–31

條目總序	分類序號	鱗介屬類	類別	名稱	俗名（或轉音）	外型特色	捕撈食用記錄	藥用功能	引用經典	經典出處	國立本頁數
									言之也。（正字通，比目魚，名版魚，俗改作飯）		
48	47	鱗類	鰈魚	小鰈	加簪魚	大者二尺許，類廣魚而體尤廣薄，後背有亂點，亦有無點者。			譯語類解以此為鏡子魚。	譯語類解	31
49	48	鱗類	鰈魚	長鰈	革秦帶魚	體尤長而狹。此形酷似鞋底矣。	味甚醲厚。				31
50	49	鱗類	鰈魚	饡鰈	突長魚	大者三尺許，體如長鰈，腹背有黑點。	味頗醲。				31
51	50	鱗類	鰈魚	瘦鰈	海風帶	體瘦而薄，背有黑點。					32
52	50-1						以上諸鰈俱宜爇炙，而臛則不佳。都不如東海之良。				32
53	51	鱗類	鰈魚	牛舌鰈	牛舌鰈	大掌許，而酷似牛舌。					32
54	51-1	鱗類	鰈魚	金尾蝶	套袖梅	似小鰈，而尾上有一圈金鱗。					32
55	51-2	鱗類	鰈魚	薄鰈	朴箬魚	似牛舌鰈而尤小，薄如紙。	編簾而臛。				32
56	52	小口魚	小口魚	望峙魚		大者一尺許，狀類強項魚而高蓋，崇口小色白，以胎生子。	肉脆軟味甘。				32
57	53	鱗類	鮤魚	鮤魚	葦魚	大一尺餘，類蘇魚而尾甚長，色白。今葦魚產於江，蘇魚產於海，是一種屬，即是鮤魚也。	味極甘醲，鱠之上品。		爾雅釋魚云，鮤鱴刀。郭注云，今之鮆魚也，亦呼為鮤魚。本草綱目，鮆魚，一名鱴魚，一名鱴刀，一名鮤魚，一名魚曹魚。魏武食制謂之，望魚。邢昺云，九江有之。李時珍云，鮆生江湖中，常以三月始出，狀狹而長薄，如削木片，亦如長薄尖刀形，細鱗白色，肉中多細刺。淮南子曰，鮆魚飲而不食。異物志，魚曹魚初夏從海中泝流而上，長尺餘，腹下如刀是魚曹魚所化，據此之，葦魚即鮤魚也。譯語類解，謂之鮤鞘魚。	爾雅釋魚、爾雅郭注、本草綱目、魏武食制、形昺、淮南子、異物志、譯語類解	32~33
58	54	鱗類	鮤魚	海鮤魚	蘇魚、半倘魚	大六、七寸，體高而薄，色白。	味甘而醲。黑山海中間有之，芒種後始漁於巖泰島地。				33~34

條目總序	分類序號	鱗介屬類	類別	名稱	俗名（或轉音）	外型特色	捕撈食用記錄	藥用功能	引用經典	經典出處	國立本頁數
59	55	鱗類	蟒魚	蟒魚	蟒魚	大者八、九尺，體圓三、四圍，頭小目小，（闊拱也）。鱗極細，背黑似蟒有黑紋（似碧紋魚而大），頗勇健，能跳數丈。	味酸而厚，但劣濁。		譯語類解，拔魚，一名芒魚，即此蟒魚也。集韻，魚利魚似蛇。玉篇，魚耶魚似蛇，長一丈，似今蟒魚之類也。	譯語類解 集韻 玉篇 類篇	34
60	56	鱗類	蟒魚	黃魚	夫斯魚	大者一丈許，狀如蟒魚而稍高，色金黃，性勇健而暴急。	味薄。				34
61	57	鱗類	青翼魚	青翼魚	僧帶魚	大者二尺許，頭甚大而皆骨顧無肉，體圓。口旁有二髯，極清背赤，脅旁有翼大如扇可卷，舒色青極鮮明。	味甘。				35
62	58	鱗類	青翼魚	灰翼魚	將帶魚	（內容略）					35
63	59	鱗類	飛魚	飛魚	辣峙魚	大者二尺弱，體圓而色青，有翼如烏色青鮮，飛則張之，能至數十步。飛魚狀類假鱝魚，而鰭大如翼，故能飛。	味極薄劣。芒種時聚于海岸產卵，漁者焚燎用鐵鐵錐捕之，只產於紅衣、可佳島，而黑山間有之。性喜明漁者，乘夜設網而設燎，魚乃群飛入網，或為人所困，而落於原野，此即文鰩魚也。		山海經云，觀水西流注于流沙，其中多文鰩魚，狀如鯉魚，魚身而鳥翼，蒼文而白首赤喙，以夜飛，其音如鸞雞。呂氏春秋云，雚水之魚，明曰鰩，其狀若鯉而有翼。常從西海飛遊魚東海。神異經云，東南海中有溫，湖中有鰩魚，長八尺。左思吳都賦云，文鰩夜飛而觸綸。林邑記云，飛魚身圓而大者丈餘，翅如胡蟬，出入羣飛，游翔羣者，沉則泳於海底。明一統志云，陝西鄠縣澇水出飛魚，狀如鮒，食之已痔疾。據此諸說，則東西南三方皆有文鰩也。顧況送從兄使新羅詩云，南溟垂大翼，西海飲文鰩，蓋以我邦之海，亦有文鰩故詠之也。拾遺記云，仙人甯封食飛魚而死，二百年更生。西陽雜俎云，郎山浪水有魚，長一尺，能飛。飛即凌雲空，息則歸潭底。	山海經 呂氏春秋 神異經 吳都賦 林邑記 明一統志 送從兄使新羅詩 拾遺記 西陽雜俎 段成式	35-37

條目總序	分類序號	鱗介屬類	類別	名稱	俗名（或韓音）	外型特色	捕撈食用記錄	藥用功能	引用經典	經典出處	國立本頁數
									段城式言，雖吊詭，而所云飛魚必文鰩也。山海經，桐水多魚骨魚，其狀如魚而鳥翼，出入有光又鸞，水西流注于河，其中多鰭鰭之魚，其狀如鵲而十翼，鱗在羽端。又抵山有魚馬，其壯如牛蛇尾，有翼有羽在脅下，曰魚去魚，此類皆是飛魚。然山海經所言，未必皆恒有之物也。		
64	60	鱗類	耳魚	耳魚		（內容略）					38
65	61	鱗類	耳魚	鼠魚	走老南	狀類耳魚而頭稍尖殺，色赤黑相斑，頭亦有耳。凡魚皆春卵，而耳魚獨秋卵也。	肉青，味甚薄，腥臭尤甚。				38
66	62	鱗類	箭魚	箭魚		（內容略）					38
67	63	鱗類	扁魚	扁魚	瓶魚	大者二尺許，頭小項縮尾短，背凹腹突，其形四出長與高稍相等，口極小，色青白。黑山或有之。	味甘，骨脆，宜於膾炙及羹。		今之瓶魚疑古之魴魚也。詩云，魴魚赬尾。爾雅釋魚，魴魚石。郭注云，江東呼魴魚為編，一名魚石。陸璣詩疏云魴魚廣而薄，肌恬而劣細鱗，魚之美者。正字通云，魴魚，小頭縮項闊腹，穹脊細鱗，色青白腹，肉肪甚腴。李時珍云，闊腹扁身，味甚腴美，性宜活水。據此諸說，則魴魚之形恰如瓶魚也，但魴魚是川水之魚也，今瓶魚未聞產於川水者，惟山海經云，大鰧居海中。注云，鰧即魴魚。李時珍云，其大有二、三十斤者，則魴亦有產於海者也，然今瓶魚未見大者，是可疑也。	詩經 爾雅釋魚 爾雅郭注 詩疏 正字通 本草綱目	39
68	64	鱗類	鱴魚	鱴魚	蔑魚	體極小，大者三、四寸，色青白。六月始出，霜降則退。	性喜明光，每夜漁者，焚燎而引之，及到窟窟以巨網汲出。或燒或鹽或醢或惟魚側。產於可佳島者體頗		今之蔑魚，鹽之臘之，充於庶者，膳品之最賤者也。史記貨殖傳云，鮁千石。正義云，謂雜小魚也。說文云，鮁，白魚也。	史記貨殖傳 正義 說文 韻篇	39-40

條目總序號	分類序號	鱗介屬類	類別	名稱	俗名（或轉音）	外型特色	捕撈食用記錄	藥用功能	引用經典	經典出處	國立本頁數
							大，冬月亦漁。然都不如關東之良。		組篇云，鱸，小魚也。今之蔑魚即是鯱。		
69	65	鱗類	鱸魚	大鱸		（內容略）					41
70	66	鱗類	鱸魚	短鱸		（內容略）					41
71	67	鱗類	鱸魚	酥鼻鱸		（內容略）					41
72	68	鱗類	鱸魚	代鱸		（內容略）					41
73	69	鱗類	大頭魚	大頭魚	無祖魚	大者二尺弱，頭大口大體細，色黃黑。冬月穿泥而蟄，食其母，故俗稱無祖魚。云黑山間有而不堪食，產魚近陸者甚佳。	味甘而醶。游於潮汐往來之處，性頑不畏人，故釣捕甚易。				42
74	70	鱗類	大頭魚	凸目魚	長同魚	大者五、六寸，狀類大頭魚而色黑，目凸不能游水，好於鹵泥跳躍，掠水而行。					42
75	71	鱗類	大頭魚	螫刺魚		（內容略）					42
76	1	無鱗	鱝魚	鱝魚	洪魚	大者廣六七尺，雌大雄小，體似荷葉，色赤黑酥，鼻當頭位，豐本而小，末口在酥鼻底。胸腹間直口，背上（即酥鼻之本）有鼻，鼻後有目。尾如豬尾，尾奇有亂刺。雄者陽莖有二，陽莖即骨狀，如曲刀，莖底有囊卵，兩翼有細卵，交雌則以翼刺鉤之而交，或雌者含鉤伏而伏，則雄者就而交之，舉釣則並隨而上。雌死於食雄。死於淫，可為饕淫者之戒。雌者產門外有一孔，內通三穴，中穴通於腸，兩旁成胎，胞上有物如卵，卵清則產胞成子，胞中各成四、五子（鯊魚產門之外一內三，亦同此）。	冬至後始捕，立春前後肥大而味佳，至於三、四月則體瘦而味劣。宜膾、炙、爨、臛，羅州近邑之人好食其饒者，嗜好之不同也。	胃腹有癥瘕宿疾者，取鱝魚之饒者作爨，飽之能驅下穢惡，又最能安酒氣。又蛇忌鱝魚，故其腥水所棄之處，蛇不敢近，凡蛇咬處，傳其皮良效。	正字通云，鱝魚形如大荷葉，長尾口在腹下，目在額上，尾長有節，螫人。本草綱目云，海鷂魚，一名邵陽魚（食鑑作少陽），一名荷葉魚，一名鱝魚，一名鯆魮魚，一名蕃踏翁魚，一名石蠣。李時珍云，狀如盤及荷葉，大者圍七、八尺，無足無鱗，肉內骨節，節聯比胎軟可食。皆指今之洪魚也。東醫寶鑑，作魚共魚，然魚共是魚子之稱（音拱），恐誤。	正字通 本草綱目 東醫寶鑑	卷二44-46
77	2	無鱗	魚貢魚	小鎮		（內容略）					
78	3	無鱗	魚貢魚	瘦鎮		（內容略）					
79	4	無鱗	鱝魚	青鎮	青加五	大者廣十餘尺，狀類鱝面酥黑色，匾廣背青色，尾短於鱝而有錐五分甚，尾追在其四			本草拾遺，海鷂魚生東海，齒如石版，尾有大毒，以尾撥물食之，尾刺人甚者至死。候人	本草拾遺	46-47

條目總序	分類序號	鱗介屬類	類別	名稱	俗名（或韓音）	外型特色	捕撈食用記錄	藥用功能	引用經典	經典出處	國立本頁數
						分之地，錐有逆刺如鐵，以之螫物，則入而難拔，又有大毒（以下四種其尾錐皆同）。有物侵之，則搖其尾如飄風之葉，以禦其害。			尿處釘之，令人陰腫痛，拔去乃愈。海人被刺毒者，以鼠竹及海獺皮鮮魚之。陳藏器之今青、黃、墨、螺諸鎮皆有錐尾也。		
80	5	無鱗	鎮魚	墨鎮		（內容略）					
81	6	無鱗	鎮魚	黃鎮		（內容略）					
82	7	無鱗	鎮魚	螺鎮		（內容略）					
83	8	無鱗	鎮魚	鷹鎮	每加五	大者廣數十丈，狀類鎮，最大而有力，破勇而竦其肩，有似搏禽之雁。	舟人下釘或礙其身則怒，竦其肩，肩背之間限而成溝，遂以其溝負釘縛而走，船行如飛舉，釘則隨而上脫，故舟人畏而斷其縛。		魏武食制云，蕃蹋魚大者如箕尾，常數尺。李時珍只云，大者剛七、八尺。而今鷹鎮之大者，皆所未見也。鷹鎮之尾錐怒而擊之，可以斷鯨云。	魏武食制	47~48
84	9	無鱗	海鰻鱺	海鰻鱺	長魚	大者長丈餘，狀類蟒蛇，大而短，色淺黑。	味甘儾。凡魚出水則不能走，此魚獨能走如蛇，非斬頭不可制。	蓋人久泄者，和鱺做藥粥服之則止。	日華子云，海鰻鱺一名慈鰻，一名狗魚，生東海中，類鰻鱺而大即此也。	本草日華子	48~49
85	10	無鱗	海鰻鱺	海大鱺	彌長魚	目大，腹中墨色。	味尤佳。				49
86	11	無鱗	海鰻鱺	犬牙鱺	介長魚	口長如豕，齒足束如犬，鯁骨益堅，能吞人。昌大曰，嘗聞苔土島人言，見海鱺腹中有卵如貫珠，類蛇卵，未可知也。	四時皆有海鱺（獨深不上釣之意，或蟄於石窟也），或言孕育孕胎者，或言蛇之所化（見者甚眾），然此物至繁。凡於石窟之中，百千成隊，雖有蛇化，未必盡然。		趙辟公雜錄云，鰻鱺魚有雌無雄，以影浸於鱧魚，則其子皆附於鱧鬐而生，故謂之鰻。然產於流水者猶可然也。產於海者，海無鱧魚安所漫附乎，亦謂可明也。	趙辟公雜錄	49
87	12	無鱗	海鰻鱺	海細鱺		（內容略）					
88	13	無鱗	海鮎魚	海鮎魚	迷役魚	大者長二尺餘，頭大尾殺身小，背青腹黃無鱗（產於淡水者黃而有鱗）。	肉甚脆軟，骨亦脆。味薄劣，能治酒病。味餒而烹則肉消融，故嗜者待其既餒。				50
89	14	無鱗	海鮎魚	紅鮎		（內容略）					
90	15	無鱗	海鮎魚	葡萄鮎	葡萄鮎	大者尺餘，狀類紅鮎，目突色黑，卵如菉豆多堅，團合如雞伏之卵，雌雄同抱而臥石間化其子。		小兒口涎，炙食則效。			50~51
91	16	無鱗	海鮎魚	長鮎		（內容略）					
92	17-0	無鱗	鈍魚	服全魚		（內容略）					
93	17	無鱗	鈍魚	黔服		大者二、三尺，體圓皮堅可裹器物。			本草河豚一名，鯸鮧	本草	31~32

條目總序	分類序號	鱗介屬類	類別	名稱	俗名（或轉音）	外型特色	捕撈食用記錄	藥用功能	引用經典	經典出處	國立本頁數
						而短，口小齒駢至堅剛，怒則腹膨脹而切齒，軋軋有聲。	味甘醲。諸䰇中寡毒和爛。烹和油而食，焚以竹，忌烟煤。		（一作鮫鮐）一名，一名鯸鮧，一名魚規魚（一作鮭），一名嗔魚，一名吹肚魚，一名氣包魚。 馬志曰，河豚，江淮河海皆之。 陳藏器曰，腹白背有赤道如印，目能開闔，觸物即嗔怒，腹脹如氣毬浮起。 李時珍曰，狀如蝌斗，背青白其腹腴，呼西施乳（並本草綱目）皆䰇魚也。	本草拾遺 馬志 本草綱目	
94	18	無鱗	䰇魚	鵲䰇	扣齒服	體積小，備有斑文，有大毒不可食。			李時珍云，河豚色炎黑有文點者，名斑魚，毒最甚。或云三月後用為斑魚不可食（出本草綱目），此則今之鵲䰇之謂也。 凡䰇魚皆有毒。 陳藏器所稱，入口爛舌，入腹爛腸，無藥可解者，宜慎之。	本草綱目 本草拾遺	52
95	19	無鱗	䰇魚	滑䰇		（內容略）					
96	20	無鱗	䰇魚	邏䰇		（內容略）					
97	21	無鱗	䰇魚	小䰇	搖服	似滑䰇而體甚小，大者不過七、八寸。	凡䰇魚產於近陸者，穀雨後因川溪沂流數十百里以產其卵，在外洋者每於洲者產卵，又或鰾服而浮出水面。				53
98	22	無鱗	䰇魚	蝟䰇		（內容略）					53
99	23	無鱗	䰇魚	白䰇		（內容略）					53
100	24	無鱗	烏賊魚	烏賊魚		大者徑一尺許，體橢圓，頭小而圓，頭下細麤，頸上有目，頭端有口，口圍有八腳細如釣綸，腸不過二、三寸，而皆有菊蹄（鞠花如菊，兩對成行故云）欲行則行，有物則攬者也。其中別出二長腳如絛子長，尺有五寸許，腳末如馬蹄有圓花，所以黏著者也。行則倒行，亦能順行。背有長骨亦橢圓。背赤黑，有斑文。	肉甚脆軟有卵，在中有囊盛墨汁，有物侵之則噴其墨以眩。取其墨而書之，色極光潤，但久則剝落無痕，浸以海水則墨痕頓新云。味甘美，宜鱠臞。	其骨能合瘡生肌，亦治馬瘡、驢瘡之背瘡，非此莫治。	本草烏賊魚，一名烏鰂，一名墨魚，一名䰇魚骨，名海鰾鮹。 正字通云，鰂一名黑魚，狀如箕囊。 蘇頌云，行若革囊，背上只有一骨，狀如小舟，腹中血及膽正如墨，可以書字，但愈年則跡滅。懷墨而知禮，故俗謂之海若白事小吏，此皆是也。 又陳藏器云，是秦王東游乘算袋於海，化為此魚，故形似之，墨尚在腹。	本草 正字通 蘇頌 本草拾遺 蘇軾魚說 南越志 爾雅翼	53~56

條目總序	分類序號	鱗介屬類	類別	名稱	俗名（或韓音）	外型特色	捕撈食用記錄	藥用功能	引用經典	經典出處	國立本頁數
									蘇軾魚說云，烏賊懼物之窺己也，則煦水自蔽，海烏視之，知其魚而攫之。 蘇頌云，陶隱居言此是鷃烏所化，今其口腹俱存，猶頗相似。腹中有墨可用，故名烏鰂。 又南越志云，其性嗜烏，每自浮水上，飛烏見之以為死而啄之，乃卷取入水而食之，因名烏賊，言為烏之賊害也。 李時珍云羅願爾雅翼，九月寒烏入水化為此魚，有文墨可違法則，故名烏鰂，鰂者，則也。 據此諸說，或言算袋之所變，或言煦水而為烏所害，或言佯死而攫烏以食，或言烏鷃之所化，或嚴寒烏之所變，俱未有實見，不可詳也。 余謂烏賊者猶言黑，漢以其懷墨故名也，後人加魚作為鰞魚賊，又省作鰂，亦作魚戈或偽作魚截非有他義也。		
101	25	無鱗	烏賊魚	鰇魚	高祿魚	大者長一尺許，狀類烏賊體益長而狹，背無板而有骨，骨薄如紙，以為之脊，色赤微有墨味。	味甘而薄。 羅州以北甚繁，三、四月取以為鹽，黑山亦有之。		正字通蘇本作柔似烏賊無骨，生海中，越人重之（本草綱目亦言之）。 此即今之高祿魚也，但無箕囊而有細骨，非無骨也。	正字通	56
102	26	無鱗	章魚	章魚	丈魚	大者長七、八尺（產於東北海者長或二丈餘），頭圓，頭下如肩胛出八枝（隻）長腳，腳下一半有團花如菊，兩對成行即所以黏著於物者，黏著則寧絕其身，不可離解。 腹腸卻在頭中，目在其頸，色紅白，剝其膜則雪白，菊蹄正紅。	常伏石窟，行則用其菊蹄，八腳周圍而中有一孔即其口也，口有二齒，如鷹嘴甚硬。強出水不死，拔其齒即死。 味甘似鰒魚，宜鱠宜臘。	腹中有物，俗呼溫堗，能消瘡根，水磨塗丹毒神效。	本草綱目章魚一名章舉魚，一名傷魚。李時珍云，生南海，形如烏賊而大，八足身上有肉，韓退之所謂章舉、馬甲柱，鬪(鬥)以徑(怪)自呈者，皆今之丈魚也。 又嶺南志云，章花魚出潮州，八腳身有肉如雪。 字彙補云，閩書鱆魚一名望潮魚，亦皆此也，我國稱八梢魚。 董越朝鮮賦，魚則錦	本草綱目 嶺南志 字彙補 董越朝鮮賦 東醫寶鑑	57~58

條目總序	分類序號	鱗介屬類	類別	名稱	俗名（或韓音）	外型特色	捕撈食用記錄	藥用功能	引用經典	經典出處	國立本頁數
									紋、飴項、重脣、八梢。自注云，八梢即江浙之望潮，味頗不佳，大者長四、五尺。東醫寶鑑云，八梢魚味甘無毒，身有八條長腳，無鱗無骨又名八帶魚，生東北海，俗名丈魚即是也。		
103	27	無鱗	章魚	石距	絡蹄魚	大者四、五尺，狀類章魚，而腳尤長。頭圓而長，好入泥穴。	九、十月腹中有卵，如飯稻粒，可食。冬則蟄穴產子，子食其母。色白，味甘美。宜鱠及爨、臕。	益元元氣（牛之瘦疲者，飼石距四、五首則頓健也）。	蘇頌云，章魚、石距二物似烏賊而差大，更珍好。嶺表錄異記，石距身小而足長，入鹽燒食極美。此即今之絡蹄魚。東醫寶鑑云，小八梢魚，性平味甘，俗名絡蹄者是也（俗云絡蹄魚與蛇交，故斷而有血者棄之不食，然絡蹄魚自有卵，未必盡蛇化也）。	蘇頌 嶺表錄異 東醫寶鑑	58-59
104	28	無鱗	章魚	蹄魚		（內容略）					59
105	29	無鱗	海豚魚	海豚魚	尚光魚	大者丈餘，軆圓而長，色黑似大豬，乳房及私處似婦人，尾橫（此魚尾皆如船舵，而此獨橫生）。臕腦似狗，行必群聚，出水索索有聲。	多脅，一口可得一橫盆。黑山最多，而人不知漁術。		陳藏器云，海豚生海中，候風潮出沒，形如豚，鼻在腦上，作聲噴水直上，百數為群。其中有曲脂點照樗蒲即明，照讀書工作即暗，俗言懶婦所化。李時珍云，其狀大如數百斤豬，形色青黑如鮎魚，有兩乳，有雌雄，類人。數枚而行，一浮一沒，謂之拜風，其骨硬，其肉肥，不中食，其膏最多（出本草綱目），海豚魚脂形狀非今之尚光魚乎。本草綱目，海豚魚，一名海狶丁一，一名暨魚，一名饞魚，一名魚孚魚市。出江中者，名江豚，一名江豬，一名水豬。玉篇鱄魚孚魚（亦名魚晉魚），一名江豚。天欲風則涌，今尚光魚之出游，舟人占其風雨，此即是也。又說文云，鞠魚名出樂浪，潘國一日，出江東，有兩乳。	本草拾遺 本草綱目 玉篇 說文 類篇 爾雅釋魚 爾雅郭注	59-61

條目總序	分類序號	鱗介屬類	類別	名稱	俗名(或轉音)	外型特色	捕撈食用記錄	藥用功能	引用經典	經典出處	國立本頁數
									類篇云，鞠鱄也，此亦海豚魚也，今我國西南之海皆有之。許所云，出於樊浪，豈其然矣。又爾雅釋魚云，竆是鱰。郭注云，竆體似魚覂魚，尾如鞠魚，大腹喙小銳而長齒羅生，上下相銜，鼻在額上，能作聲，少肉多膏，胎生，此亦似海豚之謂也。		
106	30	無鱗	人魚	人魚	玉朋魚	形似人。			人魚之說蓋有五端，其一魚帝魚也，山海經云，休水北注於雒中，多魚布魚，狀如螫虫佳而長據。本草魚布魚，一名人魚，一名孩兒魚。李時珍云，生江湖中，形色皆如鮎鱰，其鰓頰軋軋音如哭啼，故名人魚，此產於江湖也。其一鯢魚也，爾雅釋魚，鯢大者謂之鰕。郭注云，鯢魚似鮎四腳，前似獼猴，後似狗，聲如小兒啼，大者長八、九尺。山海經云，決水多人魚，狀如䰷魚四足，音如小兒。陶弘景本草注云，人魚，荊州臨沮青溪多有之，其膏燃之不消耗，秦始皇驪山塚中所用人膏是也。（史記秦始皇本紀云，驪山以人魚膏為燭度不滅久之）。本草綱目，鯢魚，一名人魚，一名鮪魚，一名䱱魚。李時珍云，生溪澗中，形聲皆同嬰，但能上樹，乃鯢魚也，俗云鮎魚。上下乃此，與海中鯨同名，此產於溪澗者也，蓋魚帝鯢之形聲相同，有產江、產溪，上樹之別，故本草綱目分而別之，皆入魚無鱗之部，是類也。其一魚役魚也，正字通云，魚役狀如鮎，四足	山海經 本草 本草綱目 爾雅釋魚 爾雅郭注 本草陶弘景注 正字通 人魚贊 左思吳都賦 述異記 博物志 劉孝威詩 洞冥記 送從兄使 新羅詩 稽神錄 祖異記	61~65

條目總序	分類序號	鱗介屬類	類別	名稱	俗名（或轉音）	外型特色	捕撈食用記錄	藥用功能	引用經典	經典出處	國立本頁數
									長尾，聲似小兒，擅登竹，又云魚役魚，即海中人魚者，耳、口、鼻、手、爪、頭皆具皮肉，白如玉，無鱗有細毛五色，髮如馬尾長五、六尺，體亦長五、六尺，臨海人取養池沼中，牝牡交合與人無異。		
									郭璞有人魚贊（人魚如人，作魚人），蓋魚役魚之上樹兒嗁雖似魚帝鯢，而其形色各異，是別一魚人也。		
									其一鮫人也，左思吳都賦云，訪靈變於鮫人。述異記云，鮫人水居，魚不廢機織，有眼能泣泣成珠。又云鮫綃，一名龍沙，其價百餘金，以為服入水中不濡。		
									博物云，鮫人水居如魚，不廢機織，寓人家賣綃，臨去從主人家索器，泣而出珠滿盤以為主人，此蓋水怪也。織綃泣珠說，是弔詭然，猶古人轉相稱述。吳都賦云，泉室潛織而卷綃，淵客慷慨而泣珠。劉孝威詩云，蜃氣遠生樓，鮫人近潛織。洞冥記云，味勒國人乘象入海底，宿於鮫人之宮，得淚珠。李頎鮫人歌云，朱綃文綵不可識，夜夜澄沙連月色。即顧況送從兄使新羅詩亦云，帝女非銜石，鮫人買淚綃。然水府織綃人無見者，淵客泣珠說甚誕矣，皆未有實見，只以傳襲用之者也。		
									其一婦人之魚也，徐鉉稽神錄云，謝仲玉者見婦人出墨水中，腰以下皆魚，乃人魚也。祖異記云，查道使高麗，海中見一婦人，紅裳雙袒，髻鬟紛亂，肘		

條目總序	分類序號	鱗介屬類	類別	名稱	俗名(或韓音)	外型特色	捕撈食用記錄	藥用功能	引用經典	經典出處	國立本頁數
									後微有紅鬣，命扶於水中，拜手感戀而沒，乃人魚也。蓋魚帝鯢魚役鮫四者，別無似婦人之說，則仲玉、查道之見是又別異者也。今西南之海有二種類人之魚，其一尚光魚，狀似人而有兩乳，及本草所稱海豚魚也（詳見海豚條）。其一玉朋魚，長可八尺，身如常人，頭如小兒，有鬢髮鬖髿下垂，其下體有雌雄之別，酷與人男女相似，舟人甚忌之，時或入於漁網，以為不祥而棄之，此必查道之所見也。		
107	31	無鱗	四方魚	四方魚		大四、五寸，體四方，形長廣高略相等，而長稍大於廣，口如爪痕，目如菉豆，兩鰭及尾，僅如蠅翼，肛可容菉豆，全身皆利錐，如鱸鯊，堅如鐵石。	昌大曰，嘗於風波後漂至於岸，故一見。				65–66
108	32	無鱗	牛魚	牛魚	花折魚	長二、三丈，下嘴長三、四尺，腰大如牛尾，尖殺無鱗。	全身皆肉面雪白，未損脆軟甘美，時或隨潮入港，嘴觸於沙泥不能拔而死。		明一統志女真篇云，牛魚混同江出，大者長丈五尺，重三百斤，無鱗，骨脂肉相間，食之味長。異物志云，南方有牛魚，一名引魚，重三、四百斤，狀如鱧，無鱗，脊背有斑文，腹下青色，肉味頗長。正字通云，按通雅，牛魚北方鮪魚。王易燕北錄，牛魚嘴長，鱗鯉頭有脆骨，重百斤，即南方魚覽魚。據此則牛魚即今之花折魚也。魚覽即鮪，也稱鱘魚，鼻長與身等，色而無鱗，李時珍亦以牛魚為魚覽屬也。	明一統志女真篇 / 異物志 / 正字通 / 王易燕北錄 / 本草綱目	66–67
109	33	無鱗	鱠殘魚	鱠殘魚	白魚	狀如筋。	七山海多有之。		博物志云，吳王闔廬行食魚鱠，棄殘餘於水，化為魚，明鱠殘，即今鰌魚。	博物志 / 本草綱目 / 譯語類解	67

條目總序	分類序號	鱗介屬類	類別	名稱	俗名（或韓音）	外型特色	捕撈食用記錄	藥用功能	引用經典	經典出處	國立本頁數
									本草綱目，一名王餘魚。 譯語類辭謂之，麵條魚，以其形似也。 李時珍云，或又作越王及僧寶誌者，蓋出傳會，不足致辯。又云大者長四、五寸，身圓如筯，潔白如銀，無鱗，若已鱠之，魚但目有兩黑點，今所云白魚即此也。		
110	34	無鱗	鱵魚	鱵魚	孔峙魚	大者長二尺許，體細而長如蛇，下嘴細如醫鍼，長三、四寸，上嘴如燕，色白帶青。	氣味甘而清。 八、九月入浦，旋退。		正字通，鱵魚，俗呼針嘴魚。 本草綱目，鱵魚，一名姜太公魚，一名銅吮魚。 李時珍云，此魚喙有一鍼，俗云是太公釣鍼，亦傳會也。形狀並同鱠殘，但喙尖有一細黑骨如鍼為異。 東山經云，只水北注于湖中，多箴魚，狀如鯈，其喙如鍼即此，皆今孔峙魚之謂也（體有白如鱗，非真鱗）。	正字通 本草綱目 山海經	68
111	35	無鱗	鱵魚	裙帶魚		（內容略）					68~69
112	36	無鱗	鱵魚	鶴嘴魚		（內容略）					69
113	37	無鱗	千足蟾	千足蟾	三千足、四面發	體真圓寸寸大者，徑一尺有五寸許，全體周圍有無數之股狀如雞脛，股又生腳，腳又生枝，枝又生條，條又生葉，千端萬梢，蠢蝟踹蝡，令人體栗。口在其腹，亦章魚之類也。		臘之入藥，有助陽之功也。	郭璞江賦云，土肉、石華。 李善注引臨海水土物志曰，土肉正黑，如小兒臂大，長五寸，中有腹無口，腹有三千足矣，食此似今所稱千足蟾也。	江賦 臨海水土物志	69
114	38	無鱗	海鮀	海鮀	海魚	大者長五、六尺，廣亦如之，無頭尾，無面目，體凝軟如酥，狀如僧人帶其ㅁ笠，腰著女群，垂其腳而游于水，笠簷之內有無數短髮（髮如極細莖沒食專鈍然，實非真髮）其下如頸而陟豐如肩膊，膊下分為四腳，行則貼合，腳居身之半，腳之上下內外叢生無量數長	強項魚遇之，喫如豆腐。隨潮入港，潮退則膠般不能動而死。陸人皆煮食或鱠食（煮食則軟者堅韌，糜大者縮小）。昌大曰，嘗剝見其腹，如南瓜敗爛之瓤。		鮀亦作蛇，爾雅翼曰，蛇生東海，正白濛濛如沫，又如凝血。縱廣數尺有智識，無頭目處所故，不知避人，象蝦附之，隨其東西。 玉篇云，形如覆笠，泛泛嘗浮隨水。 郭璞江賦，水母目鰕注云，水母俗呼海舌。 博物志，東海有物，狀如凝血，名曰鮓魚。 本草綱目，海鮀，一名	爾雅翼 玉篇 江賦 博物志 異苑 康熙字典 本草綱目	70~72

條目總序	分類序號	鱗介屬類	類別	名稱	俗名（或轉音）	外型特色	捕撈食用記錄	藥用功能	引用經典	經典出處	國立本頁數
						髮，長者數丈許。色黑短者七、八寸，次長次短，其等不齊。大者如絛，細者如髮，行則淋漓嫋娜如奉，外張其質、其色，恰如海凍（炎牛毛草煮而成膏，瑩凝，曰凍凍）。			水母，一名拷蒲魚。李時珍云，南人謂為海折或作蟓鮮者，並非閩人曰蛇，廣人曰水母。異苑，名石鏡。康熙字典云，蛇水母也，一名殖形如羊胃，皆今海內魚之謂也。李時珍云，水母形渾然凝結，其色紅紫，腹下有物如懸絮，群蝦附之，啼其涎沫，人取之去其血汁可食（出自本草綱目），蓋此物中有血汁也。海人云蛇之腹中有鱉，藏血時逢大魚嘿血以亂，如烏鰂之噴墨。		
115	39	無鱗	鯨魚	鯨魚	高來魚	色鐵黑，無鱗，長或十餘丈，或二、三十丈。	黑山海中亦有之。		玉篇云，鯨，魚之王。古今注云，鯨大者，長千里，小者數十丈。其雌曰鯢，大者亦長千里。眼如明月珠。今我西南海中亦有之，而未聞長千里者，崔說夸矣。今日本之人，最重鯨鯢。傳藥於矢射而獲之，今或有鯨死漂至兒猶帶箭者，是受射而走者，也又或有兩鯨相鬥一死漂岸者。煮肉出膏可得十餘甖。目可為盃，鬚可為尺，其脊骨斷一節可作樁曰，而古今本草皆不載錄，可異也。	玉篇 古今注	72~73
116	40	無鱗	海蝦	大蝦		（內容略）					73
117	41	無鱗	海蔘	海蔘		大者二尺許，體大如黃瓜，全身有細乳亦如黃瓜，兩頭微殺，一頭有口，一頭通肛，腹中有物如栗毬，腸如雞，而皮甚於四方，與腹魚、軟，引舉則絕。腹下淡菜列為三貨。有百足，能步不能游，而其行甚鈍，色黑肉青黑。	我邦之海皆產海蔘，採而乾之，貨於四方，與腹魚、軟，引舉列為三貨。		然考古今本草皆不載錄，至近世，葉桂臨證指南藥中方，多用海蔘，蓋因我國之用而始也。	臨證指南醫案	74
118	42	無鱗	屈明蟲	屈明蟲		（內容略）					75
119	43	無鱗	淫蟲	淫蟲	五萬童	狀如陽莖，無扣無孔，出水不死，乾曝則萎縮如空蔘。以手黃，揉皺者時獲得	頭大尾殺，以尾黏著石上，灰色而	淫者膿之入藥	本草綱目有邵君子，其形略，似其所言淫蟲自然，未可明也。	本草綱目	75~76

條目總序	分類序號	鱗介屬類	類別	名稱	俗名（或轉音）	外型特色	捕撈食用記錄	藥用功能	引用經典	經典出處	國立本頁數
						摩挲，少頃膨脹出汁，如毛孔出汗，細如絲髮左右飛射。	之，大有補陽之功。				
120	1	介類	海龜	海龜		狀類水龜，腹背皆有玳瑁之紋，時或浮出水面，性甚遲緩，近人而不驚。	背有牡蠣之甲，片片剝落（牡蠣遇堅硬之物，必貼其甲），此或是玳瑁而土風畏其災，見而不收，惜哉。				76
121	2	介類	蟹						周禮考功記注云，仄行蟹屬蔬云，今人謂之旁蟹，以其側行也。傅呅蟹譜作螃蟹異云橫行介士，以其外骨也。揚子方言謂之郭索，以其行聲也。抱朴子謂之無腸公子，以其內空也。廣雅云，雄曰蜋螘，雌曰博帶，蓋其別以尖臍者為雄，圓臍者為雌。又螯大曰雄，螯小曰雌，是其別也。爾雅翼云，蟹八跪而二螯，八足折而容俯，故謂之跪。兩螯䠎而容仰，故謂之螯。今俗之稱為跪，蓋本於此（荀子勸學篇云蟹，六跪二螯，非也，蟹是八跪）。	考工記 蟹譜 抱朴子 廣雅 爾雅翼 荀子勸學篇	76~77
122	3	介類	蟹	舞蟹	伐德跪	大者橢圓，長徑七、八寸，色赤黑，背甲近螯黑，出罋角，左螯骨絕有力，大如拇指（凡螯皆左大右小），好張螯骨而立，如舞。	味甘美。長在石間，潮退則捕。		蘇頌云，蟹殼闊而多黃者，名蟙，生南海中，其螯最銳，斷剖如芰刈，此即舞蟹。	蘇頌	77~78
123	4	介類	蟹	矢蟹	毅跪	大者徑二尺許，後腳之末豐廣如扇，兩目上有錐一寸餘，以是得名。色赤黑，凡蟹皆能走而不能游，獨此蟹能游水（以扇腳）。	游水，則大風之候也。味甘美。黑山則稀貴，常在海上時或上釣，七山之海網捕。		此即蠘蛑之類也。蘇頌云，其扁而最大，足闊者，名蠘蛑，南人謂之撥棹子，以其後腳如棹也。一名鱘，隨潮退殼，一退一長，期大者如升，小者如盞碟，兩螯如手，所以異於眾蟹也。其力至強，八月能與虎鬥，虎不如也。博物志云，蠘蛑大有力能與虎鬥，鰲能剪殺人。今所名矢蟹，其形最大，是即蠘蛑也。	蘇頌 博物志	78

條目總序	分類序號	鱗介屬類	類別	名稱	俗名(或轉音)	外型特色	捕撈食用記錄	藥用功能	引用經典	經典出處	國立本頁數
124	5	介類	蟹	籠蟹	籠蟹	大者徑三寸許，色蒼赤而鮮潤，腳赤體圓似籠。	穿沙泥為穴，無沙則伏石間。		李時珍云，似蟛蜞，而生海中，潮至初穴而望者。望潮也，今海中小蟹皆潮至出穴，非別有一種也。	本草綱目	79
125	6	介類	蟹	蟛蜞		小於籠蟹，色蒼黑而兩螯微赤，腳有斑文，似玳瑁。			爾雅釋蟲，蟛蜞，小者蟧。		79
126	7	介類	蟹	小蟛	參跪	色黑而小，體稍扁，螯骨末微白，常在石間。	可鹽。				80
127	8	介類	蟹	黃小蟛		(內容略)					80
128	9	介類	蟹	白蟹	天上跪	小於蟛蜞而色白，背有青黑暈。	螯甚強，能箝人則痛，甚矯捷，善走，常在沙中作穴。		李時珍云，似蟛蜞而生於沙穴中，見人便走者，沙狗也。今所言白蟹即沙狗也。	本草綱目	80
129	10	介類	蟹	花即蟹	花即蟹	大如籠蟹，體廣而短，目細而長。	左螯骨別大，膚鈍亦不能箝人，行則強蹇，狀如舞者故名(俗謂舞夫曰花即)。				80
130	11	介類	蟹	蛛腹蟹		(內容略)					80
131	12	介類	蟹	川蟹	真蟹	大者方三、四寸，色青黑。	雄者腳有毛，味最高。島中溪澗或有之，余家洞水之濱見此物，春而溯流產子於田間，秋而下流，漁者就淺灘，聚石作墻，布索而繫禾穗，每夜焚炬手捕				81
132	13	介類	蟹	蛇蟹	蛇蟹	大如籠蟹，色蒼，兩螯深赤。	好行地上，常游傍海，人家能作穴於瓦礫間，故得是名。人不食，或作魚餌。產於海濱者，惟蛇蟹不可食，於皆可食。產於田泥川溪者，惟真蟹可食，餘不可食。		蔡謨食蟛蜞幾死歎曰，讀爾雅不熟，即田泥之小蟹也。	蔡謨 / 爾雅	81
133	14	介類	蟹	豆蟹	豆蟹	大如大豆，色如赤豆。	味佳，島人或生食。				81
134	15	介類	蟹	花蟹	花蟹	大如籠蠏，背高如籠，左螯骨別大而赤，右螯骨最小而黑，全體斑斕，恰似玳瑁。在鹵泥中。	味薄。		蘇頌云，一螯大一螯小者，名擁劍，一名桀步。常以大螯鬥小螯食物，又名執火，以其螯赤也。今之花蟹也	蘇頌	82

條目總序號	分類序號	鱗介屬類	類別	名稱	俗名（或轉音）	外型特色	捕撈食用記錄	藥用功能	引用經典	經典出處	國立本頁數
135	16	介類	蟹	栗蟹		（內容略）					82
136	17	介類	蟹	鼓蟹		（內容略）					82
137	18	介類	蟹	石蟹	可才	大者長二、三尺，二螯八腳皆如蟹，而腳端皆歧，而成袼角，長倍其身，而有芒刺而似鐵，腰以上披甲，腰以下無鱗甲，似蝦尾，亦似蝦色黑而澤。	角赤倒行則屈，其毛而下卷，亦能前行，卵句在腹底。蓋與陸地所產無甚異也。爛而食之，味絕佳。				82、83
138	19	介類	蟹	白石蟹		（內容略）					83
139	20	介類	鰒	鰒魚		大者長七、八寸，背至于尾峯之外，其有甲，甲背如蟾，裏滑澤而不平，五彩炫煌。左有孔或五、六或八、九，從頭城孔行。不孔處亦依孔排比，外突內陷至尾峯而止（孔盡處突起為末峯者）。從尾峯有旋溝一回（房中旋回者），甲內有肉，外面欄圓而平，若鰒以為貼石行動之用，先甍而貼其尾（鼠裏面之中央陜起一峯，肉汁前左右有口），潮至則鼠蹙，此可為賊若害屬於腸，循孔而下成一袋子，左附于甲，右附以肉。	其肉味甘厚。宜生宜熟，最良者臛。春夏有大毒，之中者浮腫皮坼，秋冬比，無毒。其生育之法而止。野鼠何鰒而走（鼠動則鰒貼，故走而不落），若鰒先甍而貼其尾（鼠一驚動故壓貼愈固），潮至則鼠鬻，此可為賊若害人者之戒。胎珠者甲背愈險，似剝落，珠在腹中。	其腸，宜熟宜鹽，能消殖根。	本草綱目，石決明，一名九孔螺，一名千里孔。蘇恭云，此鰒魚甲也，附石生，狀如始、惟一片，無對。蘇頌云，七孔、九孔者良，十孔者不佳，此皆是也。然中國之產甚為稀貴，故王莽憂几噉鰒伏隆詣闕而獻鰒（後漢書）。捕鰒魚為倭人之異俗（魏志倭人傳）。蛤鰡鰒為東海之後味（陸雲答車茂安書），曹操喜鰒而一州所供僅至百枚（曹植祭先生表）。彥回受鰒而三十之餉可得十萬（南史褚彥回傳）。以此觀之，蓋不如我國之產也。	本草綱目 蘇恭 蘇頌 後漢書 魏志倭人傳 陸雲答車茂安書 曹植祭先生表 南史褚彥回傳	83~84
140	21	介類	鰒	黑笠鰒	比未	狀類兩笠，大者徑二寸，以笠為甲，色黑而滑，裏澤而平，其肉似鰒而圓。	亦扁著石。				84
141	22	介類	鰒	白笠鰒		惟甲色之白為異。					84
142	23	介類	鰒	烏笠鰒		大者徑一寸，笠尖，蓋高急，甲色黑。					84
143	24	介類	鰒	匾笠鰒		笠尖低緩，無尖甲，色微白。	肉益軟。				84
144	25	介類	鰒	大笠鰒		大者徑二寸餘，甲似匾笠而肉出甲下二、三寸。凡甲偏覆者，鰒也。鰒蚌蠣之屬，皆能產珠。	味苦，不堪食，甚稀貴。		產珠之物，鰒蚌為盛。李珣云，真珠出南海，石決明產也。蜀中西路出者，是蚌蛤產。陸佃云，龍珠在頷，蛇珠在口，魚珠在眼，鮫珠在皮，鼈珠在足，蛛	李珣 陸佃	85

條目總序	分類序號	鱗介屬類	類別	名稱	俗名（或韓音）	外型特色	捕撈食用記錄	藥用功能	引用經典	經典出處	國立本頁數
									珠在腹，皆不及蚌蛛，則產珠之物亦多也。		
145	26	介類	蛤	蛤		蛤之類甚繁，其形長者通謂之蚌，亦曰含漿。其形圓者，通謂之蛤，其形狹而長，兩頭尖小者曰蟶，亦謂之馬刀，其色黑。而最小者曰蜆，亦謂之扁螺，此皆產於江湖溪澗也。			其產於海者考諸本草有曰文蛤，一頭小一頭大，殼有花斑者。也有曰蛤蜊，白殼紫脣，大二、三寸者也。也有曰虫咸虫進，形扁而有毛者。也有曰車螯，其形最大，能吐氣為樓臺，即海中大蜃。也有曰擔羅，生於新羅國者也。然今只據黑山海，所見之蛤因俗號而載錄之也。	本草（諸）	85–86
146	27	介類	蛤	纈文蛤	戴蘿難揶	大者徑三、四寸，甲厚，有橫紋，細如帛纈，全體密布。	謂甘而微腥。				86
147	28	介類	蛤	瓜史蛤	繿飛難揶	大者徑四尺餘，甲厚有縱溝，滿岸有細乳如黃瓜。	此纈文蛤稍細化，則為青羽雀云。				86
148	29	介類	蛤	布紋蛤	盤質岳	大者徑二寸許，甲甚薄。有縱橫細紋似細布。	兩頰比高凸，故肉亦肥大。或白或青黑，味佳。				87
149	30	介類	蛤	孔雀蛤	孔雀蛤	大者徑四、五寸，甲厚前有橫紋，後有縱紋，顛寬體無敧斜，色黃白，裏滑澤光彩紅赤。					87
150	31	介類	蛤	細蛤		（內容略）					87
151	32	介類	蛤	杠蛤	大蛤	大者二尺餘，前廣後殺，甲似木杠，色黃白有橫紋。鹿疎用以為杠。					87
152	33	介類	蛤	黑杠蛤		（內容略）					87
153	34	介類	蛤	雀蛤	呾難揶	大者徑四、五寸，甲厚而滑。凡甲兩合者疑雀之所化。北地曰蛤，皆伏在泥中而卵生。	有雀色紋似雀毛，至賤，而南方稀貴。		月令季，秋爵（疑為雀）入大水為蛤出。冬雉入大水為蜃。陸佃云，蚌蛤無陰陽、牝牡，須雀蛤化成，故能生珠。然未必皆物化也。	月令季、陸佃	88
154	35	介類	蛤	蟹腹蛤		狀似杠，蛤色或黑或黃。有小蟹在其殼中。	濱海多有之。		李時珍云，蟹居蚌腹者，蠣奴也。又名寄居蟹即此也。	本草綱目	88
155	36	介類	蛤	强仔蛤		（內容略）					88
156	37	介類	蚶	蚶	庫莫蛤	大如栗殼，似蛤而圓，色白，有縱紋排仍成溝如瓦屋。	兩鮮相合，齟齬交當。肉黃味甘		爾雅釋魚，魁陸注云，即今之蚶也。玉篇云，蚶似蛤，有文	爾雅釋魚、玉篇、本草綱目	89

條目總序	分類序號	鱗介屬類	類別	名稱	俗名（或轉音）	外型特色	捕撈食用記錄	藥用功能	引用經典	經典出處	國立本頁數
									如瓦屋。 本草綱目，魁蛤，一名魁陸，一名蚶（一作蚶），一名屋瓦畢子，一名伏老。李時珍云，男人名空慈子。 尚書盧釣以其形似瓦屋之甋，改為瓦甋。 廣人重其肉，呼為天臠，又謂之密丁。 說文云，老伏翼化為魁蛤（伏翼蝙蝠也），故名伏老，又云背上溝文似瓦屋。今浙東以近海田種之，謂之蚶田。此名庫莫蛤即是也。	尚書 說文	
157	38	介類	蚶	雀蚶		（內容略）					89
158	39	介類	蟶	蟶	麻	大如拇指，長六、七寸，甲脆軟而白。	味佳，伏於泥中。		正字通云，閩粵人以田種之，謂之蟶田。 陳藏器曰，蟶生海泥中，長二、三寸，大如拇指，兩頭開，即此也。	正字通 本草拾遺	90
159	40	介類	淡菜	淡菜	紅蛤	體前圓厚銳大者，長一尺許廣半。甲色淡黑，裏滑青瑩。色有紅有白。	銳鋒之下有亂毛，黏著石面百千為堆。潮退則開口，退則合口。味甘美，宜羹宜醢。臘者益人最大。	拔鼻毛而血出者，無藥可止，惟淡菜鬚燒灰傅之神效。又挾溼傷寒，淡菜火溫傅臍後良。	本草綱目，淡菜，一名殼菜，一名海蜌，一名東海夫人。 陳藏器云，一頭小中銜小毛。 日華子云，雖形狀不典，而甚益人，此云紅蛤是也。	本草綱目 本草拾遺 本草日華子	90~91
160	41	介類	淡菜	小淡菜		（內容略）					91
161	42	介類	淡菜	赤淡菜		（內容略）					91
162	43	介類	淡菜	箕蜌	箕紅蛤	大者徑五、六寸，狀如箕，扁廣不厚，有縱紋似纏，色紅有行，味甘而清。	著石又能離石游毛。				91
163	44	介類	蠣	牡蠣	掘（屈）	大者徑尺餘，兩合如蛤，其體無法或如雲片，甲甚厚，若紙之漂轉，泥中味甘合塗，重重相貼，外美。甕裏滑，其色雪白。	一甲著石者，一甲上附在齒泥者不貼而磨其甲以為甚子。		本草牡蠣，一名蠣蛤。 別錄，名牡蛤。 異物志，稱古賁。 及皆蠣也。	本草 別錄 異物志	91
164	45	介類	蠣	小蠣		徑六、七寸，狀類牡蠣而甲薄，上角之背有麗芒成行。	牡蠣產於大海，水急之處。小蠣產於浦口，磨滑之甲是其別也。				92
165	46	介類	蠣	紅蠣		（內容略）					92
166	47	介類	蠣	石華	石華	大不過一寸許，甲突	貼於岩石，用鐵錐		郭樸江賦，土肉石華。	江賦	92

條目總序	分類序號	鱗介屬類	類別	名稱	俗名（或韓音）	外型特色	捕撈食用記錄	藥用功能	引用經典	經典出處	國立本頁數
						而薄，色黑裏滑而白。	株取。		李善注引臨海水土志云，石華附石生，肉即此也。	臨海水土物志	
									韓保昇云，虫雲蠣形短，不入藥，亦似指石華也。	韓保昇	
167	48	介類	蠔	桶蠔	屈桶蠔	大者甲徑一寸餘，口圓似桶，堅如骨，高數寸，厚三、四分，下無底上稍殺，而頂有孔，視其根之密，孔僅容針。	如蜂房根植於石壁，中藏肉如未成之豆腐，上載僧徒之尖中（方言云曲葛），有二屬潮至則開而受之。採者以鐵錐急擊而桶落而肉ं，刀害其肉。若未擊而蠔先覺，寧粉碎而不落。				93
168	49	介類	蠔	五峯蠔	寶利掘	大者廣三寸許，五峯平列，外兩峯低小兒合抱次兩峯，次兩峯最大而抱中峯，中峯及最小峯皆兩合以為之甲。色黃黑峯，根周裏以皮，皮如柚而濕潤。	插根於石罅狹汙之地，以禦風濤。中有肉，肉亦有赤根黑髮（髮如魚之鬣蠔），潮至則開其大峯，而以髮受之，味甘。		蘇頌云，牡蠣皆附石而生，磈磊相連如房，呼為蠣房，管安人呼為蠔莆，初生止如拳石，四面漸長，至一、二丈者，巖巖如山，俗呼蠔山。每一房內有肉一塊，大房如馬蹄，小者如人指面。每潮來，諸房皆開，有小蟲入則合之以充腹，此云五味蠔，即蠣山也。	蘇頌	93~94
169	50	介類	蠔	石肛蠔	紅末肉軋	狀如久痢之人脫肛，色青黑。圓橢隨石黑形。	植於石間，潮及之地。有物侵之則蹙縮而小之，腹腸如南山之瓢，陸人饗之云。				94
170	51	介類	蠔	石蛇		大如小蛇盤屈，亦如蛇體，似牡蠣甲中空如竹，有物如鼻液或如吐痰，色微紅。凡著石而不動者，謂之蠔，卵生。	貼於石壁水深之地，用處未聞。		陶弘景本草注之，牡蠣是百歲雕所化。又云，道家方以左顧是雄，故名牡蠣。右顧則牝蠣也。或以尖頭為左顧來詳孰是。 寇宗奭云，牡非謂雄也，且如牡丹，豈有牝丹乎，此物無目更何顧邪。 李時珍云，蚌蛤之屬皆有胎生卵生，獨此化生純雄無雌，故得牡名。然今蠔屬，有卵生之法，俗稱卵生則肉瘦，未必皆化生也。	本草陶弘景注 寇宗奭 本草綱目	95

條目總序號	分類序號	鱗介屬類	類別	名稱	俗名（或轉音）	外型特色	捕撈食用記錄	藥用功能	引用經典	經典出處	國立本頁數
171	52	介類	螺	螺	（螺蠣）	凡螺蠣之屬，皆殼堅如石外鬆裏滑從尾峰（峰雖在上，而螺則尾也）左旋作溝三、四周，由殺而大。尾峰尖突而頭麤豐大（麤在下面謂之頭，在螺則頭也）溝盡處有圓戶，自戶而達於峰，回轉為洞即螺之室也。螺之體如其室，頭豐尾殺，繞曲如繩之絞緊成類充滿室中。尾為腸胃，或青黑或黃白。	行則挺出戶，而留其身背以負其殼，此則縮其身，而有圓蓋截頭以塞其戶（圓蓋色紫黑，厚薄如薄狗皮）。隨波漂轉不能游行。				96
172	53	介類	螺	海螺		大者其甲高廣四、五寸，其表有細乳如黃瓜皮，當溝岸從尾至頭，排比成行，色黃黑裏滑澤而赤黃。	味甘如螆，可爛可炙。		本草圖經，海螺即流螺。魘日甲香交州記名，假豬螺即是也。	本草圖經 交州記	97
173	54	介類	螺	劍戍贏	仇竹	大者其甲高廣各四、五寸，戶外旋溝，盡處邊累繞之為城，如刀刃銛利從戶直出一磨而治之作酒器或溝，而內溝岸（溝岸有內外）漸殺而尖為角，角端亦銛銳，外溝岸亦皆高尖。	磨而治之作酒器或燈器。				97
174	55	介類	螺	小劍螺		（內容略）					
175	56	介類	螺	兩夫螺		（內容略）					
176	57	介類	螺	平峯螺		（內容略）					
177	58	介類	螺	牛角螺	他來螺	大者高二、三寸，狀類牛角，旋溝六、七周，無瓜乳而有紋如皮及紙捋莎成紋者，裏白。	昌大日，山中亦有此物，大者高二、三尺，時時作聲，可聞數里，尋聲而往，聲又在別處，莫可的定，余曾搜尋而不得，今軍門吹螺即此物也。吹螺本南蠻之俗，我國用於軍中也。		圖經本草云，梭尾螺，形如梭。今釋子所吹此云牛角螺即是也。	圖經本草	98
178	59	介類	螺	斃布螺		（內容略）					99
179	60	介類	螺	明紬螺		（內容略）					99
180	61	介類	螺	炬螺		（內容略）					99
181	62	介類	螺	白章螺		（內容略）					99~100
182	63	介類	螺	鐵戶螺		（內容略）					100
183	64	介類	螺	杏核螺		（內容略）					100
184	65	介類	螺	銳峯螺		（內容略）					100

條目總序	分類序號	鱗介屬類	類別	名稱	俗名（或韓音）	外型特色	捕撈食用記錄	藥用功能	引用經典	經典出處	國立本頁數
185	65-1	介類		螺		凡螺獅或有蟹處，其室右腳及螯如他蟹，但左邊無腳而續以螺尾。亦行則負殼，止則入室，但無關戶。	味亦蟹也，尾則螺味，或曰螺蝴。之中有此一種，然贏之。 諸種皆能寄蟹，則未必別有此種也。昌大曰，蟹食螺蝴而化為螺，入處其中，螺氣已歇，故或有負枯爛之甲而行者，若原是殼中之物，則未有其身不死，其殼先敗者也。其言亦似有理，亦未必可信，姑識所疑。		蟹之為物，本有寄居於他族者，固有居於蚌腹者，此李時珍所謂蠣奴也，一名寄居蟹者是也（見上蛤條），有居於蛄王巢之腹者。 郭璞江賦，蛄王巢腹蟹。 松陵集注云，琐蛄似蚌腹有小蟹為琐。蛄出求食，蟹或不至則餒死，呼為蟹奴。 漢書地理志會稽郡鮚土帝亭注師古曰鮚長一寸廣二分，有一小蟹在其腹中者是也，而項蛄亦云海鏡。 嶺表錄異云，海鏡兩岸合以成形，殼圓中心瑩滑，內有少肉，如蚌胎腹中有紅蟹子，其小如黃豆大蟹具，海鏡飢則蟹出拾食，蟹飽歸腹，海鏡亦飽。 本草綱目，海鏡一名鏡魚，一名項蛄，一名膏藥盤殼。圓如鏡，映日光如雲母，有寄居蟹者是也。 又博物志云，南海有水蟲名蒯蛤之類也，其中有小蟹大如榆英。蒯開甲食則蟹亦出食，蒯合甲亦還入為蒯，取食以歸此殼，亦海鏡也，螺之為物或有脫殼還人者。 故拾遺記含明之國有大螺，名螺步，負其殼露行，冷則復入其殼，即是也。其螺殼之肉，亦有寄居之物。 異苑云，鸚鵡螺行似鳥，常配殼而游，朝出則有蟲如蜘蛛入其殼中，螺夕還則此蟲出庚闈，所謂鸚鵡內游寄居負殼者也。 本草拾遺云，寄居蟲在螺殼間非螺也，候螺蛤開即自出食，螺蛤欲合已還殼中。海族多被其寄，南海一種巳蝍蜂	本草綱目 江賦 松陵集注 漢書地理志 嶺表錄異 博物志 拾遺記 異苑 本草拾遺	100~103

條目總序號	分類序號	鱗介屬類	類別	名稱	俗名（或轉音）	外型特色	捕撈食用記錄	藥用功能	引用經典	經典出處	國立本頁數
							入螺殼中，負殼而走觸之即縮如螺，大炙乃出，一名貝亭。則螺之洞房海族多所寄居也。蓋蟹本善寄螺，能容受，則此室彼寄理無可疑，但蟹體螺尾又特例也。				
186	66	介類	螺	栗毬蛤	栗毬蛤	大者徑三、四寸，毛如蝟，中有甲似栗房五瓣成圓。	行則全身之毛皆動搖虫淵虫奧，頂有口，客指房中有卵，如牛脂未凝而黃亦五瓣而開間，間懷矢毛，甲俱黑。甲脆軟亦碎。味甘或生食或爨。				103~104
187	67	介類	螺	僧栗毬		毛短而細，色黃為別。	昌大日，嘗見一毬蛤，口中出鳥頭，嘴已成，頭欲生毛如苔，疑其已死而觸之，乃能動搖如平日，雖不見其殼中之狀，要是化為青雀者也，人言此物化為鳥，俗所謂栗毬鳥者也，今驗之果然。				104
188	68	介類	龜背蟲	龜背蟲	九音法	狀類龜背，色亦似之，但背甲如鱗如蛭，無足以腹行如鰒。	產石間，小如虫吉蜣。烹而去鱗食之。				104~105
189	69	介類	楓葉魚	楓葉魚	開夫殼	大者徑一尺，如柚皮，隅角無定，三出四出或至六七出橢葉，厚如人手，色青碧甚鮮明，中有丹纈成文，亦極鮮。腹黃口在其中心，角末有細網例如章魚支蹄，所以貼食者，腹中無腸如南瓜之瓤。三角者不離水底，徑或三、四尺，而其角長出靈，甚小背似蟾，亂布如豆之粒，真真黑相錯斑斕。	好貼巖石，天欲雨而實不雨，則只貼一角而翻身下垂，海人以是占雨，用處未甚。	此即海燕也。本草綱目，海燕載格介部，李時珍云，狀扁而圓，背上青黑腹下白脆，有紋如蘡茵，口在腹下，旁有有五路止句即其足也。臨海水土記云，陽遂足，生海中色青黑，有五足，不知其頭尾即是也。	本草綱目臨海水土志	105~106
190	1	雜類	海蛋	海蛋		大如飯粒。	能跳躍似蝦無鬚，常在水底，遇死魚即入其腹而聚食。				卷三 107
191	2	雜類	海蟲	蟬頭蟲	開江鬼	長二寸許，頭首似蟬，有長鬚，背甲似	常在鹵地、石間。天將大風則四散而				107

條目總序	分類序號	鱗介屬類	類別	名稱	俗名（或轉音）	外型特色	捕撈食用記錄	藥用功能	引用經典	經典出處	國立本頁數
						蝦，尾歧，歧末又歧，有八足。腹中又出二枚如蟬糸委以懷其卵，能走、能游，故水陸無不捷。色淡黑，有光澤。	浮游，土人以此占風。				
192	3	雜類	海蟲	海蚓		長二尺許，體不圓而扁，似蚯蚓有足細瑣，有齒能咬。	產於鹵地、沙石間。取做魚餌極佳。				108
193	4	雜類	海蟲	海蛞蝓	紊	頭如大豆，頭以下僅具形狀，恰似鼻液。頭極堅硬，口吻如刀，能聚能合。	食船板如蛞蝓，愈淡水則死。潮水迅急之處不敢進，多在停渚之水，故東海船人甚畏之。大海中或有其隊，如蜂蟻之屯，船貨遇之急急回帆以避，又船板數以烟薰之則不能侵。				108
194	5	雜類	海禽	鸕鶿	烏知	大如雁，色似烏，其毛至密而短，頭尾及腳皆如烏，頰有白毛圈如雞。	上喙長而曲如錐，其末極利，獲魚則以上喙穿其肉而箝之。齒如刀，足如梟，沒水取魚能數十息不出，又絕有力，真魚之鷹也。夜則宿於絕壁，伏卵於人跡不到之地。味甘而膩，全身多膏。		爾雅釋烏鷧壹烏郭注云，鸕鶿也。正字通云，俗呼慈老。本草綱目，一名水老鴉。李時珍云，似兒烏而小，色黑亦如烏而長喙微曲，善沒水取魚。杜甫詩，家家養烏鬼，或謂即此（其原曰獨水花），又或言鸕鶿胎生吐雛。寇宗奭明其卵生（并本草綱目）此云烏知烏明是鸕鶿也。	爾雅郭注 / 正字通 / 本草綱目 / 杜甫詩 / 寇宗奭	108~109
195	6	雜類	海禽	水鴨		與陸產無異，而一足似鷹，一足似梟。					109~110
196	7	雜類	海禽	海鷗		白者，形、色江海皆同。黃者稍大，色白而黃潤。黑者（俗名乞句），背上淡黑，夜宿於濱水石上。	雞鳴則亦鳴其聲似歌，達曙不休，天明走于水上。				110
197	8	雜類	海禽	鶻燕	存之樂	大如鶉，狀如燕而尾羽皆短，背黑腹白似鶻，卵大如雞。	有時難產而死，能於大海水深處浮潛（凡水鳥皆在淺水中），捕蝦而食。長棲無人島石間，未曙而出于海，若稍晚則畏勢，烏終日隱伏。其卵可食，其肉多膏味甘美。				110

條目總序	分類序號	鱗介屬類	類別	名稱	俗名（或轉音）	外型特色	捕撈食用記錄	藥用功能	引用經典	經典出處	國立本頁數
198	9	雜類	海禽	蛤雀	蛤雀	大如燕，背青腹白嘴赤。	能於大海沒水取魚。海人以是鳥之多少，驗其漁之豐歉。				110
199	10	雜類	海獸	膃肭獸	玉服獸	類狗而身大、毛短而硬，蒼黑黃白點點成文，目似貓，尾似鼈，足亦似狗，指駢如鳧，爪利如鷹出水則拳而不能伸。	故不能步其行，則臥而輒轉。常游於水，眠則必在岸上，獵者乘其時而捕之。其皮可作鞋鞍、皮囊之屬。	其外腎大補陽力。	本草，膃肭，一名骨豽，一名海狗其臍，一名海狗腎。寇宗奭云，其狀非狗非獸亦非魚也。但前腳似獸，而尾即魚也，腹脇下全白色，身有短密淡青白色毛，毛上有身青黑點，皮厚韌如牛皮，邊將多取已飾鞍韉即是也。我國稱海豹以其皮有斑如豹也。甄權云膃肭臍是新羅國海內外腎也，連而取之。唐書新羅傳云，開元中獻果下馬，魚牙、紬海豹皮。三國史新羅本紀亦載是事，即顧況送從兄史新羅詩亦云，水豹橫吹浪，皆可據也。然我國之人或指為水牛，此誤甚矣。	本草 寇宗奭 甄權 唐書新羅傳 三國史新羅本紀 送從兄使新羅詩	111~112
200	11	雜類	海草	海藻	沫	長二、三丈，莖大如筋，莖生枝，枝生條，條又生無數細條，條末生苲千絲萬縷，媌娜纖弱。	拔其根而倒，掛則恰是千條之楊柳也。潮至則隨波流動，似舞似醉。潮退則離披偃仆狼藉兮亂而色黑。有三種條末有物如小麥而中空者，曰蘼藻；其如荳豆而中空者，曰高勒藻，此二藻可茹可爨。其莖稍剛，葉稍大，色稍紫，條末大之物如大豆而中空者，曰大陽藻，不可食。十月生於宿根，六、七月衰落採而乾之，糞於麥田。凡海藻皆托根於石，而其所托皆有層次，不可相亂。潮退而視帶，帶成列此物在最下帶。	性皆甚冷，藉以為坐久而愈寒。	本草海藻，一名蕁，一名落首，一名海蘿。陶弘景云，黑色如亂髮。孫思邈云，凡天下極冷無過藻菜，即是也。但陳藏器云，大葉藻生深海中，新羅國葉如水藻而大，海人以繩繫腰沒水取之。正月以後有大魚傷之，不可取。然大葉藻是我國之產，然今所未聞也。	本草 本草陶弘景注 孫思邈 本草拾遺	112~113

條目總序	分類序號	鱗介屬類	類別	名稱	俗名（或韓音）	外型特色	捕撈食用記錄	藥用功能	引用經典	經典出處	國立本頁數
201	12	雜類	海草	海帶	甘藿	長一丈許，一根生葉，其根中立一幹，而幹出兩翼，其翼內緊外緩，罊積如印篆。	其葉似稻，正二月根生，六七月採。乾根味甘葉淡。於此其生與海藻同帶。	治產婦諸病無論。	本草綱目，海帶似海藻而粗，柔韌而長，主催生、治婦人病即是也。	本草綱目	114
202	13	雜類	海草	假海帶	甘藿阿子比	（內容略）	甚脆薄作羹甚滑				114
203	14	雜類	海草	黑帶草		其一黑如海帶，其一赤色，皆植根甚微，根葉俱無幹狀如黑繒帶長數尺。其一長二、三丈如絛帶，色黑，其生皆與海藻同帶，用處未聞。					114
204	15	雜類	海草	赤髮草		托石而生根生幹，幹生枝，枝又生條，色赤，千絲萬縷。	如今俗馬飾之象毛，其生與海藻同帶，用處未聞。				115
205	16	雜類	海草	地髮	地髮	（內容略）					115
206	17	雜類	海草	土衣菜		（內容略）					115
207	18	雜類	海草	海苔		有跟著石而無枝條，彌布石上而色青。			本草有乾苔。李時珍引張勃吳錄云紅離生海水中，正青似亂髮，皆海苔也。	本草綱目 吳錄	115~116
208	19	雜類	海草	海秋苔		（內容略）					116
209	20	雜類	海草	麥苔		（內容略）					116
210	21	雜類	海草	常思苔		（內容略）					116
211	22	雜類	海草	甕苔		（內容略）					116
212	23	雜類	海草	莓山苔		（內容略）					117
213	24	雜類	海草	信經苔		（內容略）					117
214	25	雜類	海草	赤苔		（內容略）					117
215	26	雜類	海草	菹苔		（內容略）					117
216	27	雜類	海草	甘苔		（內容略）					118
217	28	雜類	海草	紫菜	紫菜	有跟著石而無枝條，彌布石上紫黑色。	味甘美。		本草，紫菜，一名紫蔞，生海中附石，正青色，取而乾之，則紫色是也。	本草	118
218	29	雜類	海草	葉紫菜		（內容略）					118
219	30	雜類	海草	假紫菜		（內容略）					118
220	31	雜類	海草	細紫菜		（內容略）					118
221	32	雜類	海草	早紫菜		（內容略）					119
222	33	雜類	海草	脆紫菜	勿開朕	狀同葉菜，而生於土衣菜之間，性易敗，晒曝稍遲，色渝而赤。	味亦薄。				119
223	33-1		海草			以上諸紫菜修治之法，淘洗而酢去水，厚布於萑箔而晒乾			李時珍云，紫菜，閩越邊悉有之，大葉而薄，彼人採成餅狀，晒乾貨賣	本草綱目	119

條目總序	分類序號	鱗介屬類	類別	名稱	俗名（或韓音）	外型特色	捕撈食用記錄	藥用功能	引用經典	經典出處	國立本頁數
						者，俗謂之秧紫菜，言移秧時所需也。獨早紫菜做四方木匡，籍以笘沉水作片如造紙，俗謂之海衣，其海苔修治之法亦同。			之，今俗之海衣也。		
224	34	雜類	海草	石寄生	斗音北	大三、四寸，根生多幹，幹又歧而為枝、為葉始生，皆匾廣既壯，匾者圓而若中空，驟看似寄生，色黃黑。生在紫菜之上層。					120
225	35	雜類	海草	馬菱加菜		（內容略）					120
226	36	雜類	海草	蟾加菜	蟾伊加土里	根條歧生類石寄生面皆纖細，瀝瀝有聲，色赤。	晒曝日久則變黃，甚黏滑，用之為糊，無異麵味，帶如馬菱加菜同，日本人求買馬菱加菜及此物，商船四出，或言明糊於布帛。		李時珍云鹿角菜生海中石崖間，長三四寸，大如鐵線，分丫如鹿角狀，紫黃色，以水久浸則化為膠狀。女人用以梳髮，黏而不亂。南越志云，猴葵，一名鹿角，此云馬菱加、蟾加二物是鹿角菜也。	本草綱目　南越志	120
227	37	雜類	海草	鳥足草		（內容略）					121
228	38	雜類	海草	海凍草	牛毛草	狀類蟾加菜，但體匾而枝間有葉極細，色紫為異。	即夏月，煮已成膏，酥凝瀅滑，可噉者也。				121
229	39	雜類	海草	蔓毛草	那出牛毛草	細如人髮，枝峰糾纏，□□禁亂如鉤句出則混合成塊。	亦以作膏，不能堅凝如產石者也。紫生於綠絛帶之間，不著於地，依草而生。				121
230	40	雜類	海草	假海凍草		（內容略）					121
231	41	雜類	海草	綠絛帶	真叱	其根如竹，根生一莖，莖有節。寒氣始至，節生二葉，廣八九分，本末平正。至於葉齊水面而止，及至年久，莖成一絛帶面稍匾，下不豐上不殺，節不腫，方其欲葉也。末節豐大者，尺許，其上生葉如菖蒲，莖在中間，近末有穗實如稻禾。莖色青白，葉色青綠，俱鮮潤可愛，其長無定，隨水淺深。	產於沙泥相雜之地，葉間之莖，味甘。每風浪敗葉漂至於岸，以冀田燒之，取灰用海水淋遽亦可作鹽。其葉枯敗即成一絛白紙，鮮潔可愛，余意和糊及楮作紙則似好，但未試耳。				122~123

條目總序	分類序號	鱗介屬類	類別	名稱	俗名（或韓音）	外型特色	捕撈食用記錄	藥用功能	引用經典	經典出處	國立本頁數
232	42	雜類	海草	短綠帶		（內容略）					123
233	43	雜類	海草	石條帶	石真叱	葉細如韭，長四、五尺，無實。	產於海帶之間，甘而編之柔韌，可蓋屋。				123
234	44	雜類	海草	青角菜		根幹枝條頗似土衣草而圓，性滑色青黑。	味淡，可以助葅之味。五、六月生，八、九月成。				123
235	45	雜類	海草	假珊瑚		狀如枯木，有枝有條，皆杈枒。	頭折疊似石，叩之鏗然有聲，而其實則脆，彈指可碎，腫腫卷曲，寄古可玩。皮色真紅，其裏白，生於海水最深處，時或掛釣而上。				123~124

參考文獻

一　傳統文獻

〔漢〕戴德撰：《大戴禮記》（漢魏叢書本），第4冊，頁124。見《中國哲學
　　　電子書計畫》網站，網址：https://ctext.org/library.pl?if=gb&file=822
　　　79&page=124#%E7%BE%BD%E8%9F%B2%E4%B9%8B%E7%B2%
　　　BE%E8%80%85，檢索日期：2023年1月8日。

二　近人論著

黃麗生：《邊緣與非漢：儒學及其非主流傳播》，臺北：國立臺灣大學出版中
　　　心，2010年。

潘朝陽：《知性儒家：儒學儒教的知識之路》，臺北：臺灣學生書局，2021年。

丁明炫：《정약전（丁若銓，1758-1816）의자산어보에담긴해양박물학의성격》，
　　　首爾：首爾國立大學研究生院跨學科項目科學史與哲學碩士論文，
　　　2002年。

中野泰：〈海峽を越えた朝鮮半島の魚譜――神奈川大学日本常民文化研究
　　　所所蔵『茲山魚譜』の解題を中心に〉，《神奈川大学国際常民文化
　　　研究機構年報》卷5（2015年1月），頁195-205。

黃麗生：〈關於「邊緣儒學與非漢儒學：東亞儒學的比較視野（17-20世紀）」
　　　學術研討會的思考〉，《東亞文明研究通訊》第4期（2004年4月），
　　　頁47-49。

潘朝陽：〈庶民社會的儒家教化〉，《成大中文學報》第47期（2014年12月），
　　　頁285-326。

三　網路資料

蕭歆諺採訪撰文：〈古人瘋海產，十九世紀吃遍全世界？海產臺灣的百年歷史縮影〉，見中央研究院「研之有物」網站，網址：https://research.sinica.edu.tw/seafood-fishing-industry-salted-fish/，檢索日期：2023年1月8日。

《東醫寶鑑》（韓語：동의보감／東醫寶鑑），見《維基百科》網站，網址：https://zh.wikipedia.org/zh-tw/%E6%9D%B1%E9%86%AB%E5%AF%B6%E9%91%91，檢索日期：2023年1月8日。

《茲山魚譜》韓國國立中央圖書館所藏之國立本，見韓國國立中央圖書館網站，網址：https://www.nl.go.kr/NL/contents/search.do?resultType=&pageNum=1&pageSize=10&order=&sort=&srchTarget=total&kwd=%E7%8E%86%E5%B1%B1%E9%AD%9A%E8%AD%9C&systemType=&lnbTypeName=&category=&hanjaFlag=&reSrchFlag=&licYn=N&kdcName1s=&manageName=&langName=&ipubYear=&pubyearName=&seShelfCode=&detailSearch=&seriesName=&mediaCode=&offerDbcode2s=&f1=&v1=&f2=&v2=&f3=&v3=&f4=&v4=&and1=&and2=&and3=&and4=&and5=&and6=&and7=&and8=&and9=&and10=&and11=&and12=&isbnOp=&isbnCode=&guCode2=&guCode3=&guCode4=&guCode5=&guCode6=&guCode7=&guCode8=&guCode11=&gu2=&gu7=&gu8=&gu9=&gu10=&gu12=&gu13=&gu14=&gu15=&gu16=&subject=&sYear=&eYear=&sRegDate=&eRegDate=&typeCode=&acConNo=&acConNoSubject=&infoTxt=&fbclid=IwAR0ScCgBDwgv83WSrbdRxMRGVUbfEPtMvh-X9V3eyACIwttV_5wraIeaTko#!，檢索日期：2023年1月8日。

《茲山魚譜》首爾大學奎章閣所藏之嘉藍本，見首爾大學奎章閣網站，網址：https://kyudb.snu.ac.kr/main.do（首頁中搜尋：자산어보），檢索日期：2023年1月8日。

《茲山魚譜》日本神奈川大學日本常民文化研究所所藏之常民研本，見日本神奈川大學日本常民文化研究所網站，網址：https://kanagawa-u.repo.nii.ac.jp/?action=pages_view_main&active_action=repository_view_main_item_detail&

item_id=9561&item_no=1&page_id=13&block_id=21；http://icfcs.kanagawa-u.ac.jp/publication/nenpo/copy_of_report_01_05.html，檢索日期：2023年1月8日。

電影《茲山魚譜》（韓語：자산어보 Jasaneobo），見《維基百科》網站，網址：https://zh.wikipedia.org/zh-hans/%E8%8C%B2%E5%B1%B1%E9%AD%9A%E8%AD%9C，檢索日期：2022年6月4日。

臺灣魚類資料庫，見中央研究院生物多樣性中心臺灣魚類資料庫網站，網址：https://fishdb.sinica.edu.tw/chi/species.php?id=382728，檢索日期：2023年4月30日。

花嶼地方創生運作模式的建置

林暐凱[*]

摘要

　　在二十一世紀的亞洲國家，許多農村及鄉下地方的人口為求得更多翻轉人生的可能，前往大都市發展打拼，伴隨而來的卻是城市化過程讓城鄉發展不均衡等問題。二〇一四年的日本，地方創生一詞首次因「東京一極集中」被提出，地方創生所要呈現的效果主要是提升日本整體活力、鄉市人口平衡，讓地方活化轉型並發展特色產業，間接效果則是提升女性就業率、讓結婚生育安心而穩健全國總人口數。臺灣也有著與日本相同的問題，包括了臺灣總人口數減少、人口過度集中大都市、城鄉發展失衡等問題。行政院宣布二〇一九年為臺灣地方創生元年後，臺灣的地方創生如雨後春筍的逐一出現、百花齊放，在此之中也有許多的案例因政府政策因素、資金問題、當地居民與文化的衝突、創生方向錯誤所面臨到另一層問題與等不來的成功。澎湖縣望安鄉花嶼村目前實際居住人口為一百人左右，島上人口由漢人、原住民、東南亞多國外籍配偶所組成，人口樣貌以多元姿態呈現。花嶼的人口從頂峰時期的兩三千人至現在的百人，歸咎於曾經的漁業資源過度開發，後續因無魚可捕的問題，島民陸續移往臺灣本島。本文將探討位在臺灣海峽中央、離島中的離島，約莫一百人上下的三級離島花嶼，從花嶼的簡介—歷史—現今及碰到的狀況，並檢視花嶼的資源盤點，嘗試建構出一份屬於花嶼的地方創生模式。

關鍵字：澎湖、花嶼、地方創生、文化保存

---

* 　國立臺灣海洋大學海洋文化研究所碩士生。

Establishing a Model of Local Revitalization for Huayu, Wang'an Township

Lin, Wei-Kai[*]

Abstract

In the 21st century, numerous rural residents across Asian countries migrate to large cities in pursuit of greater opportunities for life transformation. However, this leads to issues related to urbanization, such as the imbalance in development between urban and rural areas. In Japan, the term "local revitalization" was first proposed in 2014 in response to the "Tokyo-centric concentration", aiming to enhance the vitality of Japan as a whole, balance the population between rural and urban areas, revitalize local regions, and foster the growth of unique industries. The indirect effects of this initiative include boosting women's employment rates, fostering a stable environment for marriage and childbearing, and maintaining the country's total population.

Taiwan faces similar issues, including a declining total population, excessive population concentration in major cities, and an imbalance in urban and rural development. After the Executive Yuan declared 2019 as the year of "Local Revitalization in Taiwan", various initiatives have sprung up like bamboo shoots

---

[*] M.A. student, Institute of Marine Culture Studies, National Taiwan Ocean University.

after the rain, each presenting unique strategies and goals. However, many projects have encountered additional issues due to factors such as government policies, funding difficulties, conflicts between local residents and cultures, and misguided directions in revitalization, causing success to be elusive.

The population of Huayu Village, Wang'an Township, Penghu County, is currently around 100, comprised of Han Chinese, indigenous peoples, and foreign spouses from Southeast Asian countries, displaying a diverse demographic picture. The population of Huayu has declined from a peak of two to three thousand to the current hundreds, largely due to overexploitation of fishing resources in the past. Subsequently, due to the absence of fish to catch, the islanders have gradually migrated to Taiwan Island. This paper aims to explore Huayu, an offshore island located in the middle of the Taiwan Strait with a population of approximately one hundred. Through reviewing the introduction, history, current situation, and challenges of Huayu, as well as evaluating its resources, the paper will attempt to construct a local revitalization model that is unique to Huayu.

Keywords: Penghu, Huayu, Local Revitalization, Cultural Preservation

一　前言

　　花嶼是澎湖縣最西邊的島嶼，也是全澎湖最後一個日落的地方。整座島嶼的地形在兩側較高，中部呈現較低的平坦地勢，唯一的燈塔聳立於西半部最高點。澎湖群島的各個島都以玄武岩為主，唯獨花嶼的地質構造安山岩為主，島上充斥著裸露在外經嚴重風化的岩石地景，具有獨特性。於明末清初時，首個發現花嶼的是個名叫李明元的福建人，之後長居島上並開荒墾殖。島上的人口曾在二次世界大戰後高達數千人，隨著漁業資源的枯竭，島上的居民陸續遷至臺灣本島，現今僅剩百人左右。目前島上的軟硬體設施與人口結構不利未來發展，因此面對島嶼轉型需擁有長遠的創生計畫。本篇論文的研究動機源於對花嶼未來發展的關注，筆者認為當前花嶼所面臨的情況在其他地方的偏遠島嶼都存在。研究目的是希望能提出一套適用於花嶼的長期發展策略，並希望這套策略能成為其他面臨類似挑戰的島嶼社區的參考。

　　前人的研究成果，主要在地理位置及離島旅遊、生態、人文教育、岩石與地質、產業等部分。

　　在地理位置與離島旅遊方面，花嶼地處澎湖本島最西端，經度：23°24'13N、緯度：119°19'20"E，將地圖拉至澎湖本島後，往西南方十八海哩即是花嶼所在的位置。花嶼屬於三級離島之一，也是整個澎湖群島中唯一擁有三級離島學校的島嶼。目前島上戶籍人數超過三百人，實際居住人數在一百至一百五十人左右，島上大多數的青年人口迎娶的都是外籍配偶，其中來自越南的外籍配偶是所有外配佔比最為多數的。秋冬季節，東北季風常態性造成之海況與天候不佳，不得不讓花嶼面臨到交通中斷的窘境。隨著海況不佳，運送物資的補給船隻也無法天天開航，在物資無法運補的情況下，導致生活不穩定之情況也是常有的事。也因交通問題島上的發展程度一直停滯不前，整座島嶼就如同時間停滯一般。施君翰等著〈離島休閒漁業地方創生景點遊程熱點規劃與旅遊策略之研究〉研究中提到，無論島嶼規模如何，他們的經濟都具有規模小、孤立、薄弱、以農業漁業為主要導向。島嶼通常會缺乏經

濟規模而處於不利的地位，而且基本上有更高的運輸成本，但也會有相應的補償成本，像是溫和與晴朗宜人的氣候、未受污染的原始環境、具吸引力且特別的景觀、更為緩慢的生活節奏、濃厚的文化和歷史。上述優點都為構成島嶼旅遊的吸引力，而活化離島觀光資源與結合地方創生增加就業並提升所得，從而促進離島的經濟和發展其最具體的方法是透過旅程規劃順序。[1]

在生態方面，花嶼四面環海，地形的高低起伏較少，植物生長的環境受降雨、強風、鹽等各項因素，稱得上是極為惡劣，草木生長不易，整體的植被面貌單一性強烈。雖說如此，但花嶼的蝴蝶種類卻是所有澎湖群島中最多的，分別為：弄蝶科兩種、鳳蝶科五種、粉蝶科六種、灰蝶科七種、蛺蝶科三種，根據研究顯示，這些蝴蝶是由臺灣本島飛行跋涉至澎湖群島。雖這些蝴蝶在臺灣本島都有，但在小小的一座海島上能一次擁有如此之多，也成為花嶼的特點之一。[2]花嶼旁有一座貓嶼海鳥保護區，也因此有時能一睹像是玄燕鷗、白眉燕鷗、鳳頭燕鷗、蒼燕鷗等臺灣本島較為少見的鳥類。整體來說花嶼的面積雖只與六福村一樣大，但因地形、氣候、地理位置等影響，造就出花嶼獨一無二的生態環境。[3]

在人文教育方面，花嶼地處偏遠，屬三級離島，交通與生活無法像臺灣本島一樣方便，教育資源上的不足也成為澎湖群島中唯一的三級離島學校——花嶼國小所面臨的挑戰。花嶼國小的教學完完全全屬於小班制教學，少至一人，最多三人，唯獨幼兒園人數偶爾會到達五人。學校前方就是一望無際的大海，因此海洋文化的教育方面也是花嶼國小未來可以朝向的發展目標。〈偏鄉地區國民小學轉型規劃——以澎湖縣花語國民小學為例〉中提到，花嶼國小的學童有著表達能力不足、學習動機弱、學習環境不佳等狀

---

1 施君翰等著：〈離島休閒漁業地方創生景點遊程熱點規劃與旅遊策略之研究〉，《休憩管理研究》第4卷第2期（2017年12月），頁31-54。

2 黃國揚：《小型島嶼動物生態：以蝶類為例：在九年一貫「自然與生活領域」課程中的應用》（澎湖：澎湖縣望安鄉花嶼國小，2006年），頁1-35。

3 黃國揚：《迎接燕鷗翔集的季節：認識澎湖的燕鷗：學習手冊》（澎湖：澎湖縣望安鄉花嶼國小，2006年）。

況，這些都是文化不利地區學童的學習特徵，所幸有花嶼國小熱心負責任的教師們，使用各種不同的手段與補救教學來讓學童在學習成效方面有明顯的提升。該作者提出了四項花嶼國小的轉型策略，包含了公辦民營實驗教育學校、混齡教學、發展為海洋特色學校、鹿樂專案。除了四項策略外，融入海洋文化教育成為花嶼國小的特色，能讓學童更親近花嶼，培養孩童「知海、親海」及「愛鄉、愛土」，增強對海洋生態的友善與海洋思想情感，還可順應新自由主義的潮流。[4]

在岩石與地質方面，花嶼屬於安山岩質火山岩組成的島嶼，是澎湖群島就地質來說最為獨特的，其他澎湖群島的地質皆為中新世玄武岩質熔岩流構成。〈花嶼火山岩特性〉該篇作者利用野外調查重新進行岩相學分析，並利用核飛跡定年測定花嶼火成岩的年代，得出花嶼是晚期白堊紀形成的火山岩體，以安山岩質的熔岩流與火山角礫岩為主的結果，同時也是目前臺灣海峽中唯一露出水面的中生代基盤。[5]

在產業方面，花嶼上絕大多數人口以捕撈漁業為主，大多漁場在距花嶼一小時的航程內。出海捕魚最好的時機在凌晨三時，原因是清晨五點左右魚類最會吃餌，在十二小時後的下午三點船隻會陸陸續續的回到花嶼。漁船回到花嶼後每家每戶會整理當日捕到的漁獲，分類、清洗、包裝並放入冷凍庫。隔日交由交通船運送至澎湖本島託人拍賣，或直接快捷郵寄給臺灣本島的熟客。夏季時漁民以捕撈小管為主，冬季時以土魟魚為主，在澎湖南方的島嶼都以此種方式維生。當地的漁民如漁獲量高時每個月都可以賺進幾十萬，每年平均在百萬上下。而漁獲量再怎麼少也能維持一個家庭的基本活開銷。有些島民則自己當船東，再另行雇用船員，而船員的每年收入也有四、五十萬元。[6]

4　王少芸：〈偏鄉地區國民小學轉型規劃──以澎湖縣花嶼國民小學為例〉，《雙溪教育論壇全國學術研討會會議手冊‧2017第六屆：跳躍與提升：教育的新契機》（臺北：東吳大學師資培育中心，2017年），頁237-254。

5　楊小青等著：〈花嶼火山岩特性〉，《經濟部中央地質調查所彙刊》第21期（2008年8月），頁143-164。

6　鄭同僚：《花嶼村2號：澎湖小島踏查筆記》（臺北：開學文化事業公司，2016年）。

本文使用田野調查法及 SWOT 分析法兩種研究方法。田野調查法是一種研究方法，可用於理解或描述人群。最早可追溯到一二○○年，由歐洲傳教士和探險家記載異域文化。一九二○年，瑪琳諾斯基（Bronisław Malinowski，音譯，1884-1942）將田野調查法定義為通過與當地人互動、生活在一起，以了解他們的風俗習慣與社會過程。進行田野調查前需做背景研究，並選擇接觸研究對象的方式。通常以深度訪談進行，要有傾聽技巧和引導對話能力。[7] SWOT 分析法由美國管理學教授韋里克（Heinz Weihrich，音譯，1928-）於1980年代提出，適用於企業、個人、產品和地區發展。SWOT 代表優勢（Strengths）、劣勢（Weaknesses）、機會（Opportunities）和威脅（Threats），分為內部優劣勢和外部機會威脅。本研究將用 SWOT 分析法研究花嶼地方資源，對其現況進行系統性客觀評估，以有效制定未來發展策略。[8]

二　花嶼的現況

（一）人口概況

1　人口結構分佈與外來人口

島上人口一直以來都並非固定數量，戶籍登記於花嶼的人口約三百多人左右，實際島上居住約為一百至一百一十人（包含外來人口）。十八歲內的兒童及青少年人數約為十名（花嶼上僅有一所國民小學，因此花嶼居民在國小畢業後就得離開花嶼前往馬公就讀國中及高中），[9] 而這十名兒童中本地人

7　Earl Babbie著，劉鶴群等譯：《社會科學研究方法》（臺北：雙葉書廊公司，2010年），頁419-471。

8　唐納文著：《艾略特波浪新論 SWOT新式分析：跳蛙現象與加拉巴哥症候群》（新北：經史子集出版社，2016年），頁25-27。

9　根據花嶼國小統計111學年度總人數為10人，幼兒園3人，國小7人。幼兒園的3人皆屬於隔代教養，父母都在外地工作。

口僅四人,另外六名兒童則是至花嶼國小教書的教師所帶來的。[10]在十八到四十歲的花嶼本地青壯年人口中,已婚人口佔八位,未婚人口約五至六位。島上除上述人口外皆為年齡偏大的中老年人口(40歲以上)。外來人口包含了警察、海巡、消防隊、新住民、國小教師,上述這些外來人口佔了現居花嶼總人口的四分之一,如扣除掉外來人口,則島上約為七十至八十人左右。唯獨每年的廟會或重大節情時,許多戶籍在花嶼或外地之親戚會返回花嶼參加各式慶典,此時的花嶼才會湧入大批返鄉的人口,返鄉之花嶼居民則都會住在親戚家中,每戶人家裡通常會設有多間雅房提供親朋好友來訪花嶼時居住。

2　生育率與婚姻

花嶼的生育率在二十世紀中後期的漁業資源枯竭後每況愈下,每年的出生人口通常不到十人,甚至會出現無新生兒的情況。早期因資訊較不發達,因此島上通婚的情況非常普遍,可說是整座島皆有血緣關係。後來資訊較為開放後開始有外籍新娘嫁入,越南、菲律賓、印尼等都有外籍配偶嫁到花嶼,只可惜最終能留在花嶼的外籍配偶少之又少,有許多外籍配偶成為新住民後選擇離開花嶼前往臺灣本島。花嶼的問題並非單純的生育率問題,而是婚姻上的問題,現今的花嶼已很少有島內通婚的情況發生,多數還是會與臺灣本島或外籍配偶結婚。當前的問題在於結婚後另一半通常會因為花嶼的交通與基礎設施落後而拒絕在花嶼上進行生活及生存的,最終只有夫妻二人的戶籍是掛在花嶼上,實際已搬離至馬公及臺灣本島。

(二)基礎建設

1　環島道路

如將花嶼以南北向來看,島上主要道路呈現四橫三豎的結構,島上多數

---

10 許多花嶼國小的教師因被分發至偏遠的花嶼,在有小孩的情況下會將小孩一同帶至花嶼國小就讀。

地區皆有路可達，路寬至少為兩米五以上的寬度，能夠通行各式交通工具。主線道路路面為水泥鋪裝居多，其餘支線一樣以水泥為主，有少部分路段為土路。村民多數以燃油機車為主要代步工具，多數機車老舊且無車牌，但仍然有村民購入較新的機車。島上還可使用的汽車不超過五台，包含了一台SUV、一台貨卡、一台垃圾清運車，其餘兩台不確定是否還能正常運行。近期澎湖縣政府有請台北的道路規劃公司至花嶼進行勘查，為花嶼打造新的環島道路，來串連花嶼的各個觀光景點。打造新的環島道路是政府的美意，但四散於島上的防禦牆，具備歷史文化及觀光價值，若要建設環島道路勢必得拆除或遷移部分防禦牆，因此這些防禦牆何去何從也是花嶼目前碰到的問題之一。

2 公共廁所

島上許多人家中是無廁所的，如有如廁之相關問題都得前往位於沿海地帶的公共廁所解決。[11]這些公共廁所是澎湖縣望安鄉公所所建造的，但這些公共廁所中似乎有佔用國有地之情形，因此財政部國有財產署南區分署有在其中一間公共廁所張貼公告，希望佔用國有地之廁所於期限內拆除，拆除期限雖為二○二二年六月三十日，但筆者於二○二三年四月十日到訪花嶼時該間公共廁所仍開放居民正常使用，（不經令人懷疑這些公共廁所是否有遵守拆除期限的問題，對於當地居民的生活與國家的財產管理都產生了一定的影響）。許多居民對於這些公共廁所的存在可能感到依賴，因為他們家中沒有私人廁所，需要依靠這些公共設施來解決生活上的基本需求。然而，如果這些公共廁所真的佔用了國有地，那麼遵守法律規定將成為一個迫切的課題。

針對這一問題，政府部門應該加強與地方政府的溝通和合作，尋求一個可以兼顧民生需求與國家法規的解決方案。例如，政府可以在短期內對這些涉及佔用國有地的公共廁所進行整改，將其合法化，確保民眾的基本需求得

---

11 花嶼舊港四周都是廁所，所有廁所的管線有設計過，並非直通花與舊港。每當下大雨的時候，山上的泥土或砂石及海上的漂流物會流進花嶼舊港中。

以滿足。同時，政府也應該積極推動住宅改善政策，為沒有廁所的家庭提供援助，讓他們能在家中安裝私人衛生設施。這樣既能保障居民的基本生活品質，又能減少對公共廁所的依賴，進而解決佔用國有地的問題。

另外，政府還需要加強對相關法規的宣導和執行力度，讓更多人了解國有財產的重要性和保護國有資源的責任。在這方面，媒體和民間組織也可以發揮積極作用，共同努力提高公眾對國有資源保護的認識，形成一個良好的社會氛圍。

圖1　廁所內部
資料來源：筆者拍攝／
2023年4月11日

圖2　橘色桶子為儲水桶
資料來源：筆者拍攝／
2023年4月11日

圖3　乾淨的小便斗
資料來源：筆者拍攝／
2023年4月11日

3　海水淡化廠、發電廠與清潔隊

宋楚瑜擔任中華民國臺灣省第一任省長時曾到訪花嶼，該次到訪對於花嶼的基礎建設有著顯著的提升，包含了基本的民生水電需求，像是淡水及電力的部分。目前花嶼上有著三個鄉公所的單位，包含了發電廠、海水淡化廠和清潔隊，這三個單位的工作都由花嶼村村民所擔任，發電廠與海淡機組各兩名，清潔隊基本上是兩人，但有時會有其他村民一同進行島上整潔維護。

　　島上有兩台海水淡化機組，但有眾多遊客到訪或重大節慶時仍然時常缺水，缺水的時段不固定（筆者在花嶼時曾在早上五點聽到村長以閩南語廣播海水淡化廠缺水的消息）。電力部分則相當充裕，家家戶戶都有數台冷凍櫃，天氣一熱冷氣則以不停機的原則不停運轉，[12]這也歸功於花嶼的電費相比臺灣本島便宜，每月僅需繳交四百元的基本費就可以獲得無限的電力。[13]不過每三日需更換至另一台發電機，時常在發電機組切換過程中有斷電的事件發生，斷電時長短則數小時至一天，長則有可能七至十天。[14]對停電及斷電一事花嶼居民早已習以為常，與臺灣本島相比，臺灣本島停電幾小時就能引發嚴重民怨，[15]甚至一舉登上新聞媒體版面，從此點來看花嶼居民對於生活的容忍度與臺灣本島民眾相比有著極大的不同。而一旦斷電，中華電信的微波基地台也將會無法使用，整座島上唯一能收到訊號的地方位在花嶼國小的升旗台上，升旗台上的微弱訊號來源於十七公里外的望安微波基地台。

（三）產業

1　漁業

　　目前花嶼的產業以漁業為主，可說是除了鄉公所的職缺之外，人人都以漁業為主，主要捕撈包括像是夏季的小管、冬季的土魠，或是紫菜與象魚等

12　近年來村民已建立環保意識，隨手關燈與關冷氣已有逐漸於花嶼落實。

13　張塵：〈澎離島自營發電廠「油蟲」弊案廉政署帶走2人〉，「Yahoo新聞」網站，網址：https://tw.news.yahoo.com/%E6%BE%8E%E9%9B%A2%E5%B3%B6%E8%87%AA%E7%87%9F%E7%99%BC%E9%9B%BB%E5%BB%A0-%E6%B2%B9%E8%9F%B2-%E5%BC%8A%E6%A1%88-%E5%BB%89%E6%94%BF%E7%BD%B2%E5%B8%B6%E8%B5%B0-%E4%BA%BA-111000360.html，檢索日期2023年4月29日。

14　劉禹慶：〈台灣最西島嶼花嶼村再傳發電機線路故障導致一半住戶無電可用〉，《自由時報》網站，網址：https://news.ltn.com.tw/news/life/breakingnews/4006547，檢索日期2023年4月29日。

15　潘才鉉：〈士林、社子地區晚間大停電　民怨：要漲價又要停電？〉，《經濟日報》網站，網址：https://money.udn.com/money/story/5648/7044536，檢索日期2023年4月29日。

高經濟價值魚種。島上幾乎家家戶戶都會擁有一艘漁船，花嶼的每日作息幾乎是全村統一，凌晨三四點漁船即會陸陸續續至花嶼周遭海域捕魚，漁船約在下午會回到花嶼處理當日所捕到的漁獲。處理完成的漁貨將冰在每家每戶的冷凍櫃中，主要會運送至馬公委託熟人進行拍賣，或直接以冷凍的方式寄送至臺灣本島的熟客家中。

圖4　花嶼新港中的船隻	圖5　即將回港的船隻
資料來源：筆者拍攝／2023年4月11日	資料來源：筆者拍攝／2023年4月11日

　　以漁業為主的花嶼居民普遍有著不低的收入，由於週遭的漁業資源豐厚，因此每日所捕獲的魚獲量都相比臺灣本島或馬公的漁民多出許多。根據花嶼島民所透露之收入，只要有出海捕魚，基本家庭三餐都可溫飽，每年年收過百萬是常有的事，生活算是過得非常滋潤。島上也能見到外籍漁工的身影，這些來花嶼的東南亞來外籍漁工每年年薪也有達到四、五十萬元左右，可說是相當優渥。

　　除了拿著優渥的薪資外，過著愜意的生活也是花嶼村民常有的事。島上的磯釣非常盛行，平時可以看到島上的村民拿著魚竿與保冰箱騎著機車在島上悠游，島上的各個角落都可成為他們釣魚的地點。除了磯釣外，村裡的婦女較少會隨船出海進行捕撈漁業，多在家中處理漁貨，或在沿岸採集海菜。

圖6　花嶼新港旁所捕獲的黑尾冬魚

資料來源：筆者拍攝／2023年4月11日

圖7　採集中的村民

資料來源：筆者拍攝／2023年4月11日

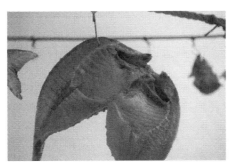

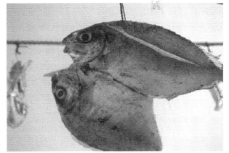

圖8、圖9　正在曬乾的象魚

資料來源：筆者拍攝／2023年4月11日

2　觀光旅遊

　　島上居民以漁業為主，觀光旅遊業同樣也以漁業為主。花嶼的磯釣活動除了受島上村民的喜愛外，許多來自臺灣本島的釣客也非常喜愛至花嶼進行磯釣活動，原因則是在花嶼進行磯釣的漁獲量遠高於臺灣本島，再加上花嶼的氛圍對於外地來的釣客非常友善，釣到的魚獲可從島上的民宿以極為便宜的價格寄至臺灣本島。

　　距離花嶼不遠處，有三座較大型的無人島嶼，分別是大貓嶼、小貓嶼、草嶼，這三座島平時是無人島。大貓嶼和小貓嶼（以下合稱為貓嶼）為海鳥

生態保護區，草嶼則為中華民國空軍靶場，貓嶼與草嶼未經許可是無法登島的，如要取得許可證則需要以海洋教育及生態教育等相關名義。雖規定為此，但平時還是會有花嶼的居民及外來釣客乘坐漁船前往貓嶼與草嶼進行磯釣等經濟作物採集活動。據當地村民所述，貓嶼和草嶼相比花嶼就磯釣來說，漁獲量會更為豐富，許多觀光客都會從臺灣本島遠赴貓嶼和草嶼進行磯釣活動，其中離貓嶼和草嶼最近的花嶼則成為這些磯釣客的基地。通常這些來自臺灣本島的釣客會先前往馬公乘坐交通船至花嶼，在花嶼安頓好後選擇隔日凌晨出發至草嶼或貓嶼，直到當日下午三至五點會再回到花嶼休息。這些釣客或漁民等不合法的行為也得到了政府的默許，如空軍要至草嶼進行炸射演練時，花嶼村都會有廣播提醒，草嶼附近也有會海巡及海軍的船隻進行戒護，以防其他船隻靠近。

花嶼的觀光產業除了磯釣外，近年來開始發展生態旅行，主要以體驗花嶼獨特的自然景觀與人文氣息。花嶼的自然景觀為生態旅行中的主要特點，其中包含了廣為人知的夫妻石、石觀音、西北岩石風化景觀區、仙腳印，除了這些自然景觀外，在日據時期遺留的花嶼燈塔、防禦石牆也頗具看點。花嶼上整座島並無沙灘，僅有幾處小型的石灘，除了石灘與人造防波提外，其餘都是岩石地形，也因此溯海、撿浮石、退潮時的沿岸漫步都是近年來花嶼所主打的生態旅遊體驗。

目前花嶼的觀光旅遊仍然以臺灣的釣客為主，進行生態旅遊的觀光客極少，這也歸咎於：一、馬公到花嶼的來回船班不穩定，此情況在有定期交通船後就一直頻繁的發生；二、基礎建設有待加強，時常停水停電的問題雖對村民不是困擾，但對於外來遊客卻是需要評估的事之一。

（四）教育

1　花嶼國小

花嶼國小是一所在花嶼上的國民小學，也是花嶼上唯一的學校，校園小而美，擁有兩棟宿舍一棟教學樓。教學樓中有完善的設備，廚房、幼兒園教

室、小學教室、圖書室、辦公室等，環境乾淨且整齊，於教學樓前方，有座小巧的升旗台。兩棟宿舍全數由花嶼國小的教職人員居住，房間為雅房的形式，整體建築以似工務所的組合屋為主，上下兩層皆有房間，洗衣房、廚房等設施齊全。近年因漁業資源枯竭，許多村民陸陸續續搬離花嶼，以致花嶼國小的學生人數都在十名上下，一一一學年的學生總人數（包含了小學部與幼兒園部）僅有十名，教師與學生人數比為一比一。

表1　花嶼國小104學年度至111學年度學生人數

學年度	一年級	二年級	三年級	四年級	五年級	六年級	幼兒園	總人數
111	1	0	1	0	3	1	3	10
110	0	0	0	2	1	3	3	9
109	0	1	2	1	3	0	1	8
108	1	2	1	0	2	0	1	8
107	2	1	2	0	2	0	1	8
106	1	2	0	2	0	1	3	9
105	2	0	2	0	1	2	4	11
104	0	2	0	1	2	2	5	12

圖片來源：花嶼國小網站

2　數位教學

今非昔比，國家的政策朝向數位化邁進，人人有平板、班班有冷氣的政策對位處三級離島的花嶼國小來說是個反效果較大的例子。花嶼國小的教師相當反對教育部推動數位教學，這些教師認為小孩應該了解科技產品只是一種將事情化繁為簡的手段或輔助工具，而並非學習的全部。花嶼有很多的地質、岩石、廟宇、鄉土特色，還有獨特的海洋文化，在近年都逐漸淡化。至花嶼國小任教的教師幾乎都並非花嶼人，約莫在千禧年之前，小朋友會三五

成群的詢問老師，在下課後要不要一起去抓魚？帶領著遠赴花嶼教書的老師去岸邊抓魚玩水，到後來演變成老師帶領小朋友去花嶼的沿岸抓魚。科技當道的如今，花嶼國小的老師仍然會帶領著學生去海邊進行海洋文化體驗，像是抓魚等獨特的在地文化，但學生的意願卻明顯低落。科技設備所帶來的影響，在花嶼上不容小覷，小朋友在學校時常使用平板上課，而回家則沉迷於手機上的遊戲、抖音和短影片等，而這些學生對於在地的情感連結，似乎逐漸遠行。花嶼國小的黃國揚主任認為學生應該對於家鄉有著更深入的了解，如個人有興趣則可以將這些花嶼特色呈現於電子設備中，而非將平板視為學習的全部，使用此方法更能更好的增加學生的學習成效，也能讓學生理解科技在實務上的應用。

事情為一體兩面的情況再正常不過了，班班有平板的政策帶給花嶼國小的學生不同的上課方式，由於花嶼國小的學生時常離開花嶼到外地進行比賽或校外教學，出門在外使用平板上課也相當方便，尤其是冬季時碰上大風大浪，交通船無法開航，滯留於外地時，平板就能派上用場。

圖10　花嶼國小使用觸控螢幕上課　　圖11　花嶼國小的平板保管箱
資料來源：筆者拍攝／2023年4月11日　資料來源：筆者拍攝／2023年4月11日

3　特殊課程

早期，花嶼國小會讓小朋友在課後繼續留下，老師也都盡心盡力的輔導

小朋友。現在政府為縮短城鄉差距，開辦了夜光天使點燈專案計畫，[16]讓小朋友留下來寫作業或學習其他技能，技能的部分由島上的老師教導，像是直笛、烏克麗麗、唱歌等。其中有幾個小朋友直笛技巧高超，甚至代表花嶼國小出去比賽。而身為一座小型海島，幾乎全數花嶼人都會游泳。花嶼國小的游泳課並非在游泳池中上課，而是在花嶼舊港進行教學，天氣好時會前往馬公由專業的游泳教練進行教學。花嶼國小的鄉土課程也是該校極為富有當地特色的課程安排，其中一堂課為海蝕洞的解說，來回的路會因為潮汐變化時有時無，而當無路可走時就必須由老師帶領小朋友游泳回學校。除了海蝕洞的課程外，該校每年也會承辦登貓嶼或草嶼的活動，這些活動也提供外人參加，每次約六十個名額，幾乎兩週之內都會報名額滿。

4 升學

當地孩童於花嶼國小畢業後通常會至馬公國中繼續就讀，馬公的生活對於純樸花嶼小孩來說就如同花花世界一般，豐富的世界也是他們學習的來源，整體視野及交友廣度皆為提升，如家長沒有繼續陪同與督導，小朋友很容易因此迷失。高中部分分為兩校，馬公高中與澎湖高級海事水產職業學校（以下簡稱澎湖海事）。通常這兩校也是繼續升學與否的分水嶺，就讀馬公高中的通常會繼續升學，而就讀澎湖海事的畢業後則會選擇當兵或直接進入職場。就讀馬公高中的花嶼學童相比澎湖海事少上許多，繼續升學的更是少之又少，澎湖雖有國立澎湖科技大學，但更多學生會選擇前往臺灣本島就讀大學。

5 視野提升

花嶼國小目前每週皆會安排視訊教學，與臺北的建國中學合作，讓優秀的高中生在每週三下午為小朋友進行多方教學，除此之外也有菲律賓籍的外

---

16 夜光天使計畫為教育部補助各直轄市、縣（市）政府所屬國民小學計畫，除提供講師及臨時人力、志工等人力來照顧學童外，並提供夜間膳食，讓經濟弱勢學童受到完整的夜間課後照顧服務。

師每週到花嶼進行英文教學，在暑假時則會有國際學伴到花嶼進行交流，而一但有外國人登上花嶼時小朋友也會很興奮，這種現象可能反映出這些小朋友渴望擴展他們的社交圈子，增加他們的社會網絡和人際關係資本。上述這些新穎的教學方式尚未出現學習成效，但學習廣度已呈現。該類教學可以讓小朋友知道有很多不同的學習方式，與不同人的交流已漸漸的提升了孩童的視野。

6　學生生活及海洋文化

　　早年婦女會帶下了課的小孩去海邊撿紫菜，這樣的互動方式可以增加親子關係外，還可讓小孩接觸到海洋經濟產業以及海洋文化。早期能讓小孩與父母一起體驗這些活動也歸功於當時的高生育率，生育率低落的如今，每個父母都把自己的孩子當成寶，也因為這樣，花嶼的小孩錯失了很多花嶼獨特的海洋文化體驗。上述的困境除了花嶼的海洋文化的流失外，就連同小孩放學是否回家或繼續留校都成為一個爭議，父母因從事漁業活動，每日都很早起外出工作，也因此晚上的睡眠時間也提早了許多，如此的作息讓親子之間的相處時間變得少之又少。花嶼國小的夜光天使計畫原是好意，為提升花嶼國小學生的知識豐富廣度及監督課程作業書寫，但學生父母更希望每天回家後能與自己的孩子相處，因此就產生了矛盾，甚至下課時間一到家長就立刻把小孩帶回家，不忍心讓小孩繼續留在學校。島上的家庭有些屬於隔代教養，其他雖是由父母照顧，不過小孩如回家後的時間都是自己在玩手機，其實只是人在家人身旁，互動的部分還是若有若無的樣子。其實花嶼的小朋友相比都會區的孩子，學習動機還是較為缺乏，必須要有老師在旁不停督促，學習成效才會更好，因此筆者對於花嶼國小熱心的教師感到無奈，原本的好意變為剝奪親子相處時光的原罪。

（五）交通

1 交通船

花嶼對外的唯一交通是來回馬公的交通船，每日有兩個來回的航次，分別是：一、早上六點半從澎湖馬公光正碼頭出發，約七點半到花嶼，停靠三十分鐘後，於八點整從花嶼開回馬公；二、下午兩點從馬公光正碼頭出發，約三點到花嶼，停靠三十分鐘後，於下午三點半從花嶼回馬公。每年承包交通船的廠商不固定，二〇二三年是由新揚十八號所承包，[17]超過六級風就會停航，五至六級風則由船長決定是否開船。據村民所述，新揚十八號相較於之前的交通船廠商已經更為頻繁地行使了，與之前的廠商相比有很大的進步。票價部分單趟全票為兩百五十元，半票一百二十五元，花嶼居民單趟為五元。除固定航次交通船外，設籍在花嶼村的民眾還可以以單程六千兩百元的費用進行船隻租借（租借船隻須以民眾特別需求為限，緊急醫療後送者不予收費。緊急醫療需衛生所聯絡支援）。在現今科技發達的年代，如需來往花嶼和馬公之間，可先從臉書粉絲專頁澎湖縣望安鄉公所得知隔日的船班是否有開航。[18]

不論是村民或是外來遊客都是以乘坐交通船為主，不過每年冬季時由於浪況不良，時常有交通船停航的消息，因此衍生出兩種前往馬公的方式：一、乘坐漁船至馬公，在浪況不佳時乘坐漁船是非常危險的，早期常有人因乘坐漁船而落水失蹤，以至於每當要乘坐漁船時，須先簽下切結書，而海巡是否放行就成為其中一個不確定因素。通常花嶼的海巡會放行，但馬公這邊的海巡放行機率就相對低許多了，如有放行都會進行拍照記錄與口頭警告；二、由光正輪進行補給及運送，光正輪較能承受大風大浪，因此花嶼有個機制，只要一般的交通船停航七到十日，花嶼村村長就可請光正運補船進行支援。[19]

---

17 新揚18號建造年月為2012年4月，最大乘客數為60人，總噸位為19.29噸。

18 Facebook望安鄉公所粉絲專頁網址：https://www.facebook.com/WanganGov。

19 劉禹慶：〈花嶼斷航20餘日旅遊處簽開口契約大噸位數船隻支援〉，《自由時報》網站，網址：https://news.ltn.com.tw/news/life/breakingnews/3339980，檢索日期2023年5月4日。

圖12　新揚18號

資料來源：筆者拍攝／2023年4月12日

2　島上交通

　　島上的交通以白牌燃油機車為主，其次則是步行，而汽油自小客車數量最少。花嶼村民會選擇燃油機車的原因不外乎於維修方便及省錢，島上大約有三到四位村民能夠進行機車維修，如有大問題的話則會運送至澎湖馬公進

圖13　花嶼上的新機車[20]

資料來源：筆者拍攝／2023年4月12日

20　圖片機車為SYM 4mica，該車於2021年10月6日發表

行維修。運送機車至花嶼的過程也非常有趣，全程需使用人力進行上下船的動作，通常會由四五名壯漢將整台機車移動至船上，與機車重量相差無幾的冰箱或其他大件貨物也都是以同樣方式運送。倘若遊客至花嶼遊玩，也可與有提供機車出租的民宿租借，只要付錢即可將車機騎至島上的各個角落，也無需押證件或簽署其餘文件，行事作風實屬隨性，與其他地方的租車業者與眾不同。

3　直升機停機坪

冬季時因風浪強勁，許多時候船隻無法航行，這時如果有傷患需進行緊急救助時，則會搭乘直升機前往馬公或臺灣本島進行醫療程序。船無法開時則會改用直升機進行傷患運送。

（六）生態

1　動物

花嶼上體型較大的哺乳類動物僅有兩種，分別為常見的貓和狗。狗為圈養和放養，分為品種犬和混種犬，幾乎每隻狗都異常的肥胖，體型相當驚人。島上約有數十隻流浪貓，每隻貓的毛色均不規則，平時白天會躲於陰影處，傍晚時分島上的居民會將剩菜以拋灑方式進行投餵，時間一到貓都會聚集於村落中的一處，等待餵食。而在投餵的過程中也能明顯看到投餵者會將食物平分給所有貓，以防止搶食等不良行為。島上除了常見的貓狗外，島上其餘的動物就屬鳥禽類生態最為豐富。有像是野生的戴勝、玄燕鷗、白眉燕鷗、白鶺鴒等，還有聚落中眷養的賽鴿、雞隻。

根據數據統計，整個花嶼的蝴蝶種類是澎湖縣中最多的，高達三十四種，與澎湖第二多的馬公有巨大差異（據統計馬公有25種蝶類）。而這三十四種蝴蝶在七個科中，就包含了五個科，分別為弄蝶科、粉蝶科、鳳蝶科、

灰蝶科、蛺蝶科。[21]花嶼國小曾發行多本關於花嶼相關的生態書籍，且從花嶼國小畢業的學童也都具備導覽花嶼的能力，面對豐富的鳥類及蝶類生態也讓面積不大的花嶼具有賞鳥和賞蝶旅遊的發展可能性。

圖14　花嶼上的鴿舍

資料來源：筆者拍攝／2023年4月10日　　資料來源：筆者拍攝／2023年4月10日

圖15　停於新揚18號休息的賽鴿

2　植物

銀合歡為島上最常見的植物，大面積覆蓋整座島嶼。島上除了北面的廣闊草原外，放眼網去全為銀合歡，而不同季節的銀合歡也呈現出不同的景觀。

圖16　從花嶼燈塔俯視整面的銀合歡

資料來源：筆者拍攝／2023年

---

21 黃國揚：《小型島嶼動物生態：以蝶類為例：在九年一貫「自然與生活領域」課程中的應用》（澎湖：澎湖縣望安鄉花嶼國小，2006年），頁13-15。

（七）氣候

　　花嶼氣候與其他澎湖地區整體相同，澎湖位於亞洲大陸邊緣，氣候深受大區域的氣候影響，其澎湖的氣候具有：一、氣溫適中，澎湖地區的年均溫達到攝氏二十三度，但地形缺乏良好的植被，在夏季陸地容易因日照而加溫，讓人感覺燥熱，冬季在強大的東北季風吹佛下，使人體的感覺溫度約低於實際溫度；二、雨量稀少和蒸發量高，澎湖的島嶼小及島嶼海岸線由海崖或碎石堆、海蝕平臺、珊瑚礁組成，所以近百餘座的島嶼中，無法自然形成河流及湖泊。降水來源為雨水，平均年降雨量約一千公釐，但由於氣候因子的影響，水的蒸發量高達一千六百公釐；三、冬季風大與海相不穩，因強勁的季風是澎湖特殊的自然現象，當秋末冬初的東北季風通過管狀的臺灣海峽時，風力加速，使得澎湖冬季經常籠罩在強風之下。因地形缺乏天然屏蔽，澎湖冬天的風相當大。夏天時，亞洲的季風改由太平洋吹向亞洲大陸，澎湖的風向因而轉為南風，風速較為和緩，但也常有颱風的侵襲。[22]

　　花嶼的氣候和臺灣及馬公相比，體感溫度更高，這可能與花嶼的地理位置和村落位處花嶼南面不易受風影響有所關聯。冬季的花嶼有許多時候不會使用到外套及長袖，甚至有當地居民整年度都穿著短袖和短褲。如要查詢花嶼的天氣，截至目前為止使用 Windguru 查詢是最為方便的，網頁中的資訊清楚明瞭，也可由網頁中的潮汐功能預判未來的海況，藉此判斷交通船是否會開航，算是非常便捷的天氣預測網站。[23]

---

22 黃國揚：《小型島嶼動物生態：以蝶類為例：在九年一貫「自然與生活領域」課程中的應用》（澎湖：澎湖縣望安鄉花嶼國小，2006年），頁53-54。

23 Windguru預測花嶼的天氣可於下列網址查詢：https://www.windguru.cz/24/969。

三　花嶼的困境與挑戰

（一）人口無法回流

　　近年來花嶼的人口在九十至一百二十人左右，年輕人在花嶼國小畢業後大多都會選擇前往臺灣生活，返回花嶼的年輕人少之又少。待在花嶼的年輕人從事的都是較為新穎的觀光業，像是民宿和觀光漁業等。探討花嶼人口無法回流的原因包含了：

1　缺乏醫療資源

　　花嶼村所配置的醫療資源包含了一位護理師及一位醫生，平時值班的僅有護理師一人，醫師則是在望安鄉的所有島嶼進行巡迴看診。花嶼島上的醫療空間及設備簡陋，因此患者有較為嚴重的疾病時，就需乘坐交通船或直升機至馬公就診。

2　基礎設施不足

　　即便望安鄉公所和澎湖縣政府一直以來都有對花嶼進行建設，但島上的海水淡化廠、簡易發電廠等都頻繁的狀況百出。該島的基礎建設對於世世代代住在花嶼上的民眾已習以為常，不過對於在其他地方生活的居民來說，花嶼的基礎設施屬實有很大的加強空間。如此的情況也導致花嶼居民逐漸離開，而外地的居民也因此不願前往花嶼，改善基礎設施為花嶼目前最為重要的一大要點。

3　經濟機會

　　臺灣本島擁有更多元化的就業機會，由於城市中各種產業聚集，尤其是在第二產業和第三產業方面，提供了大量的工作機會。相較之下，花嶼的經濟主要依賴漁業，產業結構單一，就業機會有限。因此對於追求更好職業發展的年輕人來說，臺灣具有較高的吸引力。其次臺灣的薪資水平普遍比花嶼

更為穩定，由於臺灣的經濟規模和產業發展水平較高，企業和機構往往能夠提供較高及穩定的薪資待遇。而花嶼的漁業收入可能受天氣、環境和市場需求等因素影響較大，收入較為不穩定。此外，臺灣的社會資源和網絡對於個人的職業發展也有莫大的幫助。臺灣本島有較多的行業組織、商會和專業團體，這些組織網絡有助於個人建立人脈、擴大業務和提升專業技能，而花嶼在這方面的資源相對匱乏。

4 社會融入

臺灣和花嶼的生活節奏與習慣有很大差異，臺灣生活節奏較快，競爭激烈，而花嶼生活相對較悠閒，人際關係更為緊密，適應新的生活節奏可能需要時間。在臺灣生活的花嶼居民第二代或第三代可能已經完全融入臺灣的都會生活，對於花嶼的傳統生活方式和漁村文化缺乏認同感，不願回流。其次則是花嶼仍以老年人口為大宗，這些高齡的長者掌控花嶼的一切，年輕人若回鄉也僅能聽從長輩的建議，話語權較少。這對於花嶼的年輕一代來說，可能造成了一些困擾和挑戰，如此一來返鄉意願就減少許多。

5 生活品質

在臺灣本島生活，可以感覺到生活體驗是良好的，線上購物、夜市、餐廳、百貨、交通網路等都是現代人生活的一部分。花嶼的居民相對生活條件艱辛，除了水、電、通信訊號不穩定外，島上也沒有娛樂和消費活動。當年輕的花嶼居民來到臺灣後，很難不被臺灣的便捷生活所吸引，而一旦習慣了臺灣的生活後，要再選擇回到花嶼居住時，就相對困難許多。

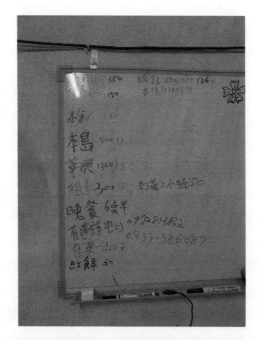

圖17　花嶼民宿提供的服務項目及價格

資料來源：筆者拍攝／2023年

（二）欠缺基礎設施

　　花嶼的基礎設施欠缺可從多方面來說，在這之中包含了村民的態度、村長和鄉長的派系、花嶼的地理位置等。花嶼國小的現任校長許慧晶曾表示能留在花嶼任教的教師，都明顯比其他地方的教師更能吃苦、心態也更健康。花嶼的基礎設施與生活條件極為困苦，曾讓許多來自他鄉的教師待不到一天就選擇離職，花嶼國小即便開出高薪（幼稚園教師開出高達每月五萬多的薪資）也很難招聘教師。可以從上述事件中得知花嶼欠缺基礎設施的嚴重性，島上的建築物或公共設施目前有以極緩慢的速度在進行更新，整體生活水準彷彿還停留在戰後初期般。

　　現代臺灣人的生活過得相當滋潤，可謂是飯來張口茶來伸手，基本民生

設施都有良好的供應，水電穩定供應、密集的便利商店可供民眾採買基本的民生物資，又或是享受 5G 帶來的超高網速。花嶼的生活就明顯與臺灣有著很大的不同，乾淨的淡水只要島上人多一點就沒了，如沒水了村民就得跑去花嶼國小的井提取具有鹹味的淡水（花嶼國小擁有花嶼唯一還在使用的水井，因離海很近，所以井水有混到海水），電也不是天天都會有，跳電及停電的狀況頻傳，網路及通訊信號緊靠著一座中華電信的微波基地台做收發，只要發電機組停止運轉，花嶼的訊號就難以發出。花嶼的生活就是這麼的不方便，停水停電的情況轉變之快速，原本的風和日麗轉為灼熱無比僅需要一場停電，停水會導致人們無法進行個人衛生和環境清潔，從而增加疾病傳播的風險。世代生活在花嶼上的村民以習以為常，罵歸罵、抱怨歸抱怨，卻始終沒有大幅度的改善，在這其中，村民的習以為常就成了花嶼無法進步的原因之一。花嶼上的居民並沒有太多經濟上的問題，如前一節所述，從事漁業的花嶼居民其實都有著蠻不錯的收入，而不願意建設家鄉也可歸結於以下幾點：一、通常島上的房子都由老一輩居住，年輕人僅在節假日或重大慶典時才回花嶼，因此利用率低；二、已對於目前生活習慣，不認為需要再對家鄉建設；三、花嶼並不具備不動產買賣機制，島上至今幾乎沒有不動產（房屋、土地）買賣的案例，這些因素共同形成了花嶼目前停滯不前的現狀。要讓花嶼走向改變，首先需改變村民的觀念，讓他們意識到改善生活環境對未來世代的重要性。其次政府和相關部門應積極投入資源，為花嶼的基礎設施建設提供支持。

（三）觀光資源薄弱

目前花嶼的觀光旅遊仍然以釣魚客為主，進行生態旅遊的觀光的遊客少之又少。關於花嶼的觀光資源，筆者認為基底不差，島上有著許多富有當地特色的景點，像是許多石像、歷史遺跡等，或是有些場景是花嶼獨有的，例如花嶼北面有起有伏的大草原，或者從花嶼燈塔俯視整片金黃色的銀合歡，每個季節的花嶼都有著千變萬化的地景面貌。生態豐富且景觀動人的花嶼在

環境和自然資源有著很大的立足點，可像是以下幾點先天性的缺失及後天的不思進取是觀光資源：

1 先天性的缺失

一、交通不便：花嶼不論從馬公或其他地方前往都有著不短的航程，要前往花嶼目前只能以搭船的方式前往（乘坐直升機前往不在正常範圍），而海況不佳時交通船即停航，每日僅兩班六十人的交通船會讓人較為卻步，再加上有時因早上和下午的天氣狀況不同因此變為每日僅一班的交通船。通常交通船上會放一些補給物資及旅客行李，乘客座位數量有限，目前雖尚未發生滿位的情況，但人數一下增加過多則會有客滿的問題，而臺灣有著為數不少的旅客會有暈船的症狀，一小時的航程加上澎湖的激烈海況則會對許多旅客有著勸退的效果。

二、經濟發展較晚：經濟發展水平高的地區通常擁有更多的資源和設施，可以更好地支持觀光業的發展。其中一個導致花嶼經濟發展緩慢的原因是人口稀少，島上老人佔比過半，缺乏年輕人口，整體島嶼的發展步調緩慢。

三、島嶼規模過小：花嶼面積如同臺灣的知名遊樂園六福村，島嶼規模較小，能夠進行發展的區域較為受限，連同經濟的多元性較低。規模小的島嶼往往與外界的交流較為困難，國際交流有限的情況下，會連帶對當地的文化、經濟發展和旅遊業發展帶來影響。

2 可加強的部分

一、基礎設施不足：目前島上的建築物因草嶼為空軍靶場的原因，爆炸波常會影響到花嶼，將島上的建築物震裂，再加上村民對於自家的需求簡單，通常以能正常生活就好，因此不願意投入資金整修島上建物。發生機率很高的停水停電雖對於村民以習以為常，但是卻會大幅降低觀光客來訪的意願。

二、缺乏觀光資源統整：花嶼附近有著許多島嶼，不論是有人島或無人島，都可以進行觀光資源整合，像是貓嶼和草嶼及南方四島。單就花嶼的景

點來說，過去有出過精緻的旅遊手冊，但在科技世代中尚未有完整的電子化的旅遊導覽簡介，傳播媒介的缺乏，也成為花嶼在旅遊行銷需改進的一部分。

三、旅遊配套周邊尚未完善：交通、住宿、購物、餐飲、娛樂配套皆不完善。島上的住宿都以民宿為主，民宿品質參差不齊，有可能是主要客群為釣魚客，因此民宿房間中除了一塊床墊外並無其他物品及空間，可說是極簡至極，如要洗漱只能步行至附近的澡堂進行，如有如廁部分的需求則得前往海邊的公共廁所。餐飲部份基本上都是民宿老闆會自行開伙，家常菜為主，花嶼雖以漁業為主，但大魚大肉的情況很少，高經濟價值的魚種在花嶼上要吃到並非易事（緣由是花嶼村民覺得高經濟價值的魚種賣到馬公或澎湖本島有著更好的價錢，因此島上能吃到的魚有些甚至是從北韓以極低的價格進口的）。除了幾家民宿有供餐外並無其他餐廳，因此外來遊客要解決飲食需求也是個問題。而島上的消費除了雜貨店外並無其他可以消費的地方，雜貨店的品項也都是日用品、飲料、洗漱用品為主，並沒有提供紀念品及伴手禮的販售。

四　花嶼地方創生運作模式的建置

（一）花嶼地區資源盤點與 SWOT 分析

從地理位置、地形地貌、自然環境、人文歷史等多個方面來看，花嶼都具有獨特的特色和豐富的資源，這些資源對於花嶼的發展和未來有著重要的影響。因此，在進行花嶼的資源盤點時，需要全面了解這些資源的性質和特點，並且將其與花嶼的發展現狀和未來需求進行結合，從而制定出合理的發展策略和規劃方案。以下分為自然資源、人力資源、社會資源、經濟資源、基礎設施、文化歷史資源六類進行盤點：

1　自然資源

　　花嶼的交通從古至今都相當不便，島上許多地方都尚未有開發的痕跡，也因為這樣很多獨特的自然資源都被保留下來，而自然資源又被分為地質景觀和生態兩類。地質景觀最有名的莫過於夫妻石，一對男女聳立於花嶼新港前，只要乘船前往或離開花嶼時都能見到，如同花嶼的吉祥物。除了有像人的夫妻石外，也有像是猴、鴨、獅、狗等動物造型的石頭。花嶼上沒有沙岸，所有的海灘都為石灘，分別為石人灣海灘與五股灣，海灘上佈滿了原形礫石，宛如成片的西瓜長滿海灘。生態部分則以鳥類及蝶類為主，在島上擁有豐富的蝶類和鳥類可供觀賞，不同季節還可隨著島上的銀合歡有截然不同的景色，冬季為金黃色，夏季則為草綠色。

2　人力資源

　　這關乎於花嶼的工作機會，除鄉公所的幾個職缺外，花嶼可說是幾乎沒有工作機會，缺乏工作機會的情況下，大部分年輕人都選擇離開花嶼前往馬公及臺灣本島尋找就業機會。年輕人離開後，島上最多數的就屬老齡人口為主了，島上的老人與年輕人為三比一，而第二大的群體則是外來人口，在此所述的外來人口包含了海巡、警察、教師等公家機關人員，而這些外來人口的人數比例佔了花嶼的四分之一，約為三十人左右。整座島嶼可說是以老年人口為主，大多數都為半退休狀態，日常以捕撈漁業為大宗。

3　社會資源

　　當交通船停靠於花嶼新港時，碼頭上可說是人滿為患，好似島上一半的人口都聚集到了碼頭邊。船上滿滿的貨物會依靠花嶼的壯丁以接力的形式傳遞到碼頭上，其餘的婦女和老人家則會將運補的貨物搬運至自家的交通工具上，由此可知花嶼上的居民是有一定的團結性的（整體花嶼村落的居民在平時雖有著兩大派系之分，但島上如有需要幫忙的地方仍然會互相幫助）。居民的團結性可歸結於島上的人口稀少（約100～110人），在花嶼常住的居民

幾乎都是認識的,有些還有一定程度的血緣關係(早期的通婚)。就社會組織而言,學校、公廟、環保單位等,可以說是應有盡有,雖然規模很小,但對於面積不大的花嶼算是很夠用了。

4 經濟資源

若以漁業資源來說,花嶼周邊海域富含豐富的海洋生物資源,包括各類魚類、海菜等對於島上居民來說具有很高的經濟價值。然而,由於交通不便、市場規模有限,漁業收益和臺灣其他地方相比尚不能充分發揮。此外,島上農業發展相對有限,主要以種植少量的水果、蔬菜為主,主要用於自給自足。在發展旅遊業方面,花嶼擁有獨特的自然景觀和生態環境,具有一定的發展潛力。然而,目前旅遊業尚未完全發展起來,需加強宣傳和提高旅遊服務質量。

5 基礎設施

目前(2023年)島上擁有發電廠、海水淡化廠、中華電信微波基地台等基礎民生設備,最為關鍵的則是島上的簡易發電廠,該發電廠的形式為輕油發電廠,擁有四台機組,裝置容量為1.1MW,切換機組時發生跳電的機率不小,連帶會產生出海水淡化機組和微波基地台無法運作(海水淡化機組與微波基地台皆需電力)。除了水電與信號時常無法正常運作外,花嶼上的公共安全設施配置與其他離島並無太大區別,警察局、消防局、海巡、診療室皆有。花嶼除了上述常見的基礎設施及單位外,島上的公共廁所也是一大特色,花嶼的發展歷史較早,島上很少家庭有私人的廁所,近年來望安鄉公所於臨海道路旁建設多間現代化的公共廁所,這些公共廁所除了提供遊客使用外,主要還是供村民免費使用。

6 文化歷史

放眼整個澎湖,花嶼的發展並不久遠,約在十八世紀末至十九世紀左右,才有先民開墾的紀錄。在日治時代,日本人在花嶼建立了提供照明的花

嶼燈塔和抵禦外敵的石堆防禦牆，這兩項歷史景點在現代有著良好的保存，同時也是花嶼的熱門觀光景點。近代的花嶼信仰文化主要為島上新建的天湖宮為主，新建的廟宇氣勢滂薄，裡面供奉著一百尊左右的神明，主神為魯王爺。

表2　花嶼地區的觀光資源盤點

類別	項目	地點
人文資源	港口	花嶼新港、花嶼舊港
	學校	花嶼國小
	聚落	花嶼村
	建築	花嶼燈塔、防禦牆、天湖宮
自然景觀	石像	情人石（夫妻石）、石猴、鴨頭石、石觀音、石獅頭岩、仙腳印石、豬頭岩、怪頭石柱、洋蔥狀風化石、人面石、球狀風化石、臘腸狗石
	地質	小鯨魚洞、海蝕洞群、一線天、蕨王洞、西赤頭、極西海岸
	海灘	石人灣海灘、五股灣

表3　花嶼的SWOT分析

優勢（Strengths）	劣勢（Weaknesses）
1 獨特的自然資源，如地質景觀和豐富的生態環境。 2 豐富的海洋生物資源，對漁業具有高度經濟價值。 3 居民具有團結性，並且彼此之間有著良好的互助精神。 4 良好的歷史文化資源，如燈塔、	1 交通不便，島上許多地方仍未開發。 2 缺乏工作機會，導致年輕人離開島上尋找就業機會。 3 基礎設施尚待改善，如水電和信號時常無法正常運作。 4 島上農業發展有限，主要以種植少量水果和蔬菜為主。

	石堆防禦牆和天湖宮等。	5	旅遊業尚未完全發展起來，需加強宣
5	自然環境保持良好，尚未遭受過		傳和提高旅遊服務質量。
	度開發。		

機會（Opportunities）	威脅（Threats）
1 進一步開發和保護獨特的自然資源，如地質景觀和生態環境，以吸引更多遊客。	1 人口結構老化，可能影響島上的經濟發展和勞動力資源。
2 花嶼鄰近草嶼和貓嶼兩座生態豐富的無人島，可發展像是南方四島的跳島遊艇旅遊。	2 經常性的停水停電對於旅遊體驗有很大的影響。
3 利用豐富的海洋生物資源發展特色漁業，並開發特色旅遊體驗與尋求外銷市場。	3 島上的住宿和餐飲等設施有限，較難發展中高端旅遊市場。
4 與其他離島相比，花嶼的開發程度發長有限，整座島仍呈現原始樣貌。	4 與其他離島相比，花嶼的醫療資源較為不足，也因此對於高齡化旅遊的發展較為困難。
5 近年來臺灣政府開始重視文化與生態，花嶼在這兩部分都具有充分資源。	5 進行旅遊資源開發可能會失去原有的獨特風貌。
6 近年來離島旅遊興起，而對花嶼可趁此機會發展觀光旅遊。	

　　藉由 SWOT 分析的表格可以了解到，花嶼以其豐富的自然和文化資源以及強大的社區精神為主要優勢，並擁有透過提升旅遊業與特色漁業來開發的機會。然而，它也面臨著人口老化、基礎設施待提升和工作機會有限等挑戰。島上旅遊業的服務質量和推廣亦需改進。此外，我們也必須關注到其醫療資源不足的問題，以及如何在保護環境與發展之間取得平衡。總的來說，花嶼擁有大量的潛力，但需要巧妙地處理其面臨的挑戰與威脅。

表4-3　花嶼的SWOT分析

	優勢（Strengths）	劣勢（Weaknesses）
機會 （Opportunities）	1. 利用花嶼豐富的海洋生物資源和獨特的自然資源（S1, S2）開發環保旅遊項目，如生態旅遊和海洋體驗，來吸引遊客（O1, O3）。 2. 借助居民的團結和互助精神（S3）推動與附近無人島的合作開發，例如通過環島遊艇旅遊（O2）來促進地區間的經濟合作。 3. 利用花嶼良好的歷史文化資源（S4）和政府對文化和生態的重視（O5），開發文化和生態旅遊項目。	1. 改善基礎設施，如供水和供電系統（W3），以提升旅遊體驗，並吸引更多遊客（O6）。 2. 通過發展旅遊業和特色漁業（O3），提供更多工作機會，吸引年輕人留在島上或回流（W2）。 3. 利用花嶼未受過度開發的優勢（O4），有選擇地發展旅遊設施，包括住宿和餐飲，以提高旅遊服務質量（W5）。
威脅 （Threats）	1. 利用花嶼的豐富海洋生物資源和獨特自然資源（S1, S2）發展可持續的特色漁業，為居民提供經濟來源，以緩解人口老化的問題（T1）。 2. 利用居民的團結和互助精神（S3）來建立和加強島內外的合作，以解決醫療資源不足的問題（T4）。	1. 在發展旅遊業時，制定嚴格的環境保護政策和規劃，以保護花嶼的獨特自然和文化資源，防止失去其原有的獨特風貌（T5, W5）。 2. 鼓勵公私合作，在不影響環境的前提下改善基礎設施，包括提升醫療資源（W3, T4），以應對老齡化人口和吸引更多遊客。

綜合澎湖花嶼的 SWOT 分析，該地區擁有豐富的自然與文化資源，具有發展生態旅遊的巨大潛力。然而，基礎設施的不足和人口老化是需要克服的挑戰。透過公私合作加強基礎建設，並制定可持續的發展策略以保護其獨特性，花嶼可把握機會，實現經濟振興並提升居民福祉。

（二）施作的計畫案與可行性

根據田野調查實作和上述整理及分析出的結果，筆者認為花嶼在進行創生計畫時，可以朝向兩種方向進行，第一種為小規模漁業加工，第二種則為生態觀光旅遊。不過在進行規劃計畫案之前，首要改善的是花嶼的基礎設備，花嶼目前的基礎設備不論是要進行加工或是發展旅遊，都屬於無稽之談。基本的水電硬體需要有著大幅度的更新，才有辦法實行後續的創生計畫，漁業加工的機器需要強勁且穩定的電力，來訪花嶼的觀光客如需要洗滌則需要大量且乾淨的水，因此電力與水利的穩定是花嶼未來在進行創生計畫中必要的條件。

小規模漁業加工與生態觀光旅遊所帶來的地方創生目的並非相同。小規模漁業加工主要的創生目的是讓花嶼上最大佔比的老年人可以「有事情做」，做漁業加工不僅可以活動筋骨，還可減低老年癡呆所發生的機率，產出的加工產品也可以為花嶼帶來持續且穩定的收入。生態觀光旅遊的主要目的為提高經濟效益和社會效益，從住宿、餐飲等觀光資源的發展也可連帶提升花嶼周遭的配套措施。

1 小規模漁業加工

小管、土魠、象魚等高經濟魚種在花嶼周邊海域處處都是，而在花嶼本島進行磯釣，油多刺少健康好吃的黑尾冬也是常態性能釣到的魚種，如此情況也顯示出花嶼的漁業資源豐厚。目前花嶼部分村民有提供鮮魚直送臺灣的服務，不過這項服務只限常客，很少對外販售。鮮魚直送的過程也很簡單，將捕撈到的魚進行簡易的處理後，裝箱後就可以透過交通船或漁船送達至臺

灣客戶的家中，產地直送的方式，近年來在臺灣各地漸漸推行，而花嶼的優勢在於魚肉更為鮮美，價格更為便宜，裝滿二十公斤的包裹運至臺灣本島僅需四百元的郵費。

（1）小規模漁業加工的優點

　　小規模漁業加工對於沿海社區和漁村地區的經濟發展具有重要意義。首先，它能夠提供就業機會，許多沿海地區依賴漁業為主要經濟活動，而小規模漁業加工創造了各種工作崗位，例如漁獲加工、包裝、運輸、銷售等。這不僅為當地居民提供了穩定的收入來源，也有助於減少青年人口外流，維護社區的人口穩定性。其次，小規模漁業加工提高了漁產品的價值，通過加工和處理，漁獲可以轉變為更具附加價值的產品，如冷凍海鮮、魚罐頭、醃製品等。這樣的加工過程不僅延長了產品的保存期限，也增加了它們在市場上的價格和競爭力。提高漁產品價值有助於增加漁民的收入和利潤，同時為沿海社區帶來更多的經濟效益。此外，小規模漁業加工也有助於促進漁業資源的合理利用。傳統上一些漁獲被視為次級產品或廢棄物，而這些對人們無用的漁獲通常會被浪費掉，然而，透過加工和利用這些次級漁獲，可以最大限度地減少資源的浪費。例如魚鰓和內臟可以用於製作肥料或動物飼料，如此能進一步增加經濟價值。這種資源的綜合利用不僅減少了環境污染，還能夠提供額外的收入和創造更多的就業機會。小規模漁業加工還有助於保護和傳承當地的漁業文化和傳統知識，在許多沿海社區和漁村地區，漁業是當地文化的核心，通過加工和銷售傳統的漁業產品，有助於保護和傳承當地的漁業文化和傳統知識。這些加工過程和產品往往帶有獨特的當地風味和特色，代表著當地的漁業歷史和文化。這樣的加工和銷售活動不僅有助於保護和傳承漁業的技術和技能，還能夠提高當地居民對自身文化的認同感，加強社區凝聚力。

（2）小規模漁業加工在花嶼發展的可行性

　　花嶼的地理位置和豐富的漁業資源為小規模漁業加工提供了良好的基

礎,以下幾點說明了小規模漁業在花嶼發展的可行性。

一、豐富的漁業資源:花嶼周邊海域擁有豐富的漁業資源,如小管、土魠、象魚、烏尾冬等高經濟魚種,這些豐富的漁業資源為小規模漁業加工提供了充足的原料。

二、產品差異化和市場潛力:由於花嶼的魚肉更為鮮美,價格更為便宜,因此即便加上運輸、包裝成本後,還是具有高度的市場競爭力。透過產品加工和包裝,花嶼可以生產出具有區域特色的高品質海鮮產品,滿足消費者對天然、綠色、健康食品的需求。

三、政策支持和資金投入:政府在推動地方創生計畫時,很大可能會提供政策支持和資金投入,以促進花嶼小規模漁業的發展。此外,政府還可以通過技術指導、市場拓展等方式,協助花嶼漁民提高產品質量和市場競爭力。

四、技術可行性:在科技進步的推動下,小規模漁業加工技術已經越來越成熟,很多加工設備和方法可以在花嶼的基礎設施改善後,被引入和應用。此外,花嶼可以借鑒其他成功案例和經驗,發展適合自身的漁業加工模式。

五、社會效益:小規模漁業加工不僅可以為當地居民創造就業機會,提高收入水平,還可以保護和傳承當地的漁業文化和傳統知識,增強社區凝聚力,這些社會效益對於花嶼的長遠發展具有重要意義。

(3)相關案例

A 高知Yaika Factory

在二〇一七年初,東京的一位會議主持人井川愛因為過勞和她的愛貓 Orca 被診斷患有糖尿病,決定遷居至高知縣的一個海邊小漁村。一開始,井川愛每天去漁港購入無法順利銷售的新鮮魚類,原因可能是外觀受損或魚腥味過重,然後將這些魚帶回家給 Orca 吃。可是,一向吃高檔貓糧的 Orca 對新鮮烤魚卻不感興趣,還差點因血糖過低喪命。經過多次調整食物配方,Orca 終於願意吃每天新鮮烤的魚。不過,每次烹製的魚量總是過多,於是井川愛想到了在網路上銷售剩餘的魚,並創立了名為 Yaika Factory 的企業。出人意料的,這個新生意獲得了相當不錯的銷售成果。隨著業務不斷擴

大，原本單槍匹馬的井川愛開始招攬當地年長婦女，讓她們參與切魚、烤魚以及包裝等相關工作。有了井川愛和她的愛貓 Orca 的加入，當地漁民的收入得到了提高，同時也讓漁村的老年居民重新投入勞動力市場。總結來說，這個案例展示了如何創造一個互惠共贏的循環：促使經濟增長、保護動物福祉以及提高老年居民的生活品質，為整個社區帶來了無可估量的益處。[24]

B　日本長崎縣五島列島的地方創生計劃

五島列島位於日本長崎縣，曾經是一個以漁業為主的繁榮漁村。然而，由於過度捕撈和年輕人口外流，五島列島的漁業逐漸衰落。為了扭轉局勢，五島列島開始著力發展水產加工業。他們引入了先進的加工技術和設備，開始生產各種水產加工品，如魚乾、醃製魚和魚肉罐頭等。這些產品在日本市場受到熱烈歡迎，使五島列島的漁業得到了復興。

2　生態觀光旅遊

以生態為主題的觀光旅遊在近年來頗為盛行，起初它主要強調自然環境的保護和生物多樣性的保護。然而隨著時間的推移，生態觀光旅遊漸漸納入了更廣泛的可持續發展原則和社會責任。花嶼上唯一的教育單位花嶼國小在過去也推出了「漫步花嶼，地質與地景導覽摺頁」、「迎接燕鷗翔集的季節：認識澎湖的燕鷗：學習手冊」等生態相關資訊，讓更多人認識花嶼的獨特生態，同時也全力的推動生態旅遊。

（1）生態旅遊觀光的優點

生態觀光旅遊作為一種可持續的旅遊方式，具有眾多優點。生態旅遊有助於保護自然環境和生物多樣性，當遊客參觀自然景點時，他們將更加尊重和保護環境，從而提高環保意識。此外，生態旅遊鼓勵遊客與當地社區合

---

24 福澤喬：〈這群地方阿嬤與貓，如何成為拯救小漁村滅絕的功臣？〉，《商業週刊》網站，網址：https://www.businessweekly.com.tw/business/blog/3000150，檢索日期：2023年3月7日。

作，共同保護生態環境，這種旅遊方式有助於減少對自然資源的開發和破壞，維護生態平衡。生態旅遊有助於提高經濟效益。通過吸引遊客，生態旅遊可以為當地帶來消費，刺激商業活動並創造更多的就業機會。從餐飲、住宿到交通等相關產業，生態旅遊都能帶來顯著的經濟效益。在這個過程中，當地的經濟狀況將得到改善，人民的生活水平也將提高。

生態旅遊有助於促進文化交流和理解，遊客在參觀當地自然景觀的同時，也有機會了解當地的歷史、文化和傳統，這對於保護和傳承當地文化具有重要意義。遊客對當地文化的認同和欣賞將有助於提升當地居民的自豪感和認同感。此外生態旅遊有助於提高當地的知名度和形象。隨著越來越多的遊客前來參觀，當地的知名度將逐步提高，吸引更多國內外遊客，這對於提升旅遊業和整體經濟具有積極影響。生態觀光旅遊具有許多優點，包括保護自然環境和生物多樣性、提高經濟效益、促進文化交流和理解、提高知名度和形象、推動教育和科研事業的發展、帶來社會效益、提高遊客心理健康和生活品質，以及推動可持續發展，這些優點使生態旅遊成為一種受到越來越多人關注和支持的旅遊方式。

（2）花嶼發展生態觀光旅遊的可行性

花嶼是一座自然與生態資源豐富的島嶼，具有獨特的地質景觀、生物多樣性和傳統文化。近年來，生態旅遊作為一種可持續發展模式越來越受到重視。筆者在此將探討花嶼發展生態觀光旅遊的可能性，並提出六個方面的建議。

一、豐富的自然與生態資源：花嶼擁有多樣化的地質景觀，例如夫妻石、石人灣海灘等，以及繁多的鳥類和蝴蝶等生物資源。這些自然條件為生態觀光旅遊創造了絕佳的基礎，吸引遊客前來欣賞與探索這片神秘的樂土。

二、參與當地社區：生態旅遊的成功需要與當地社區緊密合作。透過島上的花嶼國小提供培訓，讓當地居民成為保護生態環境和推廣旅遊的重要力量，社區參與將有助於生態旅遊的可持續發展。

三、保護生態環境：為確保生態旅遊的可持續性，需對環境進行保護和

監管，建立生態保護區、進行環境監測和教育，以減少遊客活動對環境的負面影響。此外，宣導環保意識，提高遊客的環保行為。

四、創新旅遊產品與活動：根據花嶼的特色資源，設計獨特的生態旅遊產品，如地質遊覽、沿岸磯釣、鳥類觀察、蝴蝶賞析等，滿足不同遊客的需求。同時結合當地傳統文化，提供豐富的文化體驗活動，如參觀燈塔、石堆防禦牆等。

五、提高交通便利性與基礎設施：改善航班和船班安排，提高交通便利性，使遊客更容易抵達花嶼。此外加強基礎設施建設，如改善道路、提升住宿和餐飲設施等，為遊客提供更好的旅遊體驗，良好的交通和基礎設施將有助於吸引更多遊客，提高生態旅遊的可能性。

六、宣傳推廣與政策支持：通過社交媒體、網絡平台和傳統媒體等多元化的宣傳渠道，提高花嶼生態旅遊的知名度，吸引更多遊客前來參與。同時政府和相關部門應提供政策支持，鼓勵生態旅遊業的發展，如提供稅收優惠、資金補助等措施。這將有助於創造良好的營商環境，提高生態旅遊的可能性。

綜上所述，花嶼具有豐富的自然與生態資源，有很大的潛力發展生態觀光旅遊。透過積極參與當地社區、保護生態環境、創新旅遊產品與活動、提高交通便利性與基礎設施、加強宣傳推廣與政策支持等措施，可以有效地實現花嶼生態觀光旅遊的發展。同時，這也將有利於保護和展示花嶼獨特的生態環境和文化特色，促進當地經濟的可持續發展。

（3）相關案例

A　斯瓦巴德群島（挪威）

斯瓦巴德群島位於挪威北極圈內，是北極地區最大的有人居住的島嶼群。在過去，斯瓦巴德主要依賴煤礦業作為主要經濟來源。然而，隨著對煤炭需求的下降和對環境保護意識的提高，斯瓦巴德開始探索新的經濟模式。斯瓦巴德成功地發展了生態旅遊，以其獨特的北極自然環境和野生動植物吸引了許多遊客。遊客可以參與極地遠征、觀察極光、體驗狗拉雪橇和冰洞探

險等活動。這些活動提供了與大自然親密接觸的機會，同時也著重於保護環境和生態教育。斯瓦巴德設立了嚴格的保護區和限制措施，以確保遊客對環境的最小干擾。斯瓦巴德還積極發展永續能源和科學研究項目。太陽能和風能等可再生能源被廣泛應用，減少對煤炭的依賴。同時，斯瓦巴德成為極地科學研究的重要據點，吸引了來自世界各地的科學家和研究機構。[25]

B　Tofino，加拿大

Tofino 是加拿大不列顛哥倫比亞省一座位於溫哥華島西海岸的小鎮，以其迷人的自然景觀和生態旅遊而聞名。該地成功地利用生態觀光旅游進行地方創生，實現了可持續發展並吸引了大量遊客。Tofino 位於太平洋沿岸，擁有壯觀的海洋景色、美麗的沙灘和豐富的野生動植物。當地政府和社區共同努力，保護和管理自然資源，確保旅遊業的可持續發展。他們實施了嚴格的建築規範，限制了新建築物的高度和密度，以保持城鎮的自然美感。Tofino 還推出了各種生態旅遊活動，例如海洋觀察、海岸線徒步旅行和獨木舟探險。這些活動提供了與自然互動的機會，同時保持對環境的尊重。當地的旅遊業也注重宣傳環境保護和可持續旅遊的理念，鼓勵遊客負責任地享受自然之美。Tofino 的成功在於將自然和旅遊業有機地結合起來，提供了獨特而可持續的旅遊體驗。該地的地方創生是一個激勵其他小城市和鄉村在生態旅遊方面發展的榜樣。[26]

C　小笠原群島，日本

小笠原群島是一組位於日本本島以南的島嶼，以其豐富的生物多樣性和獨特的生態系統而聞名。二○一一年，這些島嶼被聯合國教科文組織列入世界自然遺產名錄。由於其生物多樣性和生態系統的脆弱性，小笠原群島的地方創生策略主要聚焦於生態保護和可持續旅遊的發展。

---

25 Grzegorz Bonusiak, "Development of Ecotourism in Svalbard as Part of Norway's Arctic Policy", *Sustainability*13.2(Jan. 2021): 1-16.

26 Rachel Dodds, "Sustainable tourism: a hope or a necessity? The case of Tofino, British Columbia, Canada,"*Journal of Sustainable Development* 5.5 (May. 2012) 54-64.

為了保護這些珍貴的生態系統，小笠原的當地政府和非政府組織積極參與各種保護項目。其中包括控制外來物種的入侵，進行生態恢復工作，以及保護瀕危物種的棲息地。這些保護措施通過科學研究、教育和公眾參與來支持。除了生態保護，小笠原也將可持續旅遊作為其地方創生策略的重要組成部分。當地政府與旅遊業合作，開發一系列的生態旅遊活動，包括野生動物觀察、潛水和徒步旅行。這些活動旨在讓遊客親近自然，同時教育他們關於生態保護的重要性。為了促進當地經濟的多元化，小笠原還在探索其他可持續的經濟活動。例如：當地的漁民通過採用可持續的漁業實踐來保護海洋生態系統。同時，小笠原的農民也在實施生態友好的農業實踐，以減少對環境的影響。[27]

小笠原的地方創生策略成功地將生態保護與可持續旅遊相結合，創造了一個獨特的模式，既保護了其珍貴的自然資源，又促進了經濟和社區的發展。此外，通過教育和公眾參與，小笠原的地方創生策略也增強了社區的凝聚力和可持續性。

D 伊豆町，日本

伊豆町是一個位於日本靜岡縣伊豆半島的迷人小鎮，以其豐富的溫泉和美麗的自然景觀聞名。在過去的幾年裡，伊豆町積極參與地方創生的活動，通過結合觀光業和農業創新，成功地促進了當地的經濟和社區發展。

伊豆町的地理位置使其成為一個理想的溫泉度假勝地。當地的溫泉擁有豐富的礦物質，被認為對健康有益。此外，伊豆半島的自然美景，包括壯觀的山脈和清澈的海灘，使它成為一個受歡迎的旅遊目的地。為了吸引更多的遊客，當地政府和企業家們積極開發和保護這些自然資源。他們投資於優質的住宿設施，創建獨特的旅遊體驗，如溫泉浴和戶外探險，並積極宣傳伊豆町的文化遺產。除了觀光業，伊豆町也致力於農業創新作為其地方創生策略的一部分。通過引進先進的農業技術，如智能農業和可持續種植實踐，伊豆

---

27 Maki：〈一起去「母島」探尋戰爭遺址及自然絕景〉，「MATCHA」網站，網址：https://matcha-jp.com/tw/3929，檢索日期2023年7月4日。

町正在提高其農產品的質量和產量。當地的水果和蔬菜,特別是柑橘和茶葉,以其高品質而受到讚譽。這些農產品不僅在國內市場上受歡迎,而且在國際市場上也越來越受歡迎。

此外,伊豆町還在教育和社區參與方面取得進步。當地的學校和教育機構通過提供實用的技能培訓和教育機會,鼓勵年輕人參與社區發展。這些措施不僅增強了社區凝聚力,還吸引了更多年輕家庭和企業家來到伊豆町。[28]

五　結語

地方創生不僅僅是一種發展策略,更是一種價值觀和理念,強調保護和發展地方獨特性,促進社區的參與和凝聚力。它不僅關乎經濟增長和城市發展,更關乎人民的福祉和幸福感。在未來政府、企業、社區組織和居民繼續攜手合作,建立更加包容、公正和可持續的地方創生機制,這需要積極推動政策和法規改革,提供資金和資源支持,建立合作平台和知識交流網絡。

花嶼擁有豐厚的天然資源,不論是鄰近海域的漁業資源、島上的動植物或是自然景觀,在過去並無多少人能知道這座島嶼,實際有到訪過的更是少之又少。而無知名度的原因明顯為地處偏遠、經濟及社會發展不足、缺乏宣傳和推廣等,種種原因限制了該島的發展。島上絕大多數人口以漁業為主,而這些從事漁業人口逐漸往高齡化邁進,島上極度缺乏年輕族群,如情況無法改善,人口的逐年流失問題有可能讓花嶼在未來成為無人島。本文從花嶼的實際現況進行分析,得出了該島目前所碰到的困境與問題,在進行該島的資源盤點後,以兩種地方創生的方式來擬定該島的未來發展可能。第一種為小規模漁業加工,將島上豐富的漁業資源加以利用,發展出價格實惠且高品質的加工產品,不僅可以提高漁業的附加價值,也為當地居民創造就業機會。第二種方式為生態旅遊,將花嶼豐富的自然景觀、生態環境及特有的動

---

28 周幸叡:〈日本伊豆半島上的優美雙町　靜岡縣河津町、東伊豆町〉,《自由時報》網站,網址:https://art.ltn.com.tw/article/breakingnews/4214561,檢索日期2023年7月4日。

植物資源進行合理規劃和宣傳，吸引遊客前來體驗。此規劃可以帶動當地旅遊業的發展，也可為島上居民提供新的就業機會，吸引年輕人返鄉投入相關產業。

綜合上述兩種地方創生的方式，可以為花嶼帶來可持續且具有發展潛力的經濟機遇。在實施這些策略的過程中，需注意環境保護與經濟發展的平衡，防止過度開發對自然環境造成破壞。在未來發展中，政府、企業和社區應共同參與，共同推動花嶼的可持續發展。在此基礎上，未來花嶼將有望逐步擺脫困境，走向繁榮昌盛，讓當地居民共享地方創生帶來的紅利。

參考文獻

一 專書

黃國揚：《小型島嶼動物生態：以蝶類為例：在九年一貫「自然與生活領域」課程中的應用》，澎湖：澎湖縣望安鄉花嶼國小，2006年。

───：《迎接燕鷗翔集的季節：認識澎湖的燕鷗：學習手冊》，澎湖：澎湖縣望安鄉花嶼國小，2006年。

鄭同僚：《花嶼村2號：澎湖小島踏查筆記》，臺北：開學文化事業公司，2016年。

二 期刊論文

王少芸：〈偏鄉地區國民小學轉型規劃──以澎湖縣花嶼國民小學為例〉，《雙溪教育論壇全國學術研討會會議手冊‧2017第六屆：跳躍與提升：教育的新契機》（臺北：東吳大學師資培育中心，2017年），頁237-254。

施君翰等著：〈離島休閒漁業地方創生景點遊程熱點規劃與旅遊策略之研究〉，《休憩管理研究》第4卷第2期（2017年12月），頁31-54。

楊小青等著：〈花嶼火山岩特性〉，《經濟部中央地質調查所彙刊》第21期（2008年8月），頁143-164。

Grzegorz Bonusiak, "Development of Ecotourism in Svalbard as Part of Norway's Arctic Policy", Sustainability 13.2 (Jan. 2021): 1-16.

Rachel Dodds, "Sustainable tourism: a hope or a necessity? The case of Tofino, British Columbia, Canada," *Journal of Sustainable Development* 5.5 (May. 2012): 54-64.

三 其他

Maki：〈一起去「母島」探尋戰爭遺址及自然絕景〉，「MATCHA」網站，網址：https://matcha-jp.com/tw/3929，檢索日期2023年7月4日。

福澤喬：〈這群地方阿嬤與貓，如何成為拯救小漁村滅絕的功臣？〉，《商業週刊》網站，網址：https://www.businessweekly.com.tw/business/blog/3000150，檢索日期：2023年3月7日。

劉禹慶：〈台灣最西島嶼花嶼村再傳發電機線路故障導致一半住戶無電可用〉，《自由時報》網站，網址：https://news.ltn.com.tw/news/life/breakingnews/4006547，檢索日期2023年4月29日。

潘才鉉：〈士林、社子地區晚間大停電　民怨：要漲價又要停電？〉，《經濟日報》網站，網址：https://money.udn.com/money/story/5648/7044536，檢索日期2023年4月29日。

張　塵：〈澎離島自營發電廠「油蟲」弊案廉政署帶走2人〉，「Yahoo 新聞」網站，網址：https://tw.news.yahoo.com/%E6%BE%8E%E9%9B%A2%E5%B3%B6%E8%87%AA%E7%87%9F%E7%99%BC%E9%9B%BB%E5%BB%A0-%E6%B2%B9%E8%9F%B2-%E5%BC%8A%E6%A1%88-%E5%BB%89%E6%94%BF%E7%BD%B2%E5%B8%B6%E8%B5%B0-%E4%BA%BA-111000360.html，檢索日期2023年4月29日。

周幸叡：〈日本伊豆半島上的優美雙町　靜岡縣河津町、東伊豆町〉，《自由時報》網站，網址：https://art.ltn.com.tw/article/breakingnews/4214561，檢索日期2023年7月4日。

尋找南島語族發源地
遺失的最後一塊拼圖
——臺灣邊架艇之考證研究

方凱弘[*]、梁廷毓[**]、許菁芳[***]

摘要

關於南島語族發源自臺灣，惟在本島暨離島僅見過竹筏、竹筏加帆、獨木舟、拼板舟或加帆等類型，未曾見東南亞與大洋洲盛行之邊架艇，亦未見過邊架艇加帆等，在臺灣的先民顯然欠缺遠航能力，究竟如何自臺灣航行東達復活節島、西抵馬達加斯加島而南至澳洲之龐大航海版圖，成為令人費解之邏輯斷裂。大陸文明之中華文化與海洋文明之南島文化，在臺灣同時或先後的發生了繼受與起源，以臺灣為主體的文化有其陸海二象性之併存發展。

就無動力浮具型制而言，原住民以獨木舟為主，漢人以竹筏為主，惟就航海技術與遠航能力而言，邵族之獨木舟僅限內陸湖泊，達悟族之拼板舟曾有傳說祖先划至菲律賓巴丹島，而漢人之木筏僅限沿岸，略具遠航能力之舢舨乃至於中式帆船，則大多限於兩岸對渡，臺灣作為南島語族發源地之假說，全然缺乏遠航技術與舟具型制等相關考證，僅止於醫學之血液檢測、人類學之語言研究，乃至於植物學之構樹分布等論述，而無直接就南島語族本身經濟生活所賴以維生之航海與造船技術進行研究，臺灣原住民如何抵達彼

---

[*] 方凱弘，國立臺灣海洋大學輪機工程研究所商船組博士候選人。

[**] 梁廷毓，國立臺北藝術大學美術學系博士候選人。

[***] 許菁芳，國立陽明交通大學科技與社會研究所碩士生。

岸成為懸念。舟型與筏型為無動力舟具之兩種主要型制,舟型流線,速度快,抗浪性佳,適合開闊水域之遠洋航行,而筏型底平且寬闊,載貨量大,適合封閉水域之河川或湖泊,本文盤整西荷、清治、日治與民國時期之相關文獻,彙集有關臺灣可能存在有關邊架艇之文字與照片等紀錄,結合實際踏查研究整理,以期對於南島起源自臺灣的假說,在航海技術上得到更為具體的肯定論證。

關鍵字:南島語族、邊架艇、獨木舟、竹筏、舢舨、中式帆船

Finding the Last One Piece of Missing Puzzles in the Cradleland of Austronesian

——Textual Research on Taiwan Outrigger Canoes

Fang, Kai-Hong[*]、Liang, Ting-Yu[**]、Hsu, Ching-Fang[***]

Abstract

Regarding to the origin of Austronesian in Taiwan, we have ever seen bamboo rafts or with the sails, canoes, tatalas or with the sails, etc., but never seen outrigger canoes that are common in Southeast Asia and Oceania. The ancestors in Taiwan are obviously unable to sail in the long distances. Sailing from Taiwan eastward to the Easter Island, westward to Madagascar, and southward to Australia is a puzzling logic break. The Chinese culture of mainland civilization and the Austronesian culture of marine civilization were inherited and originated in Taiwan simultaneously or sequentially, and the culture in Taiwan as the main body is mainland-marine duality.

Considering the types of non-powered buoyancy, the aborigines use canoes

---

[*] PhD candidate, Merchant Marine Group, Institute of Marine Engineering, National Taiwan Ocean University.

[**] PhD candidate, School of Fine Arts, Taipei National University of the Arts.

[***] M.A. student, Institute of Science, Technology and Society, National Yang Ming Chiao Tung University.

mainly, and the Han use bamboo rafts mainly. However, as far as the navigation technology and long-distance sailing ability are concerned, canoes of the Shao are sailing in the inland lakes restrictedly, and it is said that tatalas of the Tao ancestors rowed to Batan island in the Philippines. Rafts of the Han are limited to sail along the coast, and sampans are competent of long-distance sailing ability. Junks are used to crossing the Taiwan Strait. The hypothesis that Taiwan is the cradleland of the Austronesian is lack of the evidences to long-distance navigation technology and the canoes types at all. The textual research is limited to blood testing in medicine, language research in anthropology, and the distribution of broussonetia papyrifera in botany, and so on. Without discussing the navigation on which their life of the Austronesian itself depends, and the studies of shipbuilding technology, how the aborigines from Taiwan reach the other side became extraordinary suspended.

The canoe type and the raft type are two main types of unpowered boats. The canoe type is streamlined, fast, with good wave resistance, and is suitable for ocean going in open waters. The raft type is flat, wide, with large cargo capacity, and is suitable for rivers or lakes sailing in closed waters. In this article, summarize the relevant literatures among in Spanish and Dutch colonial period, Qing Dynasty, Japanese ruled and the Republic of China period, collect the texts and photos shown that Taiwan outrigger canoes may be existed, and combine with on-scene research. Try to make it in navigation technology as a positive and concrete demonstration to prove the hypothesis for the origin of Austronesian coming from Taiwan.

Keywords: Austronesian, Outrigger canoe, Canoe, Raft, Sampan, Junk

一　前言：從木筏到邊架艇

　　所謂「邊架艇」，即在獨木舟之船體外側（單邊或兩邊）增加木條、竹條或其它浮具，以提高穩度的舟艇，故邊架艇較一般木筏或獨木舟，更具有遠航能力。木筏（或是竹筏，由於臺灣盛產竹子，故多以竹筏為主）跟獨木舟均為臺灣常見舟具型制，兩者之間亦有進化關係或併存關係等不同說法，漢人常見大多用竹筏或竹筏加帆，而原住民則有邵族的獨木舟及達悟族的拼板舟加帆，若認為依使用環境與不同文化而各自存在發展，則兩者之間屬於併存關係，為海洋文明之航海技術多元發展（見表1），惟南島文化圈盛行之邊架艇及邊架艇加帆，在臺灣本島欠缺照片或影像紀錄，考察文字記載也很有限，若隔絕於海的兩地之間具有航行可能性，應該有類似舟具使用盛行於兩地。

表1　常見無動力舟具型制之比較

	竹筏、木筏	獨木舟	邊架艇	舢舨	中式帆船
常見海域	河川、湖泊	河川、湖泊	南島周邊海域	河川、湖泊	中國東南沿海
所需材料	竹、木	粗木	粗木、橫桿	木板	木板、帆布
載貨能力	強	弱	強	強	強
遠航能力	弱	強	強	弱	強

對於臺灣先民航行南島各地之舟具，劉炯錫教授曾提出「竹筏加帆說」[1]，認為竹筏帆船是臺灣航海文化的特色，十二世紀南宋官方文獻記載毗舍耶人乘竹筏騷擾澎湖、泉州沿岸。十四世紀《島夷誌略》記載琉球（臺灣）「俗與澎湖差異。水無舟楫，以筏濟之。」[2]直到明、荷治臺灣、清國等都有竹筏紀載，甚至十九世紀中葉有照片為證，故竹筏向為臺灣航海之主要工具，日治初期統計全臺漁船近萬隻，竹筏約佔六成、舢舨約佔四成，即使發展到現代，臺灣沿岸仍常見大量塑膠管筏裝配馬達使用。本文認為臺灣先民遠航之舟具應採「邊架艇加帆說」，並主張從竹筏到獨木舟，甚至發展到邊架艇之過程屬於進化關係，換言之，邊架艇（加帆）是一種進化（見圖1），但在臺灣本島於清國之大陸文明，甚至是日治時期的教化下，原有南島海洋文明停滯不前，導致如今僅存竹筏（加帆）與獨木舟（加帆），甚至遠古時期在臺灣的先民原本擁有駕馭邊架艇（加帆）的遠航能力，但當其文明外溢到南島諸國承繼後，起源地反而受到大陸文明的強勢磁吸，向海東進遠航的誘因降低，轉而向陸西進而成為中華文化圈的追隨，原本立足海洋中心的優勢，轉為居於大陸邊陲的劣勢，甚至發生退化，邊架艇於是消失。欲確立了此一進化關係，需透過踏查各地考證其當地航海技術，將臺灣與南島諸

1　相較於「邊架艇」，劉炯錫教授主張「竹筏帆船」為南島祖先進出臺灣的工具，並自二〇一七年實驗航海至今，其認為在苦無史前船筏遺物下，基於華南內陸的河湖仍有竹筏帆船，並經訪談基隆耆老得知東北季風時，黃昏出港後側風夜航，隔天中午將可抵達福州吃午餐，另日本警察也曾建捕從旗津港往返到香港走私的竹筏，故大膽假設竹筏帆船跨越臺灣海峽不是問題，是祖先從華南渡海來臺的工具。劉炯錫Mahenggeng、Kacaw阮文彬、少多宜・篩代、Laway 賴進義、Komen 余忠國、鄧達義、劉益昌等著：〈竹筏帆船是南島祖先進出臺灣的工具嗎？〉，刊登於南島社區大學網站，網址：https://www.ancc2001.org.tw/indigenous-peoples/%e8%87%aa%e7%94%b1%e9%96%8b%e8%ac%9b%e3%80%8b%e7%ab%b9%e7%ad%8f%e5%b8%86%e8%88%b9%e6%98%af%e5%8d%97%e5%b3%b6%e7%a5%96%e5%85%88%e9%80%b2%e5%87%ba%e5%8f%b0%e7%81%a3%e7%9a%84%e5%b7%a5%e5%85%b7%e5%97%8e/）；並同步刊登於自由評論網自由開講網站，網址：https://talk.ltn.com.tw/article/breakingnews/4081779，發表日期：2022年10月7日。

2　汪大淵著，蘇繼廎校釋：《島夷誌略校釋》（北京：中華書局，1981年），頁17。

國間之航行足跡加以連結，佐證臺灣作為南島語族發源地而遺失已久的最後一塊拼圖，故考察邊架艇在臺灣的相關史料記錄，有其必要性。

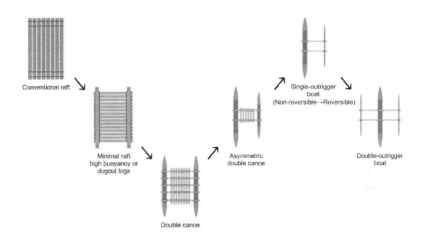

圖1　從木筏發展到邊架艇之進化過程[3]

二　西荷時期可能涉及邊架艇之記載

翻查西方人關於邊架艇之記載，荷蘭航海家賈各・勒梅爾（Jacob Le Maire）和威廉・柯那利・斯考滕（Willem Cornelisz Schouten）為了尋找由大西洋通往太平洋的航道，一六一六年通過南美洲最南端的合恩角，成為首批到達太平洋的歐洲人，之後出版《東印度與西印度之鏡：記錄 Joris van Speilbergen 的環球航行（1614-1617）和 Jacob le Maire 的澳大利亞航海之旅》繪製了航行中遭遇許多當地船隻（見圖2，註明「馬尼拉」，編號18，呈現菲律賓當時當地多種船型）。

3　See *Succession of forms in the development of the Austronesian boat per Mahdi*, Waruno (1999), "The Dispersal of Austronesian boat forms in the Indian Ocean" in Blench, Roger, Spriggs, Matthew, ed., *Archaeology and Language III: Artefacts languages, and texts, One World Archaeology*, 34, Routledge, pp.144-179.

圖2　菲律賓馬尼拉附近所見船隻之型制[4]

　　圖示第 F 項標示了筆者船隊，共有六條船（F. Is our fleet, consisting of six vessels.），意味除第 F 項位置所指船隊外，其他為當地船隻，圖示第 I 項與第 K 項附註為 Sampans，即舢舨（I. Are two of our vessels bringing two of their sampans to our fleet. K. Is one of our boats making one of the Indian sampans haul down its sail, and bringing to the fleet.），描述十分生動寫實，而第 H 項則標註左右各一艘，圖示右邊疑似為邊架艇（或「海鶻」船），左邊則為中式帆船，說明均為 Junks（H. Are some of their vessels, which they all junks.）。另一張圖則描述筆者航行經過澳洲海岸，因當地土著偷竊而引起攻擊（見圖3，註明「科科斯（Cocos）與背叛（Verraders，即 traitor 或 betrayer）群島」，編號24，均是位於澳洲附近島嶼），圖示第 G 項為筆者之恩德拉赫特號（Eendracht），而第 D 項則是當地土著駕駛的船隻（D. Is one of the ships of

---

4　See Jacob le Maire, *The East and West Indian Mirror: Being an Account of Joris van Speilbergen's Voyage Round the World* (1614-1617), and the *Australian Navigations* of Jacob le Maire, Second Series(London: Hakluyt Society), pp.199-202.

the savages, which they well know how to manage.），圖示為雙體船式的邊架艇，即 Catamaran。

圖3　澳洲附近之土著所駕駛的邊架艇（第D點）[5]

　　一六二四至一六六二年為西荷治臺時期，而荷蘭航海家勒梅爾與斯考滕於一六一五年六月從荷蘭出發，尋找由大西洋通往太平洋的航道，為了利潤豐厚的香料尋求新的路徑，避免被荷屬東印度公司壟斷貿易，一六一六年一月航行到麥哲倫海峽的南面，發現了大西洋和太平洋之間新的通道：火地群島與當時稱為「斯塔頓之地」（現阿根廷艾斯塔多島）之間約十三公里寬的海峽，成為第一批繞過南美洲最南端[6]而進入太平洋的歐洲人，不論是勒梅

5　See Jacob le Maire, *The East and West Indian Mirror: Being an Account of Joris van Speilbergen's Voyage Round the World* (1614-1617), and the *Australian Navigations* of Jacob le Maire, Second Series.(London: Hakluyt Society), pp.199-202.

6　其通過之海峽被命名為「勒梅爾海峽」（Le Maire Strait），繞過之岬角被命名為「合恩角」（Cape Horn），以紀念斯考滕的出生地合恩市，合恩角以其風暴和波濤洶湧的海況而聞名。

爾的著作，或斯考滕出版的日誌，都繪製了當時所見當地土著所航行之雙船體式邊架艇加帆，或邊艇架式的獨木舟，顯見為當時太平洋各諸島盛行之舟具，即是獨木舟或邊架艇，而觀察其航線與臺灣相當接近（見圖4），或許曾與當時臺灣原住民航行之竹筏或舟艇相遇，其記載甚至將中式帆船與裝有邊艇架的舟具一概稱為 Junk，是否因為航海來往貿易而將臺灣周邊沿海之原住民邊架艇與中國西南沿海之漢人船隻混為一談，亦不無可能，但可以斷言，十七世紀的太平洋，邊架艇無疑是相當盛行而隨處可見的舟艇型制之一，西荷在臺紀錄未具體指出臺灣有無邊架艇，但約略同一期間航行到太平洋的航海家日誌與航線推論，航經菲律賓靠近臺灣附近處均有邊架艇之紀錄，透過季風與洋流，航行於海洋作為通道的廣袤藍圖，各族群划船跳島遠航，從事商品交換及訊息交流，從海洋看陸地的視角而言，荷蘭航海家勒梅爾和史考騰航行最北達菲律賓以北與臺灣相連之海域，其所記載所見多種舟具型制，無疑地標示著這些海域周邊陸地上的子民部分或全部，同時或先後，主動或

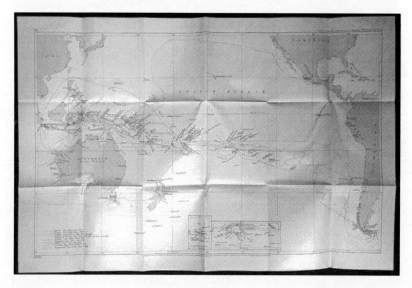

圖4　一六一六年勒梅爾與斯考滕航行太平洋之航線示意圖[7]

7　See Willem Cornelisz Schouten, *The Relation of a Wonderfull Voiage* made by William

被動的使用這些舟具航行接觸。遺憾的是，香料貿易的意圖與南方大陸的找尋，使得這些荷蘭航海家的航行重心偏向南方而非北方，使得臺灣當時稱為福爾摩沙的記載，僅存在於十六世紀的葡萄牙與西班牙的史料記載[8]。

　　儘管西荷治臺資料已愈多研究發現，但關於獨木舟或邊架艇的資料仍有限，清治文獻亦有提及原住民之獨木舟或邊架艇，查《臺北市志稿沿革志》[9]記載：「艋舺亦作『蟒甲』、『蚊甲』或『文甲』，原住民語為 moungar，意指獨木舟及獨木舟聚集之處，其地濱河而膏腴。」臺北「萬華」源自原住民凱達格蘭族之語音 Bangka，漢字記載為「艋舺」，日治時期按其發音改為「萬華」，沿用至今；〈南投縣名勝古蹟〉[10]亦記載：「蟒甲原為臺北附近先住民所用獨木丹之稱，即現萬華（舊名艋舺）名稱之由來。」

三　清治時期有關臺灣邊架艇之記述

（一）清國人之記錄

　　艋舺又稱「莽葛」，康熙三十七年（1698）郁永河從八里坌社過河到淡水社時，在《裨海紀遊》記載：「視沙間一舟，獨木鏤成，可容兩人對坐，又操一楫以渡，名曰莽葛，蓋番舟也。」、「莽葛元來是小舠，刳獨木似浮瓢，月明海溢歌如沸，如是番兒夜弄潮。」附注：番人夫婦，乘莽葛射魚，歌聲竟夜不輟。此謂「莽葛」顯為獨木舟。康熙五十六年（1717）周鍾瑄在

Cornelison Schouten of Horne. Shewing how South from the Straights of Magelan, in Terra Del-fuogo: he found and discovered a newe passage through the great South Sea, and that way sayled round about the world. Translated from Dutch into English by William Phillip. (London: T. D[awson] for Nathanaell Newbery, 1619).

8　學者翁佳音指出《東印度旅程導覽》第54章述及西班牙船長Francisco Gali（1539-1591）在航海誌所提到的As Ilhas Fermosas（美麗諸島），較葡萄牙人更為明確的是指「臺灣本島」。

9　黃得時：《臺北市志稿沿革志》（臺北：臺北市文獻委員會，1961年）。

10　劉枝萬：〈南投縣名勝古蹟〉，《南投文獻叢輯》第2卷（1953年12月），頁33-92。

《諸羅縣志》[11]記載：

> 蟒甲以獨木為之，大者可容十三、四人，小者三、四人，划雙槳以濟，稍欹側即覆矣。番善水，故雖風濤洶湧，如同兒戲，漢人鮮不驚怖者。唯雞籠內海，蟒甲最大，可容二十五、六人；於獨木之外，另用藤束板，為幫於船之左右。蓋港面既寬，浪如山立，非獨木小舟所能濟也。

> 水深多魚，中突一嶼，番繞嶼以居，……，繞岸架木浮水上，藉草承土以種稻，謂之浮田。隔岸欲詣社者，必舉火為號，番划蟒甲以渡。嶼圓淨開爽，青嶂白波，雲水飛動，海外別一洞天也。

「雞籠內海」之大型蟒甲可載運二十五、二十六人，且左右兩側用藤綁縛木板，另記載「水沙連嶼」景觀與居民繞岸架木，築田耕種，對外交通則以「舉火為號，番划蟒甲以渡」。而乾隆元年（1736）黃叔璥在《臺海使槎錄》卷六[12]〈番俗六考〉記載原住民駕獨木舟遠航到蛤仔難以南（現宜蘭），或深入水沙連嶼（以日月潭為中心的南投、彰化一帶）。

> 阿里山離縣治十里許，山廣而深峻。番剽悍，諸羅山、哆咯嘓諸番皆畏之，遇輒引避。崇爻社餉附阿里山，然地最遠。越蛤仔難以南，有猴猴社，云一、二日便至；其地多生番，漢人不敢入。各社夏秋划蟒甲，載鹿脯、通草、水藤諸物，順流出近社，與漢人互市。漢人亦用蟒甲載貨以入，灘流迅急，船多覆溺破碎；雖利可倍蓰，必通事熟於地理，乃敢孤注一擲。水沙連四周大山，山外溪流包絡。自山口入，為潭廣可七、八里，曲屈如環；圍二十餘里，水深多魚。中突一嶼，番繞嶼以居。空其頂，為屋則社有火災。岸草蔓延，繞岸架竹木浮水

---

11 周鍾瑄：《諸羅縣志》（臺北：臺灣銀行經濟研究室，1962年）。

12 《臺海使槎錄》卷五至卷七為〈番俗六考〉，詳細記錄臺灣山川地理、風土民俗，及原住民之樣貌，觀察入微，可謂近代考證平埔族歷史之根基。

上，藉草承土以種稻，謂之浮田。隔岸欲詣社者，必舉火為號，社番劃蟒甲以渡。嶼中圓淨開爽，青嶂白波，雲水飛動，海外別一洞天。

水沙連社地處大湖之中，山上結廬而居，山下耕鑿而食。湖水縈帶，土番駕蟒甲以通往來。環湖皆山，層巒險阻。屬番二十餘社，各依山築居。山谷嶔巖，路徑崎嶇；惟南北兩澗沿岸堪往來，外通斗六門、竹腳寮，乃各社總路隘口，通事築室以居焉。

或航行從滬水港（現淡水港）進入[13]內地，前望兩山夾峙，隔干豆門（現關渡），巨港依山阻海，黃記載原住民划獨木舟，怒目而視，殺害漢人，官府抵達則各自逃竄，並強調「滬水以北諸番，此最難治」。

「自南嵌越小嶺，在海岸間行，巨浪捲雪拍轅下，衣袂為溼。至八里分社，有江水為阻，即滬水也。水廣五、六里，港口中流有雞心礁，海舶畏之。乘蟒甲由滬水港入，前望兩山夾峙，曰干豆門；水道甚隘。入門，水忽廣淲為大湖，渺無涯涘。行十許里，高山四繞，周廣百餘里，中為平原，惟一溪流水；麻少翁等三社，緣溪而居。甲戌四月，地動不休；番人怖恐，相率徙去，俄陷為巨浸。距今不三年，再指淺處，猶有竹樹梢出水面，三社舊址可識。」「麻少翁、內北投在磺山左右，毒氣蒸鬱，觸鼻昏悶，諸番常以糖水洗眼。隔干豆門，巨港依山阻海；劃蟒甲以入，地險固，數以睚眥殺漢人，官軍至則竄。滬水以北諸番，此最難治。」

在雞籠山（現基隆）的巴賽族原住民「伏莽以待」、「泛舟別販」，划獨木舟於山間划舟掏金，且其身材矮小，從淡水由西而東啟航，自北而南溯溪

---

13 一七一〇年（康熙49年）陳璸：〈滬水各社紀程〉詳實紀錄淡水港的水路里程：「滬水港水路十五里至干豆門，南港水路四十里至武嘮灣，此地可泊船。北港水路十里至內北投，四里至麻少翁，十五里至大浪泵，此地可泊船；三里至奇武仔，十五里至答答悠，五里至里族，六里至麻里即吼，二十里至峰仔嶼……。」黃叔璥：《臺海使槎錄》（臺北：臺灣銀行經濟研究室，1957年），頁141-142。

而上，「土番善泅者，從水底取之，如小豆粒巨細；藏之竹篦，或秘之瓿甄，間出交易。」這些原住民在基隆河掏金，面對官兵攻擊，「吾儕以此為活，唐人來取，必決死戰！」毫不畏懼。

> 雞籠山土著，種類繁多，秉質驍勇，概居山谷。按其山川則形勝奇秀，論其土地則千里饒沃，溪澗深遠，足以設立州縣；惟少人工居址，荒蕪未闢，皆為鳥獸蛇龍之窟。惜哉！偽鄭時，上澹水通事李滄願取金自效，希受一職。偽監紀陳福偕行到澹水，率宣毅鎮兵並附近土著，未至卑南覓社，土番伏莽以待；曰：「吾儕以此為活，唐人來取，必決死戰！」福不敢進；回至半途，遇彼地土番泛舟別販，福率兵攻之，獲金二百餘，并繫其魁令引路，刀鋸臨之，終不從。按出金乃臺灣山後，其地土番皆傀儡種類，未入聲教，人跡稀到。自上澹水乘蟒甲從西徂東，返而自北而南，溯溪而進，市月方到。其出金之水流，從山後之東海，與此溪無與。其地山枯水冷，巉岩峻峭，淺水下溪，直至返流之處，住有金沙。土番善泅者，從水底取之，如小豆粒巨細；藏之竹篦，或秘之瓿甄，間出交易。彼地人雖能到，不服水土，生還者無幾。

除了駕「蟒甲」靈活穿梭於山川、溪流與河海之間，並記載康熙壬寅年（1722）漳州把總朱文炳帶兵戍守在船，遭風從鹿耳門（現臺南）漂流到蛤仔難（現宜蘭），原住民誤為盜賊而欲殺之，幸好某何姓商人阻止，之後夜宿番社，書中生動描述了噶瑪蘭族特有的飲食與生活，朱欲犒賞銀錢，土番拒絕卻欣然接受了藍布編織的舊衣服，並回贈一艘「蟒甲」，其「獨木挖空，兩邊翼以木板，用藤縛之」，顯然並非僅是一根獨木的獨木舟，而在兩側以藤綁縛木板，由於蛤仔難地處臺灣東北角沿海，獨木舟海划遠航需要更大的穩度抗風浪，故兩邊用藤繫緊木板，猶如伸展雙翼，由於無油灰可抹，水容易流入，原住民以杓子不時舀出去，這顯然是不折不扣的邊架艇，且遠航能力驚人，船行一天到山朝（現三貂嶺），第二日到大雞籠（現基隆），第

三天到金包里（現金山）[14]。

> 康熙壬寅，五月十六至十八三日大風，漳州把總朱文炳帶卒更戍船，
> 在鹿耳門外為風飄至南路山後；歷三晝夜至蛤仔難，船破登岸。番疑
> 為寇，將殺之；社有何姓者，素與番交易，力為諭止。晚宿番社，番
> 食以麷；朱以片糖飼番，輒避匿不食。借用木罌瓦釜，番惡其污也，
> 洗滌數四。所食者生蟹、烏魚，略加以鹽；活嚼生吞，相對驩甚。文
> 炳臨行，犒以銀錢，不受；與以藍布舊衣，欣喜過望，兼具蟒甲以
> 送。蟒甲，獨木挖空，兩邊翼以木板，用藤縛之；無油灰可艌，水易
> 流入，番以杓不時挹之。行一日至山朝，次日至大雞籠，又一日至金
> 包裏。

道光十二年（1832）陳淑均纂修《噶瑪蘭廳志》卷五下冊記載[15]：

> 番渡水小舟名曰「蟒甲」，即艋舺也。一作蟒葛。其制，以獨木挖
> 空，兩邊翼以木版，用藤系之。又無油灰可艌，水易溢入；彼則以杓
> 時時挹之，恰受兩三人而已。

同治十年（1871）陳培桂纂輯《淡水廳志》記載：

> 蟒甲者，獨木挖空，兩邊翼以木板，用藤縛之，無油灰可艌，水易流
> 入，番以杓不時挹之，一日至山朝次日至大雞籠，又一日至金包裏。

從以上記敘觀之，可以發現蟒甲之型制區分兩種，一種僅以「獨木」為
之，而《諸羅縣志》記載了獨木式蟒甲容易翻覆，「划雙槳以濟，稍欹側即

---

14 另又記述「又滬水港北過港，坐蟒甲上岸至八里分，十五里至外北投，十二里至雞柔
　山，十五里至大屯，三十里至小雞籠，七十里至金包裏，跳石過嶺八十里至雞籠
　社。」此之一里約如今〇點五公里，從淡水到基隆約四十公里，先民之遠航能力可見
　一斑。

15 學者推論從道光十二年距離康熙壬寅年之間約一百一十年，宜蘭原住民仍是番渡水小
　舟曰蟒甲，顯見過了一個多世紀後，臺灣邊架艇猶存。凌純聲：〈臺灣的航海帆筏及其
　起源〉，《中央研究院民族學研究所集刊》第1期（1956年3月），頁3。

覆矣」，另一種則是《噶瑪蘭廳志》、《淡水廳志》等記載之藤縛式蟒甲，「以獨木挖空，兩邊翼以木板，用藤系之」，兩者顯然不同，《淡水廳志》收錄有康熙舉人吳廷華奉檄巡按來臺所作社寮雜詩二十首，其一詩曰：

> 墘竇門邊淡水隈，溪流如箭浪如雷，魁籐一線風搖曳，飛渡何須蟒甲來。

詩文另附註：北淡水港，水流迅急，番人架籐而渡，去來如飛。蟒甲，小舟也。描述北淡水原住民以藤橋越溪的習慣，顯見藤編技術高超，當地取材容易，將蟒甲與木板以藤綁縛，即為邊架艇之原型，故「蟒甲」、「莽葛」或「艋舺」應指的是獨木式蟒甲，即一般的獨木舟，至於邊架艇，限於「兩邊翼以木板」之藤縛式蟒甲。

（二）西方人之記錄

翻閱一八六三年來臺任官的英國人必麒麟（W. A. Pickering）出版之《歷險福爾摩沙：回憶在滿大人、海賊與「獵頭番」間的激盪歲月》[16]，書中記載其在臺遊歷所見舟具之製作材質、航行季節、地理位置，歐洲人稱之為 Catamarans，多以竹製，形似巴西 Jagandas（巴西北部地區使用木材製成的帆筏，見圖5），西南季風來時的臺灣海峽充斥著許多 Catamaran，或提及行駛於安平港的 Catamaran，必麒麟記載 Catamaran 為中國漁船，他與漁夫友人可協力建造一隻雙體船，當他無法再出海工作時，並銷售給經常訪港口的數名歐洲船長，藉此獲利。必麒麟稱：

> In this inner harbour one sees with curiosity a number of quaint boats, used by the Chinese who fish in these waters. These "catamarans", as they are called by Europeans, are simply large rafts of stout bamboo lashed

---

16 See Pickering, William, A. 1898. *Pioneering in Formosa: Recollections of adventures among Mandarins, wreckers, & head-hunting savages.* (London: Hurst & Blackett).

together, and propelled either by the ordinary Chinese paddle or by a large bamboo sail fitted in the usual manner. They have a slight railing round them, and also a large tub in which the passenger sits; and though they look most frail and insecure, as the waves repeatedly dash over them, yet they are doubtless the safest kind of boat to cope with the heavy swells which lash the whole of the Formosan coast. In appearance they somewhat resemble the Brazilian jangadas, or cork-wood rafts, which are found in the neighbourhood of Pernambuco……

圖5　巴西 Jagandas 船

……Now many friends had asked me if I could get any one to make a model of the Chinese fishing boat or catamaran, which I have described in a previous chapter. I therefore proposed to my acquaintance the fisherman that he and I should try to make one, so that if we succeeded he would be enabled, when he could not get to sea, to make these models, and realise a profit by selling them to the European captains who frequented the port. The man assented to my plan, and accordingly, in my leisure hours, I used to go to his house and work at the catamaran.

另外，必麒麟也用 Canoes 一詞[17]記載，在東海岸的奇萊平原上的南勢蕃
（Lam-si-hoan）定居處保留著兩艘獨木舟，紀念他們的父親來到島上。當
其中一個顯示出腐爛的痕跡時，它就會被更新或更換。它們被保存在離海不
遠的開闊平原上，用茅草屋遮蓋著。每年會在聚集並將這些獨木舟帶到水
邊，一些人搭獨木舟劃出一小段距離後返回。然後歡欣鼓舞地將獨木舟放回
到庇護所存放。南勢蕃宣稱他們的祖先乘著類似的獨木舟從南方和東方來到
福爾摩沙，這個習俗是為了保護這個傳統。必麒麟稱：

> On the Ki-lai plain, on the east coast, where the Lam-si-hoan are settled,
> two canoes are kept to commemorate the coming of their fathers to the
> island. As one shows marks of decay it is renewed or replaced. They are
> kept under a thatched cover in the open plain not far from the sea. Once a
> year the Lam-si-hoan assemble and carry these canoes to the water's edge,
> when a number of their men enter them, paddle out a short distance, and
> return. Then with rejoicings the canoes are restored to shelter. The Lam-si-
> hoan declare that their forefathers came in similar canoes from places
> south and east of Formosa, and this custom is intended to preserve that
> tradition.

在南方澳（Lam-hong-o）附近的平埔蕃（Pe-po-hoan）村，八十歲的老人告
訴我，在他們的祖父時代有四十或五十個強壯的漁民如何不喜歡噶珠蘭（現
宜蘭，Kap-tsu-lan）平原的雨天，並嚮往回到老家，於是他們把木板綁在一
起，組成簡陋的小船，向南航行，駛向他們的祖國。我的消息提供者認為他
們的祖籍是菲律賓群島之一。但在新社部落（Sin-sia）的村民斷言他們的祖
先不是來自這些島嶼，而是來自中國大陸，且並非蒙古人。可以肯定的是，
在噶珠蘭平原上只有一個村莊說的是與新社相同的方言，而這兩個村莊互相

---

17 See Pickering, William, A. *Pioneering in Formosa: Recollections of adventures among
Mandarins, wreckers, & head-hunting savages.*(London: Hurst & Blackett, 1898),pp.95.

認作親戚，也被其他村莊如此看待，正如他們聲稱的那樣，完全有可能是中國大陸上仍然存在的土著部落的後裔。必麒麟稱：

> At Lam-hong-o, a Pe-po-hoan village near So Bay, men of eighty years of age told me how in the days of their grand-fathers forty or fifty strong fishermen took a dislike to the rainy weather in the Kap-tsu-lan plain and longed for their old home. They lashed planks together and formed rude boats, in which they set out in a southerly direction, bound for their fatherland. My informants were of the opinion that their ancestral home was one of the Philippine Islands. At Sin-sia the villagers assert that their forefathers came, not from the islands, but from the mainland of China, and were non-Mongolian. It is certain that only one other village in the Kap-tsu-lan plain speaks the same dialect as Sin-sia, and these two villages recognize each other as kin, and are so looked upon by all the rest. It is entirely probable that they are descended, as they claim to be, from the aboriginal tribes still found on the mainland of China.

　　幸運的是，必麒麟不僅透過文字記述當時所見與口述歷史記錄，甚至透過攝影或繪圖，因此可以很清楚的看到其曾經搭乘的是竹筏加帆（見圖6），但其記述卻很少用 Rafts 或 Boats 或 Junks 等舟筏或船艇之描述，而經常以 Catamarans 或 Canoes 等雙體船或獨木舟稱之，推論除聽聞臺灣原住民與菲律賓或印尼等頗有淵源外，在舟體型制上應該多少具有構造上的類似性。

　　另英國博物學家柯靈烏（Cuthbert Collingwood）於一八六七年曾在英國皇家地理學會會刊發表的一篇旅行記錄[18]中，記述其從淡水搭乘船隻，航行淡水河至艋舺，然後折返至關渡，或以淡水為起點或終點，由此上溯，自關渡入基隆河口，經過士林、圓山、松山、南港、汐止與八堵，然後循陸路越

18　See Cuthbert Collingwood,"A Boat Journey Across the Northern End of Formosa, from Tamsuy on the West to Kee-lung on the East: with Notices of Hoo-wei, Manka, and Keelung," *Proceedings of the Royal Geographical Society 11*. (1867) pp.167-173.

嶺至雞籠港。其著述《一位自然學者在中國海岸與水域之雜記》[19]一書中也
有提及 Catamaran，當時搭乘船隻有舢舨（Sampan）與中式帆船（Junk）
等，其記錄了 Catamaran，並說明其為竹筏（Rafts of bamboo）。柯靈烏稱：

The harbour is so small, and the entrance so narrow, that we did not attempt
to take the ship in, but contented ourselves with anchoring outside, where
heavy rollers, the result of the recent typhoon, were setting in from the
south-west. Several catamarans-mere rafts of bamboos, on which a single
Chinaman stands and rows-came off with vegetables and fruit, presenting

Catamaran ou radeau en usage sur les côtes.

圖6　一八六九年必麒麟拍攝竹筏加帆之銅版印刷畫

---

19 See Cuthbert Collingwood, Rambles of a Naturalist on the Shores and Water of the China Sea:
Being Observations in Natura History during a Voyage to China, Formosa, Borneo, Singapore,
etc., made in Her Majesty's Vessels in 1866 and 1867.

a curious appearance, for not only were they entirely lost to sight when in the trough of the sea, but even when borne up on the crest of the wave the rower seemed to be standing upon the water itself.

一八七一年抵臺宣教的加拿大人馬偕（George Leslie Mackay）撰述之《臺灣遙寄——島嶼、人民及傳教》[20]記載了邊架艇（Outriggers Canoes）的親眼所見：「……在我到達福爾摩沙幾年後，看起來很奇怪的舷外支架（船）駛入了基隆港。其中有許多飢腸轆轆的船夫，從頭到腳都有紋身。他們受到了友善對待，一段時間後被帶到了香港，並從那裡被送回了他們在帛琉群島（Pelew Islands）的家中。來自琉球（Loo-Choo Islands）的船載經常在福爾摩沙岸邊沉沒。」馬偕又稱：

Some years after my arrival in Formosa strange-looking outriggers sailed into the harbor of Kelung. In them were a number of famished boatmen with tattoo marks from head to foot. They were kindly treated, and in the course of time were taken to Hong Kong, and thence conveyed to their home on the Pelew Islands. Not infrequently boat-loads from the Loo-choo Islands are wrecked on the shore of Formosa.

馬偕另記載了臺灣北部原住民的竹筏，使用 Katamaran 一詞，依其捐贈給加拿大皇家安大略博物館（Royal Ontario Museum）保存模型（見圖7）觀之，此舟結構為竹筏加帆，筏面以一根蘆葦管平行綁結而成，並排蘆葦二端略向上翹，船身內有六支橫向撐桿加強固定，船身兩側各架有一根邊桿，船中央豎立了一支桅桿，桿上懸掛一張斜紋編蓆船帆，上面有七支等距橫排竹桿，形式為中式四角帆而非西式三角帆，經查應為馬偕在一八七〇年到一八八〇年期間採集，於一八九三年到一八八五年期間返鄉休假時帶回多倫多珍藏。

---

20 See George Leslie Mackay, 1896. *From Far Formosa: The island, the people, and missions.* (London: Oliphant Anderson & Ferrier), p.97.

圖7 馬偕帶回加拿大之平埔原住民使用之竹筏加帆模型

　　一八七三年抵臺美國人史蒂瑞（J. B. Steere）在其著作《福爾摩沙及其住民：19世紀美國博物學家的臺灣調查筆記》[21]，描寫了安平港的竹筏，「……我們在安平小島外約半英里處下錨，停靠在幾艘大型中式帆船之間。安平島是一塊沙洲，頂端有荷蘭人建造的古堡遺跡，高出海面約四、五十英尺，……。不久，一艘大竹筏出來接我們，中央船桅旁有個大桶子，我就提著行李坐在裡面。此時海浪很大，海水沖上木筏，把竹筏上打赤膊的水手們

---

21 史蒂瑞（J. B. Steere）著，林弘宣譯：《福爾摩沙及其住民：19世紀美國博物學家的臺灣調查筆記》（*Formosa and Its Inhabitants*）（臺北：前衛出版社，2009年）。

全都淋濕了，但我在大桶子內仍能保持乾燥。之後，船桅上升起了一面大帆，水手們用力拉起槳，我們這艘笨重的竹筏便迅速地前進。我們很快地穿過小沙洲，進入了港口，那裡已經停靠了很多較小型的漢人竹筏。」而英國人博納姆‧沃德‧貝斯（Bonham Ward Bax）與德國人阿道夫‧費雪（Adolf Fischer）[22]在臺灣也紀錄了 Catamaran，且博納姆尚有繪圖如下（見圖8）[23]，同樣是排筏加帆，筏中央還放置圓桶供人乘坐。

CATAMARAN, FORMOSA.

圖8　貝斯繪製的Catamaran為竹筏加帆

不論是 Catamaran 與 Katamaran，雙體船在造船工藝上為邊架艇的進化（見圖9），現今世界聞名的是玻里尼西亞航海協會的雙殼獨木舟 Hōkūleʻa[24]，

---

22 一八五六至一九一四年期間，阿道夫‧費雪在臺灣遊歷，將其所見所聞撰寫了《福爾摩沙漫遊》（*Streifziige durch Formosa*）一書出版。

23 See Bax, B. W., *The eastern seas: Being a narrative of the voyage of H.M.S. "Dwarf" in China, Japan, and Formosa*(London: John Murray, 1875), pp.35. See:https://rdc.reed.edu/c/formosa/home/.

24 See https://www.hokulea.com/.

即為雙體船之構造，透過 Hōkūleʻa 的航海實驗，證實過去的大洋洲人（例如大溪地人或夏威夷人等）並非被動地隨波逐流或從美洲航行，而是有意識地前往某目的地，玻里尼西亞航海協會也藉此推廣獨木舟，進行玻里尼西亞的航海文化復興。

圖9　玻里尼西亞的雙體船[25]，即 Catamaran

必麒麟記載的 Catamaran 是在南部，例如在打狗或臺南安平[26]，在打狗海關所見的 Catamaran 是用竹子捆[27]，相較於前述清國記載「邊架艇」的文獻大多是在北部而非南部，由於南部更早漢化，更多的應該舢舨或中式帆船，而非竹筏或獨木舟。因天津條約開放通商口岸，原住民的航海行為受到漢人影響，漢人同樣也受到原住民的影響。基於 Catamaran 屬於雙體船式邊架艇，

25 See John Webber, *Hawaiʻi Looking Back: An illustrated History of the Islands*(Mutual Publishing), p.454.

26 See Pickering, William, A. *Pioneering in Formosa: Recollections of adventures among Mandarins, wreckers, & head-hunting savages*(London: Hurst & Blackett,1898), p.176.

27 See Pickering, William, A. *Pioneering in Formosa: Recollections of adventures among Mandarins, wreckers, & head-hunting savages*(London: Hurst & Blackett,1898), p.29.

必麒麟與馬偕等使用此名詞記述當時在臺遊歷所見竹帆加帆，應有其人類學踏查學習之影響。

四　日治時期有關臺灣邊架艇之踏查

日治時期對於邊架艇踏查的認知分歧，伊能嘉矩、鹿野忠雄等學者否認臺灣有邊架艇，其考察了臺灣中部日月潭邵族的獨木舟，及臺灣北部淡水凱達格蘭族的峰仔峙社的獨木舟，這些都是航行於內陸水域，使用鋤形槳（Spade），無邊架且以樟樹製成。一八九六年伊能嘉矩進行田野訪查，記載了噶瑪蘭族的祖先從海上來的口傳歷史：

> 我們的祖先阿蚊（Avan），他們從一處叫馬利利安（Mariyan）的地方，乘船出海，在臺灣北部海岸登陸後，又出航，繞過三貂角，來到宜蘭，當時這裡叫做蛤仔難（Kavanan）。我們不知道馬利利安在哪裡，相傳在東方海外；還有祖先來臺灣的時間也幾乎不知道，只知是遠古的時候，祖先到宜蘭時，漢人還沒有到，只有山番住在山腳下的平原，我們這一族只好住在海岸荒地上。兩族酒醉之後常打架，最後演變成戰爭，結果我們這一族獲勝，先住的山番只好退到山裡，平原由我們占領。從此我們就叫做Kuvarawan，意思為「平野的人類」；先住的那群則叫做Pusoram意為「山的人類」。這是數百年前的事了！

噶瑪蘭語具有南島古語的特徵，而猴猴語具有大洋洲密克羅尼西亞語言的特徵，但究竟靠何種舟具橫越遠洋而來？同樣也是這些來自日本的學者所困惑的。鹿野忠雄在臺灣進行踏查時，曾前往花蓮加禮宛社採集資料，得知他們擁有獨木舟，並划船出海捕魚，訪談耆老敘述舟體型制，並以繪圖記錄（見圖10），有認為這就是噶瑪蘭族的獨木舟[28]。

---

28 周育聖：《臺灣神話傳說與故事中的海洋文化研究》（臺北：國立臺灣師範大學臺灣文化與語言文學研究所碩士論文，2007年），頁91-94。

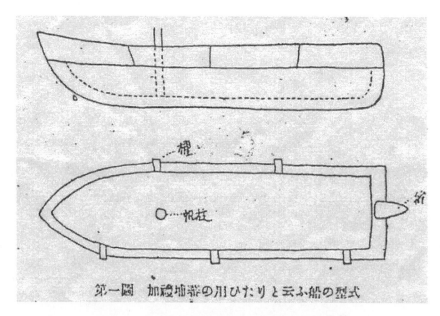

圖10　鹿野忠雄繪製的噶瑪蘭族獨木舟[29]

鹿野忠雄紀錄之噶瑪蘭族獨木舟，對照前述《臺海使槎錄》紀錄漳州把總朱文炳漂流到蛤仔難（現宜蘭），土番贈送之「蟒甲」，空間上推測應為相同之獨木舟，惟黃叔璥記載其「獨木挖空，兩邊翼以木板，用藤縛之」，與鹿野忠雄繪製之船圖顯然不同，是否為邊架艇不無疑問。據查臺灣花東沿海一帶的噶瑪蘭族人，與阿美族人大多都使用竹筏來從事捕魚，文獻記述之古獨木舟的製作與使用，僅新社村也許還可能尋訪踏查，村落裡少數幾位年長的耆老在年輕時曾看過或親自坐過，噶瑪蘭語稱為 Tuk，如今多已遺忘。鹿野東雄除繪圖外，尚以文字記錄族人口述之舟體特徵如下：

一、船長約十六尺，寬不到五尺，深不到三尺，通常得搭乘六人。

二、將大木刳成獨木舟做為船的基底，其上舖接木板增加其船身。

---

29 鹿野忠雄：〈クゥァラン族とアミ族の關係〉，《東京人類學雜誌》第45卷第11號（1930年），頁442；鹿野氏此文後有木村自譯，劉璧榛校註：〈噶瑪蘭族的船及該族與阿美族的關係〉，《臺灣風物》第51卷第3號（2001年9月），頁100-101。

三、舳（前面）突出，艫（後面）則不尖。

四、槳（Puruna）固定在船身，划槳方式為持槳向前往身邊拉，船向後移
　　動。搖槳通常配五支，其安放位置如圖，船尾部位則有舵（Ikimm）。

五、帆（Igagayagian）也曾被使用過，帆為方形，被掛在中央稍前的部位。

六、造船沒有使用釘子，而用藤蔓綑綁。

七、船身材料使用樟木，或楠樹的古木。

　　依其圖示與描述，屬於「刳底組合船」，從其船尾安裝舵板控制方向，
並設計船帆安插處，應為獨木舟之改良版，亦屬造船工藝之進化，尤其此獨
木舟並無外側連桿，較容易於內河航道行駛，但並非邊架艇，顯然不利遠
航，另值得注意的是其操縱為後划，與邊架艇之前划不同，反而與達悟族之
拼板舟同為後划，兩者可能更為相近。另一位著名的日本人類學家鳥居龍
藏，一八九七年抵臺亦有研究獨木舟，不同於鹿野忠雄記述了噶瑪蘭族獨木
舟，鳥居龍藏則記錄了阿美族獨木舟[30]，其表示：

> 我百方調查的結果，發現了一個事實：臺灣土人的祖先曾使用過獨木
> 舟，雖然現在已經停止使用。在花蓮地方的奇萊南世番，有個阿眉番
> 部落，叫做美流社（即里漏社，今花蓮縣吉安鄉東昌村），那裡有三
> 支獨木舟，阿眉番把獨木舟當神明祭拜，關於這三支獨木舟，有個口
> 碑說：「我們的祖先是一對夫婦，駕獨木舟到臺灣來，他們的子孫就
> 是美流社的人。」我曾拍下獨木舟的照片，演講後請大家看一看。

譯書中並無附錄相關照片（所幸民國時期學者凌純聲亦有踏查里漏社古獨木
舟並附有照片，詳如後述），另從事蕃語研究的安倍明義在一九九三年發表
文章提及阿美族耆老描述此古舟。

> 據說，古舟是以獨木舟為基底（底部本身就是獨木舟），兩舷上方舷
> 翼側板延伸，用藤條緊緊的繫縛。

---

30 鳥居龍藏著，楊南郡譯：〈關於臺灣東部諸蕃族〉，《探險臺灣：鳥居龍藏的台灣人類學
之旅》（臺北：遠流出版事業公司，1996年），頁229。

前述推斷此舟具有左右兩側延伸出去的浮木側桿，安倍明義認為此與原住民早期使用的邊架艇（outrigger canoe）相同，因而判斷阿美族與凱達格蘭族應有所關連。惟究指凱達格蘭族、噶瑪蘭族與阿美族等三族均有使用邊架艇，抑或是如鹿野忠雄所繪製的「刳底組合船」，而接近於達悟族拼板舟，由於資料有限，眾說紛紜，難以一說[31]。

五 民國時期有關臺灣邊架艇之研究

一九四九年隨國民政府來臺的中國人類學者凌純聲肯定臺灣有邊架艇的存在[32]，其於一九六一年發表〈太平洋上的中國遠古文化〉一文，認為中國古書之《越絕書》卷八與《史記‧南越傳》之「弋船」，船有邊架，形式類似戈，疑似是邊架艇，另《淮南子‧俶真訓》之「越舲蜀艇」、「蜀艇，一版之舟」，此等輕便小船有一板木片，似乎也是邊架艇，故太平洋或印度洋之邊架艇，應與中國有關，凌純聲認為日治時期學者伊能、鹿野兩氏認為臺灣沒有邊架艇，「是沒有詳考文獻的錯誤」，其表示十八世紀臺灣的確有邊架艇之記載。

凌純聲於一九五三年與同事及學生會同前往花蓮南勢阿美族的里漏社勘查古獨木舟，留下珍貴的攝影紀錄（見圖11-1到4），經查此舟於七時至八十年前自東海岸的南方漂來，原有四艘但僅存一艘，由樟木製成，船長約四點

---

31 安倍明義著，楊南郡譯：〈凱達格蘭族、噶瑪蘭族與阿美族〉，《臺灣百年曙光：學術開創時代調查實錄》（臺北：南天書局，2005年），頁124-127。但譯者楊南郡認為此一阿美族獨木舟的結構，與前述之噶瑪蘭族獨木舟同樣屬於「刳底組合船」的構造，與達悟族的拼板舟類似，外型並非以單木直接刳空製成獨木舟，而是改良型的獨木舟。主張邊架艇源起亞洲說的中國學者凌純聲也曾提及「不過噶瑪蘭族與阿美族，在古時還使用過另一種船」，似乎認為邊架艇與「刳底組合船」曾經同時存在。

32 嚴格而言，凌師主要是肯定古代亞洲即有邊架艇的存在，且鼓勵應先有多人來研究亞洲沿岸的航海問題，如能證明在紀元之前，亞洲人確已利用桴栰、弋船、方舟與樓船在海上航行，則整個太平洋成為亞洲、美洲與大洋洲處處可通的大路，希望海內外之人類學家從事此一研究。凌純聲：〈中國古代與印度太平兩洋的弋船考〉，《中央研究院民族學研究所集刊》第1期（1957年3月），頁1-65。

九五公尺，船寬約五十八公分，最為特殊處在於其船側兩邊綁有竹竿，耆老王錫山表示這是以防舟體木材腐朽而為加固之用，倘此竹竿為古獨木舟舟體之一部，則類似於邊架艇。

圖11-1　里漏社古獨木舟端部

圖11-2　里漏社古獨木舟舷測

圖11-3　里漏社古獨木舟舷測

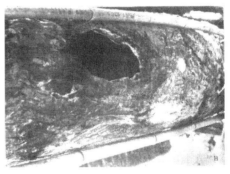

圖11-4　里漏社古獨木舟底部

除前往里漏社實地踏查古獨木舟外，凌文主要以歷史學與文字學進行深入研究，認為中國古籍早有記載邊架艇，古代水運舟具有桴栰、弋船、方舟與樓船等四種，由於邊架型制類似於古代兵器的「戈」（Halberd），故所謂「弋船」即是今之邊架艇，由於西方學者資料受限於近代，故研判邊架艇分布區域主要為印尼的中心島嶼，西起蘇門答臘，東達新幾內亞的西緣，實際上其航行範圍遍及大洋洲，西達錫蘭、印度、東非及馬達加斯加，東達復活節

島，甚至是南美洲的西海岸。凌純聲甚至認為南島語族起源於中國華北東海岸的「九夷」，散佈於華南和東南濱海的「百越」，早就已經發明邊架艇，惟如今在這些地方尚存有邊架艇之「遺留結構」，例如帆船的「下風板」[33]（Lee board，見圖12）或中國的「海鶻」船（見圖13），或，且凌文最後亦研判中國古代運具為邊架艇之進化，認為先有邊架艇（弋船），再進而有方舟，最後發展出舢舨（Sampan）和帆船（Junk）。

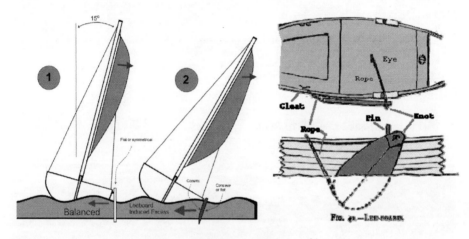

圖12　帆船的「下風板」[34]

33 下風板為帆船常用的舷外板，目的在減少帆船行駛時受側風所引起的側漂現象，同時減少風浪造成的大幅度橫搖，以增加船筏的航行穩定性與耐海性能，下風板通常只見於航海帆筏上，因為內陸水域用的筏不會遇到風浪，另一方面，也只有筏可以在兩根竹子中間利用縫隙插入下風板，提高航海帆筏的安全性，臺灣傳統的航海帆筏曾被西方船舶史學者認為是世界各地的筏中最為成熟先進的一種。陳政宏：〈中式帆船技術的西傳〉，《科學發展》第415期（2007年7月）。

34 See https://www.boatdesign.net/threads/leeboard-orientation.54667/、https://www.boatdesign.net/threads/leeboard-on-small-skiff.38943/.

圖13　民物學上的「海鶻」船[35]

六　現遺存臺灣邊架艇古物考證

　　經查十七世紀（西荷）、清治、日治與民國時期之可能有關臺灣邊架艇之文獻與相關研究，確認臺灣有邊架艇存在，惟清國人記載僅有文字描述，而西方人在臺拍攝照片或圖片遺留僅有竹筏加帆而謂 Catamaran 與 Katamaran 之雙體船，另難能可貴在《臺灣風物》曾刊登一張標名由滬尾文物學會會長莊武男先生收藏之「艋舺」[36]，與一般邊架艇不同之處在於其無邊架，與傳統獨木舟亦有不同，照片顯示其舷內側有兩個突起之長方體（推測兩舷都有此突起物，見圖14），且突起物內鑿有兩道孔洞由上到下貫穿，造型非常獨

---

35 本圖題為「海鶻圖」，出自〔清〕蔣廷錫等奉敕校：《古今圖書集成・經濟彙編・戎政典》（上海：圖書集成鉛版印書局，1884年），第97卷。

36 周明德：〈萬華者艋舺也〉，《臺灣風物》第43卷第4期（1993年12月），頁12。

特。經訪談莊先生表示，收藏此一古獨木舟時，耆老周明德先生[37]聲稱此為邊架艇，而後售予友人李正典先生，遺憾的是存放八堵倉庫時遭竊，又聽聞竟被焚毀，無法再進一步檢視實際舟體。

萬華的由來是艋舺之日語諧音字。古時，艋舺寫為莽葛，蟒葛、蚊甲等。係原住民凱達格蘭族的獨木舟 Banka 之譯音。這艘「艋舺」長3.5m，寬60cm，高45cm。
（滬尾文物學會會長莊戊男先生收藏）

圖14　《臺灣風物》曾刊登之凱達格蘭族獨木舟，即「艋舺」

經吾人多年遍及全臺各地踏查，二〇二一年於花蓮縣港口國小發現其收藏一古獨木舟，型制與《臺灣風物》刊登之凱達格蘭族獨木舟高度類似，前往現地踏查測量並進行口述訪談（見圖15），經3D 測繪紀錄後，與南島語族航行所及海域之各國現存船筏舟艇進行比對，由於此一古獨木舟與前述凱達格蘭族獨木舟同樣具有獨特之突起物，初步認定兩者之型制相同。

---

37 日治時期首位臺籍氣象官，淡水人，為臺灣人學習氣象學（包括地震學和天文學）之先驅，與前總統李登輝為淡水中學同學，熱心鑽研臺灣本土歷史，移居美國後，晚年又返回淡水生活，提供豐富的鄉土史料與研究心得，於二〇一六年過世。

（一）發現過程

圖15　港口國小古獨木舟之保存與展示現場

此古獨木舟目前存放於花蓮縣港口國小（花蓮縣豐濱鄉港口村9鄰43號）體育館講臺處展示，當地阿美族人將其視為聖物崇拜，透過張進德前鄉長與王婷瑤（Candy）老師協助到現場進行量測與攝影，經查此一古獨木舟來源說法分歧，共有三個說法，第一是展示現場之古獨木舟簡介，記載本舟在三富橋部落海域被張金隆與張谷基兩位拾獲，惟記載與撿拾日期均不詳。第二是原住民電視臺於二〇一六年三月二十七日報導[38]，當地為了推廣 Ci lagasan 阿美族的發源地而舉辦比賽活動，比賽現場擺放了一艘一體成形的雙人獨木舟，這一艘獨木舟長約五米、寬約一米，五年前豐濱鄉靜浦部落海祭，在岸邊被族人發現，專家鑑定後，認為是奇美部落的獨木舟。這艘雙人

---

38 See http://www.tipp.org.tw/news_article.asp?F_ID=70149.

獨木舟，年份無法考究，保管人張進德表示，既然是奇美部落祖先遺物，會進行歸還，讓奇美部落好好保存。第三則是更生日報於二〇一六年三月二十八日報導[39]，十年前一艘阿美族古獨木舟在三富橋部落海域載浮載沉，被當地部落張金隆和張谷基兩位族人拾獲，他們知道這艘獨木舟是珍貴的古文物，隨後轉送給當時擔任豐濱鄉長的張進德保存，張進德請耆老林榮康考察其沿革與來源。根據奇美部落人士指出，這艘古獨木舟屬於河川型葉片舟，很可能從秀姑巒溪漂流下來，可能是用樟樹以絕佳的都刀法一體成形，包括撐槳座及船底抵腳座，是難得的製舟工法。

對於此古獨木舟來源有以上不同說法，撿拾人為張金隆與張谷基，撿拾地點為三富橋部落海域，撿拾時間可能是二〇〇六年或二〇一一年，而究竟是從海上漂流至岸邊，還是從溪流漂流到下游尚無法確定，惟經查舟體外觀保存良好，並無海洋生物啃咬破壞痕跡，故排除從海上漂流，經長時間浸泡海水至岸邊的可能性。

（二）舟體型制

經測量港口國小之古獨木舟尺寸長四百三十公分，寬六十五公分，深三十公分，與《臺灣風物》刊登之凱達格蘭族獨木舟尺寸長三百五十公分，寬六十公分，深四十五公分，儘管長寬高未完全一致，但舟體之肥瘦程度相近，另港口國小之古獨木舟，除兩舷內側同樣有突起物外，舟底內部有兩處突起蹬腳處，研判應該是提供給划槳人員之腳趾前緣抵靠以固定下肢，有助於腰部與上肢雙臂出力划槳。經判斷舟艏與舟艉位置後，從舟艏貼舟底中線量至舟艉為四百五十五公分，蹬腳處 A 寬四公分，從舟艏貼舟底中線量至蹬腳處 A 為兩百四十四公分，從舟艉量起為兩百一十一公分，另蹬腳處 B 寬六公分，從舟艏貼舟底中線量至蹬腳處 B 為三百六十六公分，從舟艉量起為八十九公分，A、B 兩蹬腳處之間為一百一十七公分（見圖16）。

39　See http://www.ksnews.com.tw/index.php/news/detail/807156.

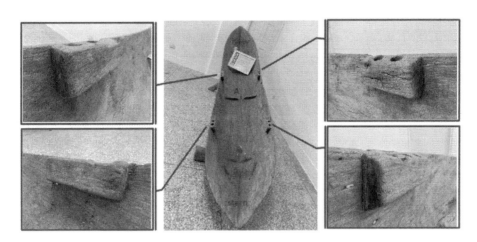

圖16　港口國小古獨木舟之構造與艉舺相對位置

　　除量測舟體尺寸與底部突起瞪腳處位置外，兩舷內側各有兩個突起物，長二十公分，寬五公分，深十公分，突起物與舟體為一體成型，非額外添加或釘裝新增，每個長方體突起物均鑽有兩圓孔，兩孔均靠向船艉，由上而下直接貫穿突起物，圓孔直徑三公分，兩孔間隔三公分。另檢視舟體表面與紋路，有疑似木釘或支架痕跡（見圖17-1到4），顯見此舟修補次數頗多，有一定之使用年代，舟體平滑但多有細紋裂痕，靠近船艉處尚有一處破洞，除非進行修補，此舟已無法下水航行。

圖17-1　突起物上疑似釘痕

圖17-2　舟體外側疑似木釘

圖17-3　舟體外側疑似木釘　　　圖17-4　舟體內側支架印痕

（三）操縱方式

　　經3D 掃描測繪建模呈現古獨木舟之三百六十度整體（見圖18-1到4），進行更為細部的型制研判，依水平平視可見舟體兩端高低不同，基於造舟工藝之原則，為避免上浪導致舟內積水，通常較高者為舟艏，較低者為舟艉，經判斷舟艏與舟艉後，即可認定左右兩舷位置。

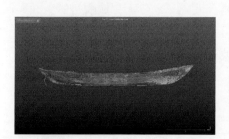 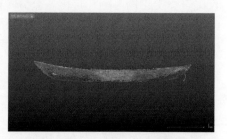

圖18-1　古獨木舟之右舷　　　　圖18-2　古獨木舟之左舷

 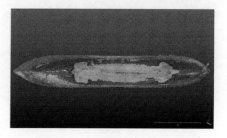

圖18-3　古獨木舟之俯視　　　　圖18-4　古獨木舟之仰視

　　判斷古獨木舟之操縱方式，涉及其突起物作用為何，研判有二：垂直插立支架以架槳後划，或水平綁縛邊架以平衡前划，調查達悟族拼板舟（見圖19）發現插立支架之兩圓孔間隔超過三公分，且圓孔直徑亦超過三公分，與突起物之圓孔規格差異甚大，遍尋國內各地之舟筏浮具，均無類此突起物之設計。

圖19　蘭嶼達悟族之拼板舟

　　經研究比對早期在印尼明打威群島（Mentawai Islands）之獨木舟老照片，發現兩舷內側亦有類似突起物（見圖20），目視圓孔直徑、間隔與港口國小古獨木舟類似，島上漁民如今將繩索穿過圓孔綁縛橫向支架後出海打魚[40]（見圖21-22），即簡易之邊架艇，故本文認為港口國小之古獨木舟兩舷內側突起物應作為水平綁縛邊架作為平衡與增加浮力之用，划槳人員坐在舟內或艇架上持槳前划，型制為邊架艇。

40　See https://www.youtube.com/watch?v=RrQNPa6d8VE.

圖20　印尼明打威群島之獨木舟老照片

圖21　印尼明打威群島之獨木舟綁縛舷外支架

圖22　獨木舟經綁縛舷外支架後，成為邊架艇

（四）小結

　　對比《臺灣風物》照片的凱達格蘭族之古獨木舟、現存港口國小之古獨木舟與印尼明打威群島之邊架艇，除舟體外觀平滑狹長、艏艉尖端流線一體成形外，關鍵在於兩舷內側均有突起物並鑽有圓孔貫穿，此一獨特設計與傳統的獨木舟明顯不同，縱一九九三年經周明德先生拍攝而刊登《臺灣風物》，聲稱其「舩舺」，抑或二〇一一年經奇美部落撿拾古獨木舟後保存於港口國小，經林榮康先生考察其屬於河川型葉片舟，甚至認為船底突起為「抵腳座」，而兩舷內側突起物為「撐槳座」，惟均無合理解釋該突起物之功用，與古獨木舟可能之操縱方式，故如本文前述推論，參考印尼明打威群島與太平洋盛行之邊架艇型制與航行，港口國小之古獨木舟之操舟，依划槳人員坐於舟底（見圖23）或艇架（見圖24）等區分為兩種操縱方式，對應舟底瞪腳處之相對位置，亦無違和，故屬邊架艇無疑。但縱然該船為邊架艇，惟其來自其他地方的可能性亦相當高，故應進行木材鑑定，確認源自於臺灣本地，及其製作時間和地點等，尚待下一階段的考證。

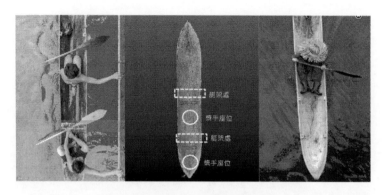

圖23　划槳者臀部位於舟底

圖24　划槳者臀部位於艇架

七　臺灣陸海二象性之發展

　　一八四〇年鴉片戰爭後清國開放通商口岸，西方國家船隻頻繁航經臺灣海峽，一八六七年美國籍商船羅妹號（Rover）擱淺沈沒，船員誤闖瑯嶠十八社（斯卡羅酋邦）之一的龜仔用社領地上登陸而被視為侵略者，船長等十三人遭殺害，史稱「羅妹號事件」，當時臺灣在政治上歸屬清國，無奈官府消極以對，美國派遣海軍陸戰隊出兵無功而返，一八六九年由駐廈門領事李仙得與瑯嶠十八社總頭目卓杞篤簽訂《南岬之盟》，載明「嗣後中外船隻遇風失事，船上設旗為憑，番人應妥為救護，不得殺害……。」同意歸還船長

杭特夫婦的首級及所劫物品，並允諾未來倘發生海難，遭難船員得以「紅旗」表示求援與友好，族人不得無故殺害船員。此一事件發生關鍵在於清國以番治番、以夷治夷之消極管理，向來採取「聽其從俗，從宜而已」之放任政策，案發地位在枋寮至鵝鑾鼻範圍，官府表示「生番土地界內事為官權所不及」，並以地圖標示的「土牛番界」以東之「生番地」開墾為主權管轄不及而不受理此事，故美國決定自行與當地部族處理此一爭端，雙方簽署《南岬之盟》意味瑯嶠十八社享有美國所承認之主權，而與清國無涉，當時美國駐廈門領事李仙得在羅發號事件後四次前來臺灣勘查，基於臺灣「生番地」不隸屬清國版圖與管轄的印象，一八七四年出版《原住民族福爾摩沙是中華帝國一部分嗎？》（*Is Aboriginal Formosa a Part of the Chinese Empire?*）提出「番地無主論」，書中繪製臺灣僅呈現西部，清國主權不及東部（見圖25），遂為接下來的「牡丹社事件」埋下伏筆。

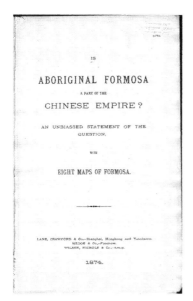

圖25　《原住民族福爾摩沙是中華帝國一部分嗎？》書中繪製之臺灣[41]

---

[41] 臺灣東部被視為化外或界外之地，因而未繪入，經查此為一七三五年法國人所繪臺灣地圖（Map of Government-controlled Taiwan - Formosa by French），

　　同治十年（1871）琉球籍山原號遭遇颱風漂流至臺灣東南部八瑤灣（現九棚灣），三人溺斃而有六十六名宮古島人登陸，因語言不通、文化差異等生猜疑，遭排灣族高士佛社原住民殺害，一八七三年日本政府外務卿副島種臣向總理各國事務衙門行走毛昶熙表示「生番害人，貴國置之不理，我國有必要問罪島人，因與貴國盟好，特先來奉告。」，毛答覆「（臺灣）生番係我化外之民，問罪與否，聽憑貴國辦理。」再度佐證「番地無主」，一八七四年日本出兵臺灣，從社寮登陸「懲辦臺番」，發生「牡丹社事件」，同年五月十五日《東京日日新聞》連載第七號刊登一幅臺灣地圖（見圖26），圖示「支那國領分地」線即為清國管轄界限，強調其主權不及於臺灣東部，意圖合理化其侵臺行動，隨軍記者岸田吟香記載臺灣西部「自古眾多支那人渡海來到其地」，西部原住民是「土人也與支那人往來或是婚嫁，個性相當穩重溫和，這稱為熟蕃」，而臺灣東部「東海岸皆為土蕃的窠巢」，即為生番，在當期附錄的「臺灣全圖」上，沿縱貫南北的高山繪有一條分界線，圖示線的上方（臺灣西部）註明「支那領」、「支那國領分地」及「支那人土人夾雜田地眾多」，而線的下方（臺灣東部）則寫有「土蕃」及「琉球人被殺之處牡丹人種」、「此處皆野蠻，為深山大澤，全不為所知。日本應從此處下手」等文字。

　　在臺灣一分為二的狀態下，岸田介紹臺灣東部「高山的東邊為土蕃，西南稱為寮枋之處有支那領地與土蕃的分界線」、「南灣為先前美國人遇難之處，從此地開始東海岸皆為土蕃的巢窟」、「有生蕃的穴居野蠻之地，自古尚無人行至其地。因此未詳其人種與物產。雖是如此，應大致與蝦夷人同」，此處所稱蝦夷，即古代日本對其東北方（現北海道）落後部族之鄙稱，藉此將臺灣東部描述成化外之地，當地原住民未受教化，後續連載更表示「雖然生性愚魯，卻不狂暴。據聞如我國北方的蝦夷人」、「東部生蕃人個性愚魯，如同我國北方的人，然而卻會少許的耕織技術」，本文暫且毋論日軍意圖，觀察臺灣東、西部之截然不同，不僅在於清國主權與治理所及與所不及，更有其自然環境與文化差異，而此一界限於過往研究中多僅探討其政治意涵，或（大陸）文明開化之界限，惟自然意義上，臺灣東、西部明顯不同，東部

多山且山勢陡峭，山脈近逼海岸，溪流湍急，不易形成沖積之河口環境，故東部原住民多以漁獵為主，向海而生之需求愈發強烈，而有其海洋文明之發展，西部則地形平坦，來自亞洲大陸之大量中國移民，承襲原有大陸文明的農耕技術，另由於中央山脈阻隔東北季風，因低溫、濕氣與岩岸環境之影響，東部海岸山脈到東海岸之間的適合農耕的平地嚴重缺乏，因此與西部大陸文明發展大相逕庭，儼然阻絕於一條隱形界限之外。

圖26　一八七四年五月十五日《東京日日新聞》附錄的「臺灣全圖」[42]

查一八七四年李仙得繪製福建省地圖所包括之臺灣西部，與岸田吟香繪製的臺灣全圖呈現之「支那國領分地」線，顯見「番地無主論」在臺灣這個島嶼上，除了原有政治意涵外，也表現了兩種截然不同且儼然隔絕的文明發展，在不同的自然環境基礎下，同時存在有大陸文明與海洋文明之隔絕而併存發展的兩種現象，此等陸海分治之現象，即在臺灣島嶼上呈現之陸海二象

42　《東京日日新聞4》【復刻版】（1874年5月15日）。

性，而這並非僅在十九世紀為西方人所發現，考察十八世紀清國繪製之多張彩繪本卷軸的臺灣輿圖，也多僅呈現臺灣西部，例如「雍正臺灣輿圖」、「乾隆臺灣輿圖」、「乾隆臺灣民番界址圖」、「道光臺灣輿圖」等，東部通常繪有多山阻絕，錯覺臺灣地勢如畚箕狀，畚箕口（圖示通常朝下）面向中國，而延伸到底之東部邊緣為山（圖示通常朝上），或以乾隆五十二年（1787）海疆洋界形勢全圖環海全圖為例，臺灣的範圍只有中央山脈以西的部分，為清國版圖所及而受到大陸文明影響，對於以東則為海洋的一部份，並無繪製陸地（見圖27）。

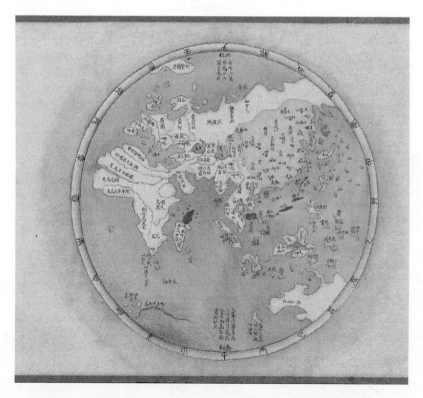

圖27　乾隆52年（1787）海疆洋界形勢全圖環海全圖

以道光二十四年（1844）「海隅圖」為例，圖示朝上面向中國，為大陸文明所影響，延伸向東（圖示朝下），邊緣為連綿不絕之山勢隔絕，翻山之

後則再無陸地，僅寥寥數字「山後即生番」表示文明所不及之化外空間，故此山勢之另一側除「生番」外再無人煙，自現代意義觀之，此山勢隔絕兩地呈現恰好即是陸海二象性併存分治之旁證（見圖28）。

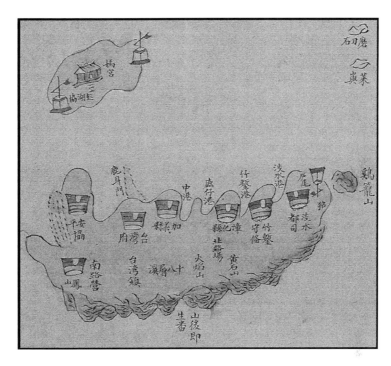

圖28　道光24年（1844）海隅圖

一八七四年李仙得提出「番地無主論」，除了確認清國與番地主權之治理範圍，同時也呈現了在臺灣本島陸海二象性之界線，此論述除了引發日本「牡丹社事件」等後續蝴蝶效應，查一八八五年至一八九五年間繪製的康熙七年（1668）大清廿三省輿地全圖，繪製了當時建置的「內地十八省」及關外東北地區，但描繪國境扭曲錯誤，圖面表達疆域亦變形失真，臺灣島以顏色區分兩塊，西半部行政區域位置與標示錯誤，有趣的是東半部以文字註記「番地」，而直接鄰接於海[43]（見圖29-30），顯見在中華文化圈大陸文明的強

---

43 本圖描繪清晚期疆域及二十三省的行政區域及各省、府、州、縣的分布，其繪製年

勢磁吸效應下，臺灣東部的南島文化圈，其海洋文明發展遭到邊陲化而忽視，甚而認為是落後與野蠻的象徵，本文認為南島語族發源自臺灣之可能性，首要明確臺灣島嶼本體之海洋文明與中國大陸擴張之大陸文明，未必具有從屬關係或替代關係，而是併存發展之平行時空，也由於臺灣東部發展之滯後性，與其密切相關的海洋文明及南島文化遭到忽視，甚至遭到貶抑與忽視。

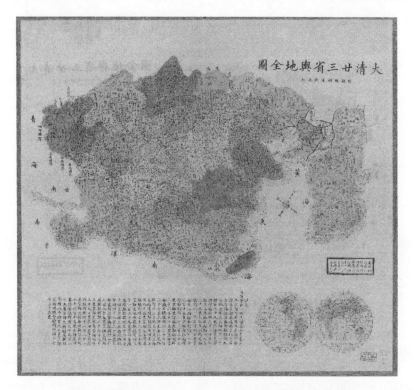

圖29　康熙七年（1668）大清廿三省輿地全圖

代，很難以圖中行政區域的沿革變遷來判斷；圖中若干州、廳、縣屬的建制，非常紊亂；臺灣島內各級行政區域的標示也錯誤甚多。但圖下方說明部分卻透露了判斷年代的線索，其中提及「臺灣巡撫駐劄所」、「新疆巡撫駐劄所」等。按光緒十年（1884）新疆建省，光緒十一年（1885）臺灣建行省，直至光緒二十一年（1895）割讓臺灣，推測本圖大概完成於一八八五年至一八九五年間，參見數位方輿網站，網址：https://digitalatlas.asdc.sinica.edu.tw/map_detail.jsp?id=A103000044。

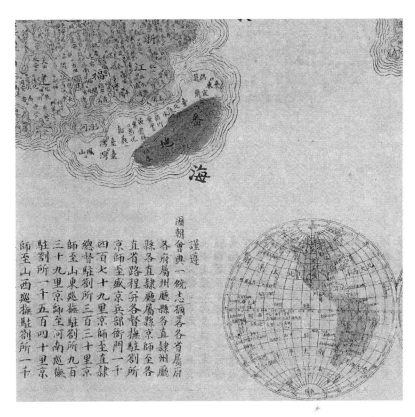

圖30　「大清廿三省輿地全圖」呈現之臺灣陸海二象性

八　結論

本文整理西荷、清治、日治與民國時期之相關文獻，分析所有涉及在臺灣可能有關邊架艇之蛛絲馬跡，歸納演繹到近代船筏舟艇遺留可能有關邊架艇之構造，並走訪臺灣各地有關古獨木舟之收藏與相關祭典後進行詳加考察。「南島語族發源自臺灣」之學說在臺灣蔚為主流，由於地理位置特殊，大陸文明之中華文化與海洋文明之南島文化，在這塊島嶼上同時或先後的發生了繼受與起源，因此，以臺灣為主體的文化論述，應正視其陸海二象性之併存發展，從一九四九年國民政府來臺後大力推行臺灣中華民國化，到一九

九六年總統直選，逐漸改以中華民國臺灣化，二〇〇〇年政黨輪替後強調臺灣主體意識優先之主張，或多或少的加重或加速形成「南島語族發源自臺灣」的南島文化圈考證，與「臺灣先民遷徙自中國」的中華文化圈相抗衡，但不論在語言、血緣、植物分布甚或是商貿交易，多有顯示在臺灣同時存在有大陸與海洋文明之二象併存與交融。

　　本文認為臺灣主體特有之陸海二象性併存發展，透過政治上有意識或無意識以「番地無主論」態樣呈現出臺灣同時身處大陸文明之邊陲與海洋文明之源起，而海洋文明強調向海而生之開放性，以漁獵與商業為核心，是否具備跳島之遠航技術至關重要，盛行於菲律賓、印尼乃至於南太平洋諸島之邊架艇，在臺灣本島卻始終難尋，縱考古學界已印證近四千年前臺灣和南島諸國之間有船隻往來，認為「臺東」是當時首都，並提出「海上南島玉路」研究成果[44]，各地發掘到高度相似器皿或飾品，藉此佐證源自臺灣的說法，仍有其論理薄弱之處，因此，發掘出在臺灣具有遠航能力之邊架艇的歷史紀錄與考古佐證有其必要性，儘管除了邊架艇以外，獨木舟是否也可以形成南島語族的交通船之說法，則未必需要論證臺灣有邊架艇，故獨木舟與邊架艇之研究考證，均得為吾人未來持續研究之課題。

　　除提出以邊架艇為核心之文獻脈絡外，本文亦透過周明德先生刊登《臺灣風物》之凱達格蘭族古獨木舟、港口國小收藏保存之古獨木舟，以及現在印尼明打威群島仍在使用的邊架艇加以對照，使得「南島語族發源地」之論證，即使在臺灣如今不復存在的遠航能力已然消失，本文仍試圖拾回最後一塊遺失的拼圖，拼湊出原本已「船過水無痕」的航跡，作為從臺灣航向南島大航海圈之有力證明。

---

44 劉益昌教授提出海上的「南島玉路」概念，以對應陸域漢文化的絲路。他認為現在的菲律賓、巴拉望島、婆羅洲到現在馬來西亞，再到泰國、東邊的越南、柬埔寨，都有臺灣玉珮發現，而且這個臺灣玉不是做好的東西，還包括製造的工具以及原料，我們很清楚，臺灣原住民的祖先帶著玉料跟玉的技術，到東南亞去跟人家做貿易，換東西回來。劉益昌：〈考古家發現「南島玉路」盼重建帆船文化〉，中央廣播電臺，網址參見：https://www.rti.org.tw/news/view/id/358883，檢索日期：2017年7月25日。

參考文獻

一　中文專書

黃得時：《臺北市志稿沿革志》，臺北：臺北市文獻委員會，1961年。

史蒂瑞（J. B. Steere）著，林弘宣譯：《福爾摩沙及其住民：19世紀美國博物學家的臺灣調查筆記》（*Formosa and Its Inhabitants*），臺北：前衛出版社，2009年。

二　西文專書

Succession of forms in the development of the Austronesian boat per Mahdi, Waruno, 1999, "The Dispersal of Austronesian boat forms in the Indian Ocean" in Blench, Roger, Spriggs, Matthew, ed., *Archaeology and Language III: Artefacts languages, and texts*, London: Taylor & Francis Group, 1999.

Jacob le Maire, *The East and West Indian Mirror: Being an Account of Joris van Speilbergen's Voyage Round the World (1614-1617), And the Australian Navigations of Jacob le Maire,* Second Series, London: Hakluyt Society, 2012.

Willem Cornelisz Schouten, *The Relation of a Wonderfull Voiage* made by William Cornelison Schouten of Horne. Shewing how South from the Straights of Magelan, in Terra Del-fuogo: he found and discovered a newe passage through the great South Sea, and that way sayled round about the world. Translated from Dutch into English by William Phillip. London: T. D[awson] for Nathanaell Newbery, 1619.

Pickering, William, A. *Pioneering in Formosa: Recollections of adventures among Mandarins, wreckers, & head-hunting savages*. London: Hurst & Blackett, 1898.

Cuthbert Collingwood, "A Boat Journey Across the Northern End of Formosa, from Tam-suy on the West to Kee-lung on the East: with Notices of Hoo-wei, Manka, and Keelung," Proceedings of the Royal Geographical Society 11, 1867.

George Leslie Mackay, *From Far Formosa: The island, the people, and missions*. London: Oliphant Anderson & Ferrier, 1896.

Bax, B. W., *The eastern seas: Being a narrative of the voyage of H.M.S. "Dwarf" in China, Japan, and Formosa*. London: John Murray, 1875, p.35. See https://rdc.reed.edu/c/formosa/home/.

John Webber, *Hawai`i Looking Back: An illustrated History of the Islands*, Hawaii: Mutual Publishing, 2000.

三　檔案古籍

〔元〕汪大淵著，蘇繼廎校釋：《島夷誌略校釋》，北京：中華書局，1981年。

〔清〕周鍾瑄：《諸羅縣志》，臺北：臺灣銀行經濟研究室，1962年。

〔清〕黃叔璥：《臺海使槎錄》，臺北：臺灣銀行經濟研究室，1957年。

〔清〕蔣廷錫等奉敕校：《古今圖書集成‧經濟彙編‧戎政典》，上海：圖書集成鉛版印書局，1884年，第97卷。

四　學位論文

周育聖：《臺灣神話傳說與故事中的海洋文化研究》，臺北：國立臺灣師範大學臺灣文化與語言文學研究所碩士論文，2007年。

五 期刊論文、專書論文

凌純聲：〈臺灣的航海帆筏及其起源〉，《中央研究院民族學研究所集刊》第1
期，1956年3月。

凌純聲：〈中國古代與印度太平兩洋的弋船考〉，《中央研究院民族學研究所集
刊》第1期，1956年3月。

陳政宏：〈中式帆船技術的西傳〉，《科學發展》第415期，2007年7月。

周明德：〈萬華者艋舺也〉，《臺灣風物》第43卷第4期，1993年12月。

劉枝萬：〈南投縣名勝古蹟〉，《南投文獻叢輯》第2卷，1953年12月。

安倍明義著，楊南郡譯：〈凱達格蘭族、噶瑪蘭族與阿美族〉，《臺灣百年曙
光》，臺北：南天書局，2005年。

鳥居龍藏著，楊南郡譯：〈關於臺灣東部諸蕃族〉，《探險臺灣》，臺北：遠流
出版事業公司，1996年。

鹿野忠雄：〈クゥァラン族とアミ族の關係〉，《東京人類學雜誌》第45卷第
11號，1930年。

鹿野忠雄著，木村自譯，劉璧榛校註：〈噶瑪蘭族的船及該族與阿美族的關
係〉，《臺灣風物》第51卷第3號，2001年9月。

六 網頁資料

劉烱錫 Mahenggeng、Kacaw 阮文彬、少多宜・簡代、Laway 賴進龍、Komen
余忠國、鄧達義、劉益昌等著：〈竹筏帆船是南島祖先進出臺灣的
工具嗎？〉，南島社區大學網站，網址：https://www.ancc2001.org.
tw/indigenous-peoples/%e8%87%aa%e7%94%b1%e9%96%8b%e8%a
c%9b%e3%80%8b%e7%ab%b9%e7%ad%8f%e5%b8%86%e8%88%b
9%e6%98%af%e5%8d%97%e5%b3%b6%e7%a5%96%e5%85%88%e
9%80%b2%e5%87%ba%e5%8f%b0%e7%81%a3%e7%9a%84%e5%b
7%a5%e5%85%b7%e5%97%8e/；同步刊登於自由評論網自由開講

網站，網址：https://talk.ltn.com.tw/article/breakingnews/4081779，
發表日期：2022年10月7日。

劉益昌：〈考古家發現「南島玉路」盼重建帆船文化〉，中央廣播電臺網站，
網址：https://www.rti.org.tw/news/view/id/358883，發表日期：2017
年7月25日。

淡水河木舢舨的文化資產價值與維護、建造工藝技術研究

陳明忠[*]

摘要

　　船為開創海洋文化的元素，沒有船，就沒有精彩的海洋文化。人類開創文明，摸索出造船的方法後，由小船的領悟去做大船，愈航愈遠，寫下了一頁頁的海洋文化史。追其根，小船是個起源。如此能夠見證歷史船舶之起始，在我們的淡水河上還存在，那就是淡水河的木造舢舨。

　　明、清時期福建人的造船與航海背景讓造船工藝隨著漢人傳入臺灣，建立了臺灣人在大航海時期面對西人東來，在南中國海上貿易有著重要地位。此時期讓西方人認識的中式船舶來自中國沿海四省，各省建造雖有造型、船身彩繪差異，然而構造原理卻一脈相同，所以後來研究中國傳統船舶的西方學者將中國型船舶原則性的依大小差別分兩類稱呼：戎克（Junk）與舢舨（Sampan），構造上，兩者有著相同起源的工藝技術，使用上，互相構成水域上的分工，重要性不分彼此。

　　然而清朝並不容許臺灣擁有建造大型海舶的船廠，可是在臺島沿岸以及河域環境的小型船需求下，臺灣在舢舨類的中國式船舶建造技術卻得到福建造船師傅的廣泛傳襲，以致於到二十一世紀的今天，原始工法的木舢舨船還存在著。

　　本研究以淡水河的木造傳統舢舨為研究對象，從田野調查與訪談去記

* 國立臺北藝術大學建築與文化資產研究所碩士生。

錄、分析施工技術，再經由中、西文獻，古照片、繪圖，找出淡水河舢舨傳承中國造船傳統的結構性關係與地域性發展出的特有風格。

由於歐洲《巴賽隆納憲章》對海事文化資產的歷史船舶特別強調其見證歷史和航行的水域密不可分（第六條）因此本研究也探索了四百年前漢人開發大臺北時，巧妙地應用了盆地內散佈的豐裕河流系統，用舢舨為交通、運貨、捕魚以濟民生的水上文化路徑。以此再肯定淡水河舢舨對北臺灣文化史的價值。

從舢舨核心價值的肯定，再納入舢舨行駛的淡水河文資背景，紀錄掌握建造維護知識並吸收西方海洋國家經驗，本研究目的期許讓瀕臨失傳邊緣的木舢舨經由修繕、複製、以及再利用以發展成出休閒觀光與水域民俗活動等有文化價值意義的海事活動，以海事文化資產的身份把傳統傳承下去。

關鍵字：舢舨、戎克船、中國型船舶、淡水河、海事文化資產

Safeguarding the Sampan on Danshui River: Unearthing Cultural Value and Sustaining the Legacy of Chinese Watercraft in Taipei

Chen, Ming-Chung[*]

Abstract

The rich maritime culture of seafaring originated with the launch of small boats, and over time, this knowledge was accumulated to construct larger vessels, facilitating explorations to new lands.

Four hundred years ago, Taiwan was a new frontier for the inhabitants of Fukien, driving them to develop remarkable seafaring skills described as "plowing their fields on the sea" to overcome agricultural challenges. During the period between 1650 and 1680, Ming Chinese from Fukien sailed to Taiwan as a rebel force against the Qing dynasty. However, in 1683, the resistance was quelled, and their territories in Taiwan were annexed by the Qing Dynasty. Subsequently, in 1788, maritime trade between Fuzhou and Danshui was officially permitted, leading to a significant influx of Fukien immigrants to North Taiwan. By 1858, Danshui emerged as a treaty port open to Western countries.

---

[*] M.A. student, Graduate Institute of Architecture and Cultural Heritage, Taipei National University of Art.

Danshui's natural estuary port provided ample depth for mooring substantial ships, including Junks and Tall ships. The interconnected upstreams of the river facilitated easy access to most parts of the Taipei basin, rendering Danshui an excellent hinterland for the port, as well as an optimal water route for overseas trading operations. Despite the prohibition of Junk shipyards in Taiwan for political reasons, Sampan, the smaller boats, were unrestricted for construction. This resulted in a considerable number of shipwrights arriving in Taiwan, bringing along their traditional Sampan crafting skills from China, thus meeting the island's waterborne demands. Consequently, Sampan crafts proliferated in Taiwan, not only for inland usage but also for seaworthy fishing Sampans and small Junks utilized in trading ventures across the island. The roots of Chinese traditional small boat techniques thus took hold in Taiwan and have endured to this day.

During the latter half of the 19th century and the early 20th century, Japan ruled Taiwan, followed by isolation due to the Chinese civil war after World War II. Despite the century-long separation from China.

Surprisingly, approximately 15 wooden Sampans, aged 40 to 50 years, are still in service as fishing boats on the Danshui River in Taipei. These boats were constructed by an over 75-year-old, 3rd generation shipwright who continues to reside in Taipei.

This research involves conducting interviews with the elderly shipwright and several Sampan owners, meticulously analyzing crafts techniques, and sourcing documents from China and Western scholars' research on Sampans and Junks. Our initial findings underscore the cultural significance of the original Sampan crafts, revealing that present-day Sampans still embody many traits of ancient Chinese small boats and larger ships.

In the extended phase of my research, my focus is on devising methods to preserve and record this millennium-old traditional craftsmanship. The outcomes will enable us to restore and repurpose these traditional Sampans by employing their original power, such as Junk sails or two long oars. Through these efforts, we aim to revive the tangible and intangible heritage of the traditional Chinese watercraft.

Keywords: Sampan, Junk, Danshui River, Maritime heritage

一 緒論

清康熙四十七年（1708），泉州人陳頓章，一方面和艋舺部落的原住民交易，一方面進行開拓工作，漢族的移民開拓大約從此開始[1]。

一七八八年，清朝開放了淡水、福州的航線，允許兩岸船隻對航與百姓往來通商，開啟大量福建人前來開墾北臺盆地。

一八五八年，英法聯軍之役清廷戰敗被迫開放淡水港對外通商。

那個時代的大商船，無論是三桅的中式篷船（Junk）或西式加雷翁（Galleon）、高桅船（Tall Ship），縱使載負百人與重貨千石，橫跨洲洋自如。可是一但靠港要上下人與貨時，因為限於人類造港技術尚未發達，因此大船無法完全在碼頭靠岸。大船吃水深惟恐擱淺，停泊後，需要借助周遭的中、小型船舶擔任轉運工作。也因此，淡水河開港後，漢船生態系統中的舢舨船就如生物的外來物種，隨著發展的需要，迅速的朝內河繁衍。跟隨著沿河聚落利用河道的民生需求，舢舨船的建造工藝技術在地生根，成為臺灣民間水域文化的一部分。

圖1 舢舨

---

1 國分直一在《臺灣民俗學》，頁30，節錄自伊能嘉矩：《大日本地名辭書·台灣之部》（東京：富山房，1909年）。

　　流傳至今，很令人感到欣慰的是，那個時代的河船，這些樸拙的舢舨，至今還存在於淡水河上。唯一的一位造船老匠師劉清正，還有使用老舢舨當漁船的十多艘木造舢舨船主們都已年逾八十高齡。

　　這些古老工藝船舶因為沒經深入的研究與論述，引不起關注也不受珍惜，誠如英國研究中式傳統船舶作者伍斯特（G.R.G Worcester）在書中說的：

> 以毫無專業的眼界視之，數量遠遠大於戎克的舢舨船只是被視為粗糙的手工建造物，然而我要在書中展現的是，中國的工匠在建造小舢舨和大戎克船所秉持的相同態度就是，他們都是以單一獨特的能力去維繫傳統，做出反應周遭自然環境的特定需求。[2]

一直到今天，這維繫傳統，反應自然環境的淡水河舢舨並沒有被歲月淘汰，但是剩餘十數艘有四、五十年歷史的最後一代祖傳匠師手工造傳統木舢舨正面臨到缺乏照護而逐漸減損凋零的命運。因為缺乏學術文獻去論述舢舨船在淡水河的海事文化資產價值與河川航運歷史的依存關係，以致傳統船舶的歷史文化可能失傳，這是目前要再進一步做正確的原地保護前要先面對的問題。

　　木船的維修與建造關係著長遠的保存計畫，值得保存的前提就是要論述它的價值，因而引發本研究欲循文化資產保護的做法，一方面從中、西歷史文獻去找尋舢舨的歷史與工藝甚至科技價值，再一方面在老船、老師傅和船舶使用人尚健在時以口訪、田野調查去測量繪圖，保存現有物件資訊與取得工藝知識與傳統手工藝的實踐知識。

　　中國傳統生活工藝的研究，最大困難在於他們的知識都是在非知識份子背景的勞動階層中以專業術語口授和師徒實做關係去傳承。幸運的近代英國前來中國的學者李約瑟（Joseph Needham）與伍斯特[3]深入民間的接觸已經

2　G.R.G Worcester ,*The Junks and Sampans of the Yangtze*(Annapolis: Naval Institute Press, 1971),prologue.

3　Joseph Needham, *Science and Civilization in China*(Cambridge: Cambridge University Press, 1971), 29 Volume 4, Nautical Technology；並見G.R.G Worcester, *The Junks and Sampans of the Yangtze*。

為我們整理出八十年前的部分知識，他們的工程背景與科學的方法整理出讓我們脫離了工匠方言術語的困惑，了解到有組織的知識。伍斯特研究長江的舢舨與戎克船，雖然江蘇的內河靜水域平底船和福建系統的流動水域圓底船有所差別，但是傳統船舶在長江河運的模式可以做淡水河河船模式參考。李約瑟則由中國的科技成就論述中國帆船，這些知識足以從淡水河舢舨的各方面表現得到印證。此外日治時期雖然日本學者沒有深入研究中國式船舶，但是淡水河的船也沒有遭到外來政權的破壞，關心臺灣民俗文化的學者國分直一把這些船從民俗角度做了現況紀錄，當他很有可能再進一步去研究沿海舢舨時，已屆戰爭日治末期[4]。另一方面那個時代日本人的攝影普及，照片為我們留下淡水河船許多珍貴的影像。

二 臺灣舢舨緣起

大航海時代，就在中式船舶忙碌地從福建駛進淡水河港、接著深入盆地內部那個時期，外海更是熱鬧。大量的中國、歐洲船在南中國海相遇，特殊的中式帆船構件完全不同於西洋帆船令西方人好奇。那個時代，擅長造船與航海的福建人扮演了海上交流重要角色，東來的西班牙人和西來的荷蘭人在明、清政府保守的海洋封閉思維下他們把南中國海當成東方的地中海，並利用福建、臺灣沿海的戎克船與舢舨船加入他們的國際貿易集運船隊。日本也在鎖國末期活躍此區，他們稱福建的船為戎克船，以別於更早前用唐船來稱呼中國船。廈門有學者認為戎克應該是聽自福建水手告訴日本人他們的船是龍溪船，日本人就用閩南語發音「龍溪」[5]帶入漢字戎克為名，此說有待進一步考證，可是南中國海上國際交流頻繁，荷蘭人也承襲這個稱呼，用了荷蘭文拼音 Loncqweuw 的戎克船名出現在一六三七年荷蘭東印度公司的《巴

---

4 國分直一在《臺灣民俗學》序言提到：「當時的各種研究中，……海邊村落完全被忽視，關於後項（海邊村落）與朝帝先生及其他同志曾經周詳的計畫，彼時戰爭已進入絕望狀態，惟有利用空襲警報的空隙時間，寫下紀錄而已。」為他的遺憾畫下句點。

5 福建月港屬龍溪縣，是當時海貿興盛的港口，也是明朝海禁期間唯一還能通商的港口。

達維雅城日記》中。這個時間點比下一個海上霸權英國人接著取其音變成
Junk 早了許多，或許有人認為與垃圾同義的字眼辱華，或是我們不該沿用
日本人的名詞。

　　但是在西方學界對中國船的分類，戎克（Junk）與舢舨（Sampan）已
經是中國式樣船舶在往下分類的兩個重要的類別。事實是，西方學者深入研
究中國式帆船後，中國人的造船與航海是受到讚許與肯定的。

　　臺灣開拓史就在那段時間，大批福建移民乘海船而來，早期福建人以海
上貿易維生，如《廈門志》說的「以海為田，造船牟利」自然福建人的海事
技術也隨著成為臺灣人民生活中的一部分。對於造船與船舶應用，也是從原
鄉福建帶入臺灣。

　　清朝時期臺灣並沒有造大型越洋戎克船的船廠，行郊擁有的戎克船都得
向福建訂購請照[6]，這可能有清國擔憂反清復明的政治考量。然而關係到沿
海、近岸與溪河等水域，用在生活、交通需求的大量民生用舢舨或戎克型舢
舨的中小型船，清政府就沒有限制，臺灣於是擁有源自福建的工匠與建造技
術。這些技術落地生根後，發展出多樣並適應各地功用不同、周遭水文狀況
各異的各式舢舨船，成為特色之「臺灣船」。

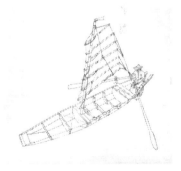

圖2　福建月港（龍溪）傳統戎克船　　　圖3　淡水河舢舨

6　伊能嘉矩：《臺灣文化志》，頁587：「臺灣之商船，概在中國本土製造，竣成之日，經
　　稟請地方官驗查船體，得官准之烙印，取具澳里族鄰之行保結狀，獲給照票，然後始
　　得航海從事貿易。」

　　日治時期日本接管臺灣後，並沒有刻意壓制或意圖改變臺灣既存中國型船隻。原來臺灣商人的戎克船變成了日本國的臺灣船，繼續在東亞水域商貿往來。淡水河的舢舨也沿用，被日本人視為地方文化特色。學者國分直一在淡水河做了七種民船的描述與圖繪，刊登於《民俗臺灣》雜誌[7]，然而缺乏精準的測量與專業工程圖，要引用為復建仍有困難。

　　到了國府時期，臺灣在開發中國家貧困的經濟下，舢舨船因為有漁業價值而繼續興盛了一段時間。劉漢坡為臺灣省農林廳漁業管理處調查著作的《臺灣舢舨漁船》，精確的各式舢舨工程圖詳細的能予對照出在臺灣發展的舢舨船秉持了中國式船舶的傳統鏈，另一方面卻又衍展出一系列變體的最好注釋。這是 Edward Shils 在《Tradition》一書對的傳統以及延續中變體鏈（chain of transmitted variants of a tradition）的關係：「一連串象徵符號和形象被人們繼承之後都發生了變化。人們對所接受的傳統進行解釋，因此，這些符號和形象在其延傳過程中就起了變化；同樣，它們在被人們接受之後也會改變其原貌。」「作為時間鏈，傳統是圍繞被接受和相傳的主題的一系列變體。這些變體間的聯繫在於它們的共同主題，在於其表現出什麼和偏離什麼的相近性，在於它們同出一源。」[8]

三　回顧中國型船舶的演進

　　在臺灣舢舨船的文獻細節中，我們看到了舢舨在臺灣海洋文化傳承的傳統與改變。究竟戎克船與舢舨在中國長遠的歷史是經過怎樣的發展與變化，今天淡水河的舢舨又是如何承接這段歷史，然後在代代傳下來的匠師手中留存至今的形影，我們今天還能在淡水河的木舢舨上看到千年來傳襲下來的哪

7　國分直一：〈淡水河的民船〉，《民俗臺灣》通卷第32號（1944年2月），頁2-13。敘述淡水河的民船計有：掠漁船、砂船、貨物船、跳白仔、石炭船、磚瓦船、龍船，這些船都是架構在舢舨的施工技法之下做大小形體比例的變化。較大型載重的船會加以雙層夾甲板，配上戎克帆動力。今天淡水河僅存的為俗稱「雙槳仔」的掠漁船。

8　Edward Shils, *Tradition*(Chicago: The University of Chicago Press, 1981), p.16.

些工藝本質？此工藝特質可以去比對古字畫、墓葬文物、甚至近代出土、水下打撈沈船，我們看到了傳統在延續，而延續的過程也見到千年來不脫離傳統的變化。

人類發展船舶主流以木為材，以風為動力，不斷的演進，這一系列的船藝，直到十九世紀動力鐵殼船發明前達到了極致。比較東西方的差異，西方傳統船在後期一方面為了探索世界另一方面要加快與東方貿易運輸，改良與進步發展迅速；而中國船在早期就有很優異的發明並給了很好的應用，所以中國船一直以來沒有像西方那般快速的變化。

回顧中國造船史，商周的甲骨象形文字「舟」就是第一張圖片。這「舟」字反映對照到膠東半島毛子溝出土的商周期獨木舟[9]。簡單船底有了加強骨架，道出此時期的周朝人已由造不大的獨木舟，邁向有骨架之拼板舟雛形。接著每個時間段的船物件都出現了今天舢舨船與戎克船的特色，除了支撐船形的骨架──龍骨肋骨的結構（這點在東西方的船都一樣）之外，中式船的方寬船艙、分岔燕尾和模仿水鴨子的身軀以及船身固定彩繪成為延續傳統的元素。

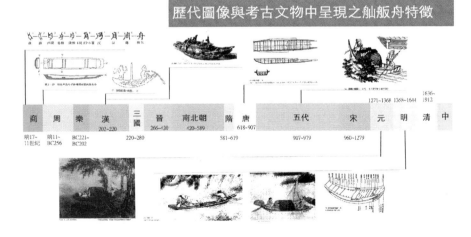

圖4　歷史年代表中出現舢舨相關船形（圖／作者）

9　王永波：〈膠東半島上發現的古代獨木舟〉，《考古與文物》1987年第5期，頁29-31。

　　在淡水河的舢舨上我們見到了這些古造船舶工藝的特徵成為傳統延續數千年至今還呈現在我們的周邊。

（一）船身的演進

　　人類創造水上的生活工具——舟船，有兩個發展方向，第一種就是單純的不具船型浮具，以自然或加工漂浮物支持載體的漂浮，《易經》有「包荒馮河」指的是抱著空心的葫蘆渡河。還有利用牲畜皮革充氣，唐《太白陰經》記載的「浮囊，以渾脫羊皮，吹氣令滿，系縛其孔，縛於腋下，可以渡也。」，在今天的黃河上游，數個羊皮囊結成筏仍在使用，並被列為非物質文化遺產發展觀光。未剖開的竹子也是一項被應用的材料，數支綁成筏，即為廉價又速成的浮具，此竹筏發展到漢人在上面加上戎克風帆，被西方人認為是臺灣特色。

李約瑟《中國之科技與文明》

Fig. 928. The sea-going sailing-raft of Thaiwan and the south-eastern Chinese culture-area (photo. Ling Shun-Shêng, 1). Note the curved wooden bar at the bow, one of those which gives the bamboo platform its concave profile; the centre-boards, some of which are sticking up in position; the bamboo bulwark rail on each side of the craft; and the characteristically Chinese lug-sail with battens.

圖5　成為臺灣特色的風帆竹伐為李約瑟所推崇

　　第二種發展的水上用具就是木造船。木料具有浮性、好加工、能在水中耐久的特性，成為人類取用自然材造船的最佳的選擇。木造舟歷史可追溯到

史前的獨木舟，接著因為發展出能把木幹剖為木片的工具後，結合木工技能，將木板拼接，成為拼板舟，又加入支撐的內骨架，突破限制，使船能造的更堅固更大，得以發展建造出今天的舢舨，甚至大到縱橫海洋的戎克船的種種不同功能船舶。

我們流傳至今的舢舨船是一種發展到極為成熟的拼板舟，人類製造拼板舟的船體依橫斷面來看，大約可分尖底（如蘭嶼原住民船），平底（中國內陸運河、湖泊舢舨多平底）和圓底（福建、臺灣船），其中尖底最不穩。源自中國的舢舨，古書中有寫成「三板」，和「杉舨」，李約瑟推論是由三塊板成型[10]。這個說法我們可以將它落實到最容易製作，船橫剖面呈「凵」形的平底船，此船確是有三面，由三塊板構成。但是我們看臺灣的舢舨有五面、七面。這就道出了船身的演化，三面用材簡單，板材成九十度接合，最容易製作，但是那樣的形體禁不起不穩定的側浪，容易翻覆。解決的辦法是做成圓船底。圓形側身有利於浪來傾斜再復正。而多邊幾何形正是圓形的簡化過程，無限多邊體就是圓的呈現。

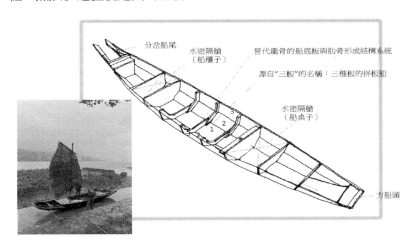

圖6　淡水河現存木造舢舨依傳統樣式復原（攝、圖／作者）

---

10 李約瑟（Joseph Needham）著，陳立夫主譯：《中國之科學與文明》（臺北：臺灣商務印書館，1980年），第11冊，頁3。

（二）動力的演進

1　槳

　　划槳和撐篙是人類造出船後，跟著很容易立即想到並做出的輔助動力工具。獨木舟配的短槳再進一步被改進成搖櫓和長槳。搖櫓的效能高，省力但是瞬間的推力較小，淡水河的漲退潮流強，所以配備使用的是站著推式的長槳，它的施力重心和船形比例正如水鴨身軀與腳掌划水施力在身體的最優比例位置[11]。此船又被稱為「雙槳仔」。

圖7　淡水河舢舨雙槳操控　　　　圖8　淡水河舢舨古照片

---

11 李約瑟：「歐洲人覺得他們應當照魚的外型來造船，而中國人覺得他們應當照水面上游泳的鳥外型來造船……中國人模仿蹼足水鳥，他們浮水的時候，把最寬的部分放在後面。……他們更深入抄襲自然，以尋求在後面產生最大的推力，來代替以前在船頭用的拖力，他們使用強力的槳，放在蹼足水鳥的蹼足位置，一個游泳時必定是非常重要的位置。見李約瑟（Joseph Needham）著，陳立夫主譯：《中國之科學與文明》，第11冊，頁8。

2　帆

　　能用複雜的繩索，全然利用風力，隨心所欲的操控一艘船前往要去的方向，這樣的一套帆具不會是件突然的發明，而是人類經過長時間累積改進出的成果。如果沒有頂風前進能力，上述的目標就無法達成。

　　風帆在西方最早被發明應用的是古埃及的四角方形帆，只能被後方風吹推著跑，又稱為順風帆，也因為帆的位置都需要橫著船身擺，所以稱為橫帆。能夠切風角，頂相當角度而逆風的縱帆一直到第九世紀地中海的三角帆才開始，而至十五世紀時，才被西歐、北歐航海國家應用，但中國帆船已早就能夠頂風角前進，春秋戰國時代的《考工記》記載為「搶風」[12]，沒有像歐洲人改換新的三角縱帆，而是僅僅簡單的把四角帆打斜利用的風角搶風前進。

　　中式帆包含了桅杆、帆面、密集的竹帆骨、以及一個複雜鏈接體系的控帆繩索。整套帆裝是非常獨特又符合科技原理的發明，即使船身種類複雜，但是戎克帆一昇起，外觀都差不多，而且在視覺上顯現的非常優美，成為中國式船舶的特色。

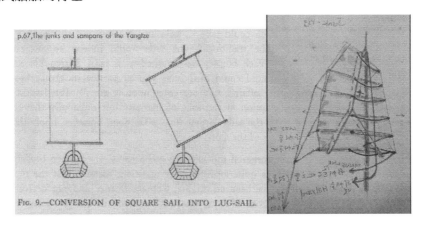

圖9　戎克帆（圖／作者）

12　春秋戰國時期，《考工記》即記載了帆船頂風而行的「搶風」：「帆風從橫來，名曰搶風，順水行舟，則掛篷之弦遊走，或一搶向東，止才平過，甚至卻退數十丈，未及按時，捩舵轉篷，一搶向西，借貸水力兼帶風力軋，下則頃刻十餘里。」

　　圖中戎克帆裝有三條主要繩索：綠色為控帆索，功能如放風箏，拉繩與風力相抗，產生船前進的力量。藍色為掛帆繩，西方人暱稱 Lazy Jack，降帆時紫色繩一放，整片帆隨竹帆骨的重量落下，直到藍繩掛住不會落地。

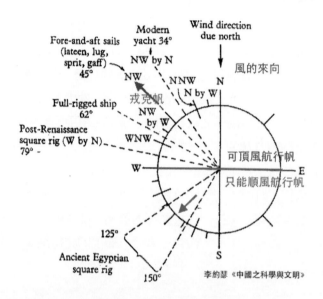

圖10　各式風帆的逆風行駛角度

　　升帆時拉紫繩帆就上升。最後一條紅繩就是讓帆傾斜以搶風的拉繩。非常奇妙，小到舢舨竹筏，大到橫洋戎克，掛上了帆以後，操控方法完全一樣。

　　帆骨（batten）是戎克帆的一項特殊構件，它有五項功能：

一、帆布正向吃風時，支撐帆面的平整。

二、下收的縮帆方式簡化了強風縮帆的流程。

三、利用帆骨重量帶動帆布迅速落下，收帆速度極快。

四、控帆索分散出去帆面上多個點，不致於單點承受過大不平衡拉力，加上帆骨的承受，帆布的品質可以不是很好。

五、一支支的橫桿讓水手當梯子，爬上爬下。[13]

---

13 G.R.G Worcester, *The Junks and Sampans of the Yangtze*, p.69.

3 舵

舵是搭配帆動力同時要有的一項設施，除了讓船轉彎，還有抵銷頂風航行時的側滑力，因為戎克船沒有像西方帆船有深龍骨。舢舨船可以用短槳代替舵在側後方撥水轉向。舢舨和戎克船尾部設計成分叉尾就是要安放舵，也方便起降舵桿，以防止水淺時觸及水底。

福建的中國式船舶尾部特色是做成船尾板（stern）內縮，讓雙側的船舷板到了尾部時，包覆出一段放置尾舵處的保護牆，這種護尾舵的包覆設計阻擋船尾遇到亂流影響舵效，這也是中式船在臺灣這種大部分都是湧浪流強的水域共同的的一大特色，相較於中國內河湖泊靜水域的舢舨，船尾收成圓形可以直接見到尾舵裸露有所不同。[14]

圖11　戎克與倒置的舢舨，船尾板內縮。（攝／作者）

---

14 李約瑟引用Louis Lecomte的話：「中國人的船舶……船舳係於中線左右加以開口，於舵裝入後，在予有如一房倉艙之方式，對其加以封閉，其目的係使船舵可以在其兩側之保護牆中，防止波浪之侵襲，此項船舵較吾人者為強。」見李約瑟（Joseph Needham）著，陳立夫主譯：《中國之科學與文明》（臺北：臺灣商務印書館，1980年），第12冊，頁142。

四　臺灣舢舨船的地域特性

　　舢舨船是一種數量龐大的漢民族民船，在一貫的工法下傳統被延續了數千年，傳播也由中原內陸靜水域平底船向南發展到邊陲水域流動又多變的海洋福建、臺灣，成為抗浪的圓底船。在這過程，傳承的系統是保守的師徒制，方言與術語讓外人很難介入，更別說去改變它，諸如骨架的結構、方型寬頭額、分岔尾、雙眼傳統船身彩繪、船板縫隙撚縫填灰、戎克帆裝置……有著不知怎麼流傳過來的共同性。在這些傳統不變的原則外，匠師也會有些許變化的作為去適應環境，作出調整。畢竟船舶是件需要安全、便利又重功能的生活用具。而後從福建來臺，在臺灣淡水河的舢舨又在日治五十年加上國共分治五十年中，斷離了它的源頭百年，發展成屬於斯土斯民的民生工藝，並以完全不同於其他地域的獨特性存在。說這是臺灣船或臺北船也不為過。

　　根據近代劉漢坡著《臺灣舢舨漁船》對分佈在全臺各處的舢舨漁船做調查測繪、它們都各有差異，例如淡水河舢舨要對抗河流流水，就造得細長，海舢舨為了在浪區穩定，多做成寬尾的三角形船身。這些記錄下來的數據，取自分布在臺灣各處的六艘舢舨說明了這一切。

表1　臺灣各地取樣舢舨船身特性與尺寸分析

地區例	船身 船板數	船身形狀	船底外突 長條龍骨	側舷頂加 遮浪舷板	長x寬x高（公尺）
淡水河	5面	類圓底	無	無	5.75 x 1.11 x 0.44
基隆	7面	類圓底	有	無	7.36 x 1.99 x 0.55
桃園	5面	類圓底	無	有	7.10 x 1.22 x 0.38
新竹	圓弧面	圓底	有	無	9.60 x 2.54 x 0.65
澎湖	6面	類圓底	有	有	6.20 x 2.04 x0.56
花蓮	7面	類圓底	有	無	9.60 x 2.54 x 0.65

表內資料依據：劉漢坡《臺灣舢舨漁船》

表2　臺灣各地取樣舢舨船身特性圖形分析

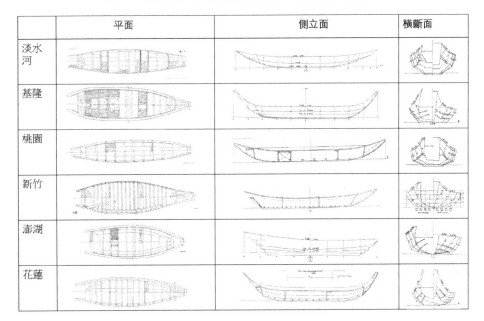

	平面	側立面	橫斷面
淡水河			
基隆			
桃園			
新竹			
澎湖			
花蓮			

表內資料依據：劉漢坡《臺灣舢舨漁船》

　　此外，日治時期，國分直一的四艘淡水河舢舨測繪也給我們很珍貴的淡水河[15]海事文化紀錄，說明了傳統工藝在不同生活機能的需求下所做出的變化。

15 國分直一：〈淡水河的民船〉。

表3　國分直一記錄之淡水河民船

船名	平面	側立面	長×寬×高 (公尺)
砂船			9.80x2.10 x0.90
貨物船			13.20x3.50 x1.50
跳白仔			8.75x0.82 x0.30
掠漁船			7.00x1.25 x0.40

五　淡水河的舢舨與河川文化路徑的依存關係

「文化路徑」是經聯合國教科文組織認定為文化遺產的一種類型，指的是依照地理位置及擁有的獨特歷史脈動及功能，所劃分出來的陸地、水道、水陸混合或其他通道。「文化路徑」見證某一國家或地區在歷史的每一重要時期，人類互動及在貨物、思想、知識及價值觀上，多面、持續、交互的交流影響。進而透過有形或無形的文化遺產，反應當時多種文化交匯的情形。[16]

在本研究中，乘舢舨船於臺北盆地的河川穿梭來往中，透過歷史的文獻搜尋佐證，我們要找出船的價值，也要找出這條河的歷史意義。

---

16 文化路徑視為文化資產的產生，在以「文化路徑成為世界遺產的一部分」為主題的專家會議上（西班牙馬德里，1994年）首度提及「路徑」這個新概念，並於第二次專家研討會上（西班牙馬德里，2003年5月），根據國際文化路徑科學研究委員會（ICOMOS-CIIC1997年至2002年）完成的細則正名。見文化部文化資產局「臺灣世界遺產潛力點」網頁，網址：https://twh.boch.gov.tw/taiwan/learn_detail.aspx?id=34。

荷蘭人在一六五四年利用淡水河系，進入臺北盆地探索，繪製出第一張臺北地圖，散佈在河岸的原住民聚落使用特有的獨木舟「艋舺」穿梭，這些原住民的水路遷徙與生活、部落間交通往來，還有更早十三行遺址文化與河上游的關係，仍有廣大的研究空間。

接著漢人移民來北臺灣墾拓，大量的舢舨、戎克船開啟了河航的新階段、也開始有了文獻紀錄。郁永河進入採硫磺，馬偕教士進入傳教等等為大家所熟知。一直到了日治期間，還是舢舨船載運角板山「日東紅茶」從大溪到大稻埕加工再運到淡水河口上戎克船外銷的茶金之路，基隆河也是上通暖暖載運煤礦、紅磚到臺北城的通路。除了河道，兩岸因而產生的街鎮，涵括了許多已被認定，跟河密切相關的有形、無形文化資產。

第一任臺北府知府林達泉所著的〈全臺形勢論〉稱淡水河系的三溪有「六勝」：

> 其水則有二甲九、三角湧、水返腳三溪，百有餘里，均匯於艋舺，乃由關渡出滬尾以入於海。全臺之水皆不匯，而三溪獨匯。全臺之溪皆不通舟楫，而三溪獨通，此山水之勝一也。三溪洪流，蕩滌污垢，且泉脈甘美，飲之舒泰，此水泉之勝二也。臺北則菁華所萃，米、茶、油、煤、硫磺、樟腦、靛菁木料等產，每年二、三百萬金，故富庶甲於全臺，此物產之勝三也。……滬尾潮漲之時，巨舟可入，故全臺通商在臺者恆十之七、八，此口岸之勝四也。[17]

其中這四勝道盡了舢舨所依存走過的的臺北海、河、溪的水域文化意涵。

---

17 陳國棟：〈臺北海洋——現實生活與理想記憶〉，《臺北文獻》植字第156期（2006年6月），頁12。

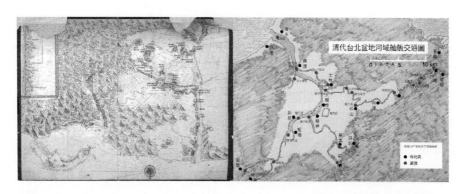

圖12　一六五四年，荷蘭人繪製　　圖13　清代臺北盆地河域舢舨
　　　大臺北古地圖　　　　　　　　　交通圖（圖／作者）

這是家住板橋街下溪洲的王世慶先生訪談紀錄：

在鐵路未鋪設經樹林時，我們大部分對外的交通工具大部分以水運為
主，1935年之前的大嵙崁溪，仍是居民賴以為生的命脈。居民依著河
流可通達大溪、三峽、新莊、艋舺、大稻埕、景尾、新店、內湖等
地，那種舟楫往來，落帆點點的景象，深印腦海。記得童年時期，母
親要去木柵仙公廟拜拜時，就得坐船、乘轎、走路……

由於在乾隆年間，擺接堡與海山庄及新莊的往來就有賴擺接渡船的設
立，後來除了擺接上下渡，還先後增設橫溪渡、三角湧渡，不過這些
都是民渡，人們藉著這些渡頭紅頭船可以到達大姑崁、三角湧、麥仔
園、沛舍陂、土城、下溪洲、板橋、新莊、艋舺、大稻埕、淡水港等
地。部分的人就是依靠航運維生，以撐渡船過活，我的祖父便是如
此。當年往來土城、臺北及三角湧的貨船都在下溪洲出入。溪港可容
納三十幾隻小船出入。[18]

---

18 許雪姬，劉素芬，莊樹華訪問；丘慧君紀錄：《王世慶先生訪問紀錄》（臺北：中央研
　究院近代史研究所，2002年），頁4。

從《淡水廳志》，我們可以理出一張溪渡交通地圖。對陸地而言，橫著看河是一個阻隔，所以會有渡，但是從河流直的看，那是一個通路，就這樣交錯的交通網連結出了當時人的生活移動模式[19]，河與船是生活中的一部分。

六 淡水河舢舨船的製造工藝技術

（一）四母營造船骨架

中式的船舶，大的三桅戎克船到小舢舨，自古師徒相傳的營造法式與構造原理相同，起始都是以龍骨（參）為經，以肋骨（營）為緯，去構築一座三度空間的骨架，再包覆以木板去完成船身。這種工法，以在龍骨上立三片「營」板架起造的稱「三母營」依船的大小也會有四片的四母營、五母營、六母營、七母營，造船的方式被通稱為「四母營造法式」，師傅傳授的「營」數越多，越不需要徒弟自己彎木條去創出營與營之間要再加強的肋骨架。

龍骨有方形長條外露在船底（較大型的如附圖之戎克船），也有的是利用整道狹長的船底板為替代龍骨（附圖淡水舢舨）。這道龍骨稱為「參」，中國人建造船多在河邊空地，地不需要是很平的場所，關鍵就在這起步的「架龍骨」，把龍骨依水平定位，兩端墊出雙頭翹的弧形出來，這升高的比例，師傅是以離開某一「營」後，每幾尺升高幾寸來傳授徒弟。龍骨彎出曲度並加以穩固支撐後，一個個的肋骨架便與龍骨成九十度垂直固定排開，鎖住站立在龍骨上，各「營」之間的距離，從「參」的總長有固定的折分比例，是師傅的機密。所有骨架完成後，接著就是覆上船板，用釘子加以固定，再填縫，完成船身。

---

19 《淡水廳志》，第2冊，頁36、57-71

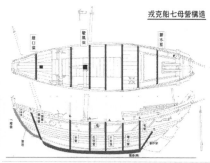

圖14（攝／黃凌霄）　　　　　　　　　圖15（圖／作者）

　　七母營造中的福建船，左照片中的肋骨數量遠比右圖示多，那是因為母營與母營間，師傅會依經驗決定要不要再加骨架以強化結構。所以會壓了一些細木條去找出追加「營」的曲線以打版。

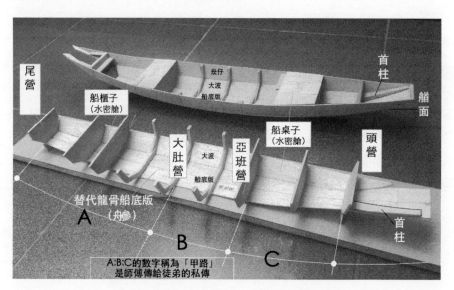

淡水河舢舨四母營造法（圖16／作者）

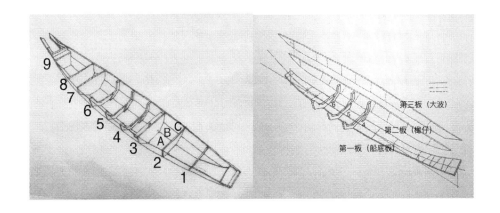

圖17（圖／作者）圖18（圖／作者）

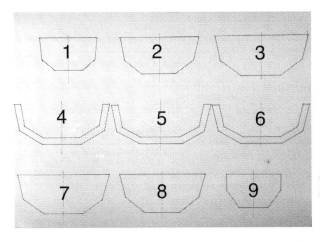

利用西方的科學方法，可以協助解開東方傳統知識的迷失（圖19／作者）

　　一堆複雜難記的術語，加上有些字來自方言，知識份子想記錄都不知道如何寫，寫了知識也傳不開，因為看的人不懂。這是中國封建體制下統治階層與勞動階層之間沒有工程師的介面，造成知識容易失傳的結果。

　　經過日治時代，日本人帶進了西方現代化的造船與製圖，臺灣的造船師傅漸漸把唐山老師傅那一套放一邊不再使用了。之後，師傅造舢舨用的是記在腦中的數字，九塊肋骨板做出模板，用數字編號，還沒鋸的船底板鋪在地上，用墨斗打出中心線，按距離把每一塊肋骨板底中心點垂直對到龍骨版的

中心線上，長長的龍骨板就轉成平滑的曲線被畫出，再去裁切。

這個道理就好像西方的畢氏定理，$C^2=A^2+B^2$ 簡單易懂，而中國早在周髀算經內也有這個知識，記為「勾股各自乘，並之為弦實，開方除之即弦」。殊途可以同歸，但是中國的學問之道複雜又難懂。

（二）船身板

A 為船底板，相當於戎克船底部的龍骨，在#4到#6之間落在同一平面，維持建構水平，船底板這一部分保持與三組肋骨架（#4，#5，#6）垂直，如此三組 U 型骨架完全與船底板接著後，船底板的1，2，3和7，8，9四個點配合圖面龍骨板的彎曲度墊高。抓出龍骨板正確的弧度後，就可以立六片板骨架。此六片骨架角度取與地平面垂直。而#1，#9兩片則有它特定的傾斜角，要依打板來取角。

所有肋板都附著釘死在假固定的彎曲船底板後，再依骨架自然成形的曲面，覆蓋上 B、C 兩邊的兩組船板，此覆板過程要由中間先固定，再同時向前也向後收縮，維持木板雙向外彈力的平衡下向前後緊密接固定。

最後頭尾再依施工圖讓所有在此端集中的木板密接無縫。

在以上木板接合面都要先塗上膠合劑。使用的是 epoxy（環氧樹酯）[20]，板與龍骨，板和板相接處在古時候是用四角鐵釘釘接，現在則是被不鏽鋼螺絲釘取代。

---

20 epoxy（環氧樹酯）是一種近代才發展出的高分子聚合物，由A本劑、B硬化劑，兩劑透明液體混合後，即開始產生化學作用成為很好的防水黏著液。對木材的木質細胞滲透力強，用於船舶木材接合與外護效果佳。另外有個特性是可以添加木屑、輕粉或石粉以增加黏稠度成為泥狀，即使加入添加物，epoxy的黏性效果不受影響。是替代古時用石灰加桐油混入綿麻纖維去填船板縫的工法。

（三）船頭與船尾

船頭與船尾都承受了五片船板束縮後反彈的強大應力，兩處都有巧妙的結構處理。船頭懸出的部分離開第1隔板後艙底放置了兩支角狀的支撐梁（首柱），首柱的基底黏掛在隔板#1，梁被削成三角斜面的兩邊則補強的黏住船板1與船板2、船板2與船板3。船板1艙面的上頭最後蓋上一塊板，稱為（嵌巾）。

船尾和船頭一樣，兩隻角狀梁的基底黏掛在隔板#9，隔板#9的頂部又壓了一塊6cm 厚的船尾板，這些構建都和船板#1，#2，#3緊密連接，牢不可分。

這種船艏與船尾的懸梁構造在戎克船也有，尺度上比起來要大很多，對艏艉有極大的結構強化功能。

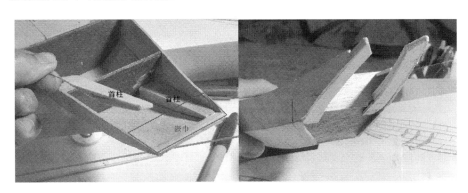

圖20、圖21　頭與船尾的模型結構分析（攝／作者）

七　老舊舢舨的修護

這是本研究正在進行中的老舢舨搶救行動，協助者為淡水河畔從事傳統西式小型風帆船建造的張宗輝先生。藉著西方的技術與工法，我們遵循歐洲《巴賽隆納憲章》[21]對船舶文化資產的維護方向，找尋老船的修復方法，大

21　《巴賽隆納憲章》：

致依據以下程序，並將之記錄下來：

一、全船測量繪製工程圖，彩繪部分做原尺寸描圖。

二、翻身待水分乾後先做船外面，磨去表漆至見木材。

三、木質檢測找出腐朽，在不影響船身變形下，鋸除腐朽木。

四、打版要修補的回填木。

五、依照版型，鋸出回填木。

六、回填木膠合回封（必要時以不鏽鋼螺釘補強固定）。

七、批土打磨數次。

八、全船外殼貼三層玻纖布，塗 epoxy 防水。

九、翻身繼續做船內部的修補，重複步驟二～七。

十、打磨完成內面塗護木漆，保留木材材質原色。

舢舨的破壞最容易從接縫處滲水後逐漸腐蝕。因為外表漆了油漆，有時看不出來而內部卻已受侵蝕。所以定期要用敲打、刺針的方式做檢測。一但發現受到進水並腐朽時，要開挖至腐爛部分全部清除，置岸上讓船身全部乾燥，修成整齊的洞孔形狀後打板，再鋸出相同形狀、厚度的填補木料（用回收舊檜木），塗以 epoxy 黏補回去，必要時加以不鏽鋼螺釘固定。當損壞大到一個程度影響結構造成船身扭曲時就要在平臺上固定校正，大部件予以抽換。嚴重扭曲變形的船就很難修復回來。

第2條：傳統船舶的保護、修復和運作必須仰仗所有的科學、技術和設施、以期成就出調查研究與護衛這個海事遺產的水上續存。

第7條：修復過程是一項高度專業化的操作。其目的是保護和揭示傳統船舶的美學、功能和歷史價值，並基於對原始材料和真實文件的尊重。在任何情況下，都必須在修復之前並伴著對船舶的歷史研究。

第8條：傳統船舶的修復最好採用傳統材料和技術。在傳統材料或技術不足的情況下，可以通過使用現代材料進行養護，實現傳統船舶在運行中的鞏固，其功效已得到科學數據的證明和經驗的證明。

圖22、圖23、圖24　腐朽部分的整修經過（攝／作者）

　　趁修補時最好能將船外部接觸水那一面用玻璃纖維布和 epoxy 做至少三層的包覆，這樣的包覆是只有3~5mm 的厚度，未來這一層可以用打磨的方式去除而不傷船，是原船可逆的添加物。這樣的處理除了讓長期泡水那面徹底防水外，也讓修補的船板更為穩固，將來有其他的損毀也不會導致整船變形。

　　至於船的內面則磨去油漆，保留木色漆上護木漆。這樣船身的木料還有一面是開放讓木材的水分能從護木漆這面蒸散，護木漆則要定時重塗。

圖25　護木漆塗裝（攝／作者）

八 結論——在一條河上從事海事文化資產的實踐

臺北盆地藉著河系、利用船舶連結著海洋，通往世界，一直是臺北首都的歷史文化。有這些條件形成的都市幾乎都是叫得出名的國際大城。然而我們的文化政策並沒有，也不知道如何去經營經營這項得天獨厚的優勢。聯合國教科文組織主導的世界文化遺產從一九三一年訂立《雅典憲章》由有形文化資產著手，這個開始也不是所有項目一次到位。針對文化的保護有著趨勢走向，一九七二年加入了自然遺產與無形文化資產。接著，海事文化資產開始被關注，一九八二年《國際海洋公約法》（UNCLOS）列了兩條有形水下文化資產條文，第一四九條與第三○三條[22]。

如果把海洋文化資產作為一個項目，它應該包含：一、水下文化資產（Underwater heritage）；二、水上漂浮文化資產（Floating heritage），此即是本研究探討的歷史船舶；三、海事文化資產（Maritime culture heritage）指人類過去到現在，配套的有形無形事項，發生在海事場域的活動。

在國內，目前的水底考古已列入文化資產法。但是水面上的歷史船舶並沒有水上文化資產連結的處理，現今陸地上的文化資產保護行動如火如荼的在做，人民感受得到也認同，國民歷史文化觀念建立起來了。樂觀的往後看，水上文化資產的保護行動亦不遠了。

淡水河舢舨是個不起眼的小木船，簡陋的身影被默默地拋棄在淡水河上百年沒人問聞，有著豐厚臺北文化史的場景——淡水河，也是過去一甲子被忽視甚至淪落為廢棄物堆置排放的污染河川，這是有河的歐洲大城市在工業革命之後都走過的命運。如今在他們更生後的美麗水域背後，有一套規範歷史船舶保護的《巴賽隆納憲章》在運作。第一條定義，要保護的物件提示出：「這憲章要執行的對象有兩類，大的船艦和謙卑的歷史手工藝物件（more modest craft of the past）」，淡水河的舢舨就是一件 modest craft of the past，謙

---

22 《國際海洋公約法》，見https://www.un.org/depts/los/convention_agreements/texts/unclos/unclos_e.pdf

卑的歷史工藝，也像該條文後續說的，「亦取得了過去的歲月價值」。

接著《巴賽隆納憲章》第六條提到：「傳統船舶與其見證歷史和航行的水域密不可分，因此，理想情況下，其母港和運作區域應位於原使用的地區」，淡水河舢舨正有著與歷史淡水河的緊密結合。本研究探索了豐富的歷史，佐證淡水河擁有文化路徑的無形文化資產潛力，這個背景環境正是和舢舨被保護與續存下去的完美生態環境。

有了以上條件，接著要做的就是怎麼讓這兩項結合如憲章第四條說的永續留存下去，「讓運作中的傳統船舶持續運作生存下去，至關重要的是，它們必須得到永久維護」。這維護就是船舶技術層次的延續，除了擁有工程資料，能重新並推廣施作這套工藝技術，還要能持續的維護下去做修復與使用。

接著最後就是如何再利用。今天淡水河上的舢舨是漁民的謀生工具。但現實魚源枯竭，這個獨佔資源應該做轉型讓漁民接續舢舨的文化事業。除了可以將河與船發展為觀光資源之外，關係到戎克帆操控、手划雙槳仔等這些傳統知識的實踐都可以是年輕人海事訓練的項目或休閒運動。也可以建立海事博物館或公益社團去經營造船、賽船朝知識與運動項目發展，脫離漁業的船舶限制。今天風行世界的休閒小帆船，奧運的競賽帆船等，在歐洲工業革命前都是水域上的工作船，這是給我們思考永續發展很好的方向，也是在國際上得到海洋國家的實際認證要努力走下去的道路。

參考文獻

一　傳統文獻

〔明〕宋應星：《天工開物》。
〔清〕郁永河：《裨海紀遊》。
〔唐〕李筌：《太白陰經》。
〔清〕陳培桂：《淡水廳志》。

二　近人論著

（一）中文

李約瑟（Joseph Needham）著，陳立夫主譯：《中國之科學與文明》，臺北：
　　臺灣商務印書館，1980年。

松浦章：《清代帆船東亞航運與中國海商海盜研究》，上海：上海辭書出版
　　社，2009年。

席飛龍：《中國造船通史》，北京：海洋出版社，2013年。

翁佳音：《大臺北古地圖考釋》，板橋：臺北縣立文化中心，1998年。

許雪姬，劉素芬，莊樹華訪問；丘慧君紀錄：《王世慶先生訪問紀錄》，臺
　　北：中央研究院近代史研究所，2002年。

王世慶：《淡水河流域河港水運史》，臺北：中央研究院中山人文社會科學研
　　究所，1998年。

張靜芬：《中國古代的造船與航海》，北京：商務印書館，1997年。

王冠倬：《中國古船圖譜》，北京：生活‧讀書‧新知三聯書店，2000年。

劉漢坡：《臺灣舢舨漁船》，臺北：臺灣省農林廳漁業管理處，1963年。

呂文傑：《澎湖馬公地區舢舨漁業文化之研究》，澎湖：國立澎湖科技大學行
　　銷與物流管理系服務業經營管理碩士在職專班碩士論文，2019年。

（二）英文

G.R.C. Worcester. *The Junks and Sampans of the Yangtze*. Shanghai: Statistical Dept. of the Inspectorate General of Customs, 1947-1948.

Joseph Needham. *Science and Civilization in China*, 29 Volume 4, Nautical Technology. Cambridge: Cambridge University Press, 1971.

Edward Shils. *Tradition*. The University of Chicago Press: Chicago, 1981.

三　期刊論文

E. Carbonell. "What is a traditional boat? The continuity of Catalan traditional Boats."In *Sharing Culture 2015 Proceeding of the 4th International Conference on Intangible Heritage*.(Sep. 2015): 339-348.

Sir Gerald Kaufman and other 10 members, House of Commons Cultural, Media and Sport Committee, *Maritime Heritage and Historic Ships*.(Mar. 2005).

James C. Williams, "Sailing as Play," In *ICON*, (Jan. 2013): 132-192.

國分直一：〈淡水河的民船〉，《民俗臺灣》通卷第32號，1944年2月，頁2-13。

陳國棟：〈臺北海洋──現實生活與理想記憶〉，《臺北文獻》植字第156期，2006年6月，頁12。

毛漢光：〈臺閩間的明清古船〉，《止善》第24期，2018年6月，頁3-48。

唐天堯：〈略論明代月港的海外的海外貿易〉，《月港研究論文集》，福建：中共龍溪地委宣傳部，福建省歷史學會廈門分會編，1982年。

四　網路資料

文化部文化資產局「臺灣世界遺產潛力點」網站，網址：https://twh.boch.gov.tw/taiwan/learn_detail.aspx?id=34。

Charlestown Harbour, National Historic Ships，網址：https://www.nationalhisto
ricships.org.uk/page/charlestown-harbour-cornwall。

歐洲海事文化資產《巴賽隆納憲章》，網址：https://www.dropbox.com/s/707v
3ipj6ban6gi/Barcelona%20Charter.pdf?dl=0。

國立臺灣海洋大學海洋文化研究所「2023 海洋文化研究生論壇」

議　　程

2023 年 6 月 9 日（五）				畢東江廳
8：10~8：20		報　到 Registration		
8：20~8：30	開幕式 Opening Ceremony	主持人：吳智雄（國立臺灣海洋大學共同教育中心語文教育組特聘教授／海洋文化研究所所長）		
		貴賓及師長致詞： 蕭聰淵（國立臺灣海洋大學人文社會科學院院長） 孫寶年（國立臺灣海洋大學食品科學系榮譽講座教授）		
8：30~8：40		合影		
場次 Session	時間 Time	主持人 Chairperson	報告人&題目 Presenter & Title	評論人 Discussant
場次一	8:40 ｜ 10:10	陳五洲 臺北海洋科技大學海洋休閒觀光管理系教授兼任海洋事業學院院長	**休閒潛水活動對海洋生態環境之影響** 陳姿妙 國立體育大學休閒產業經營系碩士生	陳五洲 臺北海洋科技大學 海洋休閒觀光管理系教授兼任海洋事業學院院長
			主題式教學對五年級學生 學習水域活動安全態度之成效 蘇恩慈、廖敏伶、王品涵 國立體育大學管理學院碩士生 國立體育大學管理學院碩士生（通訊作者） 國立體育大學管理學院碩士生（第二作者）	陳素芬 國立海洋科技博物館館長
			石門水庫阿姆坪水域休閒活動推展之探討 周孫銳 國立體育大學體育推廣系碩士生	陳素芬 國立海洋科技博物館館長

			綠色航運對環境關聯性之經濟分析 謝成祥 國立臺灣海洋大學應用經濟研究所碩士生	張維鍵 基隆港務分公司主任秘書
			能源、物流與港埠建設： 以高雄港第二港口工程為中心 （1967-1975） 張宗坤 國立陽明交通大學社會與文化研究所博士生	張維鍵 基隆港務分公司主任秘書
10：10~10：30			茶敘 Coffee / Tea Break	
場次二	10:30 ｜ 12:00	顏智英 國立臺灣海洋大學共同教育中心語文教育組教授	擬造島嶼──廖鴻基《大島小島》、 《海童》及《魚夢魚》探析 陳韻如 國立臺灣師範大學國文系博士生	林仁昱 國立中興大學中國文學系教授
			以「我」為浪：余光中高雄時期 海洋詩空間美學研究 潘雲貴 國立中山大學中文系博士生	林仁昱 國立中興大學中國文學系教授
			清代文人對臺灣海域的印象： 以朱仕玠的詩歌為例 陳英木 國立高雄師範大學國文系博士生	陳家煌 國立成功大學中國文學系教授
			凝視南島：錢歌川的戰後臺灣 旅行書寫 陳馨儀 國立彰化師範大學國文系博士生	陳家煌 國立成功大學中國文學系教授
			海難與臨海禁忌的衍發：「幽靈船都 市傳說」的集體記憶與文化 元素探究 吳詣平 國立中興大學中文系碩士生	安嘉芳 國立臺灣海洋大學海洋文化研究所退休兼任副教授

12：00~13：00		午餐 Lunch Break	
場次三	13:00 | 14:30	黃麗生 國立臺灣海洋大學海洋文化研究退休兼任教授	從清刊本《海南一勺合編》所錄〈蛤中現觀音〉探究海洋文化與神明傳說 高小晴 國立東華大學中文系博士生	曾子良 國立臺灣海洋大學海洋文化研究所退休兼任教授
			東港地方經濟發展與木造王船的演變 陳建佐 國立成功大學臺灣文學研究所碩士生	曾子良 國立臺灣海洋大學海洋文化研究所退休兼任教授
			臺灣海神信仰的嬗變：媽祖與玄天上帝 高慶禮 輔仁大學宗教系博士生	安嘉芳 國立臺灣海洋大學海洋文化研究所退休兼任副教授
			從中日貿易談江戶時代的長崎唐商媽祖信仰 陳樂恩 國立政治大學中文系碩士生	李侑儒 國家海洋研究院海洋政策及文化研究中心助理研究員
			從朝鮮《茲山魚譜》看海洋博物書寫的跨海傳播與因地創新 林素嫻 國立臺灣海洋大學海洋文化研究所碩士生	黃麗生 國立臺灣海洋大學海洋文化研究所退休兼任教授
場次四	14:30 | 15:40	卞鳳奎 國立臺灣海洋大學海洋文化研究教授	近海遊憩區的永續發展實踐——以和平島地質公園為例 楊鈞庭 國立體育大學休閒產業經營系碩士生	許籐繼 國立臺灣海洋大學教育研究所副教授
			花嶼地方創生運作模式的建置 林暐凱 國立臺灣海洋大學海洋文化研究所碩士生	張桂肇 國家海洋研究院海洋政策及文化研究中心副研究員

			海釣遊憩之永續發展——以海洋保育法草案為例 林彥群、盧俊苪、周育賢 國立體育大學休閒產業經營系碩士生	李謁霏 國家海洋研究院海洋政策及文化研究中心研究員
			東亞鄭成功（1624-1662）的圖文再現與歷史塑造——兼論〈延平髫齡依母圖〉的源流與意義 劉心如 國立臺灣師範大學歷史學研究所博士生	李侑儒 國家海洋研究院海洋政策及文化研究中心助理研究員
15：40~16：00			茶敘 Coffee / Tea Break	
場次五	16:00 ｜ 17:30	應俊豪 國立臺灣海洋大學海洋文化研究教授	真禦敵還是假冒功？納爾不達號事件的史實辯證 姚開陽 國立清華大學歷史研究所博士生	許毓良 輔仁大學歷史系教授
			尋找南島語族發源地遺失的最後一塊拼圖——臺灣邊架艇之考證研究 方凱弘、梁廷毓、許菁芳 國立臺灣海洋大學輪機工程研究所商船組博士生 國立臺北藝術大學美術系博士生 國立陽明交通大學科技與社會研究所碩士生	李其霖 淡江大學歷史系副教授
			淡水河木舢舨的文化資產價值研究 陳明忠 國立臺北藝術大學建築與文化資產研究所碩士生	李其霖 淡江大學歷史系副教授
			日俄戰爭後臺灣石油進口情形之研究 （1904-1908） 朱書漢 國立政治大學臺灣史研究所博士生	王俊昌 國立臺灣海洋大學海洋文化研究所助理教授
			論海洋對韓戰戰局的影響 （1950-1953） 張以諾 國立政治大學歷史系博士生	吳俊芳 國立臺灣海洋大學海洋文化研究所助理教授

17：30~17：40	頒獎暨閉幕式 Closing Ceremony	主持人：吳智雄（國立臺灣海洋大學共同教育中心語文教育組特聘教授／海洋文化研究所所長）

學術論文集叢書 1500032

2023 海洋文化研究生論壇論文選集

主　　編　　吳智雄
責任編輯　　張宗斌、張心霓

發 行 人　　林慶彰
總 經 理　　梁錦興
總 編 輯　　張晏瑞
編 輯 所　　萬卷樓圖書股份有限公司
　　　　　　臺北市羅斯福路二段 41 號 6 樓之 3
　　　　　　電話 (02)23216565
　　　　　　傳真 (02)23218698

發　　行　　萬卷樓圖書股份有限公司
　　　　　　臺北市羅斯福路二段 41 號 6 樓之 3
　　　　　　電話 (02)23216565
　　　　　　傳真 (02)23218698
　　　　　　電郵 SERVICE@WANJUAN.COM.TW
香港經銷　　香港聯合書刊物流有限公司
　　　　　　電話 (852)21502100
　　　　　　傳真 (852)23560735

ISBN 978-986-478-898-9
2023 年 9 月初版
定價：新臺幣 800 元

如何購買本書：

1. 劃撥購書，請透過以下郵政劃撥帳號：
　 帳號：15624015
　 戶名：萬卷樓圖書股份有限公司
2. 轉帳購書，請透過以下帳戶
　 合作金庫銀行 古亭分行
　 戶名：萬卷樓圖書股份有限公司
　 帳號：0877717092596
3. 網路購書，請透過萬卷樓網站
　 網址 WWW.WANJUAN.COM.TW

大量購書，請直接聯繫我們，將有專人為
您服務。客服：(02)23216565 分機 610

如有缺頁、破損或裝訂錯誤，請寄回更換

國家圖書館出版品預行編目資料

海洋文化研究生論壇論文選集. 2023 / 吳智雄
主編. -- 初版. -- 臺北市：萬卷樓圖書股份有
限公司, 2023.09
　　面；　　公分. -- (學術論文集叢書；1500032)
ISBN 978-986-478-898-9(平裝)
1.CST: 海洋 2.CST: 文化 3.CST: 文集
733.407　　　　　　　　　　　　112012498